KB239472

슬픈한국의

그림자 경제학

슬픈한국 지음

이비락 樂

슬픈한국의
그림자 경제학

초판 1쇄 발행 2011년 4월 22일
초판 2쇄 발행 2011년 5월 3일

지은이 슬픈한국

펴낸곳 도서출판 이비컴
펴낸이 강기원
교 정 作業室
진 행 이병일
마케팅 김동중, 이은미

주   소 서울 동대문구 신설동96-24 세원빌딩 402호
대표전화 (02)2254-0658 FAX (02)2254-0634
전자우편 help@bookbee.co.kr

등록번호 제6-0596호.(2002.4.9)
ISBN 978-89-6245-059-0 03320

ⓒ 슬픈한국 2011

· 책값은 뒤표지에 있습니다.
· 이 책은 도서출판 이비컴이 저자권자와의 계약에 따라 발행한 것이므로
  본사의 서면 허락 없이 어떠한 형태나 수단으로 복제를 금합니다.
· 파본이나 잘못 인쇄된 책은 구입하신 서점에서 교환해드립니다.

이 책의 국립중앙도서관 출판시도서목록(CIP)는 e-CIP 홈페이지(www.nl.go.kr/cip.php)에서
이용하실 수 있습니다.(CIP제어번호:2010001632)

극단의 시대, 희망은 있는가

애초부터 책을 낼 생각 따윈 전혀 없었다. 다만 그간 인터넷에 꾸준히 글을 써왔을 뿐이고 그러다 보니 글들이 쌓이고 급기야 몇몇 출판사로부터 책을 내지 않겠느냐는 제안을 받는 상황에 이르렀을 뿐이다.

그에 대한 나의 대답은 일관되게 '거절'이었다. 그러나 어느 날 문득 생각해 보니 책을 내지 않는 것이 '겸손하다'거나 '옳다'라기보다는 '비겁한 것'이라는 생각이 들었다. 그동안 인터넷에 써온 내용들의 거개가 현실 비판적인데다 매우 도전적인 것들이었기 때문이다. 이후 문명 역주행적인 이명박 정권이 들어서고 자기 검열과 감시의 눈길이 판을 치는 등 민주주의가 극도로 후퇴하고 있다는 점이 나의 출간 결심을 굳히게 만들었다.

이후 원고를 정리하면서 개인적으로 많은 생각들을 했다. 그중에서도 내 머릿속을 휘감은 채 떠나가지 않았던 생각은 '지금 이 순간 대한민국을 살아가고 있는 사람들의 삶은 과연 행복한가, 적어도 희망은 존재하는가'라는 것이었다.

내 주위의 가족, 지인, 친척, 친구들 그리고 지나가는 사람들을 쳐다보면서도 그런 생각에 빠질 때가 많았고, 심지어는 잠에 들어서도 그칠 줄 몰랐다. 나의 결론은 '별로 행복하지 않다' 는 것이었다. 특히나 심각한 것은 '희망조차 희미해져가고 있다' 는 점이었다.

국민 마음속에 비친 대한민국의 초상은 매우 절망적인 것이다. 현재 한국은 주요국은 물론 모든 국가를 통틀어서도 장시간, 저임금 등의 근로 문제가 심각한 편이다. 일자리의 수도 적어지고 있으며, 임금 격차 문제도 극심하다. 하는 수없이 사람들의 선택은 자영업으로 향하고 있는데 경쟁이 하도 심해 대부분이 영세 수준에서 벗어나질 못하고 있다. 상황이 이렇다 보니 자살, 이혼, 저출산, 투기가 판을 치고 있다. 특히나 부동산 투기 문제가 심각한데, 이것은 조만간 패망적 수준의 대가를 치러야 할 정도로 심각한 상황에 도달한 지 오래다.

2007년 4월 미국 2위의 모기지 업체였던 뉴센트리 파이낸셜사가 부도 처리되면서 전 세계로 휘몰아친 경제위기도 바로 부동산 버블 붕괴로부터 시작된 것이었다. 과거 일본의 잃어버린 10년도 마찬가지 이유에서 비롯되었다. 현재의 중국도 부동산 버블로 무너지기 일보직전이다. 그런데 한국은 그러한 과거와 현재의 역사에서 아무런 교훈도 얻어내질 못하고 있다.

이유가 무엇일까. 여러 가지를 들 수 있겠지만 가장 큰 이유는 바로 '민주주의의 부재' 때문이다. 경제위기는 심각한 경기 변동으로 인해 유발된다. 그것을 막고자 정부의 경제 정책이라는 것이 존재하는 것이다. 이것을 돕고 있는 것이 바로 거시경제학이란 학문이다. 거시경제학이란 경제 총량을 연구해 그것을 적절한 수준(잠재 성장률)으로 성장 촉진하고자 하는 염원을 바탕으로, 대공황 직후 체계화된 학문이다.

　그런데 이렇게 좋은 취지로 발전해 온 경제학이 민주주의의 부재 속에서 국민은 외면한 채 정치와 시장 권력에 부역하는 데 치중함에 따라 경제위기가 끊이질 않고 있는 것이다. 특히나 화폐금융 문제에 있어 그 문제의 양상이 심각하다. 대공황도 그렇고 최근 경제위기들의 대부분은 결국 각국 정부의 고의적인 인플레이션 정책에서 비롯되고 있는 것이기 때문이다.

　통화 팽창은 부채 확장 속에서 이루어진다. 이 부채 확장이란 무엇을 의미하느냐 하면 대출에서 배제된 사람들의 부의 비중(구매력)을 자동으로 떨어뜨리는 것을 일컫는다. 경제에 새로 유입된 화폐에 먼저 접근하는 사람이 나중에 접근하는 사람으로부터 조용히 부를 강탈해 가는 것이다. 따라서 통화 팽창으로 인한 인플레이션이 심각할수록 빈부 격차가 극심해지게 된다. 투기 또한 판을 치게 된다.

　또 하나의 문제는 통화 팽창으로 일어나는 인플레이션이 모든 재화와 용역(서비스)의 가격을 비례적으로 상승시키지 않는다는 것이다. 어떤 것은 오르고 어떤 것은 내린다. 이것이 다시 부의 차이를 더욱 악화시키게 만들고 사람들로 하여금 오르는 재화로의 투기에 동참하지 않고서는 견딜 수 없게 만드는 것이다. 이렇게 투기가 판을 치게 되면 투자는 더더욱 물 건너가게 되고 고용 또한 어려워진다.

　고용이 어려워지니 전체적인 경제 총량을 유지하는 것이 점점 힘들어지고 부채 확장 또한 한계에 도달하게 된다. 이때쯤 되면 경제는 결국 공황에 빠지게 되는 것이다. 그런데 사람들이 여기서 헷갈려 한다. 많은 사람들이 공황을 외쳤지만 결국 공황은 오지 않고 있지 않느냐 하는 것이다. 그러나 이는 착각이다. 대공황이 벌어지기 직전인 1929년 당시 실업률은 3.2%에 불과했다. 그러나 1933년에는 24.9%로 치솟았고 GDP 또한 27% 급감했다. 즉, 과거에는 실업률과 경제 총량이 비례적인 모습을 보여 주었던 것이다.

그러나 최근에는 실업률이 떨어져도 경제 총량은 성장하는 기형적인 모습을 보여 주고 있다. 더 심하게 이야기하면 비정규직 만연, 생산기지 해외 이탈 등 고용을 악화시켜 그 동력으로 경제 총량에 올인하는 모습까지 보여 주고 있다. 이것을 과연 경기 팽창이라고 말할 수 있을까. 전통적인 경기 팽창 정의에 따르면 '고용과 생산이 증가하는 현상'이 경기 팽창이다. 따라서 고용은 줄고 생산만이 늘어난다면 진정한 경기 확장이라고 말할 수 없는 것이다.

허나, 놀랍게도 이 부분에 대한 논의는커녕 정의 설정마저 제대로 이뤄지지 않고 있다. 다만 위정자들과 여기에 충실하게 부역하는 관료와 학자들을 통해서 '경기는 회복되고 있지만 온기가 아직 전달되지 않고 있다'란 궤변으로 미화 포장되고 있을 뿐이다. 결국 부의 상층부가 하층부를 쥐어짜 자산 버블을 유지하고 경제 총량을 제고하는 방식을 동원하고 있는 것인데, 이것을 실토하면 정치적으로 불안해질 것이 자명하므로 되레 하층부를 걱정하는 척하는 정치적 프로퍼갠더만이 동원되고 있는 것이다.

이 과정은 언론, 학계, 시장, 정치 권력들의 야합 속에서 이루어지고, 이들 정경언학의 유착이 다시 민주주의를 후퇴시키는 악순환이 반복되고 있다. 정리하면, 최근 공황의 모습은 과거와는 달리 극심한 빈부 격차와 민주주의 후퇴의 모습으로 다가오고 있다는 것이다.

따라서 경제 회복의 정의부터 다시 해야 할 상황이고, 그것은 '양질의 일자리가 충분히 늘어나고 있느냐', '부의 격차가 적절히 완화되고 있느냐', '그것을 가능케 할 민주주의가 향상되고 있느냐' 등으로 전환되어야 한다는 견해가 범세계적으로 점점 늘어나고 있다. 그렇지 못하다면 전 세계가 직면하게 될 상황은 부의 잔치에서 소외된 계층의 분노로 인한 정권 도미노 붕괴, 아니면 변형된 경제 대위기의 도래가 될 것이다.

그중에서 변형된 경제 대위기란 대공황식으로 경제 총량이 일시에 급감하거나 2차대전 당시 독일식으로 하이퍼인플레이션이 도래하지는 않더라도, 극심한 빈부 격차를 민주주의 후퇴로서 짓누르고 강화해 나가거나 또는 일본식의 수십 년 장기불황이 도래하는 것을 일컫는 것이다. 일본식 장기불황도 결국 분식회계, 고용 악화, 빈부 격차를 수반하는 것이기에 전자와 마찬가지 현상이라고 할 수 있을 것이다.

유감스럽게도 현재 세계 각국 대부분이 이러한 추악한 길로 나아가고 있다. 그럼에도 이것을 위기라고 명명하길 거부하는 사람들에게는 인성을 상실한 것이라 비판하지 않을 수 없다. 경제는, 경제학자는, 그리고 경제 참여자는 마음속 깊이 늘 이상주의자여야 한다. 자유를 향해서, 평등을 향해서 그리고 박애를 향해서. 그렇지 않고 양극화, 빈부 격차 등 타인의 고통에 대해 무감각해지게 되면 그 순간부터 그 속에서의 경제 성장은 모두에게 백해무익한 것이 되어버리고 말 것이다.

일부 사람들은 이것을 두고 신자유주의로의 진일보라 평가하기도 하는데 사실 이것은 잘못된 표현이다. 평등 없는 자유는 자유가 아니기 때문이다. 다른 사람의 자유를 침해하는 자유는 더더욱 자유가 아니다. 다른 사람의 재산을 침해하고 보호해 주지 못하는 시장경제 또한 더 이상 시장경제가 아니라 약육강식의 장일 뿐이다.

법이 지켜지지 못하고, 강자가 약자를 배려하고 보호하는 헌신이 이뤄지지 않고, 자유 경쟁을 보호하는 방어막이 작동하지 못하고, 정부가 앞장서서 투기를 조장하고, 중앙은행이 화폐 가치를 지켜내지 못하는, 그리고 타인의 고통에 무감각한 자유주의와 시장경제는 이미 시장자유주의가 아닌 것이다. 그것은 '세상은 원래 완벽하지 못한 것'이 아닌 '명백하게 실패한 세상'일 뿐이다.

최근 중국이 부상하면서 중국의 공산 독재와 시장경제의 결합 성패에 대한 화두가 분분한데, 중국 경제는 명백히 실패한 경제일 뿐이다. 0.4%의 70% 부의 독점이 이를 증명한다. 미국식의 부패한 자유주의를 비난해 온 중국의 부패가 훨씬 심각한 것이다. 따라서 현재의 범세계적인 양극화, 빈부 격차의 책임은 새로운 G-2라 할 수 있는 미국과 중국의 쌍방향 책임 이다.

우리나라로 시선을 돌려서 보면, 양극화, 빈부 격차 등에 대한 해법으로 미국식 자유주의의 강화를 들고 나오고 있는 보수 진영이나 유럽식 사민주의나 사회주의의 도입을 들고 나오고 있는 진보 진영 모두 문제가 있다고 본다.

일례로 FTA 논쟁을 들 수 있는데, 생산기지의 해외 이탈로 인한 일자리 감소 문제를 관세 철폐로 대기업 생산기지는 한국으로 회귀시키고, 중소기업 생산기지는 북한으로 보낸 후 이를 한국산으로 인정받아 통일 문제까지 대비하려 시도했던 노무현의 고민을 퍼주기 졸속 협상으로 퇴색시킨 이명박 정부의 FTA도 문제지만, 이에 대한 고민 없이 무역 협정은 무조건 신자유주의 정책이란 비판만을 퍼부은 진보 진영 역시 문제였다.

오늘날 한국의 양극화 문제는 결국 복지로 해결해야 하는데, 현재의 GDP 대비 9% 수준인 복지 지출을 유럽 수준인 30% 수준으로 끌어올리려면, 10년만 계산해도 무려 2조 달러의 재원이 필요하다. 또한 통일 후 북한 경제를 남한의 60% 수준으로 끌어올리려면, 역시 10년만 계산해도 5조 달러의 재원이 필요하다. 여기에 더해 부동산 버블이 무너지는 날에는 역시 10년 동안 총 3조 달러의 대가를 치를 것이라는 분석이 있다.

결론적으로 10조 달러의 천문학적 재원이 필요한 것이다. 이것을 무역 확장과 이를 통한 부의 축적 없이 해결할 길은 물론 없다. 그러나 오직 수출 확장을 통한 경제 총량 제고 정책으로만 나가도 대한민국의 미래는 없다. 동시에 강력한 진보 복지 정책과 이를 통한 양질의 일자리 창출로서 대한민국의 양극화를 해소하고, 남북 경협을 대폭적으로 확대해 미래 통일 비용을 선제적으로 줄여내려는 노력이 병행되어야만 한다.

그러나 현실은 정반대로만 가고 있다. 생산기지는 해외로 계속 나가고 있고, 그 가운데 각종 민영화와 재벌의 서비스업 진출 장려 정책으로 공공 요금 등의 비용은 폭증하는 방향으로 나아가고 있는 것이다. 부동산 버블을 뒷받침하기 위한 이민 정책이 시작되었고, 남북 경협은 중단된 채 북한을 무너뜨리기 위한 힘겨루기 정책만이 계속되고 있다. 그러나 부동산 버블은 이미 백약이 무효인 상황이 되었고, 따라서 10조 달러의 저주는 이미 시작된 것이나 마찬가지다.

그간 대한민국 최후의 보루 역할을 해온 국가 부채 역시 김영삼 정권이 8%에서 33% 수준으로 폭증시킨 데 이어, 이명박 정권이 다시 70~80% 수준으로 폭증시켰다. 이를 가리기 위해서 공기업 부채를 은닉하는 등 사실상의 분식회계조치도 이미 시작했다. 모든 상황이 암울해져만 가고 있는 것이다.

이런 암울한 상황들을 바로잡을 수 있는 유일한 길은 바로 '깨어있는 시민의 힘 그리고 이를 통한 한국적 문화의 창출' 뿐이다. 생전 김구 선생이 이야기했던 '아름다운 나라', 김대중 대통령이 이야기했던 '경천인애의 나라(국민을 존경하고 국민을 사랑하는 나라)' 그리고 노무현 대통령이 이야기했던 '사람 사는 세상' 속에 담긴 내용 역시 이것과 다르지 않다.

이들이 살아 있는 동안 줄기차게 강조했던 것은 문화, 역사, 교육, 언론 주권의 힘이다. 국민들이 역사를 바로 보고 끊임없이 자각하고 행동하여 언로를 바로 세우는 문화를 만들어 낼 수 있을 때, '대한민국은 아름다운 나라, 경천인애의 나라 그리고 사람 사는 세상이 될 수 있다'는 이야기다. 그 문화는 하루아침에 완성되는 것이 아니라 국민 개개인의 철학적 가치 판단 위에서 서서히 진일보해 나가는 것이다.

바로 그 가치 판단의 한 여정을 돕기 위해 나는 이 책을 썼다. 나는 이 책과 이어질 책 속에서 부동산, 화폐금융, 세계경제, 한국의 정치 사회 단상 등의 여러 가지 이야기를 하거나 하게 될 것이다. 그러나 내 책의 목적은 그러한 것에 관계된 사실, 진실, 지식의 전달 같은 것이 아니라, 바로 '오늘날 대한민국의 암울한 현실 속에서 사람들의 삶이 과연 행복해질 희망은 존재할 수 있겠는가'에 대한 고민과 해법의 일단을 나눠보기 위한 것이다.

그 여정 속에서 그동안 우리가 잊고 살았던 소중한 가치들을 한번 되돌아볼 수 있었으면 한다. 무엇보다도 세상 속에 다시 마음을 부활시켰으면 하는 바람이다. 오랜 시간 일을 하고 그 속에서 오로지 돈에만 매몰되어 되돌아보지 못했던 나와 세상의 마음을, 자신만의 가치판단의 창으로 들여다볼 수 있는 이상적 마음을 다시 우리 속에서 끄집어 낼 수 있었으면 한다는 이야기다. 만약 그럴 수 있다면 이 책의 취지는 어느 정도 성공일 것이다.

이 책은 결코 훌륭한 책은 아니다. 많이 팔리길 기대하고 출간한 책은 더더욱 아니다. 그렇기에 출판 초부터 출판사 관계자들에게 그러한 점부터 분명히 못 박았다. 그럼에도 돈이 안 됨은 물론 품평까지 형편없을지 모를 이 책의 출판을 결정해 준 도서출판 이비컴의 강기원 사장과 출판사 직원들에게 이 글을 빌려서 감사의 말을 전한다.

또한 원고에 걸맞지 않는 훌륭한 추천사를 써준, 평소 존경해마지 않는 격암님과 교정 작업에 큰 도움을 준 묵향의 시티즌님에게도 감사의 말을 전하는 바이다. 그에 대한 보답은 황량한 세상 속에서 홀로라도 우직하게 바로 서려는 노력을 결코 포기하지 않겠다는 작은 약속으로 대신할까 한다. 누군가 마음 속 이상을 져버리지 않는 한 그것은 언젠가 세상 속에 아름답게 만개하리라 믿어 의심치 않기 때문이다.

세상을 바라보는
또 다른 시각 — 격암

슬픈한국님의 글을 소개하는 공간에서 나는 약간 엉뚱하지만 '이 시대의 한국은 어떤 지식인을 필요로 할까' 라는 주제를 가지고 이야기해 볼까 한다. 이것은 물론 슬픈한국님을 시대가 요구하는 지식인의 예로 말하는 결론을 예고하고 있는 것이지만, 이 글을 읽는 분들을 포함한 모든 한국 사람이 바로 그런 지식인이 되어주었으면 좋겠다는 나의 개인적 바람을 더한 것이기도 하다.

이런 이야기를 생각해 보자. 누군가가 병원에 갔다. 병원에 갔더니 의사가 A 방법으로 시술하면 이러저러하고, B 방법으로 시술하면 이렇고 저렇고, C 방법도 이렇고 저렇고라고 말한다. 의술에 비전문가인 환자는 의사에게 "의사 선생님은 뭘 권하십니까" 했더니 그는 환자가 판단하라고만 할뿐 한사코 뭐 하나를 권해 주지 않는다. 이런 의사 같은 지식인은 다른 사람에게 아무런 도움이 되지 않는다. 그저 자기자리 차지하고 앉아서 돈 벌고 잘난 체하며 일이 터지고 나서는 자기 책임에 대해 변명만 할 뿐이다.

나는 이 시대는 자기 관점이 있는 지식인을 필요로 한다고 생각한다.

그 관점이 호소력이 있느냐 없느냐도 매우 중요한 것이지만, 그걸 따지기 이전에 자신의 관점이란 게 있는가 없는가 하는 것 자체가 중요하다.

관점을 가진다는 것은 때로 기술적인 방법론적인 것을 의미할 때도 있다. 문제를 경제학적으로 본다든가, 생물학적으로 본다든가, 마르크시즘적으로 본다든가 하는 것 등이 그것이다. 내가 말하는 관점을 가진 사람이라는 것은 그보다는 자기의 가치판단 기준이 있는 사람, 자기 철학이 있는 사람에 가까우며 그 핵심적 특징은 바로 일관성과 가치판단이다.

무질서하게 머릿속에 지식을 쌓아만 두고 있는 것이 아니라, 그것을 나름의 질서로 정리하고 나름의 가치판단 기준으로 우선순위를 일관성 있게 가지는 지식인, 거대한 기계의 부품 하나를 알고 있는 게 아니라 전체적으로 움직이는 기계를 모두 제공하는 지식인, 그런 지식인이 오늘날의 한국에 필요하다.

해방 이후같이 우리 사회가 가난하고 교육 받은 사람이 드문 시절에는 무엇이든 지식을 많이 가지고 있다는 것이 가치 있는 일이었지만, 지금은 지식이 너무 홍수를 이루는 시대다. 이런 시대에 입시 공부하듯이 이건 저렇고 저건 이렇고 하는 식으로 남의 관점, 남에 대한 이야기를 정리만 잘하는 지식인은 덜 필요하다. 위에서 말한 나쁜 의사처럼 결국 아는 것을 늘어놓을 뿐 뭐 하나에 대해서도 선택과 결단을 못한다. 결국 이야기는 장황하지만 어떤 더 유명한 인물이나 대단한 기관의 결론을 따라하자는 권위주의적 발상에서 벗어나지 못한다. 그런데도 우리 사회가 바로 그런 지식인을 양산하는 입시교육에 더욱 몰두하고 있다는 것은 비극이라고 하겠다.

　자신의 철학이나 자신의 가치 기준을 가진다는 것은 무엇일까. 이미 그
것은 지식의 문제가 아니라고 나는 말했다. 실질적인 차원에서 말하자면
특히 사회적인 차원에서 철학과 가치판단을 말할 때, 나는 반드시 어떤 공
동체를 전제로 말하는가가 중요하다고 생각한다. 즉 좋다와 나쁘다를 논
하는 데 있어서 어떤 공동체를 전제로 하는가를 생각하지 않고 논하는 것
은 무의미하다는 것이다.

　예를 들어 청계천 사업이나 한국의 아파트 열풍을 논한다고 할 때도 이
것이 좋다, 나쁘다를 논하는 것에는 누구에게 좋다, 누구에게 나쁘다가
등장한다. 이것이 한국 사회라는 공동체를 위해 좋다, 나쁘다를 논하는
것이 지극히 당연하지 않은가라고 말할 사람이 많겠지만, 실은 한국 사회
라는 공동체가 과연 모두에게 실존하는 것인가 하는 것은 그렇게 생각만
큼 당연한 것은 아니다.

　한국 사람이 한국 공동체의 실존을 믿는 것이 생각만큼 당연한 것이 아
니라는 사실은 한 가지 질문을 해봄으로써 확인할 수 있다. 아프리카에 있
는 수많은 인구를 가진 빈민국이 있다고 하자. 물론 우리는 그들에게 범인
류적인 연대감을 가진다. 그러나 그 나라의 국민에게 무제한으로 국경을
개방하자고 했을 때 얼마나 많은 한국인들은 찬성할 것인가? 우리는 쉽게
그들과 우리가 공동체라고 말할 수 있는가?

　보다 중요한 질문은 과연 한국 사람들 중에는 한국 사회 안에다가 선을
긋고 이 선 바깥에 있는 사람들에게 이 선 안쪽에 있는 사람들이 누리는
혜택을 개방하는 것에 찬성하지 않는다는 식으로 생각하는 사람이 없는
가 하는 것이다. 한국 사회 안에 다시 강력하고 작은 자신들만의 공동체를

만들고 사고하는 사람들이 있지 않은가? 우리가 아프리카의 어느 빈민국 사람들을 생각할 때처럼 '저들이 불쌍하긴 하지만 문을 열어주면 안 돼'라고 생각하는 사람들이 있지는 않은가? 아예 그 선 바깥에 사는 사람에게는 무관심하거나 그들의 비극은 그저 그들의 자업자득이라고 생각하며 어쩔 수 없는 것이라고 쉽게 포기하는 일이 많지 않은가? 그렇다고 할 때 과연 한국 사회라는 공동체는 실존하는 것인가? 당연하기는커녕 오히려 성취해야 할 어려운 목표 같은 것이 아닐까?

공동체로 생각한다는 것은 그들의 소중함을 진심으로 느낀다는 것이고 사랑한다는 것이다. 지식인의 철학과 가치판단이란 그 사람이 사랑하는 대상이 어떤 것인가에 크게 의존한다. 내가 슬픈한국님의 글을 좋아하는 첫 번째 이유는 그가 한국 사회라는 공동체 전체를 사랑하는 마음이 글에서 느껴지기 때문이다. 그리고 그는 비슷한 이유로 여러 인물들 간의 호불호를 나눈다. 예를 들어 노무현과 김대중에 대한 그의 존경도 그들이 사랑한 대상에 대한 존경일 것이다.

이것은 한국 사회의 문제를 논하는 전제 조건은 한국 사회라는 공동체를 사랑하는 마음을 가져야 하는 것이라는 당연한 사실을 환기시켜 준다. 내가 보기엔 이 당연한 사실이 현실에서는 무시되는 것 같다. 사람들은 종종 정치가나 지식인이나 재계 인물들이나 어떤 전문가가 그런 말을 할 때 그것을 가식적 행위로 생각하고 당연한 것으로 여겨 버리거나 어차피 모두들 이기적일 뿐이라는 생각을 한다. 그들은 심지어 공익을 위한 사람을 뽑는 선거를 할 때도 '일만 잘하면 되지'라거나, '경제 문제만 해결해 준다면 개인적 야심만 가득해도 상관없지'라고 생각하면서 투표하기도

하는 것이다. 만약 모두가 이기적이라면 그래서 공동체라는 개념이 실존하지 않는다면 그런 사람들이 모여서 좋고 나쁜 것을 논할 수 있다는 것은 착각이다. 공동체를 사랑하는 마음이 기본적으로 보이지 않는데 그가 전체 사회를 위한 바른 가치판단을 내릴 수 있다고 생각하는 것은 착각이다.

한국에는 이 문제에 관하여 다른 쪽으로 나쁘게 보이는 지식인들도 많다. 그들은 바로 너무 쉽게 범세계주의로 나가 버리는, 일반론적인 관점으로 이야기하는 사람들이다. 이들은 유럽이나 미국이나 일본이나 우리나라에서 모두 같은 가치판단이 성립한다고 너무 쉽게 결론 내린다. 권한과 의무의 생각도 안하고 너무 쉽게 범인류주의로 나가버린다. 그러므로 좋다, 나쁘다의 기준은 흔히 선진국에서는 이러저러하게 하고 있다라는 것이 되고 마는데, 이런 사람들도 나는 관점이 없는 지식인으로서 별로 크게 도움이 되지 않는다고 생각한다.

남을 아는 것은 중요하지만 그것은 남을 복사하기 위해서가 아니라 내가 아닌 남을 봄으로써 나를 좀 더 잘 알기 위해서다. 결국 좋다, 나쁘다의 기준은 우리 자신의 가치판단적 결단에 의해 만들어지는 것이다. 예를 들어 남이 복지 혜택을 이만큼 해주든 말든, 그게 지금 현실에서 힘들든 말든 중요한 것은 그럼에도 불구하고 우린 그 일이 가치 있다고 생각하는가 하는 질문이다. 우리는 제대로 된 질문, 우리의 질문 앞에 똑바로 설 필요가 있다. 그런 질문을 회피하고 남의 결론, 남의 결단을 외우는 지식인은 크게 도움이 되질 않는다. 아니 오히려 그들은 쓸데없는 분란으로 세상을 어지럽힐 뿐이다. 외국을 보는 것에도 관점이 필요하다. 그렇지 않고서는 정확한 묘사라는 것도 불필요한 지식이 될 수 있다.

지식인 중에는 권위를 내세워 사람들의 생각을 정지시키는 사람이 있는가 하면, 다른 사람들을 토론에 끌어들이고 생각을 하게 만드는 지식인이 있다. 어느 쪽이 바람직한가 하는 것은 말할 필요가 없다. 권위를 내세워 사람들의 생각을 정지시키는 지식인은 이렇게 말하는 사람이다.

'당신은 돈키호테를 읽어보지도 않고 소설에 대해 말하는가? 당신은 자본론은 읽어보았는가? 진화심리학적 관점에서 이것은 이러저러한 학설로 설명되는데 당신은 이것에 대해 알고 있는가?'

물론 그 분야의 전공자들끼리의 토론에서는 이러한 말들이 좀 더 쉽게 정당화될 것이다. 또한 말이란 거두절미하면 오해가 있다. 어떤 논의가 이 말의 전후에 따라 붙는가 하는 것도 중대한 문제다. 그러나 일반적으로 말해 이런 식으로 말하는 사람들은 대개 다른 사람들을 생각의 장에서 몰아낸다.

사실 지식인의 진짜로 중요한 사명은 다른 사람들이 합리적으로 생각하는 것을 돕는 것이지 대신 생각해 주는 것이 아니다. 어떤 문제에 있어서 생길 수 있는 함정을 경고하고 개념적 난관을 풀어서 사람들이 생각을 하는 것을 돕는 것이지 자기가 다 아니까 잘 모르는 당신은 그냥 따라오라고 하는 것은 나쁜 지식인이다. 가치판단이란 지식만의 문제가 아니기 때문에 사람들은 스스로 생각해서 판단해야 한다. 더 많이 안다고 그 사람의 판단이 반드시 모두에게 가치 있는 것이란 보장은 없다. 따라서 사람들을 생각의 장에서 몰아내는 지식인은 실제로는 권력을 추구하고 다른 사람을 무력하게 만드는 일을 하고 있는 셈이다.

항상 잘 맞지는 않더라도 ―누구도 항상 맞을 수가 없으며 특히 정치, 사회, 경제 문제는 그렇다― 사람들에게 생각을 하게 만들고 토론에 끼어들게 만드는 지식인이 좋은 지식인이라고 생각한다. 그런 의미에서도 슬픈한국님은 좋은 지식인이라고 할 수가 있다. 많은 네티즌이 슬픈한국님의 글에서 생각할 출발점을 찾는다. 그의 글에서 어려워 보이기만 했던 세상을 정리하게 만드는 한 가지 시각을 발견한다.

내가 이제까지 말해 온 좋은 지식인의 특성은 주로 이제까지 세상에서 강조가 덜 된 부분에 대한 것이었다. 마지막으로 당연한 한 가지에 대해 말을 하고 이 글을 마치기로 하겠다. 슬픈한국님의 글은 지식인이 가져야 할 기본에 충실하다. 즉 성실하게 쓴다. 성실하게 자료를 조사하고 성실하게 사고하여 쓴다. 그래서 내가 몰랐던 것을 많이 가르쳐 주는 글을 쓴다. 그것은 물론 누구나 강조하는 것이고 언제나 옳은 일이다. 내가 말했던 부분에서만 그친다면 그것은 거대담론을 펼치기만 좋아하는 사람에서 멈출 수도 있는 일이다. 눈은 똑바로 목표를 바라보지만 땅에 단단히 발을 디디고 서 있는 성실함이 지식인의 기본적 품성일 것이다.

우리는 모두가 스스로 어떤 지식인이 되려고 노력하고 어떤 지식인들을 골라서 선호하고 지지를 보내기도 한다. 나는 이제까지의 기준에는, 이제까지의 유행에는, 뭔가 미흡한 면이 있지 않나 한다. 백과사전 같은 지식인, 권위주의적인 지식인, 심장이 없는 지식인을 충분히 걸러내지 못하는 것 같다. 슬픈한국님의 글을 읽으면서 동시에 각자 이 문제도 다시 고민했으면 한다. 그 고민의 끝에서 각자 보석을 발견하게 되기를 바라는 마음이다.

Contents

03 기괴한 중국 경제 3

04 기괴한 중국 경제 4
– 중국 경제 파탄의 메커니즘

제 1 장

왜 유럽에 경제위기가 왔는가

01

이
슬
람

금
융

1. 회교 금융과 화교 금융

국가	미국	유로	일본	영국	중국	중동권
금융 자산	56조 달러	37조 달러	19조 달러	10조 달러	8조 달러	7조 달러
국가	호주권	기타 서유럽	홍콩권	남미권	러시아·동유럽권	한국
금융 자산	7조 달러	6조 달러	4조 달러	4조 달러	3조 달러	1.7조 달러

* 2006년 전 세계 금융 자산 총액 : 167조 달러(주식, 채권, 예금 합산)　　　　출처 : 세계은행
* 전 세계 권역 간 순환 투자액 : 74조 달러

　　회교 금융이란 말을 들어보셨는지요. 화교 금융은 몰라도 회교 금융은 낯설 것입니다. 미국 금융위기를 틈타 화교 금융(중화권)과 회교 금융(이슬람 금융)이 양대 변수로 부상 중입니다. 요즘 심심찮게 '중국-중동의 반미 연합 가동 움직임이 나오고 있다' 라는 이야기를 들어 보셨을 겁니다. 그게 뭘까요.

　　2009. 3. 23일자 LG경제연구소가 발간한 〈해외 석학들이 바라본 美 패

권의 향방〉이라는 보고서를 보면, 향후 국제 패권 구도를 4가지로 전망하고 있습니다.

첫째, 국제 협력이 활성화되는 가운데 미국의 입지도 그 안에 융화되어 유지될 수 있을 것이다.

둘째, 국경을 초월한 신개념의 글로벌화가 도래하면서 미국의 점진적인 퇴조를 막을 수 없을 것이다.

셋째, 다극화 시대가 본격적으로 열리는 가운데, 기존과는 다른 방식으로 미국이 상대적인 우위를 유지할 것이다.

넷째, 미국을 포함한 전 세계 모든 국가들이 장기 침체의 고통을 겪는 가운데 패권의 향방 자체가 무의미해질 것이다.

이 보고서를 작성한 최동순 연구원은 이중 두 번째 시나리오를 지지하면서 "다만 향후의 다극 체제는 협조와 대립을 되풀이하면서 정착되어 갈 것으로 보며, 단기적으로는 미국 패권의 향방도 기본 변수들의 변화에 따라 복합적이고 유동적인 형태를 띨 것으로 예상된다"라고 결론 내리고 있더군요.

저는 첫 번째 시나리오를 지지합니다. '아직은 화교권-회교권 금융의 힘이 전통적 강자인 미국-서유럽-영국-호주-일본 금융의 힘을 이길 수 없다'고 보기 때문입니다. 맨 위의 표를 보시면 잘 아실 수 있으실 것입니다. 화교권-회교권 금융 자산과 미국-서유럽-영국-호주-일본 금융 자산을 2006년 기준으로 비교하면 15조 달러 vs. 135조 달러입니다.

상대가 안 되죠. 그런데도 왜 중국과 중동이 저러는 것일까요.

먼저 회교 금융을 보면 전체 금융 자산은 7조 달러로 전 세계 금융 자산의 4%에 불과합니다. 또한 국제 금융시장에서 차지하는 비중은 약 9천억 달러로 전체 권역 간 순환 투자액의 1% 남짓에 불과합니다. 그러나 다른 측면으로 보면 회교 경제권은 전 세계 GDP의 18%, 전 세계 인구의 24%를 차지하는 거대 경제 권역입니다. 전 세계에서 차지하는 중국 금융 자산의 비중이 5% 남짓이지만 화교 경제권의 GDP 비중은 훨씬 크며, 인구로는 25%에 달하는 것과 마찬가지입니다.

특히나 전 세계 외환보유고 7.2조 달러 중 중국이 2.3조 달러, 중동이 2.1조 달러로 60%가량을 회교-화교권이 가지고 있습니다. 따라서 아랍권은 향후 10년쯤 뒤에 석유 등의 결제 통화를 달러화 대신 위안화, 뉴걸프 화폐 등 '통화 바스켓'으로 대체할 것을 주창하고 있고, 바로 이 지점에서 미국 패권의 균열을 노리고 있는 것입니다. 그럼 이런 것들이 성공할 수 있을까요. 현재로서 확률은 반반입니다.

중동은 기본적으로 미국과 이스라엘에 대하여 극도의 반감을 가지고 있습니다. 석유를 가지고 있으면서도 그간 에너지 패권은 미-영-이스라엘 계열에게 빼앗겨 왔기 때문입니다. 그럼 중국은 왜 그럴까요.

현재 미국이 중앙아시아에 집중하는 배경에는 궁극적으로 '중국 견제'란 목적이 있습니다. 즉, '중국 내의 이슬람 분리주의자들의 세력을 키워 중국의 분열을 자극하자'라는 것입니다. 그 세력 중 대표적인 것이 위구르족입니다. 미국이 자국 군의 희생을 감수하고 적을 키워 이용한 것은 한두 번이 아닙니다. 따라서 아프간 등 중앙아시아에서 미군 희생자가 늘어나는 등, 미국이 늪에 빠져 들어간다고 보는 시각은 단편적인 것입니다. 미국은 패권을 위해서라면 자국 군의 희생 따위쯤은 거뜬히 감수할 국가입니다.

따라서 중국이 과격하게 나가고 있습니다. 공공연히 반미 연합을 주창하는 이면에는 이러한 외교적인 마찰이 도사리고 있습니다. 그러나 화교-회교 연합은 그 성공을 낙관하기 힘든 상황입니다. 중동 중에서도 신 경제의 선두주자인 UAE의 두바이 상황을 보면 잘 알 수 있습니다. 현재 두바이 경제는 하루하루 급속도로 성장하고 있습니다. 그럼 두바이의 미래처럼 중동의 미래 또한 낙관적일까요. 그렇지 않습니다. 중동에 유입되던 영미 계열의 자금이 급속히 빠져나가고 있기 때문입니다. 석유에 더해 부동산으로 고성장을 도모해 보려던 중동의 꿈이 산산조각 나고 있습니다. 이런 상황 속에서 향후 20~40년래 석유가 고갈되고 녹색 에너지시장이 이를 대체하게 된다면 중동의 운명은 과연 어떻게 될까요.

또한, 전 세계의 부동산 광풍의 이면에는 국제 금융의 비정한 생리가 도사리고 있다고 봐야 합니다. 그런데 지금 중국과 중동 모두, 이 덫에 걸려 허우적대고 있는 중입니다. 중국과 중동이 모두 건설 과열 상태인데, 부동산 버블이 한번 형성되었다 무너지면 큰 국부가 사라져 버리게 됩니다. 중국, 중동 등이 그간 심혈을 기울여 미국을 채권(국채)의 덫에 빠뜨려 왔다면, 미국은 그간 심혈을 기울여 중국, 중동을 부동산의 덫에 빠뜨려 온 것입니다.

물론 중동 금융의 힘이 형편없다는 것은 결코 아닙니다. 말레이시아를 예로 한번 들어보죠. 말레이시아의 국민소득은 한국의 절반 정도 됩니다. 대다수 동남아 국가들이 낮은 국민소득을 기록하고 있는 것에 비하면 괄목할 만하죠. 그 이유가 무엇 때문일까요. 여러 이유가 있겠지만 그 중 하나가 바로 말레이시아가 아시아 국가 중 회교 금융의 중심지라는 것입니다.

인구 2천3백만 명 중 60%가 이슬람권인 말레이시아는 전 세계에서 발행되는 이슬람 채권시장 가운데 상당 비중을 차지하고 있으며, 말레이시아 내의 이슬람계 소매 금융은 전체 금융시장에서 매우 큰 비중을 차지하고 있습니다. 마하티르 전 말레이시아 총리가 수시로 미국에 반기를 들었던 것도 전통적인 이슬람 금융의 중심지로서 회교 경제권의 분노를 대변해 표출한 측면이 있다고 보아야 합니다. 그 분노 표출의 이면에는 바로 이와 같이 막강한 이슬람 경제의 저력이 자리하고 있었던 것입니다.

화교 + 회교 경제,
달러를 추월하겠다고?

그러나 그럼에도 불구하고 중동의 힘은 아직 미약합니다. 중동에 중국이 더해져도 마찬가지입니다. 중동, 중국이 달러를 버리고 국제 결제 통화를 유로화, 위안화, 뉴걸프 화폐로 다변화한다면 달러 가치도 폭락하게 될 것입니다. 이것은 일종의 자해 행위입니다. 또한 중국과 중동 내에 유입되어 있는 막대한 미−영−서유럽−일본 계열의 자금이 이탈하게 되면 중국, 중동은 어떻게 될까요. 중국, 중동의 외환보유고가 4조 4천억 달러라고는 하지만 전 세계 국제 금융시장에서 따져볼 것이 오직 외환보유고뿐일까요.

더구나 외환보유고 등 국제 금융의 힘이 발휘되기 위해서는 무역 등 실물 경제의 기반이 뒤따라 줘야 합니다. 그런데 지금 전 세계적으로 교역의 확장이 주춤하고 있는 상황입니다. 그간 막대한 경상 적자로 국제 유동성을 내뿜어 주던 미국이 몸을 사리고 있기 때문입니다. 이런 상황 속에서 위안화가 달러화를 대체해 막대한 경상 적자를 감수하고 과소비를 해가면서 위안화를 전 세계로 공급해 줄 수 있을까요.

중국과 위안화의 국제 사회에서의 역량 강화는 이제까지 해외 산업 투자, 해외 금융 투자 분야에서 이루어 놓은 기반에 어느 정도 비례해 나아갈 수 있는 것이지 하루아침에 얼렁뚱땅 늘어날 수 있는 것이 아니란 이야기입니다. 중국 내에 투자되어 있는 막대한 핫머니가 이탈할 수 있는 위험도 커지고 있고, 상품을 팔아 국제 유동성을 축적하는 대신 투기성 자본 유입이 급증하고 있는 상황입니다. 이런 상황 속에서 대체 언제까지 외환보유고로 승승장구할 수 있을는지 의문이 아닐 수 없습니다.

이것은 중동 또한 마찬가지이고, 중동−중국 연합, 기타 러시아, 남미 등의 추가 연합도 마찬가지입니다. 패권이라는 것은 기본적으로 전무 아니면 전부입니다. 따라서 미국이 패권의 지위를 잃고 중국과 전 세계를 양분할 것이란 예측은 다소 난센스입니다. 가능하다고 해도 유럽, 일본처럼 경제력만 분할하게 될 가능성이 다분해 보입니다.

그런데 지금 회교-화교 경제권은 그 이상을 노리고 있습니다. 궁극적으로 중동은 이스라엘의 패망을 원하고, 중국은 중앙아시아는 물론 동아시아에서 미국을 몰아내길 원하고 있습니다. 반면 미국은 중동에 대한 항구적 지배와 아프간, 위구르 등을 통한 중국의 국가 분열 도모를 원하고 있습니다. 따라서 이것은 결코 단기간에 부드럽게 끝날 싸움이 아닙

이슬람 금융의 독특한 운용 기법

이슬람 금융은 이슬람 교리(Sharia)에 따라 이자 수수 금지, 비도덕적 사업·금융 거래 금지, 실물 거래의 기반 없는 금융 거래 금지 등을 특징으로 합니다.

요구불 예금은 이자를 지불하지 않으며, 저축성 예금은 받지를 않습니다. 다만 은행이 투자를 받아 운용하여 이익을 배분하는 신탁 형태의 자산 운용은 가능합니다. 채권의 경우도 채권 투자자에게서 자금을 조달해 기업의 자산을 매입하고 그 자산을 다시 그 기업에 임대하여 받은 이익을 채권 투자자에게 지급하는 우회적 투자 기법을 사용하고 있습니다.

부동산 대출의 경우에도 직접 자금을 대출하는 것이 아니라, 대출로 사려는 부동산을 대신 구입한 뒤, 부동산 대출 이자에 해당하는 이윤을 부가하여 부동산 구입 희망자에게 우회 판매하는 방식으로 영업을 하고 있습니다. 일반 대출도 은행이 자산을 구입하여 대출 희망자에게 이윤을 부가하여 신용으로 판매하면 대출 희망자는 그 자산을 매도하여 자금을 조달한 뒤 이윤을 역으로 제해 나가는 식의 자산 담보부 증권류의 청산 형태를 띠고 있습니다.

이런 것들은 모두 이자를 금지하고 대신 실물 거래를 통해 이익과 손해를 나누라는 종교 교리에 충실하기 위해 사용되는 이슬람 금융의 독특한 운용 기법들입니다.

니다.

지금 미국 경제는 분명 어렵지만 여전히 1등 프리미엄을 누리고 있습니다. 이것이 사라지면 미국 경제는 붕괴하게 됩니다. 쉽게 말해 기초 화폐가 달러화에서 다른 화폐로만 바뀌어도 미국은 무너질 수 있다는 이야기입니다. 패권의 속성은 기본적으로 양보하거나 나눠 가지고 말고 할 성질의 것이 아닙니다.

그런데 지금 중국은 바로 그것을 노리고 있습니다. 1단계로 미국 패권 프리미엄의 제거, 2단계로 미국 패권 프리미엄의 계승을 말입니다. 이 과정을 통해 미국을 단숨에 추월해 보자는 것입니다. 그 전략의 일환으로 그간 지독하게 외환보유고를 축적해 온 것입니다. 화폐 불균형, 무역 불균형을 심화시키면서 말입니다. 미국이 부동산발 금융위기를 조장해 왔다면, 중국은 채권발 금융위기를 조장해 왔다라고 할 수 있습니다. 그리고 미국은 이에 대응해 중앙아시아로의 전략적 거점 이동에 의한 중국 국가 분열 도모로 대응해 왔습니다. 이런 십수 년간의 지리한 대결이 쉽게 결판날 수 있을까요.

2. 두바이 모라토리엄의 의미

주요 국부 펀드 현황(2007)

국가	UAE	노르웨이	싱가포르	사우디	쿠웨이트	중국	싱가포르
규모	8,750억 달러	3,800억 달러	3,300억 달러	3,000억 달러	2,500억 달러	2,000억 달러	1,590억 달러
국가	카타르	알제리	리비아	미국	러시아	브루나이	한국
규모	500억 달러	420억 달러	400억 달러	380억 달러	320억 달러	300억 달러	200억 달러

출처 : 모건 스탠리

두바이 월드가 모라토리엄을 선언할 때의 채무 규모가 600억 달러에 달하는 것으로 알려지고 있습니다. 그럼 이게 대체 얼마만한 규모이며 향후 어떤 파장을 미치게 될까요.

국제 금융위기 충격 비교

	서브프라임	정크본드 사태	멕시코 위기	IT 버블 붕괴	검은 월요일	아시아발 환란
지속 기간	10분기 (진행 중)	6분기	4분기	7분기	1분기	2분기
손실 규모	9배	7배	5배	4배	4배	1배

＊ 지속 기간 : 위기 분기 이전 수준으로의 회복까지 걸린 기간.
＊ 손실 규모 : 위기 분기 직전의 이득 대비 위기 분기 기간 중 총 손실의 배율.

출처 : 이코노미스트

금융위기를 겪은 나라들의
위기 직전 상황의 공통점

아르헨티나가 1997년 금융 자율화 조치 이후 2001년에 810억 달러의 채무 불이행을 선언함으로써 현대사에서 가장 큰 국가 부도를 내게 됩니다.

국제 금융위기를 겪은 나라들의 위기 직전 상황의 공통점이 무엇인줄 아십니까. '경제가 가장 훌륭하다', '위기 가능성이 가장 적다' 등의 찬사가 쏟아졌다는 것입니다. 아르헨티나 또한 그랬습니다. 그리고 2009년 후반부터 중국, 한국이 아르헨티나와 같은 칭송을 받고 있습니다. 실은 가장 위험한 국가인데 말입니다.

1997년 동아시아발 금융위기는 글로벌 경제가 비교적 건실했기에 전 세계적으로 보았을 때 무탈하게 넘어갈 수 있었습니다. 그러나 이번 위기의 규모는 당시의 최소 십수 배에 달할 것으로 예측되고 있습니다. 무슨 이야기냐 하면, 국제 경제 역학의 새로운 판도 변화를 요구하고 있다는 말입니다. 결국 미국이나 EU, 중국 정도 규모의 경제가 하나쯤은 크게 흔들려 줘야 하는 것이죠. 두바이 600억 달러의 디폴트 선언 정도로 전 세계 경기 순환이 바닥을 찍어내기에는 턱없이 부족하다는 이야기입니다.

그런데 이 지점에서 짚고 넘어가야 할 것이 있습니다. 지금 많은 사람들이 '중국은 외환보유고가 많다', '따라서 그런 중국은 부도가 날 수 없다', '되레 중국이 세계 경제의 유일한 희망이다' 는 등의 주장을 의심 없이 받아들이고 있다는 것입니다.

2009년 말 《화폐전쟁》의 저자인 쑹훙빙(宋鴻兵)이 미국을 맹비난하며 중국의 미래에 대해 찬사를 보내는 글을 모 언론사에 기고해 놓았더군요. 어쩌면 그 사람은 중국 정부의 눈치나 보며 충성하고 그에 대한 떡고물이나 챙겨가는 비양심적인 지식인일 수도 있겠지요.

쑹훙빙의 글에서 볼 것은 단 하나뿐입니다. 중국이 조만간 큰 위기를 겪게 될 것을 예감하고, 그 위기 극복을 위한 국가적 에너지를 모아내기 위해서 노심초사하고 있다는 것, 이거 하나만 빼고는 그의 글에서 볼 것이 없습니다. 그래서 중국이 미국, 한국 등에 대한 부정적 여론 조성을 지속하고 있는 것이죠. 국내의 불만과 경제위기의 가능성을 국외에 대한 불만과 책임 전가로 해소해 나아가고자 하는 것입니다.

이번 위기는 어떤 면에서 볼 때 '중국에서', '중국 때문에' 시작되었고, '중국이 휘청거려야' 끝이 날 수 있다고 말할 수 있습니다. 중국은 지난 30년간 큰 경제위기 없이 승승장구해 왔습니다. 상승과 하락이 무수히 교차하는 세계 금융사의 흐름을 비추어 볼 때, 중국처럼 큰 경제 주체가 30년이란 긴 세월을 별 탈 없이 지내왔다는 사실은 어쩌면 자신들이 겪었어야 할 위기 혹은 리스크를 다른 경제 주체에게 전가했을 개연성을 충분히 내포하고 있습니다. 그런 가능성 중 일부가 중국의 인근 지역에서, 지난 두바이 모라토리엄으로 드러난 것일 수 있다는 이야기입니다.

02

유럽의 금융위기

1. 국채를 중심으로 본 세계 경제 전망

전 세계 중앙은행이 그간 극단적으로 시행해 온 통화 완화 정책에 대한 테스트를 받아야 할 시기를 맞이하고 있습니다.

본격적인 국채 발행 시즌이 도래한 것입니다. 2009년 발표된 계획을 보면 미국 2조 달러 등 대략 6조 달러 수준입니다. 2008년 3조 달러의 2배가 넘는 규모입니다. 이는 시장에서 제대로 소화될 수 있을 만한 규모가 아닙니다. 성공 결과를 예단할 수도 없습니다. 초유의 일이기 때문입니다. 현재로선 발행 계획이 진실한지, 조달 계획이 성실한지, 시장 여건은 안정적인지 등에 대한 그 어떤 확신도 없는 상태입니다.

다만 몇 가지 예측을 해보자면, 첫째, 현재 미국 주도로 각국이 금리를 최대한 짓누르고 있는 중이긴 하지만 결국 수급 문제로 인해 장기 금리가 어느 순간 급격하게 상승할 가능성이 있습니다. 미국의 경제는 기본적으로 한동안 전강후약(前强後弱)으로 갈 것 같습니다. 그러나 이는 미국의 전략 목표와 불일치하는 기대치가 아닙니다. 현재 미국이 원하는 것은 손실 최소화가 아니라 시스템 붕괴 방지에 있기 때문입니다.

둘째, 유럽 주도로 인플레 경계 심리가 지속 중이긴 하지만 결국 유럽도 경기 침체를 못 견디고 금융 팽창 정책 지속으로 나아갈 가능성이 높습니다. 유럽 경제는 향후 전약후약으로 갈 것 같습니다. 유럽은 어떠한 경우의 수에서도 이번 금융위기의 최대 피해국 중 하나입니다.

셋째, 중국 주도로 기축통화 다변화 노력이 일부에서 일어나고 있지만 이는 결국 실패할 가능성이 높습니다. 역량이 부재하기 때문입니다. 중국의 누적 금융 자산은 전 세계 금융 자산의 4%, 권역 간 해외 투자 자금의 5% 비중에 불과합니다. 또한 중국은 일부 국가에 대한 큰손 채권국이긴 하지만 동시에 그에 버금가는 막대한 채무국이자 국제 FDI(외국인 직접투자)의 최대 수혜국이기도 합니다.

넷째, 동남아시아, 동유럽, 한국 등의 금융시장은 한동안 불안정할 것으로 보입니다. 한국은 심각한 오판에 빠져 있습니다. 충분한 외환보유고와 낮은 국가 부채율 그리고 막대한 연기금 축적 등을 믿고 원화 유동성에 대한 지나친 자신감에 젖어 있습니다. 외환시장 개입에 대한 정치 일정이 너무 노골적이라는 것 역시도 부담입니다.

다섯째, 국채 발행으로 인한 민간 경제에 대한 구축 효과, 즉 은행, 기업, 가계의 부담이 어느 정도로 일어날 것인가 하는 문제가 있습니다. 국제 공조는 이 지점에서 중대한 기로를 맞이할 것으로 보입니다. 결국 해결 방법은 선진국의 경우 보호주의밖에는 없기 때문입니다. 이 과정에서 국가 간 급격한 성장률 격차 확대가 유발될 수도 있습니다.

여섯째, 무엇보다 문제는 인플레이션 우려입니다. 각국이 과도한 통화 증발(증가 발행) 압력을 이겨낼 수 있느냐 하는 것입니다. 그런데도 지금 외환시장 불안정에 노출된 상당수 국가들이 오히려 인플레 유발을 버블 붕괴 우려에 대한 위기 해결책으로 활용하려는 움직임입니다. 결국 중간에서 서민들만 끼어 죽어나게 될 것입니다.

이러한 흐름들은 특히 세계 최대 채권 국가인 유럽의 입장에서 바람직한 일이 아닙니다. 그러나 문제는 피할 길이 없다는 것입니다. 거의 모든 경제 여건이 '진퇴양난' 상황이기 때문입니다. 채권 시스템을 유지하자니 채권이 위험해지고, 채권의 가치를 유지하자니 채권 시스템이 위험해지는 거죠. 디플레로 가자니 죽겠고, 인플레로 가자니 역시 죽겠습니다. 결국 미국처럼 팔다리를 자르고 몸통을 지키는 전략을 취하기 쉽지 않은 입장인 것입니다.

이는 장기적으로 유로화 지위를 손상시키는 것은 물론 유럽의 정치 통합 일정도 지연시킬 것입니다. 결국 이런 제반 여건들이 달러화의 기사회생으로 연결될 가능성이 커 보입니다. 물론 위안화가 이 기회를 넘봐 어부지리를 엿보기에는 아직 역량이 역부족인 상태입니다. 이런 관점에서 보면 결국 미화는 전강후약이 아닌 전강후강으로 갈 가능성도 있어 보입니다. 그것이 작금의 달러화 강세의 이유입니다.

그리고 미국이 장기적으로 살아난다면 이번 사태에서 손실을 최소화한 일본이 뒤이어 살아날 공산이 큽니다. 그러나 중국은 본격적인 인플레이션 정책 누적의 후유증 속으로 진입하게 될 것 같습니다. 환율 절상을 기피하고 있는 위안화에 대한 국제 자본의 인내력도 바닥난 상태입니다.

OECD 평균 수치보다도 높게 조작되어 있는 고용률 하락의 역풍도 맞아야 합니다. 중국은 이제 최대 4억 명에 달할 것으로 추정되고 있는 진짜 실업자뿐만 아니라 전체 고용(7억 5천만 명)의 절반을 차지하고 있는 비공식 부문 고용자들의 분노와도 맞닥뜨려야 할 처량한 처지에 놓여 있습니다. 부동산 개발과 증시 투기로 손실을 만회해 온 산업 구조도 인플레이션 억제 정책이 한계에 달한 중국 정부의 이해관계와 충돌하게 될 것입니다.

그리고 이 과정에서 행여나 금융위기가 발생하게 된다면 중국 정부의 부채 증가로 경기 급락을 막아내려던 전략은 좌초하게 될 것입니다. 당연한 이야기 같지만 중국은 금융위기가 도래하면 정말로 큰 위기를 겪게 될 것입니다. 숨겨진 부실, 국제 수준에 맞추어 풀어야 할 규제들이 한둘이 아닌데 중국에 금융위기가 도래하게 되면 이런 부분들이 타의에 의해 발가벗겨지고 무장 해제될 것이기 때문입니다. 바로 그런 이유 때문에 중국의 경제위기는 시간문제일 뿐 결국 도래할 수밖에 없는 것입니다.

2. 동유럽을 중심으로 살펴본 EU,
중국을 중심으로 살펴본 동아시아의 내면

금번의 금융위기에서 주된 관심사 중 두 가지는 첫째, 독일이 과연 EU 통합 주도권에서 손을 떼게 될 것인가, 그리고 영국은 유로 권역으로 편입할 것인가. 둘째, 중국의 경제 붕괴 위기가 실체화될 것인가 하는 것입니다. 지금 보면 이번 위기는 일본에서 시작되어 독일에서 기로를 맞이하는 형국으로도 볼 수 있습니다. 따라서 이번 위기의 키워드는 중국 포함 '동아시아' 그리고 'EU'로 모아지지 않을까 합니다.

결국 동아시아와 동유럽이 가장 큰 채무국이기 때문이죠. 중국을 가장 중요한 채권국, 미국을 가장 중요한 채무국으로 보는 시각은 부정확한 것입니다. 뿐만 아니라 핵심을 벗어난 것입니다. 중국은 채권국이라기보다는 전 세계 FDI(외국인 직접투자)와 국제 금융 투자의 가장 큰 수혜국이고, 미국은 막강한 금융 시스템을 보유한 국가이기 때문이죠.

핵심은 선진국의 산업 시설이 동아시아, 동유럽으로 이동하고, 더불어 금융 투자가 이동하고, 이 과정에서 동아시아, 동유럽 간의 공급 경쟁이 격화되고, 이 와중에 중국과 일본 간 그리고 미국과 EU 간의 미묘한 대결 구도가 비이성적 양상으로 치달아가고, 결국 그 결과물로서 미국의 그림자 금융 시스템이 가장 먼저 붕괴된 것입니다.

그러나 따지고 보면 요사스러운 것은 미국의 그림자 금융 시스템만이 아닙니다. 그보다는 중국의 통계 조작이 더 악랄해 보입니다. 중국의 모든 정책 1순위는 '정비된 통계로 국제 투자를 끌어들이는 것'에 있기 때문입니다. 그럼 동유럽은 문제가 없느냐. 동유럽 역시도 미국의 그림자 금융과 중국의 통계 조작 못지않게 요사스러운 부분들이 있습니다.

동유럽이 시장경제로 나아간 것은 불과 20년 남짓입니다. 그런데 폴란드 등의 경제 규모는 대만 등을 뛰어넘어 한국을 위협해 들어가고 있고, 에스토니아 등 이른바 발트 3국의 1인당 GDP는 역시 한국의 턱밑까지 치고 올라 온 상황입니다. 이는 전 세계 역사상 가장 빠르게 경제 발전을 이루어낸 한국, 중국을 능가하는 수치입니다. 따라서 중국 못지않게 극심한 통계 조작, 분식회계, 부실 누적, 지나친 부채 의존이 존재하고 있다는 뜻입니다.

그렇다면 이런 것들의 가장 큰 연계 선상에 역시 최종적으로 일본과 독일이 존재한다고 볼 수밖에 없습니다. 왜냐하면 일본과 독일은 전 세계에서 가장 큰 채권 국가이기 때문입니다.

눈치 빠른 일본,
고뇌하는 독일

그러나 일본은 비교적 똑똑하게 움직였습니다. 이미 서브프라임 사태가 공론화되기 전인 2005년경부터 꾸준하게 동유럽 등지의 위험 노출 액 규모를 줄여왔기 때문입니다. 특히나 미국과 일본은 중국에 대해 극도의 주의를 기울이고 있습니다. 반면 독일은 동유럽, 동아시아, 중국, 미국 등 거의 모든 주요 시장에 금융 시스템이 물려 들어가 있습니다.

현재 EU는 재주는 독일이 부리고 실리는 프랑스가 챙기고 있는 구도입니다. 많은 동유럽 국가들은 프랑스에게 서유럽이 이번 위기에서 동유럽에 막대한 지원을 하도록 하는 리더십을 발휘해 주길 바라고 있습니다. 그러나 그럴 능력을 가진 나라는 프랑스가 아니라 독일입니다. 재정 여력에 있어서 가장 강력한 경제력을 가지고 있기 때문이죠. 그러나 독일도 죽을 지경입니다. 따라서 근래 들어서 서서히 독일 경제가 불안정해지고 있다는 주장과 시그널들이 흘러나오고 있는 상황입니다.

초대형 경제위기 앞에서 독일도 못 버티고 있는 것이죠. '동유럽 경제를 외면할 것이냐?', '동유럽이 주저앉으면 결국 동아시아가 반사 이익을 보게 될 것이다', 'EU 정치 통합의 숙원은 결국 지연되거나 물 건너가는 것이냐?' 등 독일에게 과도한 정치적, 경제적 부담을 지우려는 이런 시선들이 부담스러운 것입니다.

드디어 독일도 산업 시설을 서유럽에서 동유럽으로 이전시키고, 거기에 다시 금융 투자를 투입해 고부가가치를 창출함으로써, EU를 미국, 동아시아와의 대결 구도에서 승리시키려던 전략에 고개를 흔들기 시작했습니다. 결국 유럽을 떠받치느라 독일의 허리만 휘고 있다는 것입니다.

영국은 정반대입니다. EU와 한발 거리를 둔 채 국제 금융의 중개지 역할을 함으로써 그간 막대한 금융 부가가치를 누려왔으나, 이제 금융위기로 호사는커녕 건사도 어려운 지경에 빠져 파운드화의 가치가 속절없이 추락하고 있습니다. 따라서 영국이 EU의 품안으로 들어가는 것 아니냐는 관측들이 많이 나오고 있는 상황입니다.

그러나 이 견해에 동의하지 않는 사람들도 많습니다. 처음부터 영국의 전략은 옳았다는 것입니다. 그것은 지금 독일의 몰골이 증명하고 있습니다. 그리고 지금의 실패가 그간의 성공을 모두 무시해도 좋을 만큼의 규모인지는 좀 더 평가 과정과 향후 사태 전개 관찰이 필요해 보인다는 견해입니다. 무엇보다도 독일, 영국의 일각에서 불어닥치고 있는 '중국 회의론'을 주목할 필요가 있을 것 같습니다. 국제 사회가 중국으로 인해 지나친 피해에 시달리고 있다는 것입니다. 중국의 국제 유동성 독식과 통계 조작, 미국 그림자 금융 시스템 붕괴 사태, 파생 금융과 외환 투기 시장의 지나친 확대, 동유럽, 동아시아의 지나친 외채 차입에 의존한 경제 발전 등의 건전성을 다시 한 번 점검해 보아야 한다는 것입니다. 그 고민의 중심에 바로 독일이 있습니다.

지금 전 세계는 유럽의 경기부양책을 주시하고 있습니다. 유럽 경제의 핵은 독일입니다. 그리고 제가 보기에 독일은 무리한 경기부양책을 최대한 일찍 끝내고 싶어 할 것이 확실해 보입니다. 그리고 궁극적으로 독일은 자신의 책임과 역할에 대한 전면적 재검토에 들어갈 것으로 보입니다. 이는 결국 유럽의 대규모 국채 발행 계획 중 상당 부분이 공수표에 그칠 수도 있음을 의미합니다.

독일은 자국을 포함해 유럽 각국이 부채의 늪으로 빠져 들어가길 원하지 않고 있습니다. 반면 중국은 유럽의 부채가 늘어나길 바라고 있고, 이 자산의 매입으로 미국 자산 가치 하락의 리스크를 분산하고 싶어 할 것입니다. 그간 중국이 국제 유동성을 독식할 수 있었던 데는 미국이란 파트너가 존재하고 있었기 때문인데, 이제 그 파트너를 미국과 유럽으로 양분하고 싶어 하는 것입니다.

미국은 유럽의 정치·경제 통합 작업에 제동을 걸고 싶어 합니다. 유로 경제 권역이 미국 패권을 잠식해 들어가는 속도를 늦추고 싶어 하고, 중국에 대한 정치·경제적 견제도 달성하고 싶어 합니다. 이러한 미국, 유럽, 중국의 3자 역학 구도가 어떻게 정리되느냐에 따라 금융위기의 향후 전개 구도의 기본 프레임이 결정되게 될 것입니다.

3. 엔화 강세의 원인

최근 만성적인 엔고 현상이 나타나고 있습니다. 이와 관련해서 노다 요시히코 일본 재무상이 일본 엔화 강세의 두 가지 요인으로 일본과 미국 금리 차 축소, 유럽 경제 불안에 따른 유로화의 급락을 꼽았습니다. 분석 한번 해보겠습니다.

일본과 미국 금리 차 축소란 캐리트레이드를 말하는 것입니다. 캐리트레이드란 한마디로 국제금융이라고 보면 됩니다. 국제금융이 왜 일어납니까. 쉽게 말하자면 각국의 환율, 이자율, 물가가 균형 관계에서 벗어나 있기 때문입니다. 이에 관한 현실과 예측을 바탕으로 이익을 취하기 위해서 캐리트레이드가 일어나게 되는 것입니다.

이에 관한 이론으로 실물 균형을 설명하는 구매력 평가(PPP: purchasing power parity)와 금융 균형을 설명하는 이자율 평가(IRP: interest rate parity)가 있습니다. 모두 예상 환율 변화율, 이자율 차이, 예상 인플레이션 차이, 선물환 할증 등 간의 관계를 정리한 이론들입니다.

구매력 평가에는 두 나라의 동일 상품 바스켓의 가격은 동일 통화 환산 시 같아져야 한다(일물일가의 법칙)라는 절대적 구매력 평가와 두 나라의 일정 기간 환율 변화율이 두 나라의 인플레이션 차이와 같다는 상대적 구매력 평가가 있습니다.

이자율 평가에는 무위험 이자율 평가, 유위험 이자율 평가, 실질 이자율 평가 등 세 가지가 있는데, 모두 자본 이동성이 완전한 경우 두 국가의 이자율 간에 성립되어야 할 평가 관계를 설명한 것입니다. 어려운 것 같아 보이지만 실은 간단합니다. 구매력 평가와 마찬가지로 두 나라에서의 투자 수익률은 동일 통화 환산 시 같아져야 한다는 것입니다. 미국에서 펀딩해 미국에 투자하나 일본에 투자하나 수익률은 같아야 한다는 소리입니다. 그것은 국가 간의 금리 차이가 발생하더라도 환율 등에서 균형

을 맞추어 줄 변화가 일어나 궁극적으로 수익률 기회를 상실시켜야 한다
는 소리입니다.

그러나 현실은 수급 등의 문제로 인하여 그렇게 돌아가지 않습니다. 그
래서 캐리트레이드가 일어나는 것입니다. 불균형을 균형으로 맞추기 위
해서, 균형으로 돌아갈 때 이탈하기 위해서, 이탈하면서 발생하는 불균
형을 다시 균형으로 되돌리기 위해서 말입니다.

특히나, 일본의 강점은 통화가 끝없이 절상되고 있다는 것입니다. 일
본이 지난 십수 년간 저성장을 거듭했음에도 통화 가치가 계속 절상되고
있는 이유에는 여러 가지가 있겠지만 그중에서 가장 중요한 것은 역시
인플레이션이라 할 수 있겠습니다. 일본 경제는 인플레이션에 강한 것입
니다. 따라서 통화 할증(currency premium)이 반복되고 그 결과 엔화가
강세를 지속해 온 것입니다. 반대로 한국의 원화 같은 경우에는 할인
(depreciation)이 반복되고 있습니다.

물론, 통화가 지나친 할인 상태에 머물러 있으면 불균형을 메우기 위한
캐리트레이드가 일어날 수 있습니다. 그러나 한국처럼 만성적인 외환 통
제, 주택 버블, 정책 변경이 일어나는 국가에서는 그만큼 금융의 단기 투
기세가 강해져 오버슈팅이 쉽게 일어나고 그 여파로 중단기 변동성도 그
만큼 극심해지게 됩니다. 그래서 외환위기가 반복되는 것입니다.

1997년 외환위기 직전의 과거로 한번 돌아가 보겠습니다. 그때 무슨
일이 있었죠?

1. 1994년 무려 40%에 달하는 중국 위안화의 평가절하.

2. 1997년 무려 16%에 달하는 대만 달러화의 평가절하.

3. 10년간 무려 66%에 달하는 일본 엔화의 평가절상.

4. 한국, 경상 적자 행진 속의 무리한 자본시장 개방 및 그 속에서의 (평
   가절상에 의한) 1만 달러 달성 탐욕.

그림이 보이시죠? 일본 엔화 강세는 적어도 동아시아, 동남아시아 등에 있어서는 위기의 '전조' 인 것입니다. 중국, 대만, 한국, 태국, 말레이시아 등은 수출로 먹고 삽니다. 즉, 외환시장의 목표를 경상수지에 두고 있다는 말입니다. 반면 싱가포르, 홍콩은 돈으로 먹고 삽니다. 즉, 자본 투자 유입으로 먹고 산다는 이야기입니다. 그럼 일본은 뭐죠. 일본은 그냥 미국과 더불어 국제 경제의 양대 패주입니다. 적어도 10년 전에는 그랬습니다.

그런데 그때 버블이 너무 극심했습니다. 대다수 국가에 국제 유동성이 너무나 많이 밀려든 것입니다. 그러나 그 속에서도 중국은 국제수지를 더욱 축적하려 들었고, 몇 년 전 한국과 단교해 한국에 대한 혐오감이 극에 달해 있던 대만은 한국을 골탕 먹이고 싶었습니다. 그래서 고환율 경쟁으로 치달은 것입니다. 그 속에서 김영삼의 한국은 1만 달러 달성, OECD 가입이란 목표 앞에서 단꿈에만 빠져 있었습니다. 그 황홀함의 대가는 얼마 후 IMF사태로 인한 대량 해고, 대량 자살, 국가 부채 30% 폭증이었습니다.

어쨌든 그런 위기 도래 상황 속에서 '엔고' 가 일어나고 있었습니다. 엔고가 왜 일어납니까. 맨 위 일본 재무상이 말한 대로 캐리트레이드 때문이기도 합니다. 그러나 그게 이유의 전부는 아닙니다.

엔화 강세,
이유 없이 오지 않았다

바로 리스크가 너무 커지고 있었기 때문입니다. 1997년에 엔고가 일어났던 이유는 동아시아 및 동남아시아의 버블 붕괴를 예감했기 때문입니다. 모든 지표가 과열 양상을 띠고 있었던 것이죠. 당연히 일본 자금이 본국으로 귀환합니다. 덩달아 해외 자본도 따라 들어갑니다. Why? 일본

이외의 국가가 불안한데다, 일본이 안전하고, 일본의 환율이 내리고 있었기 때문입니다. 1석 3조죠. 문제는 당시 아시아가 경제 펀더멘털은 일본에 의존, 국제 자본시장은 미국에 더 의존하고 있었다는 점입니다. 무슨 소리냐 하면,

첫째, 미국 자본 등이 빠지면 물론 금융시장에 충격이 큽니다. 그러나 실물 경제는 일본에 더 의존적으로 엮여 들어가 있습니다. 일본 투자가 빠지면 경제의 가장 하부구조가 흔들리게 된다는 말입니다. 일본의 금융은 전통적으로 산업의 도우미 성격을 띠고 있습니다. 예를 들어서 일본 도요타가 태국에 공장을 지으면 미쓰비시 은행이 무역 금융으로 따라 들어가는 식입니다. 그리고 일본 정부는 장기 저리 차관을 지원합니다. 이런 경제의 성과물을 따먹으려고 미국 등의 투기자본이 후행해 들어가는 것이죠. 그런데 이때 경제에 충격이 오면 물론 투기자본의 이탈도 충격이 크겠지만 기본적으론 일본의 투자 철수가 더 충격이 큰 것입니다.

둘째, 예를 들어서 한국으로 따지면 위기 시 원·달러보다 엔·달러의 충격이 더 크게 일어나게 됩니다. 무슨 소리냐 하면 평상시에 원화가 엔화에 비해 상대적 약세를 띠게 되면 수출에 유리합니다. 그렇겠죠? 삼성전자가 소니보다 유리할 것 아닙니까. 그러나 그것은 평시 이야기고, 국제 금융이 불안정해지게 되어서 위기가 임계점에 도달하게 되면 이 약원화, 강엔화의 유리함은 역전 현상에 도달하게 됩니다. 환율이 적정 수준 이상의 고환율을 띠게 되면 외환위기가 도래하게 된다는 말입니다. 그런데 국제 유동성 경색이 일어나게 되면 원·달러보다 엔·달러가 더 크게 변동하는 특성이 있습니다. 그 이유는 한국의 외환시장이 지나치게 달러 편중적이기 때문입니다. 물론 동남아도 마찬가지입니다. 그럼 엔화는 더더욱 요동치고, 이는 달러의 충격을 더욱 가속화시키고, 첫 번째 말한 하부충격을 더욱 가속화시키게 됩니다. 결국 엔화의 지나친 강세는 동아시

아, 동남아 위기의 전조이면서 단초를 제공하고 충격을 더욱 키우는 역할을 하게 되는 것입니다.

여기까지가 1997년 이야기고 최근의 엔고는 좀 더 추가적 의미를 지니고 있다고 보아야 합니다.

셋째, 일본의 엔고가 일어나는 이유가 뭡니까. 그것은 위에서 언급했듯 일본 경제가 인플레이션에 강하기 때문입니다. 지난 십수 년간 일본은 잃어버린 10년의 여파로 게걸음 성장을 했습니다. 그럼에도 엔고가 일어나는 이유가 뭡니까. 바로 경제에 거품이 없고 거품이 생겨나지 않기 때문입니다. 오로지 효율성의 힘만으로 성장하는 것입니다.

반면 경쟁국인 중국, 한국 등은 오로지 통화 가치 하락의 힘만으로 성장합니다. 지독한 인플레이션 및 통화 할인이 일어나고 있는 것이죠. 빈부 격차와 주택 버블도 마찬가지입니다. 그러니 장기적으로 보면 통화 가치가 오를 수 있을까요? 장기로 보면 계속 제자리 걸음인 것입니다. 더 큰 문제는 중국의 경제위기가 임박하고 있다는 것입니다. 한동안은 고정 환율이 좋습니다. 경상 흑자가 일어나는 데도 환율이 고정되어 있으면 국제 유동성이 축적되니까요. 그러나 경제는 언제나 대가를 요구합니다.

인플레이션 과열, CPI는 조작으로 안정 그리고 환율은 고정. 우주가 폭발할 정도의 부작용이 응축되게 됩니다. 중국이 현재 이걸 이겨내고 있는 이유는 오직 하나, 국민이 희생하고 있기 때문입니다. 한마디로 죽어나고 있는 것입니다. 그러나 이 짓도 막다른 골목에 다다랐습니다. 인플레이션, 주택 버블이 임계점에 도달해가고 있기 때문입니다. 그래서 엔고가 일어나고 있는 것입니다. 제정신으로는 중국, 한국 등에 장기 투자하기 힘든 것입니다. 따라서 엔고의 배경은 불확실성 회피, 리스크 회피의 단기적 관점보다 중국, 한국 등의 버블 붕괴를 염두에 둔 중기 이상의 관점에서 보아야 할 것입니다.

넷째, 중국의 무역 흑자가 꼭 끝없는 외환보유고 축적으로만 연결되는 것은 아니라는 점을 알아야 합니다. 인플레이션이 일어나게 되면 처음에는 흑자가 쌓이다가, 경쟁력을 잃고, 결국 국제수지가 악화되게 됩니다. 그런데 중국은 계속 흑자가 쌓이고 있죠. 왜 그럴까요. 위에 말한 대로 서민들이 죽어 나가고 있기 때문이기도 하지만 또 다른 원인은 아시아의 패주 자리가 일본 독점에서 일본-중국 양분으로 바뀌고 있기 때문입니다. 만약 1997년경이었다면 이 정도 수준의 엔고라면 아시아에 외환위기가 다시 와야 합니다.

그런데 중국이 버티고 있습니다. 이 때문에 미국, 유럽 등의 투기자본이 중국, 한국 등에서 버블을 추가로 일으키고 있습니다. 예전의 위기 패턴이 통화 약세로 호황을 구가하다가 버블이 정점에 달하고 엔화 강세가 오면 국제 자본 이탈로 금융 외환위기가 오는 패턴이었다면, 지금은 중국이 계속 통화 약세 정책을 펴니까 거기로 추가적으로 밀려들어가고 있다는 이야기입니다.

여타 아시아 국가 입장에서 보면 경제의 기저(base)가 일본에서 일본과 중국으로 바뀌니까 이제 일본의 통화 강세에 따른 상대적 이점만이 아니라 중국의 끝없는 통화 약세 문제에 대한 대처도 중요해졌다는 이야기입니다. 그리고 여기서 추가적으로 더 위험한 버블까지 형성되고 있는 것입니다. 한국이 지금 여기 엮여 들어간 것입니다.

엔화 강세 속에서 살펴보는
중국과 한국의 풍경

결론적으로 일본의 엔화 강세는 여러 가지 면에서 봐야 합니다.

첫째, 일본 자금의 단기화입니다. 얌전하던 일본 자본 역시도 투기화되어 가고 있습니다. 이것이 국제 금융시장의 안정성을 흔들고 있죠. 유럽은 세계 최대 채권국으로서 전 세계 금융 불안의 손해를 가장 크게 겪고 있습니다. 그 속에서 더욱 투기화된 자본이 중국, 한국, 동남아 등으로 몰려 들어가 버블을 정점에 도달하게 한 것입니다.

둘째, 국제 자본의 군집 현상, 즉 패거리 행동을 잘 보아야 합니다. 이제 금융위기는 펀더멘털에 기초해서 도래하지 않습니다. 패거리 현상에 기초해서 오는 것이죠. 그런데 그들 입장에서 어디 제정신 가지고 버블이 극에 달한 한국, 중국에 투자할 수 있겠습니까. 투자해 봐야 단기고, 그러한 단기 투자의 급증은 결국 리스크의 급증 이상도 이하도 아닌 것입니다.

여기에 더해 하나의 목적 추가는 바로 중국 등을 고정환율제에서 변동환율제로 끌어내고, 자본시장 개방을 유도해 내는 것입니다. 1997년 외환위기 이후 한국은 고정환율제에서 변동환율제로 이행했습니다. 이후 한국은 투기 지옥으로 전락했습니다. 은행, 기업 등의 알짜 산업을 외국 자본에 빼앗겼죠. 그리고 마지막 거덜 낼 채비를 현 정부가 지금 이행 중에 있습니다.

중국 또한 마찬가지입니다. 미국의 본원통화 급증, 이에 따른 강제적인 위안·달러 절상, 그리고 이 증가된 본원통화의 추가적 중국 유입. 그 결과 중국, 한국의 버블이 정점으로 치달아 가고 있습니다. 그 이후는 무엇일까요.

바로 중국 경제 파탄, 부실 만천하에 노출, 환율제도 개편, 자본시장 개방 등인 것입니다. 혹자는 중국은 다르다고 말합니다. 뭐가 다를까요. 지금의 중국 위상은 예전 일본 붕괴 때의 일본 위상보다 결코 크지 않습니다. 일본 버블 붕괴 당시 일본 경제 규모는 미국의 2/3였고, 현재 중국 경제 규모는 미국의 1/3입니다. 그러면서 버블은 더 심합니다. 따라서 위기 도래를 피할 수 없습니다.

'중국은 다르다' 라는 말은 하지 마시기 바랍니다. 중국도 무너질 때가 되었습니다. 중국이 안 무너지면 무너질 때까지 버블은 계속 커질 겁니다. 그리고 그 속에서 일어나는 각종 지표의 개선은 경제 회복이 아니라 무너지면서 일어날 충격의 규모를 키울 뿐인 것입니다.

일본 엔화 강세의 기저에는 일본과 중국의 치열한 G-2 다툼도 자리하고 있습니다. 엔화가 강세여야 달러 산출 GDP 순위가 지켜질 수 있기 때문입니다. 엔화 약세여야 일본 경제에 유리합니까? 엔화 강세여야 일본 경제의 위상이 서고 그로 인해 이익이 지켜지는 측면은 전혀 없습니까? 아닌 것입니다.

설사 일본 정부가 아니라고 주장해도 비빌 언덕을 찾는 국제 자본은 이런 것에서라도 지푸라기를 잡으려 드는 것입니다. 지금 일본 정치인들의 대다수는 아마 중국 경제가 무너지면서 다시 일본이 G-2 자리로 올라가고 중국은 한동안 경제 불황을 겪게 되길 원하고 있을 것입니다. 그리고 그렇게 믿고 있을 것이구요. 궁극적으로 중국, 한국의 지나친 통화 약세 전략이 전 세계 금융 질서 안정을 해치고 있다고 주장하고 싶기도 할 것입니다. 지금 한국 정부의 행위는 같이 먹고 살자는 것입니다. 그러나 한국 정부는 그 짓으로 벌어들인 부를 일부 계층에 독점시키고 있습니다. 그래서 환율 및 금융시장의 속성을 인간사와 같다고 말하는 것입니다. 환율은 결국 정치며, 경제며, 인간사인 것입니다. 탐욕이라는 이야기입니다.

지금 일본의 저환율이 일본 경제의 본 실력이냐 아니냐를 떠나서 주목해야 할 것은 바로 한계에 도달한 중국과 한국의 버블 붕괴 문제입니다. 많은 한국의 경제 전문가들이 한국의 부동산시장엔 버블이 없다고 주장하고 있습니다. 역시 중국에 위기는 없을 것이며 양국의 부동산 버블이 붕괴하는 일 또한 없을 것이라 주장하고 있습니다. 물론 그로 인한 경제 충격도 없을 것이고 말이죠.

왜 그럴까요. 그런 것까지 예상하면서 금융을 할 수가 없기 때문입니다. 식당 가서 밥 먹으면서 천장 무너질까봐 떨면서 수저질합니까. 아닙니다. 마찬가지인 것입니다. 그럼에도 중국, 한국의 부동산 버블은 반드시 조정되어야 하며 그 지독한 통화 약세 정책도 종지부를 찍어줘야 합니다. 만약 그렇게 되지 않는다면 한동안 서민 고통은 더욱 극으로 치달아 갈 것이며 향후 경제위기가 찾아왔을 때 치러야 할 대가만 더 커지게 될 것입니다.

그게 일본 통화 강세에 대한 제대로 된 분석이라고 할 수 있을 것입니다. '엔화 강세'가 일어나면 일본은 죽는다고 볼 수도 있겠지만 그 지독한 강세 속에서도 살아남는 일본 기업과 전적으로 환율 약세로 버티고 있으면서도 마치 뭐라도 되는 양 설쳐대고 있는 한국과 중국 그리고 그 이면 속에서 파탄 나고 있는 한국과 중국 서민들의 모습도 볼 수 있어야 할 것이란 이야기입니다.

일본이 엔화 강세로 산업 공동화, 고용 악화, 소득 악화를 걱정하고 있지만 한국은 원화 약세에도 불구하고 해외로 산업 이전을 가속화하고 있습니다. 삼성전자의 공장 상당수는 해외에 있으며, 현대자동차의 국외 생산량은 국내 생산량을 넘어섰습니다. 삼성은 내국인 고용도 안 하면서 삼성경제연구소를 통해서 2050년까지 동남아, 중국, 인도 등의 이민자를 1,000만 명 정도 받아들이자고 주장하고 있습니다.

이런 상황 속에서의 통화 강세, 약세에 관한 논의는 오로지 이전투구에 불과한 것입니다. 임기 초 고환율 정책으로 서민의 재산 수백조 원을 재벌에게로 이전시킨 현 정권은 이번에는 정권 말로 갈수록 반대로 달러 환산 치적을 의식해 저환율 정책을 펼 것으로 보입니다. 물가 안정, 서민 민생, 공정 경제를 운운하면서 말입니다. 그러나 한번 올라간 물가는 쉽게 내려오지 않으며, 고용도 별반 늘지 않을 것입니다.

결국 유일한 답은 조세 선진화, 복지 선진화뿐인데 이것 역시 안할 것입니다. 다만 차기 총선과 대선에서 그걸 다음 정권에서는 하겠다고 공약하고 나올 것입니다. 그리고 대선과 총선에서 이기면 조세·복지 선진화 이야기는 쏙 들어가고 다시 고환율 정책을 펼치려 들 것입니다. 바로 그래서 이명박 정권이 지긋지긋하다는 것입니다.

4. 유로화 상승 동력의 부재

누가 먼저
'고금리'로 갈 것이냐

2010년 전반기, 미국 FRB 의장이 "미국이 제로 금리에 가까운 금리를 유지하고 있음에도 경제 성장을 위해 행동할 수 있는 여지는 충분하다"라고 주장한 기사를 본 적이 있습니다. 그런데 그 주장의 논거가 가관입니다. "장기간 저금리를 유지하겠다는 문구를 추가"하거나, "미국채와 모기지 채권을 더 사들이거나 할인율(중앙은행이 은행에 대출해 주는 금리)을 더 낮추겠다"는 것입니다.

한마디로 금융 팽창 정책을 지속하겠다는 이야기인데, 어떻게 그런 저금리 기조가 금융 팽창 정책의 여지로 해석될 수 있는 것인지 의문이 아닐 수 없습니다. 그런가 하면 영국 경제경영연구센터에서 "경기 침체 여파로 물가 상승 압력이 둔화되어 영란은행(Bank of London)이 적어도 18개월간 금리를 올릴 필요가 없다"라는 보고서를 냈네요.

이건 예측이 아니라 그냥 바람입니다. 채무자가 채권자에게 '금리를 낮추는 것이 합리적일 것 같다'라고 주장하는 것은 당연한 일인 것이죠. 슈퍼에 가서 물건을 사는데 물건 값을 올려 달라고 사정하는 구매자가 없는 것과 마찬가지 이치입니다.

한마디로 귀담아 들을 필요는 없되 영국 경제가 얼마나 한심한 상황인가만을 판단하면 되는 밑바닥 뉴스라고 할 수 있을 것입니다. 그러나 뭐니 뭐니 해도 코미디의 결정판은 2010년 중반 들어 실시된 '유럽의 스트레스 테스트'입니다. 스트레스 테스트란 말 그대로 최악의 경제 상황을 가정했을 때 은행이 버틸 수 있겠느냐 하는 점을 보는 것입니다.

예를 들어서 '금리가 오르면 보유 자산의 건전성은 어떻게 되겠는가',

'그 속에서 부도 리스크 증가 및 신용 등급 하향을 겪고 있는 국가 및 금융기관들의 자금 조달 여력은 어떻게 변화되겠는가' 등을 보는 것입니다. 그러나 최근 조사에서 그런 것은 모두 빠졌습니다. 금융기관의 각국 국채 보유 현황이 제대로 공개되지 않았고, 금리가 인상될 수도 있는 상황을 가정하지 않았습니다. 따라서 나머지, 예컨대 경제 성장률이 조금 하락하고 실업률과 물가지수가 약간 나빠지고 등의 가정하의 조사는 아무 의미가 없는 것입니다. 금리가 상승하면 국채 및 금융기관 보유 채권의 평가손, 대손상각, 자본 확충이 급증하게 될 것이 자명한데, 이걸 빼고 더군다나 채권 보유 현황 공개를 거부하고 무슨 스트레스 테스트를 합니까. 그게 과연 무슨 의미가 있습니까.

결론적으로 현재 상황에서의 자산 수익과 가치 평가 및 리스크 평가 그리고 위기가 생겼을 때 유럽 중앙은행이 재깍재깍 도와준다는 전제하의 스트레스 테스트는 모두 합격 판정이 나올 수밖에 없는 것입니다. 그렇지 않고 보유 채권들의 만기로 갈수록 금리가 올라가는 등의 위험 상황은 전혀 가정하지 않았습니다. 따라서 이것은 스트레스 테스트가 아니라 무(無) 스트레스 테스트인 것입니다. '스트레스가 전혀 없다는 가정하에 얼마나 버틸 수 있겠느냐'를 물은 것입니다. 그런데도 100%가 나오질 않았습니다. 91개 은행 중 90%만이 합격입니다.

일부 부실 금융기관의 자본 확충도 새로운 자본 투입이 아니라 부동산 담보 대출을 담보로 자금을 조달하는 담보부 증권, 일명 커버드 본드 발행 비중이 큰 상태입니다. 이것은 자산 유동화 증권(ABS)의 일종인데, 지금처럼 부동산 가치가 떨어지고 각국 및 각 금융기관의 신용도가 의심받고 있는 상황에서 한마디로 쇼를 하고 있는 것이라고 할 수 있습니다.

시가 평가 유보처럼 자산 가치를 강제로 고평가 해놓은 상황에서 그 담보 가치를 바탕으로 채권을 발행한다면 과연 어떤 은행이 그런 채권을 사줄까요. 결론은 유럽 중앙은행밖에는 없는 것입니다. 이른바 마스터베이션(자기만족 자전거래)인 것입니다. 부동산 중개업소에서 미리 짠 사람들끼리 고액으로 주택을 사고파는 가짜 계약서 작성 모습을 보여 주면서 호구를 끌어들이기 위한 사기처럼 말입니다.

결국 이 스트레스 테스트의 목적은 '스트레스 테스트'가 아니라 '시장 심리 호전'입니다. 경제 주체들에게 시장이 좋아지고 있으니 이제 투자하고 소비하라는 것이죠.

그러나 그러기엔 상당수 국가들의 부실이 너무 큽니다. 미국은 상당한 규모의 부실 자산을 상각해 내고 있지만 유럽은 그렇지 못하다는 것도 문제입니다. 미국은 상당한 규모의 자본 확충을 해내고 있지만 유럽은 역시 전혀 그렇지 못한 상황입니다. 미국은 재정 적자의 상당 부분을 부실 자산을 소각하고 신규 자본을 투입하는 데 사용하고 있습니다. 반면 유럽은 돌려막기를 하고 있습니다. 이런 상태에서 금리를 누가 먼저 올릴 수 있겠습니까.

결론은 미국입니다. 이미 유럽 각국은 더 이상 재정 정책을 지속하기 힘든 상황입니다. 그렇다면 남은 것은 통화 팽창 정책뿐입니다. 그러나 그것의 장기적 구사는 유럽 중앙은행의 탄생 이념과 정면으로 배치되는 것입니다. 더욱 문제는 '거품이 별로 제거되지 않았고', '부실은 별로 청산되지 않았으며', '자본 확충 또한 제대로 이루어지지 않고 있다'라는 것입니다.

이 상황에서 유럽은 금융 팽창으로 가도 위태해지고, 금융 긴축으로 가도 위태해지게 됩니다. 여기에 한국, 중국의 부동산 버블 붕괴 리스크도 점차 임계점을 향해 가고 있습니다. 미국 월가의 심장 박동이 점차 빨라져 가고 있습니다. 도저히 함께 갈 수 없는 항해가 되어 가고 있기 때문입니다. 배의 정원은 50명인데 100명을 태우고 끝까지 갈 수는 없는 노릇입니다.

처음으로 가서 버냉키의 발언을 다시 한 번 생각해 보시기 바랍니다.

미국의 실업률 하향은 금융 팽창 정책의 기조 유지 및 전 세계 금융 안정이 아니라 금리 정책 대전환 및 그 속에서 일부 국가들의 위기와 미국 금융기관들의 수익 제고 속에서만 이루어질 수 있습니다.

이번에는 2004년과 정반대의 현상이 펼쳐질 것이라는 이야기입니다. 그때는 미국이 금리를 올렸음에도 중국 등의 자금 유입으로 장기 금리가 하향 안정되는 호황 속에 버블이 만들어졌고, 유럽은 미국이 금리를 낮출 때는 금리 차를 벌려 투기 자금을 끌어들여 부실을 키우고, 미국이 금리를 높일 때는 미국 부실 자산에 말려들어가면서 이중으로 손해를 보았습니다. 그런데 이번에는 정반대로 미국이 금리를 올리더라도 따라 올릴 수도 없고 그렇다고 안 따라 갈 수도 없는 진퇴양난의 구조로 빠져 들어가고 있습니다.

따라서 당분간 유로화는 반등하더라도 소폭에 그칠 거라 예상합니다. 한국의 환율 역시 마찬가지입니다. 떨어지면 떨어질수록 그것은 떨어지는 추세 지속으로 이어지는 것이 아니라 급반등하는 모멘텀으로 작용하게 될 가능성이 높습니다.

03

그리스 금융위기

1. 금융위기를 가져온 중앙은행의 통화 교란, 그리고 엇갈린 미·중·EU의 태도

TV를 우연히 보다가 깜짝 놀란 적이 있습니다.

KBS '해피선데이'라는 프로그램에서 '서브프라임 사태'에 대해서 개그맨 ○○○에게 1분 동안 설명해 보라는 가상 면접 상황이었습니다. 그 사람은 개그맨 중에서도 비교적 똑똑한 편으로 평가받는 사람입니다. 그런데도 대답을 못하더군요.

그러나 여러분이라면 할 수 있어야 합니다. 미국 서브프라임 사태로부터 시작된 작금의 세계 경제위기의 원인은 '화폐 가치 하락과 이로 인한 통화 교란 그리고 그것을 둘러싼 전 세계 패권 구도의 경합' 때문입니다. 좀 더 구체적으로 이야기하면,

1. 중앙은행의 탄생
2. 발권력을 장악한 각국 정부의 과도한 통화 발행

3. 금본위제, 달러환본위제의 폐지 그리고 법정불환화폐제도의 시행

4. 화폐 가치 하락과 자산 버블의 만연 그리고 이로 인한 빈부 격차 증가 등의 통화 교란

5. 패권 국가들의 위기에 대한 제각기 다른 원인 진단과 해법 처방

정도로 이야기할 수 있을 것입니다. 따라서 서브프라임 모기지 사태에서 언론을 통해 집중적으로 조명된 금융기관의 무리한 대출 행태, 증권 유동화 등 파생 상품의 확산, 고용 감소 문제 등은 저 위의 4번에 해당하는, 한 단면에 지나지 않을 뿐입니다.

그럼 해법은 무엇일까요.

1. 중앙은행 통합, 통화 발권력 민간 이양

2. 국가 부채 감축, 증세

3. 전 세계 통합 통계 기구 창설(각국의 통계 조작 원천 차단), GDP를 대체할 새로운 삶의 지수 도입

4. 부동산 버블, 환율 조작 등의 규제

5. 빈부 격차를 강제로 조정할 조세·복지 선진화 정책의 도입

정도로 이야기할 수 있을 것입니다. 그러나 이렇게 되기는 힘들 것입니다. 왜냐하면 패권국들의 자신의 이익을 위한 치열한 경합 때문입니다. 크게는 미국, 중국, EU, 이 세 축의 입장이 다 다릅니다.

자, 봅시다. 중국이 환율 조작으로 미국으로부터 국제수지를 독식해 빨아들입니다. 미국은 개의치 않고 재정 적자를 크게 낸 뒤 이를 경상 적자 유입으로(중국의 미국채 매입) 만회해 냅니다. 쌍둥이 적자가 발생하게 되는 것입니다.

이런 식으로 중국이 국제 유동성을 독식하면 중국 이외의 고정환율제

도 국가는 긴축 정책을, 중국 이외의 변동환율제도 국가는 인플레이션적 통화 정책 등의 팽창 정책을 써서 버팁니다. 그럼 미국은? 기축통화 국가이기 때문에 한동안 그냥 버틸 수 있습니다.

그러다 미국이 한계에 다다르면 어떻게 될까요. 그렇게 되지 않고 있습니다. 첫째, 그때쯤 되면 다른 국가들의(새우) 등도 터져 있을 테니까. 둘째, '국가 GDP 성장 속도 〉 국가 부채 증가 속도' 이기 때문입니다. 이 패권 국가의 프리미엄을 누릴 수 있으니까 말입니다.

어떤 경제 관련 언론 기사를 보니 이런 문구가 나옵니다. "높은 경제 성장률이 GDP 대비 부채 비율 감소를 위한 가장 효과적인 방법이므로." 이게 바로 미국이 유도하는 함정인 것입니다. 미국은 다른 나라에 빚을 내라고 합니다. 그래서 성장하면 빚은 안 줄어도 부채 비율은 줄어든다고 유혹합니다. 그러나 그 짓이 한계에 도달하지 않을 수 있는 국가는 거의 없습니다. 그렇죠. 1등 패권 국가 정도만이, 그것도 한동안만 유지 가능한 것입니다.

1등만을 위한 게임의 법칙에서
빠져나가려는 독일의 선택, EU

그럼 이런 질문이 가능합니다. '전 세계 국가가 230개국인데 2등이나 3등 정도까지는 가능하지 않을까요?' 2등 국가 일본이 그렇게 생각하다가 한계에 도달했죠. 3등 국가 독일은 어떨까요. 독일은 세계에서 가장 영리한 국가입니다. 독일은 '2등도 불가능하다' 라는 것을 잘 알고 바로 EU를 만든 것입니다.

EU가 왜 통합을 했죠? 이것은 위에 나온 '서브프라임' 만큼이나 어려운 문제입니다. 그러나 그것과 정답은 똑같습니다. '화폐 가치 하락과 이로 인한 통화 교란 그리고 그것을 둘러싼 전 세계 패권 구도의 경합' 때문입니다.

'미국의 경상수지 적자를 통한 국제 유동성 발산 ⇨ 중국 싹쓸이 흡수 후 다시 미국채 매입 ⇨ 미국 다시 통화 증발 ⇨ 전 세계 새우 국가들 통화 팽창 정책으로 버티다 등골이 터짐 ⇨ 통화 버블'. 이런 과정에서 유럽의 부가 산산조각 나는 것을 방어하기 위해서 그렇게 한 것입니다.

그런데 PIGS(포르투갈, 아일랜드, 그리스, 스페인), 아이슬란드, 동유럽 등 상당수 국가들이 독일 말을 듣지 않았습니다. 통화 증발, 국채 증발, 감세, 부동산 버블, 빈부 격차 증가 등의 정책을 즐겼습니다. '국가 부채 증가 ⇨ 경제 발전 ⇨ 국가 부채 비율 하락'을 도모하려고 했습니다.

그러나 이것은 왕만 가능한 방식입니다. 사극을 보면 왕이 신하와 백성들로부터 '만세 삼창'을 듣는 장면이 나옵니다. 왕 이외의 사람에게 만세 소리를 하면 어떻게 되나요. 말한 사람과 들은 사람 모두 역적으로 처단됩니다. 고려시대 때 태조 왕건의 오른팔 유금필이란 장수가, 그에게 평정되어 평소 그를 존경하던 북쪽 오랑캐들로부터 만세 소리를 듣다가 귀양 간 적이 있을 정도입니다.

그런데 PIGS, 아이슬란드 등은 '왕후장상의 씨가 따로 있을쏘냐' 하며 엄마(독일) 말을 듣지 않은 것입니다. 한번 늘어난 국가 부채가 줄어드나요? 줄어들지도 않고 줄 수도 없습니다. 그럴 거면 감세 안하고 증세 하겠죠. 나중에 부채가 늘어나면 이자 내기도 힘들기 때문에 줄일 수도 없습니다. 독일이 EU 통합에 나섰던 이유는 그 이외에도 다른 이유가 있습니다.

EU는 전 세계 예금 자산 70조 달러의 절반인 36조 달러를 가지고 있습니다. 예금 자산의 가장 큰 적이 무엇입니까. 바로 인플레이션입니다. 그런데 미국과 중국이 주거니 받거니 하면서 국제 유동성을 부풀리고, 다른 나라는 통화 강세로 죽어 나가지 않기 위해 통화 증발로 화폐 가치 하락을 유도합니다.

이 과정에서 미국은 전 세계에 넘쳐나는 유동성을 환수해 내기 위해서 파생상품시장을 급격히 확대했습니다. 이것은 또다시 뉴버블(외환 투기, 파생 투기 거래 급증)을 만들어 내고 부동산 버블의 무한 팽창을 가능케 했습니다. 중국은 환율 조작으로 다른 나라의 공장과 일자리를 파탄내고, 전 세계에 과잉 유동성(중국이 환율 조작을 하면 다른 나라 역시 환율 조작 인플레 정책으로 대응)을 초래했고, 미국은 통화 증발로 부채를 증가시켜 GDP를 키워 내고, 그 프레임을 전 세계로 확산시키고, 유동성을 다루는 기술 우위(선진 금융)로 다시 뻗어나간 유동성을 회수해 내는 방식(파생 상품 확산)으로 전 세계에서 양강 행세를 해온 것입니다.

정도(正道)를 걷고 싶은
유럽 중앙은행, 하지만...

여기에 대응할 수 있는 방법이 무엇입니까. 바로 맨 위에 이야기했던 해법 5가지밖에는 없는 것입니다. 그중에서도 우선적인 것은 바로 중앙은행의 통합입니다. 유럽 중앙은행(ECB)의 추구 방향이 결국 무엇입니까. 각국 조세 정책의 환수입니다. 중앙은행이 함부로 돈 찍어 국채 매입하는 짓을 못하게 하는 것입니다. 환율, 금리, 물가, 재정 적자, 국가 부채를 통제하고 조세 제도(부동산 보유세 인상, 부자 증세)로 환수해 내는 것입니다.

그리고 궁극적으로 유로를 기초 화폐로 중앙은행 제도에서 민간 자유금융 제도로 돌아가는 것입니다. 많은 분들이 이 지점을 헷갈려 하십니다. 그러나 이 민영화는 소위 말하는 민영화 반대와는 다른 것입니다. 원래 중앙은행 창설은 좌파, 진보 이념의 산물입니다. 큰 정부 만들어 시장을 통제하라는 것입니다. 따라서 우파, 보수는 처음에는 반대했습니다.

그러나 이후 만들고 보니 이보다 더 좋을 수가 없었죠. 돈 찍는 기계의 소유는 드림(dream), 그 자체였던 것입니다. 그러나 이것은 잘못된 것입니다. 민간이 찍고 그 책임을 민간이 져야 합니다. 정부는 채권을 발행해 금융시장에서 자금을 조달하면 될 일입니다. 그리고 국채도 신용이 떨어지거나 실물이 뒷받침되지 못하면 외면 받거나 부도가 나야합니다. 그런데 그러질 않으니 금융위기가 끊이질 않는 것입니다. 모럴헤저드? 중앙은행의 모럴헤저드에 비하면 시중 은행의 모럴헤저드는 아이의 재롱에 불과한 수준입니다.

그런데 사람들이 거꾸로 알고 있죠. '은행이 사고 치면 중앙은행이 뒤치다꺼리한다' 라고 말입니다. 그러나 실상 모럴헤저드의 진행은 '중앙은행의 모럴헤저드 ⇨ 시중 은행의 모럴헤저드 ⇨ 중앙은행의 짐짓 근엄한 훈계 및 시중 은행 구제 ⇨ 시중 은행의 콧방귀 및 모럴헤저드 주기적 반복' 의 순으로 진행되는 것입니다.

독일, 프랑스는 바로 궁극적으로 이러한 문제투성이이자 모든 불행의 근원인 중앙은행 제도의 개선을 원하는 것입니다. 그럼 금본위제도로 회귀하자는 것인가요? 그럴 가능성이 전혀 없는 것은 아닙니다. 그러나 현실적으로 금이 아닌 유로화 그 자체 혹은 여러 실물 자산의 바스켓으로 기초 화폐가 구성될 가능성이 높아 보입니다.

그리고 각국의 중앙은행은 없어지고, 시중 은행들은 유로화 등을 기초 화폐로 각자의 화폐를 발권하면 되는 것입니다. 이렇게 되면 국채의 안정성이 급격히 추락하고 작금에 벌어지고 있는 유형의 모럴헤저드 자체가 어려워지게 됩니다. 이후 정부로서는 메가 뱅크를 규제하고 은행의 탄생과 소멸이 시장경제의 공정 경쟁 원리에 따라 이루어질 수 있도록 관리해 나아가면 될 일입니다.

그럼 이런 유럽의 행보를 각국 수구 기득권들은 어떻게 보고 있을까요. 답은 '탐탁지않다' 라는 것입니다. 만약 유럽 경제 통합이 어느 한 국가에 의해 추진된 것이었다면 그 국가의 수반은 진작 암살되었을 것입니다. 그러나 독일, 프랑스 등 수십 개 국가가 합류했습니다.

따라서 각국의 수구 언론, 투기자본들은 유로화를 비아냥거리고 폄하하기 위해 안달들을 하고 있습니다. 소금 뿌리고 저주하고 본질을 호도하기 위해 사력을 다하고 있는 것입니다. Why? 투기가 힘들어지기 때문입니다. 각국의 부채가 늘고 그 부채가 정부 지급으로 보증되고 그러면서도 수시로 금융시장에 위기가 도래해야 변동성, 안정성이 흔들리며 투기자본의 이익이 커집니다.

그러나 유로의 완성이 결국 성공된다면 그것은 투기꾼들에게는 악몽 그 자체가 되는 것입니다. 한국의 수구 기득권들도 마찬가지입니다. 걸핏하면 이들은 '중앙은행의 양적 완화책을 쓴 미국은 성장률이 높고 그것을 거부한 유럽은 침체를 겪고 있다'란 기사를 씁니다. 이유의 근원이 바로 그런 것입니다.

유럽은 조세 제도, 특히 부동산 세제 규제를 원합니다. 예컨대 부동산 버블이 어떻게 일어납니까. 바로 보유세 승수효과로 일어나게 됩니다. 한국의 경우 보유세가 0.2~3%이고, 선진국은 1.0~3.0%입니다. 그럼 한국에 몇 배의 거품이 일어나게 되죠? 대개 그 역배수만큼 일어나게 됩니다. 따라서 한국의 아파트 가격이 1/3에서 1/10 토막 나야 되는 수준으로 버블이 일어난 것은 우연히 아니라 역배수의 한계승수 수준만큼 도달해 일어난 것입니다. 유럽이 궁극적으로 원하는 것은 바로 그런 것들의 통제인 것입니다.

2. 언론의 프레임 속에 감춰진 실제 경제 구도
– 미국 vs. EU · 일본 vs. 중국 · 한국

미국의 입장을 본격적으로 이야기하기에 앞서 수구 언론들의 프레임을 먼저 살펴보도록 하죠. 이들의 프레임은 아주 명쾌하고 간단합니다. 그러면서도 악랄하기 그지없습니다. 오로지 두 가지 주장의 무한 반복입니다.

첫째, 양적 완화 정책을 과감히 사용하는 미국보다 그렇지 못한 유럽의 회복세가 더디다.

둘째, 환율 조작을 하는 한국, 중국보다 그렇게 하지 않는 일본의 성장세가 더디다.

유럽, 일본을 비판하고 한국, 중국을 옹호하는 것입니다. 그럼 그들은 미국의 옹호자인가요. 천만의 말씀입니다. 장기적으로는 유럽의 조세·복지 선진화 정책이 더 싫지만 단기적으로는 미국이 더 짜증스러울 것입니다. Why? 부동산 버블을 쳐내고 곧 고금리 · 고유가 정책 그리고 국제 유동성 경색 조장으로 선회하려 들 것이기 때문입니다.

자, 두 번째 프레임부터 깨봅시다. 일본이 엔화 강세, 부동산 버블 미형성 등 상대적으로 긴축 모습을 보이게 되면 고용에서는 손해를 보고 인플레이션에서는 우위를 보게 됩니다. 한 국가의 상대적으로 덜한 팽창 정책의 사용은 다른 나라에 인플레이션을 전가하게 됩니다.

그럼 한국, 중국은 고용에서 이익을 보고 있나요. 천만의 말씀입니다. 부동산 버블만 일어나고 긴축 정책을 사용했으면 일어나야 할 구조조정 등 경제 체질 회복 작업은 전혀 이루어지지 못하고 있습니다. 그 결과 일본은 자산 버블 생성을 피해갔고, 한국, 중국은 버블이 천정부지로 형성되었습니다. 지금 언론들이 일본이 위기이고, 한국, 중국은 호황이라고 요란을 떠는 것은 결국엔 자신들의 프레임을 관철시키기 위한 고도의 목적에서 기인하고 있는 것입니다.

그런데 출구 전략 이행 시점이 왔습니다. 여기서도 당연히 한국, 중국은 긴축을 거부하거나 덜 긴축하려고 들 것입니다. 그럼 또 인플레이션을 전가 받게 됩니다. 결국 이의 누적으로 인해 부동산 버블 붕괴가 일어날 수밖에는 없는 것입니다. 따라서 수구 언론들은 사력을 다해 일본을 비판하는 것입니다.

그리고 첫 번째 프레임인 '양적 완화 정책을 과감히 사용하는 미국보다 그렇지 못한 유럽의 회복세가 더디다', 이건 정말 대단한 코미디입니다. 예를 들어서 소갈비 먹는 사람이 돼지갈비 먹는 사람보다 무조건 부자입니까? 벤츠 타고 다니면 그랜저 타고 다니는 사람보다 무조건 부자입니까? 일시적인 성장세 도모에 좋으면 무조건 좋은 정책입니까?

비유를 다시 들어보죠. 지금 세계 경제가 위기인데 주식시장, 채권시장이 정상입니다. 맨큐, 쉴러, 루비니 등은 "지금 전 세계 채권·주식시장은 경제가 정상이어서 평온한 것이 아니라 금리, 주가지수가 정상이라 경제가 평온한 것처럼 보이는 선후가 뒤바뀐 역설에 처해져 있다"라고 말한 바 있습니다. 실업이 적어 실업률이 떨어지는 것이 아니라 실업률을 조작한 뒤 실업이 줄었다고 거짓말을 하는 식인 것입니다. 재정 적자가 줄어드는 것이 아니라 재정 적자를 공기업 회계 조작, 시가 평가 유보, 부채의 자본 전환, 자산 매각 등으로 덮어버리는 것입니다.

예전에 FRB 의장 그린스펀이 독일의 한 대학에서 의미심장한 강연을 한 적이 있습니다. "인터넷의 보급과 각종 파생 상품의 개발은 전 세계적으로 투기 중독자 양산을 돕게 될 것이고, 이것은 금융시장의 이상 징후나 질환을 조기에 파악하지 못하게 만들어 전 세계 경제에 치명적인 결과를 초래하게 할 것이다."

'인터넷의 보급 ⇨ 주식 투기의 만연 ⇨ 미국, 불길(주식 투기세)에 기름(파생 상품)을 끼얹음 ⇨ 각국 정부 금융시장 안정에 혈안 ⇨ 투기꾼들 이

점을 이용 ⇨ 그 결과 미증유의 금융위기에도 주식·채권시장 안정 ⇨ 이걸 보고 각국 정부는 공황이 아니라고 주장 ⇨ 그 결과 잘못된 부분의 파악과 시정 기회를 놓쳐 치명적 결과 초래'.

이렇게 되는 것입니다. 그럼 이렇게 된 이유는 뭐죠. 바로 '화폐 가치 하락과 이로 인한 통화 교란 그리고 이를 둘러싼 전 세계 패권 구도의 경합' 때문입니다. 결론적으로 가장 중요한 지적을 하자면 '빈부 격차' 때문입니다.

중국이 근린궁핍화정책(近隣窮乏化政策)으로 일자리를 싹쓸이하고 일자리를 잃은 세계 각국은 그 부가가치를 환수해 내기 위해 투기적 거래(외환 파생 거래 급증)에 목을 매고, 와중에 실업자가 된 전 세계 시민들 역시 인터넷으로 투기에 올인하게 된 것입니다.

투기가 만연된 결과, 전 세계 실물 무역 규모는 12조 달러인 반면 외환 거래 투기는 800조 달러, 파생 투기 거래는 500조 달러에 달하는 투기 지옥이 되어버렸습니다. 주식 투기는 말할 것도 없습니다. 그리고 이것은 시장 신호 기능을 완전히 마비시켜 버렸습니다. 여기에 정부의 통계 조작 열망이 더해져 시장이 미쳐 돌아가고 있는 것입니다.

따라서 엄밀히 말해 작금의 시장 이상의 본질은 '중국의 근린궁핍화 정책과 미국의 쌍둥이 적자 합작에 따른 국제 유동성 증가 ⇨ 인터넷의 보급, 파생 상품의 확산 ⇨ 금융 투기세 급증 ⇨ 시장 더욱 미쳐 돌아감', 이것처럼 보이지만 실은, '중앙은행 탄생 ⇨ 과도한 통화 증발 ⇨ 통화 버블 ⇨ 인플레이션 만성화 ⇨ 빈부 격차 확산 ⇨ 각국의 통계 조작 혈안 ⇨ 이런 이중성을 잘 아는 투기 세력의 장난과 실업자가 된 투기꾼들의 올인 동참 ⇨ 금융시장 더더욱 미쳐 돌아감', 이것이 정확한 본질일 것입니다.

따라서 IMF의 한 관계자의 "지금 전 세계 통계 중 유일하게 정확한 것은 어떤 통계도 정확하지 않다는 것이다"라는 탄식처럼, '지금 전 세계

지표 중 유일하게 정확한 것은 어떤 지수도 정확하지 않다는 것이다' 라
는 것입니다.

양떼효과를 즐기는 신용평가사와 언론,
그들이 만드는 프레임

그런데 우리 수구 언론들은 입만 벌렸다 하면 '양적 완화 정책을 과감
하게 사용한 미국의 회복세가 EU보다 빠르다' 라는 말을 반복해 주절거
립니다. 그러나 이것은 사실이 아닙니다. 사실은 오직 하나, 세상이 엉망
으로 잘못 돌아가고 있다는 것입니다. 그리고 그 이유는 당연히 착취의
지속과 그 문제의 본질을 은폐하고 호도하기 위해서입니다.

그러한 은폐와 호도의 주역이 패권 국가, 기축통화 국가인 미국인 것입
니다. 미국이 패권을 유지할 수 있는 이유는 'GDP 증가 속도 > 국가 부
채 증가 속도' 가 거의 유일하게 가능한 국가이기 때문입니다. 바로 속도
때문에 그것이 가능합니다. 미국은 자신의 통화로 전 세계 기준 통계를
냅니다. 여기서만 30%의 프리미엄이 붙습니다. 미국이 주도하는 정책 향
배에 전 세계 금융 지표가 파도처럼 출렁거립니다. 예컨대 금리 예측만
몇 번 잘해도 떼돈을 버는데, 미국은 아예 시장 전체를 자신이 주도합니
다. 그것은 마치 신문을 며칠 전에 받아 보는 것과도 같은 것입니다.

또 신용 평가에 따라 그리고 미국 거대 금융기관의 투자 유입과 이탈에
따라 양떼 현상(herd behavior)이 발생하게 되는데, 미국은 거의 매번 이
과정을 통해 이익을 봅니다. 일명 워런 버핏식 효과를 국가 전체가 향유
하는 것입니다. 그러나 이것이 유지 가능하기 위해서는 쾌도난마식의 리
더십이 선행 유지되어야 합니다.

예컨대 미국이 금리를 올리면 전 세계가 욕을 하면서도 끌려갈 수밖에
는 없어야 합니다. 더욱이 미국 입장에서 금리 메커니즘의 붕괴(콜금리 ⇨

CD금리 ⇨ 회사채 / 기준금리를 낮춰도 여전히 낮아질 기미를 보이지 않는 자연 이자율)를 정상화하기 위해서는 결국 수신 기능을 정상화하는 길밖에는 없는데, 이것은 미국이 쌍둥이 적자 중 하나인 경상수지 적자를 줄여 낼 수 있느냐와 연관이 되는 중요한 관건입니다. 미국이 이 작업에 매진한 다면 국제 유동성은 귀해지게 될 것입니다.

'고금리 ⇨ 수신 증가 ⇨ 경상수지 적자 해소 ⇨ 달러 강세 ⇨ 국제 유 동성 감소 ⇨ 부동산 버블 붕괴, 금융위기 빈발 ⇨ 다른 국가 등골이 터 짐', 이렇게 되면서 미국이 살고 패권 향유가 가능해지게 되는 것입니다. 그럴수록 강달러로 미국의 경상 적자(국가 부채) 문제는 그 리스크가 떨어 지게 될 것입니다.

따라서 모든 것이 해결되는 것입니다. 이것이 미국 달러 패권의 실체이 기 때문에 이것의 직격탄에 해당되는 한국은 절대로 미국을 곱게 볼 수 가 없는 것입니다. 경상 흑자를 이루고, 외환보유고가 증가되어도 금융 위기(부동산 버블 붕괴)는 막을 수 없습니다. 일단 금융위기가 시작되면 외 환보유고가 3천억 달러가 아니라 4천억 달러여도 큰 소용이 없습니다. 이 점은 2008년 제2 환란 때 이미 뼈저리게 경험한 바 있습니다.

중국 또한 마찬가지입니다. '외환보유고 증가 ⇨ 해외 이탈 ⇨ 핫머니 로 재유입 ⇨ 금융 유동성의 기하급수적 증가'와 함께 부채 증가, 거품 증가, 부실 증가 등으로 인해 발생하는 금융 부분 리스크 증가를 절대로 피할 수 없습니다.

위기가 아예 없으면 모르되 일단 만기 연장(roll over) 중단의 패거리 행 동이 시작되면 '연계필사(too connected to exist)'가 일어나게 됩니다. 버 블 붕괴 와중의 자금 급 이탈 속에서 고정 환율을 유지하다간 패망적 결 과가 초래됩니다. 그 간의 장점이 모조리 단점으로 전환되게 되는 것입 니다.

다시 처음으로 돌아가서, '일본 경제가 무조건 죽어가고 있다'라는 프레임은 대단히 위험합니다. 일본은 인플레이션을 다른 국가로 발산하고 있습니다. 미국도 마찬가지입니다. 그 상황에서 고금리가 도래하면 결정적으로 경쟁국들의 부동산시장이 붕괴하며 우량 자산을 싸게 매입할 수 있는 기회, 소위 금밭이 열리게 될 것입니다.

따라서 지금의 경제 구도는 '미국 vs. EU·일본 vs. 중국·한국'의 삼각 구도라고도 볼 수 있습니다. 결론적으로 경제적 관점으로만 한정해 놓고 보면 한국은 중국과 연애를 하고 있는 꼴입니다. 그래서 미국, 일본, EU를 비난하고 있는 것입니다. 그러나 한국이 가야 할 길은 장기적으로는 유럽식 추구, 단기적으로는 미국에 대비하는 것입니다.

3. 금융위기의 역사 속 교훈을 외면하지 않으려면
- 중앙은행의 탐욕과 고금리를 경계해야

"미래를 알려면 과거로 돌아가라."

이것은 광의에 있어서의 역사뿐만 아니라 금융사에 있어서도 마찬가지입니다.

전 세계가 중앙은행을 설립하게 된 기원은 민간의 시뇨리지(seigniorage, 화폐 주조 차익)를 갈취하기 위함이었습니다. 특히 미국 같은 경우는 은행으로 하여금 연방 정부, 주 정부의 채권을 강제 구입하게 했는데, 하다하다 안 되니까 차라리 뺏어서 내가 돈 찍고 내 돈으로 채권 사는 코미디 같은 짓을 하기 위해 연방준비제도이사회(FRB)를 만든 것입니다.

그 이전에 미국에 금융위기가 많았던 이유는 전쟁 등의 이유 때문에 단행한 주 정부의 채권 발행을 통한 무리한 자금 조달이 결국엔 채권 가격 폭락과 은행의 자본 상실로 연결되었기 때문입니다. 그러다 채권 발행이 한계에 부딪히자 중앙은행을 설립해 민간의 발권력을 뺏어 재미 보던 각국 정부들의 탐욕이 지금 거대한 대가를 요구받고 있는 것입니다.

예전에 주 정부, 연방 정부가 은행에 채권을 강매한 핑계는 안정성이었습니다. 그러나 안전하기는커녕 걸핏하면 전쟁 등 상환 불능으로 채권 가격이 대폭락해 은행까지 덩달아 넘어감으로써 금융위기가 만연했습니다. 시중 은행의 모럴헤저드는 중앙은행의 모럴헤저드에 비하면 새발에 피입니다. 세상 천지에 스스로 돈 찍어 채권 사고, 스스로 돈 찍어 이자 주고, 그래서 이자율이 오르지 않는 코미디가 어디에 있습니까.

금리 메커니즘의 붕괴(RP, 콜 ⇨ CD ⇨ 회사채)의 코미디도 마찬가지입니다. 국채를 그렇게 찍어대는데도 금리가 오르지 않으니, 시중 금리 메커니즘인들 제대로 작동할 리가 없습니다. 기준금리보다 현격히 높은 자연 이자율도 마찬가지입니다. 중앙은행 기준금리는 2.0%, 대출 금리는 10% 이상인데, 이것은 지나친 공적 자금 수혈입니다.

지금 보면 미국의 고금리가 불가능한 이유로 금리 상승에 따른 재정 부담을 드는 분들이 많은 것 같습니다. 그러나 경제란 늘 효용과 부작용 크기의 저울을 재는 작업입니다. 고용이냐 물가냐, 수익률이냐 안정성이냐. 미국의 고금리로 인한 재정 부담 증가는 분명 미국에 손해입니다. 그러나 미국이 고금리로써 국제 유동성을 빨아들여 다른 나라의 유동성을 바닥내 미국 경제가 그 과정에서 상대적 이익을 도모할 수 있다면 오케이일 것입니다.

'위기 과정에서 미국 국채로 자금이 오히려 몰리는 안전 현상이 벌어지는데 미쳤다고 금리를 올립니까' 라는 반문 역시 코미디입니다. 기준금리가 올라가고 있음에도 동아시아 국가들의 경쟁적 매수세로 장기 모기지 금리 등이 떨어진 사례가 과거 그리고 지금도 지속되고 있기 때문입니다.

스스로 돈 찍어, 스스로 정한 낮은 금리로, 스스로 채권을 사는 것도 코미디지만 자금이 몰리는데도 금리를 올리는 것 역시 코미디일 것입니다. 그러나 '내부의 인플레이션을 잡고, 다른 나라의 경기 버블에 치명타를 가한다는 효용이 더 크다' 라면 할 수 있는 것입니다.

금융업을 장악한 자가 들고 있는 조커, 금밭을 불러오는 고금리 카드

더욱이 고금리가 도래하면 두 가지 금밭이 열립니다.

하나, 부동산 버블 붕괴는 초토화 수준의 금융 손실을 유발합니다. 은행 대출 ⇨ 부동산 버블에 잠기고 ⇨ 부동산 버블이 꺼지면서 ⇨ 은행 대출 자산이 쓰레기로 변하게 됩니다. 그러면 쓰레기 채권(JUNK BOND) 장사치뿐만 아니라 유동성 조달 우위에 있는 국가의 금융기관들에게 금밭이 열립니다.

둘, 고금리가 도래하면 채권시장이 일대 혼란에 빠져들게 될 것입니다. 평가손, 쓰레기 채권이 급증하고, 국채, 회사채를 망라하고 부익부 빈익빈 현상이 심화될 것입니다. 그럴수록 그만큼 미국 금융의 이익은 커지게 됩니다. 무엇보다 금리 메커니즘의 주도권을 다시 틀어쥔 미국이 그간 움츠러들어 있던 수세에서 벗어나 채권파생시장 등에서 막강한 부가가치 향유를 도모할 수 있게 될 것입니다.

많은 분들이 대공황 때를 빗대어 금번 위기로 향후 총 6~7번의 초강력 금융위기가 올 것이라고 예견하고 있습니다. 지금 비정상적인 채권시장, 외환시장, 부동산시장이 정상화되려면 각각에서 최소 2~3번 도합 6~8번의 메가톤급 충격이 일어날 수밖에는 없을 것이란 예측입니다. 최소 6~8번의 금밭이 열릴 것이란 이야기입니다.

결론적으로 '미국이 막대한 국가 부채, 재정 적자 때문에라도 고금리로 갈 이유가 없다' 라는 주장은 수많은 코미디 중에서도 가장 우스꽝스러운 코미디입니다. 지금의 저금리가 더 말이 안 되기 때문입니다. 미국보다 부채 문제가 더 심각한 나라들이 널려 있습니다. 물론, 미국은 외형적으로 '고금리의 이유를 저축 유도 ⇨ 수신 증가 ⇨ 재정 적자 상쇄 ⇨ 경상 적자 감소, 그리고 인플레이션 억제' 에서 찾을 것입니다. FRB가 아무리 유동성을 환수해도 조만간 증발된 본원통화는 야금야금 시중으로 풀리게 될 것이기 때문입니다.

그 돈은 결국 은행으로 갈 것이고, 은행은 이 돈으로 해외 수익처에서 수익을 내서 고금리를 감당하고 세수를 납입할 것입니다. 그럴려면 미국이 금밭 몇 개를 깔아주어야 합니다. 그 금밭의 씨앗이 바로 고금리인 것입니다. 최근에 윌리엄 페섹이라는 사람이 그리스 다음 타자는 일본이라는 주장을 한 언론 기사가 있었습니다. 금리 상승으로 일본 정부의 재정

부담이 급증하고 일본 국채시장은 결국 붕괴할 것이라는 이야기입니다.

그러나 일본의 진정한 문제는 국가 부채율이 아닙니다. 바로 패권 국가가 아니라는 것이죠. 금융위기가 터지면 미국은 막대한 패권과 금융 경쟁력으로 이익을 싹쓸이로 거두어들입니다. 반대로 일본은 해외로 나가 있는 예금에 기반한 채권 자산이 위험에 처합니다. 그걸 국내로 환류시키면 엔화 강세로 수출 기업이 타격을 입고 반대로 해외로 다시 내보내면 리스크가 증가합니다. 다시 국내로 돌려도 부동산 활황세 같은 것이 없으니 수익 창출의 길이 막막해집니다.

일본이 중국에게
주는 교훈

결국 일본의 사례에서 얻을 교훈은 첫째 '국가 부채의 상승을 더 높은 GDP의 성장률로 낮추는' 특혜는 패권 국가만이 가능하다. 둘째 부동산 버블 대붕괴는 최소 십수 년간의 디플레이션을 초래한다는 것입니다. 그런데 중국, 한국이 그 길로 버젓이 나아가고 있습니다. 일시적으로는 좋아 보이죠. 그러나 이미 빠져 나올 수 없는 올무에 걸린 것일 뿐입니다. 낮은 국가 부채, 많은 외환보유고는 의미가 없습니다.

그것은 일본이 증명합니다. 오히려 그런 대참사에도 아직도 경제 랭킹 2위를 유지하고 있다는 것이 기적입니다. 그에 비하면 낮은 산업 경쟁력을 가지고 있는 한국, 중국은 사실 지리한 디플레로 가기보다는 경제 좌초의 가능성이 더 높다고 할 수 있습니다.

중국이 내는 경상 흑자는 결국 '외환보유고를 거쳐 ⇨ 미국 국채 매입을 거쳐 ⇨ 미국 금융기관을 거쳐 ⇨ 중국 금융기관을 거쳐 ⇨ 중국 부동산·금융시장을 거쳐 ⇨ 경제위기를 거쳐 ⇨ 다시 미국'으로 들어갈 수밖에 없는 것입니다. 금융이 무엇입니까. '줬다 뺏는 것'입니다.

미국의 금융 산업의 실체가 무엇입니까. 강도의 '칼'과 같은 것입니다. 강도에게 안 당하는 길은? 안전한 저금통(미국채)이 아니라 분산 보관 (중국 국민에게 분배, 조세·복지 선진화)하는 것뿐입니다.

미국채가 안전한 것처럼 보여도 결국 그 돈은 돌고 돌아 중국 부동산 시장으로 간 뒤 대폭락을 거쳐 다시 미국으로 돌아갑니다. 따라서 지금 중국의 외환보유고는 중국 경제위기의 안전한 예방 수단이 아니라 위기의 속도를 늦추는 도구일 뿐입니다.

많은 분들이 그렇게 말하는 이유는 바로 중국에게는 고부가 산업과 고부가 금융기관들이 없기 때문입니다. 결정적으로 패권도 없습니다. 그간 중국과 미국은 다른 나라를 우려먹으며 커왔습니다. 그런데 이제 미국이 먼저 과잉 국제 유동성을 초래했던 달러 환류 사이클을 쳐내려고 하고 있습니다.

이것이 많은 사람을 착각에서 깨어나게 하고 있습니다. 미국이 털리고, 중국이 그간 미국을 올무에 걸어온 것이 아니라, 미국, 중국이 함께 전 세계를 털고, 미국이 중국을 털어온 것입니다. 많은 사람들이 미국 경제위기론을 주장합니다. 거지가 부자 밥값 걱정해 주는 꼴입니다. 같이 올무에 걸려 조금 있으면 살가죽이 벗겨나갈 운명이면서 내 올무가 디자인이 더 예쁘다고 자랑하는 꼴입니다.

'중국 때문에 살고, 그 덕에 위기에서 가장 빨리 회복되고 있다'라고 주장하는 수구 기득권들이야 자신들이 먹을 파이가 커지니 그렇다쳐도, 가진 것 없는 서민들이 미국이 망한다고 열을 올리며 주장하는 것은 자체가 코미디입니다.

중국은 미국이 지나친 달러 증발을 한다고 비난했지만 한수 위의 위안화 증발과 환율 조작을 보여 주었고, 서브프라임 대출을 비난했지만 한수 위의 부동산 버블과 신탁회사를 통한 변칙 투기를 보여 주고 있습니다. 중국의 지금 신탁회사를 통한 변칙 행위는 예전 미국 대공황의 방아

쇠가 된 니커보커 신탁회사(knickerbocker trust company) 부도 사태를 연상하게 합니다. 미국이 빈부 격차(상위 5%가 60% 자산 소유)가 심하다고 비난하지만, 중국은 몇 수 위(0.4%가 70% 자산 소유)의 빈부 격차를 보여 주고 있습니다.

예전에 미국 클린턴이 백악관 여직원과 부적절한 성관계를 한 것을 맹비난하던 공화당의 한 의원은 바로 옆집 부인과 사통(私通)을 해 애를 낳고 그 집을 드나들며 자신의 아이를 돌봐 왔던 것이 들통 나 망신당한 적이 있습니다. 중국 경제가 이와 같습니다. 적반하장의 사기 경제, 즉 들통이 날 때까지 계속 가는 것입니다.

따르기 쉽지 않은 역사의 교훈, 빚은 갚고 이익은 나눠라

많은 사람들이 말하듯 미국의 패권이 보기 싫다는 것은 결국 승자독식, 일인독식이 싫다는 것일 것입니다. 그럼 빈부 격차 완화하여 내수를 키우고 조세 선진화하면 될 일입니다. 위기를 자초하지(부동산 버블) 않으면 될 것입니다. 지나친 환율 조작, 통화 버블 등 국제 경제 질서의 근간을 어지럽히고 훼손하는 일을 덜하면 될 것입니다.

그러나 한국, 중국에게 있어 환율 조작, 부동산 버블, 빈부 격차 강화는 경제 목표의 삼각편대입니다. 한쪽만 이상이 생겨도 나머지가 추락하는 연계필사의 구조이기도 합니다. 그런 한국, 중국이 '유럽, 미국, 일본이 위험하다' 라고 주장하고 있습니다.

유럽은 진정한 해법의 길로 가고 있습니다. 일본은 위기 속에서도 대내외적으로 나름 상생의 자세를 보여 주고 있습니다. 미국은 다른 나라를 곤혹스럽게 하지만 '민주주의의 구현' 이라는 피할 수 있는 길도 함께 보급해 나아가고 있습니다.

처음부터 서브프라임 사태와 그리스 사태를 비롯한 모든 위기의 근원은 바로 '국채'였습니다. 세금을 걷으면 될 것을 국채를 찍고, 국채를 찍었으면 상환을 해야 될 것을 경제 성장을 해서 부채 비율을 떨어뜨리겠다고 핑계를 대고, 그것이 미국만 되고 다른 나라는 안 되니까 결국 죽어라 통화 버블을 만들어 내다 지금 전 세계 경제가 이 모양 이 꼴이 된 것입니다.

글로벌 리밸런싱(rebalancing)의 해법은 중국이 환율 조작을 그만 두든가, 미국이 패권을 내놓든가, 아니면 다른 나라들이 뭉쳐 새로운 대안의 길을 걸어 나가든가 하는 것뿐입니다. 그러나 유럽을 뺀 모든 나라들이 거부하고 있습니다. 그러니 해법이 요원한 것입니다.

그럼 유럽은 옳기만 한가. 유럽의 '부' 야말로 다른 나라의 수탈 위에서 쌓아올려진 것이고, 유럽 통합의 의미 중에는 폐쇄 경제(내부 이익의 내부 구성원에게로의 독점적 배분)의 도모 또한 존재하고 있습니다. 따라서 이 또한 나 혼자 잘 먹고 잘 살기인 것입니다. 그러나 그걸 제외하면 외형적으로는 가장 좋아 보입니다.

물론 한국, 중국 등이 '유럽, 미국은 패권으로 성장한 나라이니 우리가 그럴 수 없는 다음에야 악랄한 근린궁핍화 정책으로서 이 악물고 일단 성장하는 수밖에는 없다'란 논리를 들고 나올 수 있습니다. 충분히 그럴 수 있습니다. 그럼 그렇게 번 돈을 '죽어도 서민들에게는 배분 못하겠다'는 논리는 어떻게 설명할 것인가. 큰돈을 일부에 몰아줘야 그 후에 적하효과(Trickle-Down Effect)로 서민들이 잘살게 된다는 논리는 이미 실증적으로 깨진 지 오래입니다.

오히려 미국이 전 세계를 털 듯 그 나라 안에서 상위 계층이 하위 계층을 착취하는 구조가 이미 뼛속 깊이 각국에 시스템화되어 가고 있는 상황입니다. 따라서 어떤 논리를 들고 나와도 코미디를 피할 수는 없는 것입니다.

　그리스발 위기의 진정한 실체는 바로 이런 코미디에 있는 것이지, 그런 위기가 어떤 모양으로 전개되어 나가고 정리될 것인가에 있는 것이 결코 아닙니다. 채권이 안정적으로 차환되어 위기가 진정되건, 독일이 그리스를 구제하건 안 하건, 영국이 유로권으로 편입되건 안 되건을 떠나서 현재 전 세계에 만연한 극심한 빈부 격차와 이중적 행동의 시정 여부만이 오로지 그리스발 위기의 진정한 실체이자 해법이라고 할 수 있는 것입니다.

　'이 세상 어떤 문제의 해법도 역사 속에 존재한다', '영웅이 되는 길은 오직 영웅이 되기를 포기하는 것뿐이다' 라는 격언이 있습니다. 그러나 지금 세계 각국의 위정자들 중 역사로부터 교훈을 얻어내려 하거나, 빈부 격차를 해소하거나, 작금의 코미디 같은 상황을 신랄하게 지적하고 나서는 사람은 아무도 없습니다. 단지 자신이 경제위기를 해결한 영웅인 양 설쳐대는 모리배들로만 가득할 뿐입니다.

　그중에서도 한국과 중국이 그 파렴치함에 있어서 단연 으뜸이라고 할 수 있을 것입니다. 공황의 역사와 매국의 청산 경험이 없는 한국. 당연히 금융위기를 제대로 극복할리 만무한 것입니다. 많은 나라에 '미래를 알려면 과거로 돌아가라' 라는 격언이 있고, 독일의 아우슈비츠 수용소 앞에는 '기억하지 못하는 자에게 역사는 반복된다' 라는 비문이 있습니다. 과거로부터 교훈을 얻지 못하는 공동체와 국가의 미래는 필요 이상으로 불안해질 뿐입니다.

4. 중국이 기여한 두 가지의 모순
- 인플레이션 억제와 부동산 버블의 조장

사람들이 빠져 있는 가장 잘못된 프레임 중 하나가 바로 '중국이 인플레이션 억제에 기여했다' 라는 것입니다. '중국이 물가를 강제로 짓눌러(서민 희생) 세계에 값싼 상품을 공급함으로써 모든 국가들이 인플레 부작용이 없는 경제 호황을 구가해 왔다' 는 것입니다. 이는 100% 틀린 말입니다.

예를 들어 보죠. 여러분이 알고 있는 유동성 과잉 메커니즘이라는 것은 미국이 재정 적자를 내가며 초과 소비를 하고, 이것을 저축이 아닌 경상 적자 유입(중국의 미국채 매입)으로 만회하고, 이런 과정을 거쳐 늘어난 국제 유동성이 유가까지 끌어올리고, 그 산유국의 늘어난 유동성까지 합세해 전 세계 자산 버블을 초래했다는 것입니다.

이게 물가 안정인가요? 아닙니다. CPI(소비자 물가지수)가 안정되어도 자산 가격이 초버블 양상을 띠고, 유가 등 투입재 가격이 급등하고, 임금이 양극화되어 급등하고(평균 임금 안정 착시), 명목 지출이 자산효과 속에서 과소비 양태를 띠었는데, 이것이 물가 안정이고, 인플레 부작용이 없는 것입니까. 물가 안정도 아니고 부작용 형성 또한 너무도 큰 것이었습니다.

인플레이션 지표는
잡아냈으나

구체적으로 따져 봅시다. 중국이 환율 조작으로 국제 유동성 독식을 지속합니다. 이것은 경상수지 적자 경험국의 외환보유고 과잉 축적의 빌미가 됩니다. 고정환율제도 하에서 적자가 지속되면 결국 긴축 등 디플레이션 정책을 쓰거나 외환보유고를 소진하면서 버티다 경제위기가 도래할 수밖에는 없기 때문입니다.

변동환율제도 국가의 경우는 경상 적자 충격을 환율 변동으로 흡수해 좀 더 버틸 수 있으므로 인플레이션 정책을 써서 대내외 균형을 달성하려 들 가능성이 커집니다(수요 견인 인플레이션 유발, demand full inflation). 그리고 위에서 말했듯 산유국은 늘어난 유동성으로 인해 원자재 가격이 오름으로써 과잉 유동성을 갖게 되고, 기축통화국인 미국은 경상 적자를 상당히 오래 버틸 수 있으므로 역시 과잉 유동성에 처하게 됩니다. 따라서 중국의 과도한 환율 조작 지속은 최악의 인플레이션 조성 행위인 것입니다.

또한 중국이 무리한 CPI 억제 정책을 지속하는 행위는 다른 나라의 하부 산업을 파탄 나게 만듭니다. 서민 경제가 붕괴합니다. 이러한 것이 외형적 평균 임금 상승을 억제하여 비용 상승 인플레이션(cost push inflation)을 억제하는 듯 보이지만, 실은 비정규직과 실업자 등 극심한 양극화가 일어나고 있을 뿐이며, 결국 중국발 유동성 과잉은 원자재 급등 등을 초래해 필연적으로 비용 상승 인플레이션을 불러오게 됩니다.

통화 팽창, 임금 양극화, 자산 버블이 심해지면 돈맥경화가 심해집니다. 즉, CPI 메커니즘이 고장 나고, 그 자체가 통화 팽창에 유리한 환경을 조성해 줌으로써 추가적 통화 팽창을 불러옵니다. 결국 그 상황에서 계속 양극화, 자산 버블만 극심해지는 악순환으로 빠져들게 되는 것입니다.

과도한 국내 통화 증발을 지속하는 것도 마찬가지입니다. 예컨대 중국이 벌어들인 경상 흑자 달러는 중앙은행의 공개 시장 조작을 통해 환수됩니다. 환수 과정에서 중앙은행은 민간에 위안화를 지급하고 매입한 달러로는 미국채 등의 외화 자산을 매입합니다. 민간에 지급된 위안화는 채권으로 다시 환수해야 합니다. (불태화 정책-sterilization polish)

그러나 중국은 최근 불태화 정책을 필요치 대비 거의 사용하지 않았습니다. 불태화 정책의 비용 급등 문제와 경기 둔화를 막기 위한 통화 팽창책의 사용 때문입니다. 또한 해외로 나간 유동성 역시 다시 절상을 기대한 핫머니 즉, FDI(외국인 직접투자) 형태로 재유입됩니다. 그렇게 민간에 풀려나간 위안화와 재유입된 핫머니가 과도한 국내 여신 증가를 일으키게 됩니다. 이 자금은 당연히 최종적으로 부동산시장으로 귀착되게 됩니다.

중국이 예전에 불태화 정책을 쓰다가 미국발 금융위기 이후 태화 정책으로 전환한 이유는 통화 팽창의 힘으로 경제 성장률을 유지하기 위한 전략 때문이었습니다.

중국이 번 돈은 다 어디로 갔을까

그런데 그 양상의 속내가 간단치 않습니다. 중국의 수출이 줄어 경상 흑자가 급감하는 데도 경상 흑자 규모를 유지하려면 그만큼 초과 저축을 해야 합니다. 경상 흑자란 생산보다 소비가 적다는 것을 의미합니다. 그런데 '순수출이 급감하는데 경상 흑자 규모가 지속된다'는 말은 그만큼 '그 갭을 메우기 위한 지독한 과잉 저축이(삶의 질 저하와 내수 파탄) 이루어지고 있다'는 이야기입니다.

또한 GDP는 '정부 지출 + 투자 + 소비 + 순수출'인데 '순수출과 소비 투자가 줄고도(저축이 늘어났으므로) GDP는 과열 성장을 한다, 정부 지출이 급증하고 있다'는 뜻입니다. 여기서 다른 것도 보죠. 중앙은행의 대차 대조표 상 본원통화(부채)는 '순외화 자산 + 국내 여신(이상 자산)'이어야 합니다.

그런데 경상 흑자 증가가 수출 증가가 아닌 저축 증가(소비 억제)로 이루어지고 있습니다. 통화 팽창 속에서 이 자본들이 모두 국내 저축으로 가고 있다는 것은 순외화 자산 증가가 아닌 국내 여신이 급증하고 있다는 이야기입니다.

특히, 원자재가 급락, 수출 급락, 투자 급락 속에서 국제수지 기조 유지는 몰라도, 그렇지 않은 여건 속에서 그 규모가 유지되고 있다는 것은 결국 핫머니 유입 이외에는 설명할 길이 없습니다. 결국 중국은 그 핫머니로 부동산 버블을 일으켜 간신히 경제 성장을 유지하고 있다는 이야기입니다. 막대한 재정 적자에도 불구하고 저축 증가의 지속은 핫머니의 크기를 짐작케 해줍니다. 경상 흑자는 '정부 재정 흑자+순저축(저축-투자)'이기 때문입니다.

결론적으로, 중국은 '핫머니 + 중국 국민을 쥐어짠 돈'으로 위험천만한 부동산 버블 조성을 하고 있는 것입니다. 이게 무너지면 거기에 잠겨 있던 천문학적인 자산이 쓰레기로 변하게 됩니다. 결국, 외환보유고가 다 날아가게 된다는 소리입니다.

그럼 중국이 이런 부동산 버블에서 벗어나 내수 진작으로 경제를 살릴 수 있을까요. 그러려면 소비를 늘려야 합니다. 소비를 늘리려면 저축이 줄고 여신이 늘어야 합니다. 그러나 여신은 이미 임계치를 넘어 폭발 중입니다. 모두 부동산으로만 가 있죠.

그리고 저축이 줄면 경상 흑자가 감소하고 외환보유고가 줄어들 수밖에는 없습니다. 와중에 핫머니까지 덩달아 이탈하면 그 자금으로 떠받혀지던 부동산시장이 붕괴하고, 부동산시장이 무너지면 막대한 자산 상각 사태로 외환보유고가 다 날아가게 될 것입니다. 지금 중국의 핫머니 유입은 중국의 막대한 외환보유고에 대한 환상 때문이지만 실은 이 패턴이 이미 무너져 가고 있는 것입니다.

최근 중국의 지급준비율 인상은 긴축 등 출구 전략의 일환이라기보다는 한동안 중단되었던 불태화 정책의 재개라고 보는 시각이 더 많습니다. 그러나 중국은 제대로 된 불태화 정책을 쓸 수 있는 상황이 아닙니다. 너무나 많은 저축, 핫머니가 신용 거품으로 끼어들어가 있기 때문입니다. 버블을 조금만 잘못 건드리면 와르르 무너지는 수가 있습니다.

그렇다고 무작정 절상을 안 할 수도 없습니다. 소폭은 할 생각도 있을 것입니다. 그러나 이미 그간 진행된 과도한 통화 증발은 절상 취지를 무색케 해놓은 상황입니다. 그렇다고 너무 과도한 절상을 하면 수출 경쟁력 문제뿐만 아니라 핫머니 급 이탈을 가져오게 할 수도 있습니다. 유입 중단도 아닌 급 이탈이 일어나는 것입니다. 반대로 절하를 하게 되면 더욱 파탄이 나게 될 것입니다. 부동산 버블은 더욱 커지고 해외 자본이 손절매성 이탈을 하게 될 수 있기 때문입니다. 그렇다고 가만 있을 수도 없습니다. 따라서 미치고 환장하는 것입니다.

내수 없는 성장 과정의 그림자, 그리고 종착점

중국이 태화 정책을 지속하고(최근의 지준율 인상 정도를 불태화 정책의 재개로 보긴 힘듭니다. 당연히 긴축도 아닙니다. 중국은 이미 긴축이 불가능한 상황입니다.) 그런 상황 속에서 감당할 수 없는 핫머니 유입 묵인, 부동산 버블 키우기, 여신 증가를 지속하고 있다는 것은 중국 경제가 결국 조만간 붕괴할 수밖에 없음을 예고하는 것입니다.

순외화 자산은 줄이고 국민들에게서 더 쥐어짠 저축과 날로 폭증하고 있는 핫머니로 엄청난 재정 적자와 여신 증가를 일으켜 상상을 초월한 부동산 투기질을 벌여 간신히 경제 성장률을 유지하고 있는데, 한 번 삐끗하면 초토화 작살이 나게 생긴 것입니다.

내수시장 육성은 하루아침에 절대 되지 않을 뿐더러 긴 시간이 지난다고 저절로 주어지는 것은 더욱 아닙니다. 그렇다고 이런 식의 막가파식

환율 조작, 통화 증발, 부동산 버블이 오래 갈수도 없습니다. 국제 정세상 글로벌 리밸런싱을 안할 수 없는데 중국은 내수시장 육성과 환율 조정은커녕 더욱더 악랄하게 내수를 조이고 환율 조정을 회피하고 있는 것입니다.

어떤 사람들은 중국의 가전 하향, 자동차 하향 정책을 찬사하시던데, 실상을 알고 보면 중국은 내수 진작책과는 가장 거리가 먼 정책을 구사하는 국가라는 것을 잘 아실 수 있을 것입니다. 명목 임금이 오르고 자산 버블이 잡혀야, 중국 국민들은 저축을 덜하고 소비를 할 수 있을 것입니다.

그러나 지금의 중국은 임금, 물가가 오르면 제조업이 파탄 나고 저축이 줄고, 자산 버블이 꺼지면 역시 경제가 파탄날 수밖에 없는 절대 피할 수 없는 딜레마에 처해 있는 상황입니다. 이런 상황 속에서 미국이 금리 인상 등에 본격적으로 나서면 중국 경제는 그야말로 아비규환에 처하게 될 공산이 농후합니다.

중국 경제는 오로지 이 두 가지만 가능합니다. 첫째, 망하긴 망하되 그나마 천문학적인 외환보유고 때문에 천천히 망한다. 둘째, 그럴수록 서민을 더더욱 쥐어짠다. 따라서 와중에 폭동, 내란이 일어나게 된다.

전자는 스태그디플레이션이고, 후자는 국가 분열입니다. 그때가 되면 일본처럼 망해도 2위를 유지하는 일은 결코 일어나지 않을 것입니다. 왜냐하면 지금의 중국은 후진국이기 때문입니다. 만약 그럼에도 중국이 망하지 않고 견디게 된다면 그것은 중국 이외의 국가들이 바로 저 위의 두 번째 상황에 처하게 된다는 것을 의미합니다.

중국 서민들이 중국 기득권에게 쥐어짜이는 것처럼 전 세계도 하부구조가 쥐어짜이다 더 이상 짜일 게 없으면 망해야 한다는 이야기입니다. 물론 각국의 한줌 기득권들은 자기들이 망하지 않는 한 나라가 망하는 것은 아니라고 주장하겠죠. 그러나 서민 민생 파탄이 진정한 국가 파탄이지 기득권 파탄이 국가 파탄은 아닙니다.

수구 기득권들은 너무 많은 빈부 격차가 형성되면 나라까지 팔아 그 지위를 유지하는 작자들입니다. 하부구조가 무너지면 이민 정책까지 동원하는 족속들입니다. 지금의 그리스발 위기도 결국 그러한 측면에서 실체를 들여다보아야 할 것입니다.

모든 것은 중국의 패악질이 전 세계 서민들을 죽음 직전으로 내몰고 있는 과정의 연계선상에 서 있는 사안이라는 이야기입니다. 그럴수록 그리스 기득권은 더욱더 하부구조를 쥐어짜려드니 문제가 갈수록 악화되어가는 것입니다. 그리고 그러한 문제의 중심에 바로 '그간 전 세계가 중국 때문에 물가 안정을 누렸다, 중국 정부가 서민을 위한 정책도 곧잘 편다'란 잘못된 프레임이 자리하고 있는 것입니다. 그것은 99.9%도 아니요, 100% 잘못된 것입니다.

5. 세계 무역 불균형 속 최대 수혜자, 중국의 경상 흑자와 그 이면에 숨은 리스크, 리스크를 키우는 통계 조작

중국이 수출로 벌어들인 달러로 다시 미국채를 사는 이유는 무엇일까요?

전 세계 모든 나라가 다른 나라와 교역을 합니다. 따라서 모든 나라는 경상 흑자를 내거나 적자를 내게 됩니다. 그리고 만약 경상 적자가 나게 되면 FDI, 포트폴리오, 단기 금융 거래 과정 등을 통해서 국제수지 균형을 맞추게 됩니다.

그런데 미국처럼 경상 적자를 많이 내는 나라가 없습니다. 무슨 이야기냐 하면 다른 나라가 저렇게 경상 적자를 냈다가는 얼마 못가서 망한다는 이야기입니다. 그럼에도 미국이 버틸 수 있는 이유는 국제 유동성으로 사용되는 '달러'를 발권하는 기축통화 국가이기 때문입니다.

즉, 다른 나라가 경상 적자를 내게 되면 화폐 가치가 당연히 떨어질 것입니다. 따라서 그 나라 돈을 안 받으려 들겠죠. 그럼 적자 교역 상태를 지속할 수 없고 긴축으로 가야 할 것입니다. 그래서 적자가 줄어들겠죠. 그러나 미국은 다릅니다. 따라서 미국 이외의 여타 국가 입장에서 '경상 흑자'의 최대치 도모를 지속하려면 당연히 그 대상이 미국밖에는 없는 것입니다.

따라서 중국 입장에서는 유일하게 막대한 경상 적자를 지속하고도 버틸 수 있는 그 미국이 그 적자 지속을 가능한 오래할 수 있게 해줘야 할 전략적 목표가 있는 것입니다.

그 가장 좋은 방법이 무엇일까요. 미국이 팽창 정책을 지속하도록 도와주는 것입니다. 그래야 '(통화 재정 등에 있어서의) 팽창 정책 지속 ⇨ 미국인 과잉 소비 지속 ⇨ 미국 경상수지 적자 지속 ⇨ 중국은 그러한 미국으로부터 막대한 경상 흑자 도모 지속' 메커니즘을 유지할 수 있을 것이기 때문입니다.

　그 팽창 정책의 핵심은 바로 '저금리' 입니다. 금리가 높은데, 대출해서 (모기지 대출, 학자금론, 자동차 오토론, 신용카드 등) 소비할 수 있나요? 그럼 금리를 낮추려면 어떻게 해야 하나요. 미국의 경우는 국채 금리가 장기 모기지 금리에, 한국의 경우는 3개월물 CD 금리에 부동산 담보 대출 금리가 연동되어 영향을 끼치는 금리 메커니즘을 가지고 있습니다.

　따라서 중국이 수출로 달러를 벌어들인 걸로 다시 미국채를 사는 이유는 뭔가요? 사 주면 그것도 항상 사 주면 양적 완화 정책의 상시 구사 효과를 거둘 수 있게 되기 때문입니다. 심지어 미국이 저금리에서 고금리 기조로 전환한 2004년 이후에도 이러한 중국의 미국채 집중 매수세에 힘입어 미국 모기지 금리 등 장기 금리는 낮은 수준을 유지할 수 있었습니다. 그럼 이런 현상이 언제까지나 유지될 수 있는 것일까요?

　그렇지 않습니다. 저금리 경상 적자 지속은 달러 가치를 약화시킵니다 (약달러). 약달러는 미국채에 대한 수요 지속, 중국 외환보유고 가치 보존에 악영향을 끼치게 됩니다. 따라서 달러화 가치의 강세 지속도 유지 불가능합니다.

저금리가 불러온 미-중 경제 팽창 메커니즘, 고금리로 바뀐다면

　이런 최악의 구조 속에서도 그간 달러화 가치가 강세 지속을 해올 수 있었던 이유는 제가 누차 말씀 드렸듯이 미국은 GDP 증가 속도가 부채 증가 속도(재정 적자 + 경상 적자)를 앞지를 수 있는 거의 유일한 국가이기 때문입니다. 그 원동력은 당연히 '금융 산업의 경쟁력 우위' 입니다. 그런데 달러화 약세 압력은 이러한 금융 산업의 경쟁 우위까지 떨어뜨릴 지경이 된 것이죠. 이걸 타파하는 유일의 길은 바로 고금리로 저축, 즉 수신을 늘리는 길뿐입니다.

최근 미국의 재정 적자, 경상 적자 우려 문제가 부상하고 있는 이유는 새삼스레 미국이 쌍둥이 적자를 내기 때문이 아닙니다. 양적 완화로 엄청난 공적 자금을 투입했기 때문도 아닙니다. 그 본질적인 이유는 고금리로 저축(수신 기능)을 정상화시키는 길로 가게 되면 소비가 줄고, 소비가 줄면 GDP가 줄어, 미국이 그간 막대한 쌍둥이 적자 누적에도 불구하고 국가 부채 비율 70% 이하를 유지해 올 수 있었던 원동력인 'GDP 증가 속도 〉 국가 부채 증가 속도'의 메커니즘이 손상될 수도 있기 때문입니다.

그러나 저는 그렇게 되지 않으리라고 봅니다. 그간 미국의 부동산 버블을 가능케 했던 것은 바로 중국의 미국 저금리 유도(미국의 장기 국채 매입) 때문이었습니다. 그런데 이번에는 반대로 미국이 고금리를 일으키게 되면 중국의 경상 흑자 도모 메커니즘이 끊기면서 중국에 몰아쳐 있는 부동산 버블이 무너질 수 있게 됩니다.

역방향 악화 도모가 가능해지게 되는 것입니다. 이렇게 전 세계 부동산 버블 국가들이 무너지고, 또한 글로벌 긴축 과정에서 악성 채무 국가(부채 비율이 높은 국가)의 채권 상환 만기 연장(롤오버)이 이루어지지 않으면서 금융시장이 불안해지게 되면, 미국은 중국 도움 없이도 안전 자산 선호 현상으로 장기 국채 금리를 안정시키면서 한편으로는 고금리로 수신 기능까지 정상화시킬 수 있을 것입니다. 그리고 미국 금융기관들은 금밭(전 세계 금융위기 만연)에서 금싸라기를 주워 먹으면서 달러화 가치를 끌어올려 줄 수 있겠죠. 강달러 고금리가 도래할 수 있게 되는 것입니다.

그럼 그동안 미국 정부가 중단시켰던 고유가 폭풍도 재개될 수 있습니다. 이것은 미국 금융기관과 석유 카르텔에게 최고의 영양 간식이면서 한편으로는 중국, 한국 등에게 최악의 공격 카드가 될 수 있기 때문입니다. 금융이 뭡니까. '줬다 뺏는 것'이라고 했습니다. 미국이 중국에게 그간 주었던 국채를 다시 뺏어 오는 것입니다. 뭐로? 부동산 버블 붕괴로 말입니다.

많은 분들이 착각하는 부분이 있습니다. 전 세계에 미국처럼 막대한 경상 적자를 내줄 국가는 없습니다. 기축통화 국가가 되려면 중국이 막대한 경상 적자를 내줘야 합니다. 그래서 위안화를 퍼뜨려줘야 합니다. 그러나 중국은 그러기는커녕 경상 흑자의 소폭 감소도 못 견디겠다면서 심각한 환율 조작을 하는 국가입니다.

미국의 경상 적자 지속, 대안 국가의 등장이 어렵다면 결국 전 세계 무역은 당분간 활황이 되기 어려울 것입니다. 이렇듯 실물 무역 규모가 제자리걸음을 한다면 실물에 기반해 그간 기하급수적으로 팽창해 왔던 투기 금융의 기세는 더욱 거칠어질 것입니다. 죽기 아니면 까무러치기 양상이 되겠죠. 교묘한 무역 장벽 구축 양상도 거세질 것입니다.

결국 중국은 이런 분위기 속에서 수출은 줄어드는데, 저축은 되레 늘고, 국제수지 흑자 규모도 늘어나는 기괴한 모습을 보여 주고 있습니다. 그것은 무엇을 의미하느냐, 천문학적인 투기 핫머니의 유입, 하늘이 눈물을 흘릴만한 서민의 고통, 기득권들의 은행 자본 빼돌려먹기 백태가 벌어지고 있다는 것입니다.

그럼에도 중국은 그간 축적해 놓은 막대한 외환보유고 때문에 한 번에 완전히 사망하지는 않을 것입니다. 다만 그렇다 해도 경제 파탄을 피할 수는 없습니다. 상당수 전문가들은 중국 경제가 심장마비가 아닌 당뇨 형태의 고통을 겪게 될 것으로 보고 있습니다.

《화폐 전쟁》의 쑹훙빙은
중국의 분식회계 비판해야

중국은 시장경제가 아닙니다. 한 언론에 따르면 베이징의 상업용 건물 공실률이 50%에 달하고 있다고 합니다. 그런데도 부동산 가격은 70% 이상 올랐다고 합니다. 이것은 시장경제의 모습이 아닙니다. 저축 총액이 매년 GDP의 50% 수준씩 늘어나고, 저축액의 총량과 증가 속도는 노동자 총임금 총량과 증가 속도를 압도하는 현상이 지속되고 있습니다. 도저히 설명이 안 됩니다. 그럼에도 GDP는 8% 성장하고, 물가는 초절정 안정을 이뤄내는 국가가 중국입니다.

신비롭다기보다는 역겹죠. 모든 게 조작이기 때문입니다. 수출이 줄어도 경상 흑자 규모가 지속되고, 저축이 폭증해도 소비 투자가 급증하고, 고유가에도 경상 흑자 규모가 줄지 않는 나라, 국민 소득 3천 달러에도 주택 가격은 선진국 이상인 나라가 중국입니다.

한국이 중국 GDP 수준일 때가 88올림픽 직전입니다. 그때 서울 등 대도시의 집값은 1천만 원대였습니다. 지금 중국 집값은 그 40~50배를 뛰어넘습니다. 상업용 건물 공실률, 민간 주택 버블, 은행 채권 부실, 가처분소득 대비 집값 등의 위험 지수를 토털 계산해 리스크를 측정하면 얼마 전 무너진 두바이의 1,000배의 위험에 달한다는 보고서까지 나올 정도입니다.

중국 집값이 1,000배 높다는 것이 아니라 리스크가 그렇다는 것입니다. 절대 들어가선 안 되는 '악마의 시장'인 것입니다. 그럼 중국의 숨겨진 부실은 과연 어느 정도일까요. 어떤 사람은 이미 은행 대출의 반이 실질적으로 빼돌려진 상황이라고 추정합니다. 그게 아니라도 중국의 부동산 버블이 무너지면 중국은 국가 부채 100%는 순식간에 넘게 될 것이 확실합니다. 일본조차도 못 견뎠으니 중국은 말할 나위도 없는 것입니다. 낮은 국가 부채와 건실한 실물 경제를 가지고 있던 일본이 심심해서 국가 부채 200%의 막장 경제로 전락한 줄 아십니까.

요즘 불거진 그리스 문제의 화두는 분식회계입니다. 일본도 분식회계를 20년 해왔습니다. 미국도 시가 평가 유보 등 실질적 분식회계를 단행하고 있습니다. 그러나 중국은 분식회계 정도가 아닙니다. 공산당이 지시하면 무조건 그 숫자대로 모든 수치를 조작하는 나라입니다. 경제라기보다는 사기단이라는 표현이 더 어울릴 것입니다. 중국 경제 당국이 아닌 중국 사기단 말입니다.

그러니, 지난 10년간 투명성 강화를 획기적으로 이루어놓은 김대중·노무현 두 분 대통령이 얼마나 위대한 것입니까. 그리스발 위기의 진정한 실체는 바로 이러한 부패, 부정, 부채에 대한 도전과 실패의 지난한 반복 역사의 또 하나의 재현일 것입니다. 환율, 금리, 물가, 재정 적자, 국가 부채를 투명하게 안정시키려는 EU의 꿈, 그것을 무산시키려는 수구 정치 세력과 국제 투기 세력들의 농간, 그 중심에 바로 한국, 중국, 그리스, 포르투갈, 이태리, 스페인, 아이슬란드 등의 모리배 국가들이 있는 것입니다.

얼마나 코미디입니까. 《화폐 전쟁》의 저자 쑹훙빙이 만약 중국을 미국을 비판하는 강도의 1/100 정도로만 올곧게 비판해도, 그는 다음날 베이징 유흥가의 한 골목에서 쥐어터진 채로 발견되게 될 것입니다. 거짓과 위선의 대가는 반드시 치르게 되는 법입니다. 아무리 저항을 해도 때가 되면 해는 지고 어둠이 찾아옵니다.

글로벌 리밸런싱은 미국이 과소비를 하고 중국이 국채를 사주는 구조의 청산과 함께 세계 각국의 빈부 격차를 해소하는 것으로부터 출발해야 합니다. 수출 의존도를 줄이고 내수를 키우는 게 왜 어렵습니까. 서민 손에 돈 쥐어줘야 하기 때문에 어려운 것입니다. 지금 중국의 저축률 폭증은 바로 그러한 점에서 고난의 행군인 것입니다. 반대로 한국의 모습은 저축조차도 못할 정도로 돈이 없고 부동산 투기질에 영혼까지 파탄 날 정도로 빨려들어가고 있습니다.

이런 나라 위정자들의, 내가 경제 살렸다는 만세 소리, 그러한 위선적인 모습들이 바로 그리스발 위기의 진정한 실체인 것입니다. 서민 쥐어짜고 통계 사기로 버티는 그리스 수구 기득권들, 역시 마찬가지인 한국, 중국. 이러한 구조적 문제점들에 철퇴를 내려치는 것이야말로 진정한 경제 살리기일 것입니다.

6. 그리스, 중국, 한국의 길 vs. 일본, 독일의 길
- 쉬운 길로 갈 것인가, 옳은 길로 갈 것인가?

못먹어도 고! 외치는
중국의 경제 팽창

중국이 수출로 벌어들인 달러로 다시 미국채를 사는 이유는 그렇게 되면 양적 팽창 정책의 상시 구사 효과를 거둘 수 있게 되기 때문이라고 말씀 드렸습니다.

미국은 1차 석유 위기 때는 양적 팽창 정책을, 2차 석유 위기 때는 양적 긴축 정책을, 플라자협정 이후부터 지금까지는 위기 도래시마다 양적 팽창 정책을 구사했습니다. 미국이 1980년대 당시 약달러에도 불구하고 경상 적자가 개선되지 않자 독일, 일본에 제시한 것이 바로 양적 팽창 정책의 요구였습니다. 그러나 독일, 일본은 거부했죠. 그 이유는 이 글의 후반부에서 언급될 것입니다. 어찌 되었든 그 결과 엔화와 마르크화의 절상은 계속 되었습니다.

그것은 일본의 부동산 거품 붕괴와 독일의 유럽 경제 통합 추진으로 연결되었습니다. 그런데 이 두 국가가 거부했던 양적 팽창 정책의 구사를 상식이 통하지 않는 국가, 중국이 부상해 받아내기 시작합니다. 중국은 무려 30년 동안 양적 팽창 정책을 지속합니다. 이것이 무슨 소리냐 하면, 인플레이션을 잡기 위한 제대로 된 진정한 긴축 정책을 그 기간 동안 단 한 번도 시행하지 않았다는 이야기입니다.

그 긴축 정책은 무엇을 의미합니까. 외형적으론 부채 증가 대신 재정 지출을 줄이고, 통화 팽창 대신 조세 규모를 늘리는 것을 의미합니다. 본질적으론 빈부 격차를 줄이는 것을 의미합니다. 그것을 안 한 것이죠. 그 결과 중국이 0.4%가 70%의 부를 가진 빈부 격차 지옥, 국민 소득 3천 달러 주제에 주택 가격은 선진국 수준에 다다른 버블 지옥으로 전락한 것입니다. 국민 알기를 개떡으로 아는 중국이기에 추진할 수 있는 지속적 양적 팽창 정책이었던 것입니다.

세상에 어느 나라가 긴축을 하고 싶어서 합니까. 그러나 팽창 정책으로만 가면 고물가, 부동산 버블, 빈부 격차, 재정 악화, 부채 악화가 극심해지고, 그 결과 살인적 고금리, 주택 가격 붕괴, 재정 위기, 외환위기, 금융위기 등이 필연적으로 도래할 수밖에는 없기 때문에 긴축으로 가는 것뿐입니다. 그런데 중국은 주택 가격은 수요 공급에 따라 움직이지 않는 비정상적 시장이라 가격 조정이 잘 일어나지 않고, 정치적 불만은 경찰력으로 강경 진압, 재정 위기는 국영 기업·은행 등에 부실을 감춤, 외환위기·금융위기 등은 과잉 국제 유동성 축적으로 회피 등으로 버티고 있는 것입니다.

그러나 이게 전부 한계에 다다라가고 있습니다. 과잉 유동성 창출에 있어 파트너였던 미국이 먼저 꼬꾸라진 것입니다. 미국은 일단 긴축 대신 추가적 양적 팽창 정책으로 버티고 있습니다. 본원통화를 폭발적인 수준으로 발행해 신용 붕괴를 막아낸 것입니다.

그러나 일단 발행된 통화는 사라지지 않습니다. 반드시 통화 관리 비용(불태화 비용)과 (기대) 인플레이션을 수반합니다. 그런데 중국이 이것조차 받아내고 있습니다. 맞대응 통화 증발을 하고 있는 것입니다. Why? 피드백의 대상이 사라지자 스스로 주고받는 마스터베이션 정책을 구사하고 있는 것입니다.

이것은 실물 경제에 기반하지 않은 양적 팽창 정책입니다. 수출 증가를 수반하지 않은 내부 유동성의 증가, 무역수지 증가 없는 국제 유동성의 증가, 이것이 극심한 거품을 만들어 내고 있습니다.

여기에 미국발 초긴축 정책 도래가 기다리고 있습니다. 미국과 중국의 차이점은 미국은 증발된 통화를 시장에 내보내지 않았고, 중국은 내보냈다는 것입니다. 물론, 이것은 단기적으로는 기대 인플레이션과 인플레이션의 차이를 의미하는 것일 뿐이지만, 어찌 되었든 외형적으로 미국은 거품이 꺼지고 있는데 중국은 거품이 극에 달하고 있는 것입니다.

중국은 미몽에서 벗어나지 못하고 있습니다. 이제 어느 국가와 국제 유동성을 과도하게 팽창시키는 인플레이션 정책의 피드백을 주고받습니까. 국가 내부에서 마스터베이션을 하기 위해선 소비시장을 키워야 합니다. 소비를 키우기 위해선 저축을 줄여야 합니다. 저축을 줄이면 경상수지 흑자가 줄어듭니다. 이걸 우회하기 위해선 재정 적자를 늘려야 합니다. 역시 그럴수록 경상수지 흑자는 더욱 줄어듭니다(경상 흑자=정부 재정 흑자+민간의 순저축). 악순환에 빠져들어 가는 것입니다.

그런데 어이없게도 중국의 저축은 오히려 사상 최대를 기록하고 있습니다. 물가, 주택 가격이 폭등하고 수출이 급감함에 따라 내수가 쪼그라들면서 서민들이 허리띠를 조이고, 거기에 세계 경제위기를 틈타 투기자본들인 핫머니가 물밀듯이 유입되고 있기 때문입니다.

이 핫머니 유입은 바로 미국이 일시적으로 연출하고 있는 추가적 양적 팽창 정책 때문입니다. 이게 끝이 나게 되면 거꾸로 물밀듯이 이탈할 수 있는 자금입니다. 그렇게 되면 경상 흑자, 민간 저축은 완전히 주저앉고 재정 적자는 감당할 수 없는 수준까지 치솟게 될 것입니다. 부동산이 무너지고, 은행 대출 채권이 쓰레기화되고, 위안화는 폭락하게 될 것입니다. 금융위기가 도래하게 되는 것입니다.

그럼 어쩔 수 없이 미국채를 집어던져야 합니다. 금리 인상 속에 국채 매도를 한다면, 중국 국부는 초토화될 수밖에 없는 것입니다. '독일이 유로존의 문제를 짊어져야 하는 것은 중국이 미국채를 계속 사줄 수밖에 없는 구조와 동일한 모양'이라고 생각하실 분도 계실지 모르겠습니다. 틀린 생각입니다. 독일이 유럽 통합에 나선 것은 미국의 양적 팽창 정책 요구를 거부하고 이에 대항하기 위한 것입니다. 중국의 미국채 매입은

반대로 미국의 양적 팽창 정책을 받아내기 위한 것입니다.

유로 가족의 성실한 맏형 독일,
쓰라린 경험을 반복하기 싫은 일본

독일이 원한 것은 인플레이션(정책 유혹)을 이겨내라는 것입니다. 재정 적자, 인플레이션 압력이 커지면 긴축으로 대응하라는 것입니다. 즉, 고금리, 증세로 가면 됩니다. 그러나 일부 유럽 국가들은 그게 싫어 인플레이션 정책으로 각개 약진을 합니다. 그럼 통화 약세, 환율 급등이 일어나고 결국은 통화 투매 등의 외환위기가 오게 됩니다.

외환위기가 오게 되면 투기자본의 요구 조건을 수용해 수혈할 수밖에는 없고 결국은 끝도 없이 빨려 들어가게 됩니다. 와중에 국부가 작살나게 되는 것입니다. 유럽 통화 통합은 이러한 내·외부의 인플레이션 공격을 막아내기 위한 것입니다.

유로 국가들이 독일의 경제력에 의한 금리 인하 효과로 내수를 부양한 게 아닙니다. 유로권역 내 환율 불안정에 따른 외환위기 리스크 제거와 환율 및 관세 장벽 제거에 따른 일물일가(一物一價)의 실질적 구현, 그에 따른 물가 안정에 따라 내수가 부양된 것입니다.

물론, 유로 국가들은 금단 현상도 겪고 있습니다. 인플레이션 정책으로 물가에 불을 질러 실업을 잡고 싶고, 금융기관들은 자국 통화의 자국 금융기관 우선 선택의 이점을 그리워할 것입니다. 돈을 찍고 국채를 찍어 세금을 덜 내고 싶을 것입니다. 그러나 그러한 개별 국가적 이기심은 유럽 전체가 뭉쳐 유럽의 부를 지켜내야 한다는 더 큰 이기심 앞에서 수그러든 것입니다. 이러한 독일과 유로 국가들의 피드백은 미국과 중국의 피드백과 비슷한 것이 아니라 정반대의 극단을 달리는 것입니다.

결정적으로 유로의 통합은 (유로를 제외한) 국제 유동성 수요의 축소를 가져오고 있습니다. 국제 유동성의 팽창 토대를 붕괴시키고 있다는 이야기입니다. 국제 유동성이 뭡니까. 바로 달러입니다. '중국 수출 ⇔ 미국 채 매입' 피드백은 국제 유동성을 키우고 있는데, 유로 통합은 이러한 국제 유동성 확장 토대를 꺼뜨리려 하고 있는 것입니다.

그래서 미국이 안달을 하고 있는 것입니다. '유럽이 산산조각 박살날 것이네', '일본이 무너질 것이네' 하면서 말이죠. 그러나 유럽은 현재로선 나름 잘 가고 있습니다. 결정적으로 미국의 항구적 양적 팽창 정책의 구사를 완화시켜 가고 있습니다.

이러한 유럽의 입장은 일본의 이해와 일치하는 것입니다. 일본도 결국은 미국의 양적 팽창 정책에 말려들어 간 것이라 할 수 있기 때문입니다. 일본의 전성기는 정확히 미국의 강달러 기류가 약달러로 꺾여들면서 끝났습니다. 노골적인 양적 팽창 정책의 구사로 인해 무너진 것입니다. 따라서 일본은 인플레이션, 특히 부동산 버블이라면 지긋지긋해 합니다.

인플레 잔치에 초대되어 들떠 있는 중국과 한국

그런데 한국, 중국이 정신을 못 차리고 끝도 없는 인플레이션 정책을 구사하고 있습니다. 극단적인 환율 정책으로 대내외적 빈부 격차를 유발해 그 꿀맛 같은 기쁨을 누리고 있습니다. 서민을 거덜 내고, 다른 국가를 털어내고, 그 와중에 오직 한국과 중국의 수구 기득권들만 신이 난 것입니다. 이게 오래 갈 수 있을까요. 결코 아닙니다. 그 짓이 한계에 부딪치고 있기 때문입니다.

처음으로 돌아가 독일, 일본이 왜 미국의 양적 팽창 정책의 구사 요구를 거부했습니까. 그것은 막가자는 것이기 때문입니다. 상시적인 인플레이션적 화폐 불균형의 유지, 자연적인 경기 변동을 통화 증발, 더 큰 통화 증발로 끝없이 막아내는 조치입니다. 그 막장은 빈부 격차, 부동산 버블 붕괴, 경제 펀더멘털의 초토화뿐입니다.

그 극명한 결과물인 한국, 중국을 한번 보시기 바랍니다. 고실업, 저출산, 빈부 격차, 부동산 버블, 최장 근로 시간, 저임금 등, 한마디로 '부자 천국, 서민 지옥'이 되어 버렸습니다. 중국도 마찬가지입니다. 이것은 끝없는 빈부 격차(인플레이션) 정책 구사의 결과물입니다. 그래서 결국은 경제가 주저앉은 것입니다.

'통화 증발 ⇨ 통화 증발 ⇨ 또 통화 증발, 인플레이션 ⇨ 인플레이션 ⇨ 또 인플레이션, 빈부 격차 ⇨ 빈부 격차 ⇨ 또 빈부 격차.' 통화 증발은 인플레이션을, 인플레이션은 빈부 격차를 가능하게 해 줍니다. 빈부 격차는 통화 경로를 제한시켜 추가적 통화 증발을 도와주고, 그렇게 일부로만 몰린 통화는 부동산 버블을 극에 달하게 합니다. 극에 달한 부동산 버블은 빈부 격차를 극에 달하게 하고, 그게 무너지지 않게 하기 위해 또 통화 증발을 하는 것입니다. '빈부 격차의 빈부 격차에 의한 빈부 격차를 위한 정책'인 것입니다.

기업이 이익을 내는 수단 또한 납세 거부, 고용 거부, 환율 조작뿐입니다. 현재 재벌의 이익이 그렇게 나오고 있습니다. 적하효과가 감소하고 있는 것이 아니라 적하효과를 차단함으로써 이익이 증가하고 있습니다. 이것이 경제 펀더멘털은 물론 서민들의 삶의 근간 자체를 초토화시키고 있습니다. 재벌이 고환율 조작으로 서민의 부를 이전 받아 천문학적 이익을 향유합니다. 그 돈으로 외국 자본에 배당합니다. 세금은 감세, 고용은 안하고, 설비 투자는 선진국 혹은 개도국에 합니다. 그러고 나머지 돈은 부동산으로 갑니다. 그러니 대기업, 부자들만 살판이 나는 것입니다.

어떤 사람들은 강남 아파트가 10억 오르는 것을 왜 배 아파 하느냐고 하는데, 세금을 제대로 안 내기 때문에 문제 삼는 것이지 세금만 제대로 내면 10억이 아니라 아파트 1채에 1조원이 되어도 뭐라 안합니다. 삼성이 10조 원 흑자 낸 것을 왜 배 아파 하느냐고 하는데, 서민의 쪽박을 깨고 부를 갈취하지만 않으면 10조 원이 아니라 100조 원 흑자 내도 뭐라 안합니다. 한국 경제는 이미 삼성이 이익을 내면 낼수록 서민이 망하는 제로섬 구조입니다.

재벌은 이미 오래 전에 적하효과가 아니라 그것을 차단시켜 이익을 내고, 스스로 돈을 벌어 경제에 이바지하는 것이 아니라 국민 등골을 우려내 그것으로 배불리며 사는 집단으로 전락한 지 오래입니다. 이러한 대기업, 부자가 중소기업, 서민을 거덜 내는 시스템을 바로잡는 유일의 길은 조세·복지 선진화뿐입니다. 그런데 수구 기득권들이 그것을 결사반대합니다. 조세·복지 선진화를 하면 이익이 줄어드는 수준이 아니라 아예 창출을 못하는 지경으로까지 전락하기 때문입니다.

<h2 style="text-align:center">분배와 복지의 선진화 없이는
불가능한 추가 경제 성장의 길</h2>

세상에 경기 변동이 사라진 경기 사이클이란 있을 수 없습니다. 하강 긴축 국면에서 통화 증발, 상승 팽창 국면에선 더욱 통화 증발, 통화 증발하다 위기가 오면 더더욱 통화 증발. 이것은 '하강 긴축 국면에서 서민 등골을 우려먹고, 상승 팽창 국면에선 더욱 우려먹고, 그러다 위기가 오면 더더욱 서민 등골을 우려먹고 있다'란 이야기입니다. 무슨 수를 써서라도 경기를 살려야 서민이 산다는 것은 코미디입니다. 경기가 죽어 실업이 늘면 대기업, 부자 증세를 해서 수당을 주면 될 일입니다. '경기가 죽는데 기업 보고 세금까지 더 내라?' 라고 하면서 버틴 결과물이 지금 삼성 자산 300조 원입니다.

지금 돈이 다 어디로 가 있습니까. 이렇듯 대기업으로 가 있습니다. 종교, 사학, 금융권, 부동산 재벌 등에게로 다 가 있습니다. 왜 가 있습니까. 바로 항구적 양적 팽창 정책의 구사와 조세·복지 선진화 거부 때문입니다.

독일은 바로 그 지점을 지적하고 있습니다. 그리스는 그걸 하기 싫어 미쳐 죽겠다는 것입니다. 증세? 1원도 더 내기 싫습니다. 따라서 해외로 돈을 들고 도망가고 싶어 합니다. 수구 언론도 툭하면 협박하죠. 만약 조세·복지 선진화하면 한국도 아르헨티나 꼴 날 것이라고 말이죠. 아르헨티나는 부자들의 도덕적 해이 때문에 망한 것이지 증세 때문에 망한 것이 아닙니다.

경제 성장 후 추가 경제 성장은 오로지 분배로만 가능합니다. 그리고 이것은 민주주의로만 가능합니다. 아르헨티나, 필리핀, 그리스 등이 주저앉고 있는 이유는 바로 이것 때문이고, 한국, 중국에 조만간 위기가 도래할 수밖에 없는 것도 바로 이런 이유 때문입니다.

그리스발 위기의 진정한 실체가 무엇입니까. 맨 처음에 이야기했던 '화폐 가치 하락과 이로 인한 통화 교란 그리고 그것을 둘러싼 전 세계 패권 구도의 경합' 때문입니다. 빈부 격차, 이것을 유지하고 강화하기 위한 민주주의 후퇴, 국가 간의 이기심 격화에 따른 국제 협력의 붕괴 때문입니다. 따라서 이것의 주범 국가들이 반성해야 하고, 반성하지 않으면 국제 사회가 공조해 철퇴를 내리치는 것이 글로벌 리밸런싱의 진정한 해법일 것입니다.

부동산 버블이 심하고, 조세 제도가 후진적이고, 빈부 격차가 심하고, 통화 증발·인플레이션·환율 조작이 심하고, 민주주의 후퇴가 심한 국가가 어디입니까. 바로 한국, 중국입니다. PIGS 국가들, 미국 등도 문제가 심각하긴 합니다. 일본, 서유럽도 문제는 있습니다. 그러나 한국, 중국 정도는 아닙니다. 그중에서도 한국은 문제의 양태를 극한의 수준으로 보여 주고 있습니다. 그러면서도 마치 위기를 가장 잘 극복하고 있는 양, 위기는 완전히 끝난 양, 서민들을 잘 보살피는 양, 쇼를 하고 있습니다. 그러나 그러면 그럴수록 위기는 더 빨리, 더 크게, 더 오래 나타날 수밖에 없습니다.

이제 전 세계적 양적 팽창 정책의 잔치는 한계에 다다랐습니다. 긴축과 분배로 가야 할 것입니다. 그럴수록 막판 한탕과 문제의 본질 외면을 향한 수구들의 열망은 커져만 갈 것입니다. 특히 전 세계 속에서도 한국, 중국이 심각한 문제 국가들입니다. 그리스발 위기의 진정한 실체는 바로 이런 국가들의 위선과 거짓 그리고 기만일 것입니다.

결론적으로 다른 국가의 부를 빼앗기 위한 치열한 전 세계 패권 구도 경합의 실체는 결국 각각의 국가 내부에서 하위 계층의 부를 상위 계층으로 빼앗아 이전시켜 가기 위한 추잡스러운 수작의 전개, 그 이상도 이하도 아닌 것입니다.

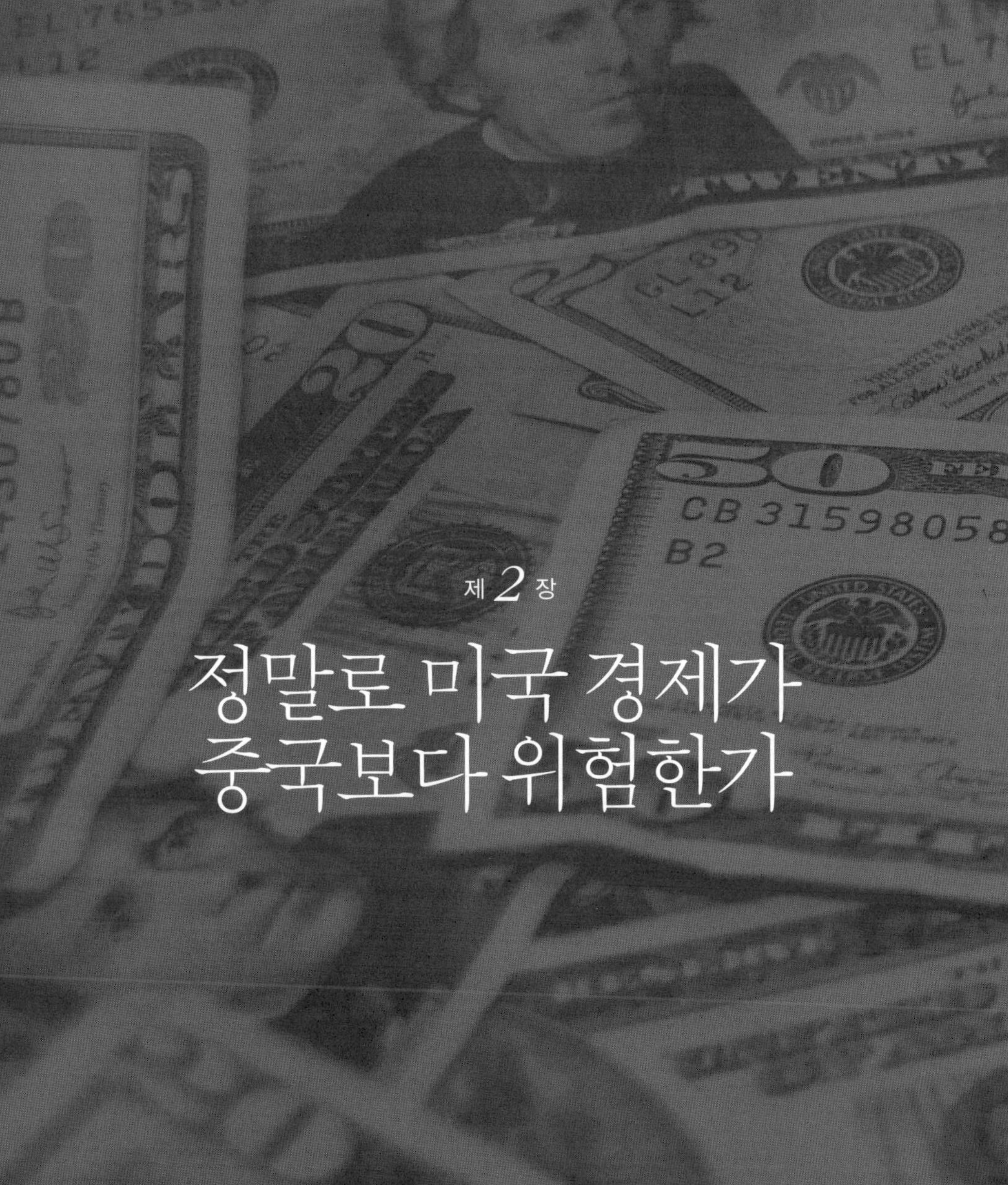

정말로 미국 경제가 중국보다 위험한가

미국 경제 1

01 기로에 선

1. 미국의 경제 붕괴 임박? 부자는 망해도 30년은 간다

방대한 자산을 바탕으로
돈놀이를 하고 있는 미국과 일본

일각에서 미국 붕괴론을 이야기할 때 잘 귀담아 듣지 않던 사람들이 막상 미국이 위기에 처하니까, 너도 나도 나서서 팍스 아메리카나(Pax Americana)와 팍스 달러리움(Pax Dollarium)의 종말을 외쳐대는군요. 그러나 과연 그럴까요? 부자가 망해도 3년은 가고 부국이 망해도 30년은 가는 법입니다. 지금부터 미국이 넘어가기 시작해도 최소 2040년에야 그 위상이 실추될 거란 이야기입니다. 빌게이츠 같은 사람은 이 기간을 최소 50년으로 잡기도 합니다.

구체적으로 말해 보겠습니다. 미국이 가진 문제는 크게 두 가지입니다. 첫째는 재정 적자, 경상 적자입니다. 금융위기 이전 기준으로 각각 8천억 달러 안팎쯤 됩니다. 그중 1조 달러 정도는 국내 부채로 흡수하고 나머지는 해외 자본 유입으로 충당해 냅니다. 결국 미국인들이 위기 시

IMF 경제 전망

세계 경제는 예상보다는 호전되고 있지만
지역마다 다른 편차를 보이고 있다.
2009년 10월

			2009년 전망치		2010년 실적치	
	2008	2009	2010	2011	2010	2011
세계 경제 성장율	**3.0**	**-0.6**	**4.2**	**4.3**	**0.3**	**0.0**
선진 경제권역	0.5	-3.2	2.3	2.4	0.2	0.0
미국	0.4	-2.4	3.1	2.6	0.4	0.2
유로존	0.6	-4.1	1.0	1.5	0.0	-0.1
독일	1.2	-5.0	1.2	1.7	-0.3	-0.2
프랑스	0.3	-2.2	1.5	1.8	0.1	0.1
이탈리아	-1.3	-5.0	0.8	1.2	-0.2	-0.1
스페인	0.9	-3.6	-0.4	0.9	0.2	0.0
일본	-1.2	-5.2	1.9	2.0	0.2	-0.2
영국	0.5	-4.9	1.3	2.5	0.0	-0.2
캐나다	0.4	-2.6	3.1	3.2	0.5	-0.4
기타 선진 경제권역	1.7	-1.1	3.7	3.9	0.4	0.3
아시아 신흥공업국	1.8	-0.9	5.2	4.9	0.4	0.2
선진장권역	6.1	2.4	6.3	6.5	0.3	0.2
동유럽	3.0	-3.7	2.8	3.4	0.8	-0.3
독립국가연합	5.5	-6.6	4.0	3.6	0.2	-0.4
러시아	5.6	-7.9	4.0	3.3	0.4	-0.1
러시아 제외	5.3	-3.5	3.9	4.5	-0.4	-0.6
아시아 개도국	7.9	6.6	8.7	8.7	0.3	0.3
중국	9.6	8.7	10.0	9.9	0.0	0.2
인도	7.3	5.7	8.8	8.4	1.1	0.6
아세안 5개국	4.7	1.7	5.4	5.6	0.7	0.3
중동, 북아프리카	5.1	2.4	4.5	4.8	0.0	0.1
사하라 이남 아프리카	5.5	2.1	4.7	5.9	0.4	0.4
서반구	4.3	-1.8	4.0	4.0	0.3	0.2
브라질	5.1	-0.2	5.5	4.1	0.8	0.4
멕시코	1.5	-6.5	4.2	4.5	0.2	-0.2

출처 : IMF

1조 달러 정도만 허리띠를 조여 소비를 줄여낼 수 있다면 부채는 더 이상 늘어나지 않는 것이고, 그 이상을 조이면 부채는 되레 줄어들게 되는 겁니다.

　1조 달러가 많아 보여도 사실 미국에게는 큰 금액이 아닙니다. 현재 미국인 노동자는 전 세계 노동자의 7%를 차지하고 있지만 소비는 35%를 하고 있고, 미국 경제는 전 세계에서 25%를 차지하고 있지만 달러화의 위상은 50%에 가깝습니다. 이 소비와 위상을 조금만 그리고 잠시만 줄이면 미국 경제는 쉽게 복원될 수 있는 겁니다.

　둘째 문제는 과소비입니다. 미국은 경제가 막강한데다 국제 금융을 집중시켜 활용하는 유일의 주체이므로 미국 시민들은 막대한 부가서비스를 누리고 있습니다. 이걸 나쁘게 말하면 이른바 '돌려막기'입니다. 집도, 차도, 등록금도, 컴퓨터도 미국인들은 신용만 있으면 대출로 살 수 있습니다. 여타 생활비도 마찬가지죠. 그런데 이게 과연 금융 허브로서의 미국 파워의 위상 덕택만일까요? 그렇지 않습니다.

　미국인들은 소비도 많이 하지만 그만큼 경제 발전으로 긴 자산 누적 기간을 가지고 있고, 그 자산 운용도 잘합니다. 미국은 무려 45조 달러의 개인 자산을 보유하고 있습니다. 미국 연방 정부와 주 정부가 현재 가지고 있는 부채를 모두 갚고 개인 금융 부채 또한 모두 갚고도 남을 엄청난 금액입니다. 결국 미국이 막대한 경상 적자, 재정 적자를 지속하면서도 국가 부채가 임계점을 초과하지 않고 버티고 있는 이유 중 하나는 이 자금들이 전 세계를 순환하며 엄청난 부가가치를 창출하고 있기 때문인 것입니다.

　일본도 마찬가지입니다. 일본의 국가 부채가 엄청나다는 것은 주지의 사실입니다. 국채 발행 잔량이 무려 8조 달러가 넘고, 이에 대한 이자 지급용으로 편성된 예산만 전체 예산의 30%에 육박합니다. 보통 국가라면 당연히 못 버팁니다. 애당초 부채 조달부터가 가능하지 않았겠죠.

　그러나 일본 역시도 미국처럼 막대한 개인 금융을 가지고 있습니다. 일본 개인들은 무려 19조 달러에 달하는 금융 자산을, 그것도 거의 대부분을 은행에만 쌓아놓고 있습니다. 게다가 일본인들은 아주 검소해 신용카드 같은 것으로 돌려막기도 잘 하지 않습니다. 따라서 이 돈의 대부분은 이른바 '엔캐리' 자금이란 이름으로 전 세계를 순환하며 엄청난 부가가치를 창출해 냅니다.

전 세계에서 엔화가 차지하는 비중은 달러화나 유로화에 비해 작지만 그 위력이 엄청난 이유는 바로 이 돈이 은행 예금에서 기초하는 장기 저리 운용 성향의 자본이라는 데에 있습니다. 따라서 이 자금이 회수를 일으키면 그 어느 자금의 회수보다도 해당국 경제 및 국제 금융 흐름에 커다란 변동을 일으키게 되는 겁니다. 작금의 미국발 금융위기의 근원도 엔캐리 자금의 선제 이동이 그 단초를 제공했다고 보는 시각이 많은 이유도 바로 이 때문입니다.

결국, 지금 미국, 일본, EU, 중국 4개국이 동시에 위기를 맞은 상황에서 미국, 일본이 더 안전하다고 보는 사람이 많은 이유가 바로 이런 것들에 있는 것입니다. 들이 닥친 위기의 양태가 외형적으로는 EU나 중국보다 커 보이지만 자세히 현미경처럼 들여다보면 실은 가장 건실하고 마음을 독하게 먹고 몇 년 고생하면 그만큼 위기에서 가장 빨리 탈출할 수 있는 저력을 지닌 국가가 미국과 일본입니다.

물린 돈이 많은 EU,
아직은 쌓아놓은 돈이 부족한 중국

EU만 해도 그렇습니다. 최근 EU는 뱅크런(대량 인출 사태), 펀드런(대량 환매), 일방적인 모라토리엄 선언 등 혼란스러운 상황입니다. 게다가 중국 자본시장에서 유로 자산이 엄청난 손실을 입었습니다. 그리고 부동산 버블과 관련 증권 유동화로 입은 피해의 질이 미국보다도 훨씬 악성입니다. 보다 근본적인 문제는 엄청난 금융위기와 그 과정에서의 자산 손실이 복지 체계의 근본을 위태롭게 하고 EU를 중심으로 한 정치 통합 일정마저 위협하고 있다는 것입니다.

중국은 말할 것도 없습니다. 중국이 오만방자하게 굴고 있지만 아직까지는 세계 경제에서 차지하는 비중이 53조 달러 중 3조 달러밖에는 되지 않습니다. 자본 축적도 그만큼 적고 숨겨진 부실과 통계 조작도 엄청납니다. 게다가 전 세계의 저임금 일자리를 모조리 빨아들이고도 일자리 부족으로 신음하고 있는 상황입니다. 이것은 전 세계 도처의 실직 노동자들과 비정규직 노동자들을 분노케 하고 있습니다. 그래서 각국마다 중국에 대한 의존도와 환상을 거두어들이라는 정치경제적 요구와 작업들이 물밀듯이 일어나고 있는 것이죠.

그리고 위안화 절상 문제. 작금의 중국은 플라자합의 때의 일본과는 하늘과 땅 차이입니다. 지금 중국은 현 수준의 위안화 유지로도 경제가 붕괴 직전입니다. 게다가 영미 금융의 파고에 말려들어가 원자재시장과 금융파생시장에서 엄청난 손실을 입어 비틀거리고, 거꾸로 그것을 빌미로 유럽계 자본의 뒤통수를 쳤다가 공분을 사고 있는 중입니다. 지금 유럽에서 한창 일어나고 있는 반중(反中) 무드는 질 낮은 상품에서만 기인한 게 절대로 아닙니다. 여기에 엄청난 잠재적 자산 손실의 규모와 핫머니의 위협적인 실체는 숨긴 채, 미국채 보유 물량을 늘린다든가, GM 인수설을 흘린다든가 하는 주제넘은 허허실실 작전을 펴고 있고, 이것이 선진국들의 혐오감을 더욱 증폭시키는 악순환의 기로에 놓여 있는 상황입니다.

따라서 지금의 전 세계적 경제 상황을 미국에게는 불리하고, 중국에게는 유리한, 혹은 EU에게는 그나마 나은 상황으로 이해하려 드는 관점은 다소 문제가 있다는 점을 지적하고 싶습니다. 결국 중요하게 눈여겨봐야 할 것은 넘어지는 충격이 아니라 일어날 수 있는 힘의 세기이며, 지금까지 전 세계적으로 화장발(거짓 통계, 분식회계)로 위명을 떨쳐오던 수많은 국가들의 몰락 속에서 결국은 다시 원론적인 힘의 원리, 즉 기존의 전통적 강대국들과 인간의 생존에 필요한 의식주(원자재, 식량, 에너지)로 파워가 다시 몰릴 것이라는 원칙이 기본 방향성으로 설득력을 가지게 될 공산이 크다는 것입니다.

거기에 하나 더해 시차 문제를 지적하고 싶습니다. 경제위기와 그에 관한 해법은 심장 수술로 곧잘 비견되고는 합니다. 심장 수술은 결국 시간 싸움입니다. 심장을 정지시켜 놓고 심폐기를 돌려 수술을 하는데, 최단 시간 내에 끝내지 못하면 결국 심장에 악영향을 주게 되고, 그것이 환자의 예후와 생존에도 치명타를 입히게 됩니다.

금융도 마찬가지입니다. 지금의 위기는 케인즈주의자나 통화주의자의 정책 그 어느 것 혹은 그걸 믹싱해서 사용한다 해도 본질적 개선 효과를 볼 수 있는 상황이 아닙니다. 실질금리는 더 이상 내려 갈 수 없을 정도로 낮아져 있고, 통화량은 가뜩이나 많은 상황이고, 재정 정책을 펴기에는 부채 버블이 너무 극에 달해 있습니다.

더더욱 문제되는 것은 정책 효과가 지체되면서 벌어지는 착시 현상입니다. 너무나 많은 정책들이 쏟아 부어지고 옥석구분이 지체되다 보니 다들 혹시 이대로 잘 버티면 넘어갈 수도 있는 것 아니냐는 매너리즘에 빠지고 있는 상황이란 것입니다. 그러나 속으로는 심장이 부어오르듯 더욱 골병이 들어가고 있습니다. 정책이 즉효를 발휘하지 못할 때 그 실패가 더욱 장기적으로 치달아가며 다양한 악성적인 형태로 나타나게 될 수 있는 위험이 증가하고 있는 것입니다.

이런 상황에서는 결국 전통적 안전 투자 수단과 힘의 역학 구도에 의지하려는 경향이 증대할 수밖에는 없습니다. 결국 위기 전의 상황으로 구도가 재연되는 것이죠. 그러나 모두가 쉽게 예전으로 돌아갈 수는 없습니다. 그동안 과욕을 부리다 주체할 수 없을 정도의 실패를 입은 국가와 기업 그리고 개인들은 그 대가를 치러야만 합니다.

결국 예측할 수 없고 경험할 수 없을 정도의 위기란 애당초 존재하지 않는다는 가정하에 이 위기의 향후 전개 과정과 결말을 예측해 보면, 고의에 가까운 방식으로 위기를 불러일으킨 미국과 이 위기의 진행 상황을 흔들림 없이 지켜보며 철저히 대비해 온 일본이 기회를 잡을 수 있지 않겠느냐 하는 것이 저의 견해입니다.

오로지 미국만이 탐욕을 부렸다는 것은 지나친 논리의 단순 도식화입니다. 미국은 그만한 부라도 있습니다. 오히려 별것도 없으면서 통화 가치와 부동산 가치를 급상승시키고 겁 없이 대출을 끌어다 버블을 일으킨 피해 주장 국가들의 탐욕이 더 꼴불견입니다. 미국은 돌려막기만 청산하면 되지만 그들은 앞으로 십수 년간 대가를 치러야 할 수도 있기 때문입니다.

미국 패권의 와해나 달러화의 몰락, 물론 충분히 가능하고 현실적인 이야기입니다. 그러나 아직 진단을 확정하기에는 이릅니다. 그리고 진단이 떨어지더라도 치료를 시작하면 최소 30~50년은 지금의 행세를 유지할 수 있습니다. 오히려 지금은 미국을 너무 우습게 보는 사람들과 나라들이 더 위험해 보입니다. 아이러니하게도 미국은 그들을 밟고 일어설 수 있을 것처럼 보이기까지 합니다.

2. 미국 경제 붕괴론과 2009년 국제 무역 급감

미국을 이솝우화의
베짱이라고 놀릴 수 있을까

많은 사람들이 미 금융 체제의 붕괴와 미국식 자본주의의 몰락을 외치고 있습니다. 쌍둥이 적자의 지속과 제조업 몰락의 필연적 결과물이라고 합니다. 뭐 대략 좋은 이야기 같습니다. 얼핏 들으면 전형적인 권선징악의 양태인 것 같으니 말입니다. 예컨대 여름에 실컷 놀던 베짱이가 겨울이 되어 배를 곯게 되고 마는 식으로 말입니다. 문제는 그 후폭풍입니다. 그러니까 미국이 몰락하는 것은 좋은데 미국이 휘청거리면 단기적으로 한국은 어떻게 될 것이고 중장기적으로는 경제위기를 극복하기 위한 미국의 새로운 변혁 시도가 경제 구도에 어떠한 변화를 가져오게 될 것인가 하는 것입니다.

한번 따져 보죠. 먼저 사람들이 지겹도록 과하다고 외쳐대는 미국의 소비. 미국의 소비축은 크게 세 가지입니다. 급여, 자산 소득 그리고 신용카드(단기 금융). 첫째 미국의 실업률은 5%, 5.5%, 6.3%, 7.2% 등 금융위기 이후 조사 때마다 빠른 속도로 늘어나고 있습니다. 이는 아직 특별한 대규모 파산 사태나 대량 해고가 일어나지 않고 있다는 점을 감안하면 거의 재앙에 가까운 수치입니다. 앞으로 10~15% 수준까지 치솟을 것이라는 예상이 있을 정도니 실업 문제는 이제부터 본격적인 시작이라고 봐야 합니다. 그럴 경우 여기에서 유발되는 소비 감소액만 1조 달러에 달할 것으로 예상되고 있습니다.

둘째 자산 소득. 이건 실업률보다도 더욱 심각합니다. 실업은 실업급여로 어느 정도 충격 완화가 가능합니다. 설계상으로만 보자면 전체 노동자의 40% 정도까지 커버 가능합니다. 그러나 이자, 배당, 연금 등 자산 소득의 급감은 어찌할 도리가 없습니다. 현재 금융위기 이후 미국인들의 금융 수입은 급감했습니다. 특히나 전 세계 20조 달러 시장의 70%를 차지하는 14조 달러 규모의 민간 퇴직 연금 시장 문제가 심각합니다. 크루즈 선을 타고 철갑상어 알을 먹으며 여유로운 노년 여행을 즐기던 미국 노년층들이 기껏 주 정부에서 나눠주는 사탕이나 빨아대고 있는 것입니다.

현재 미국 금융 자산의 상각액은 전체 60조 달러(부동산 16조, 금융 44조)의 25%인 15조 달러에 달하고 있습니다. 따라서 이로 인한 소비 감소액만 1조 달러, 이에 연결된 추가 소비 감소액만 8천억 달러에 달할 것으로 예측되고 있습니다.

셋째 신용카드. 신용카드는 사용자가 신용을 쌓으면 한도가 늘어나는 시스템이 아닙니다. 카드사가 대출 자산 확대 여력이 증가하는 만큼 역으로 신용 순으로 한도 증가를 부여하는 시스템입니다. 그런데 최근 미국의 신용카드 회사들은 이미 대출 자산의 40% 가까이를 줄여대고 있습니다. 부실이 급증해 차입 루트가 막히고 있기 때문입니다. 자금 경색이 심해지자 급기야 카드 사용액을 완납하고 카드를 꺾어버리면 돈을 주는 마케팅까지 등장한 상황입니다. 그럼 여기서는 얼마만큼의 소비 유발액 감소가 일어날까요. 자동차 대출, 학자금 대출, 모기지 대출까지 포함해 미국 돌려막기(단기 금융) 시스템의 급격한 축소가 유발해 내는 소비 감소액은 중기적으로 최소 1조 6천억 달러에 달할 것으로 예측되고 있습니다.

결론적으로 미국 소비액은 최대 4조 달러, 그러니까 전체 10조 달러의 40%까지 급감할 위기에 처해 있는 것입니다. 이 규모는 전 세계 소비 총액 20조 달러의 20%에 달합니다. 중국의 소비 규모가 1조 달러 정도인 것을 감안하면 어림잡아 중국만한 내수 시장 4개가 날아가 버리는 충격인 것입니다.

베짱이가 곤경에 처하면,
개미들이 만든 물건이 팔리지 않는다

그렇다면 이러한 미국 소비의 감소는 세계 경제에 어떠한 충격을 유발할까요. 당연히 제일 먼저 무역 감소를 유발하겠죠. 과연 어느 정도 수준으로? 이와 관련해 전 세계 무역 전문가를 자처하는 이들은 이리저리 눈치만 살피며 입을 다물고 있는 상황입니다. 2009년 상반기까지만 해도 그들은 "대공황에 버금가는 경제위기로 인해 2009년 세계 무역이 제로 성장에 그칠 것이다"라는 예측을 내놓은 바 있습니다.

참으로 어처구니없는 일이 아닐 수가 없었습니다. (실제로 IMF는 2010년, 보고서를 통해 "70년 만의 경제위기로 인해 2009년 세계 무역 총량은 12.2% 감소했다"고 발표했습니다.) 대공황에 버금가는 위기인데 겨우 제로 성장? 그러다가 수출 감소세가 본격화한 뒤부터는 마이너스 1~2% 정도의 후퇴가 일어날 수 있다고 슬금슬금 말을 뒤집더니, 2009년 하반기에 이르러서야 비로소 10%대 감소 전망이 주류로 자리 잡기 시작했습니다. 왜냐하면 2009년 1월 세계 무역 감소세를 도저히 묵과하고 지나칠 수가 없기 때문입니다.

2009년 1/4분기 세계 무역에서 주요한 비중을 차지하고 있는 동북아의 상황을 보면 일본이 46%, 대만이 44%, 한국이 33%, 중국이 17% 급감한 상태였습니다. 얼핏 보면 한국과 중국이 선방한 것 같아 보이지만 한국은 고환율 정책과 재정 정책 아래 기저 효과 덕을 본 것을 감안하면 실질적으로 50% 이상 감소했다고 보아야 하며, 중국의 경우 역시 마찬가지입니다.

전문가들이 추정하고 있는 중국의 실질적인 무역 감소 추정치는 중국 당국 발표의 훨씬 이상입니다. 결론적으로 세계 무역이 30~40% 수준 급감하고 있는 것입니다. 이러한 수치는 결국 미국의 소비 감소 비율과 비숫하게 수렴되는 것입니다. 이는 미국 경상수지 적자 급감을 유발할 수밖에는 없고, 중국 등 지나치게 수출에 의존해 온 국가들의 퇴조를 전조하는 것입니다. 우스운 것은 미국의 경상수지 적자를 비난하던 인간들의 얼굴이 정작 미국의 적자 규모가 급감하면서 창백해지고 있다는 것입니다. 왜냐하면 미국의 소비 없이는 경상수지 흑자가 일어날 수 없고, 그 자금줄에 지나치게 의존해 고정투자를 일으키던 자국의 경제 또한 무너져 내릴 수밖에는 없기 때문입니다.

더 큰 문제는 이제 미국의 보호주의까지 본격적으로 시작될 것이란 점입니다. 미국은 이미 긴급 예산안에서 '일자리 보호주의'와 '무역 보호주의' 조항을 삽입함으로써 이러한 정책으로의 전환을 천명해 놓은 상태입니다. 물론 이는 궁극적으로 미 제조업의 기반을 다시 살리기 위한 조치인 것이죠. 미국으로서도 도저히 어쩔 수가 없는 것입니다. 쌍둥이 적자와 제조업 몰락을 지탱해 주던 금융 부가가치 창출 시스템이 부서졌으니, 그 반대 방향으로 나아가는 것은 당연한 것입니다. 게다가 위에서 말했듯 미국의 보호주의는 이제 시작일 뿐입니다. 그렇다면 앞으로 과연 어떤 조치들이 이어지게 될까요?

예를 들자면 미국 내 생산 기반을 가지고 있는 기업에 대한 편애의 출현을 들 수 있을 겁니다. 물론 관세 장벽도 기본적으로 높아질 것입니다. 기존의 무역 협정 체결도 근본적으로 재검토될 것입니다. 그리고 미국 본사에는 마케팅, 재무관리 등 핵심 역량만을 남겨 두고, 생산 업무는 아웃소싱해 오던 관행에도 획기적 변화가 일어날 것입니다. 이는 전 세계가 일부 저임금 국가들에(중국, 인도, 베트남, 동유럽 등) 의한 일자리 싹쓸이 현상을 견디지 못하고 있기 때문인데, 미국 역시 마찬가지입니다. 수십만 달러 연봉을 받던 고액 연봉자도 한동안 실직 상태로 머물게 되면 밤을 지새워 단순 일자리 구직 행렬의 대열에 합류할 수밖에 없을 것입니다.

따라서 미국의 소비 감소는 무역 급감과 더불어 급격한 일자리 회귀를 불러올 수밖에는 없습니다. 그리고 당연히 일자리 부분에서도 미국 정부의 강력한 보호 장벽 조치가 취해지게 될 것입니다. 재정 적자와 경상 적자란 쌍둥이 적자로 골병을 앓고 있던 미국이 그 치료제로 일자리 회귀 조치와 무역 장벽을 선택했다는 것을 의미합니다. 그리고 이것은 그간 미국의 쌍둥이 적자를 비웃던 국가들에 일자리 급감과 무역 급감이란 쌍둥이 고통을 안기게 될 것이고요.

내수시장을 키우지 않은 개미들의 운명,
언제까지나 베짱이에게 의지할 뿐

그럼 과연 이들 국가들은 이 위기를 어떻게 타개해 나갈까요? 그런데 놀랍게도 그들은 처연하게 쪼그리고 앉아 그동안 신나게 놀리던 입을 다문 채 애처로운 눈길로 미국의 소비가 살아나기만을 간절히 기도하고 있습니다. 결국 미국에겐 그동안 취해 온 행동의 정반대란 경제 변혁의 해법이 있었지만 그들에겐 그것마저도 없었던 것입니다.

이러한 모순은 근본적으로 어디서 나온 것일까요? 그것은 바로 미국과 유럽이 주제를 넘어선 과소비를 일삼고 있다는 착각에서 비롯된 것입니다. 언제 어디서건 소비와 신용은 결국 소득과 자산을 기반으로 일어나는 것입니다. 따라서 소비란 정확히 그것을 감당할 수 있는 임계치 이하에서만 이루어지도록 시장에 의해 절묘하게 조절되는 법입니다. 그리고 그러한 소비 메커니즘의 생성은 결국 긴 시간 동안의 근검이란 외길 위에서만 축적되는 것입니다. 미국과 유럽은 지난 200년간 그 길을 달려 왔고, 그 대가로 오늘날 풍요로운 소비를 누리고 있는 것입니다.

마찬가지 이치로 미국과 영국의 금융 허브 국가로의 도약도 설명될 수 있습니다. 월가와 런던 시티의 압도적 금융 경쟁력 이면에는 신자유주의적 금융 규제 완화 정책과 핵심 역량 독점 이전에 세계 1~2위 수준의 자산 축적이 있음을 간과하는 사람들이 있습니다. 단순히 금융 허브 정책 그리고 탐욕 등만으로 금융 시스템이 작동하는 것은 아닌 것입니다. 물론 미국과 영국이 금번의 '금융위기 사태'에서 치명적 실수를 저지른 것이 사실입니다. 그리고 그것은 양국에 재정 건전성 타격과 그의 회복 기간 동안 매우 길고도 지루한 고통을 가져다 줄 것입니다. 그러나 문제는 이들 국가들에게는 그 고통 역시도 회복하고 전가해낼 자기 역량이 있다는 점입니다.

그러나 경제 발전의 역사가 일천한 브릭스, 동유럽, 동남아시아 국가들엔 그러한 역량이 없습니다. 그런데도 이 부분에 대한 진지한 고찰은 없습니다. 왜냐하면 이들 국가의 유일한 해법은 '내수 강화' 뿐인데, 그것은 긴 시간 동안의 경제 발전 누적과 조세와 복지에서의 선진적 제도 달성에 달려 있기 때문입니다. 따라서 대책이 없는 것입니다. 거꾸로 미국과 영국에겐 금융위기 이전의 고토 회복이란 매우 힘든 난제가 놓여 있긴 하지만 성공 확률이 '내수 강화' 보다는 비교할 수조차 없이 쉽습니다. 게다가 '보호주의' 가 이를 도울 것입니다.

결국 미국 보호주의가 가져올 경제 변혁의 충격은 미 금융 체제의 붕괴와 미국식 자본주의의 몰락이 아니라, '내수 누적' 과 '민주주의' 가 부재한 국가들에 대한 큰 위기 도래로 전가되어 나타날 가능성이 크다고 할 수 있습니다.

3. 중국, 한국이 펼친 국제자본과의 줄다리기,
   그리고 미국의 거짓말

2010년 1분기 세계 주요국 GDP 추이

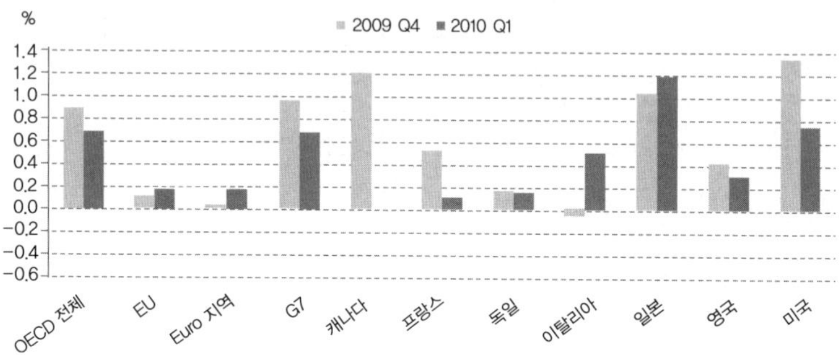

출처 : OECD

1997년 한국의 외환위기는 '중국이 한국을 턴 것'이라는 견해가 있습니다. 1994년 중국은 위안화를 무려 40%나 평가절하합니다. 이것은 3년 뒤 경상수지 적자 행진을 벌이던 태국, 인도네시아, 말레이시아, 한국 등에 환란이 유발되는 데 결정적 역할을 합니다.

덩달아 당시 외환보유고가 800억 달러에 달하고 있던 대만도 16%나 평가절하를 단행함으로써 동아시아 외환위기의 방아쇠를 당기는 데 기여했고, 이 때문에 경상 적자 증가, 외환보유고 감소를 겪고 있던 한국의 평가절하 폭은 더 커야 한다는 우려가 증폭되어 결국 환란이 야기되었습니다. 물론 가장 큰 원인은 중국, 대만이 아니라 일본 그리고 영미계 국제자본의 이탈이라는 시각이 주류입니다.

당시 한국은 김영삼의 지시하에 OECD 가입 준비를 하고 있었습니다. 따라서 그러려면 '달러 환산으로 1인당 국민소득 1만 달러를 찍는 게 남들 보기 좋지 않겠느냐'라는 포퓰리즘적 구상이 난무하고 있었습니다. 여기에 때마침 이어진 자본시장 개방으로 국제 금융은 물밀듯이 밀려 들어왔고 이것은 원화 강세를 더욱 부채질하던 상황입니다. 이런 상황 속에서 '저환율 ⇨ 1인당 국민소득 1만 달러 돌파 ⇨ 원화 고평가 인식 확산'으로 한국이 접어 들어갈 무렵, 중국은 거꾸로 위화를 단번에 대폭 절하시켜 버렸습니다.

그런데 2008년 미국발 금융위기의 초입에 들어서고 있던 상황에서 한국의 경제 정책은 정반대로 '경상 적자 누적 속에서의 무리한 저환율 고수로 인한 환란 유발'이 아닌 '경상 흑자 누적 속에서의 자연스러운 원화 강세를 지나친 고평가로 매도한 뒤, 단번에 환율을 100% 가까이 대폭등'시켜 버렸습니다. 역방향의 뻘짓을 한 것입니다.

- 10년 전에는 고환율 정책을 폈어야 하는데 저환율 정책을 고수
  ➜ 제1환란
- 10년 뒤에는 멀쩡한 환율에 패닉 심리(정부가 고환율을 원한다)를 유발
  ➜ 제2환란

그러자 무슨 일이 벌어졌느냐. 외국 투자자의 금융 자산이 순식간에 큰 손실을 입었습니다. 가만있다가 불벼락을 맞은 것입니다. 어떤 사람들은 이걸로 10년 전 국제 금융 투기 세력에 당한 설움을 어느 정도 만회한 게 아니냐는 주장을 펴고 있습니다. 그러나 그렇지가 않습니다. 이런 행위들이 언제고 한국에 추가적 외환시장 불안정성의 대가를 유발할 것이기 때문입니다. 국제 금융에서 도덕적 해이의 사례로 흔히 세 가지 패턴을 이야기합니다.

첫째, 채권국의 채무국에 대한 고의적인 과도 자금 공급 뒤 일시 회수

둘째, 금융기관의 중앙은행 보증에 기댄 과도한 고위험, 고수익 추구

셋째, 채무국의 과도한 통화 발행 증가와 이로 인한 물가와 환율의 상승 유발

이중 첫 번째는 우리가 흔히 이야기하는 '양털 깎기' 행태를 말합니다. 세 번째는 정반대로 채무국의 채권국 골탕 먹이기가 됩니다. 통화 증발로 해당 통화 표시 채권의 가치 훼손과 인플레이션으로 투자금 훼손(지금 중국이 미국을 비판하는 부분입니다)이 일어나고, 마지막으로 환율 폭등으로 인한 자산 손실(유럽이 한국을 비판하는 부분입니다)이 발생합니다.

이것들은 쥐가 고양이를 무는 것으로 비유됩니다. 그럼 어떻게 됩니까. 잠자는 사자의 코털을 뽑으면, 'you win' 입니까. 아닙니다. 곧 분노한 사자에게 잡혀 먹힙니다.

1990년대 멕시코도 국제 자본의 유입 중단으로 위기를 맞자 15%의 평가절하를 단행한 적이 있습니다. 멕시코 정부는 이 정보를 자국 기업에게만 알려 주었습니다. 분노한 외국 투자자들은 자금 회수에 나섰고 결국 멕시코 정부는 80%에 달하는 고금리 정책을 구사해야만 했습니다. 환율 폭락도 문제였지만 충분한 절하가 아니었다는 점도 문제였습니다. 국제 자본이 한 몸은 아니기에 충분한 절하였다면 대체 자본이 들어와 위기 수준을 다소 줄일 여지도 있었기 때문입니다.

한국의 경제 당국은 이런 점을 자신하는 것 같습니다. 첫째, 너무 절하시켰다. 따라서 환란이 유발되기는 했으나 유럽 자본이 빠져나간 틈새를 투기자본들이 들어와 바로 메워 주었다. 둘째, 졸지에 피를 흘린 유럽 자본이 이를 갈고는 있지만 한국은 멕시코와 본질적으로 다르다, 삼성, LG, 현대차 등의 초우량 기업을 가지고 있다, 결국 포트폴리오 투자가 정상 재개될 것이다. 그러나 이것은 너무 순진한 생각입니다. 자, 한국이 국제 자본을 당황케 했습니다. 좋습니다. 그럼 국제 자본이 한국을 그렇게 하지 못할 이유는 또 무엇입니까.

그리고 '우리 경제가 너무 잘 생겼다' 라는 부분. 중국을 한번 예로 들어보죠. 2009년 초 성장률 8.7% 물가 상승률 마이너스 1%, 기준금리 5%대. 머리 작고 다리 긴 것은 좋은데 머리가 사과만하고 다리 길이만 2m

라면 그것은 잘 생긴 게 아닙니다. 지하철 광고 포스터 보면 모델들 포샵질을 하도 해놓아 길이를 재보면 7등신도 아니고 12~15등신 정도 됩니다. 실제 연예인 실물을 보면 머리가 작다고들 합니다. 맞습니다. 그러나 키가 작은 경우가 많아서 실제로 7등신은 별로 없습니다. 잘해야 6등신 정도지. 결국 중국은 뭐냐. 잘 생긴 게 아니라 포샵질 경제일 뿐이라는 이야기입니다. 최근 베이징, 상하이 주택 가격이 연 25~70%씩 오르고 있습니다. 그럼 살까요? 부동산시장의 특성상 사긴 쉬워도 팔긴 어렵습니다. 유동성이 낮다는 이야기입니다. 따라서 이미 외국 거물 투자자들의 경우 손을 떼고 있는 상황입니다. 그것은 인플레이션 거품이 막장으로 치달아가고 있다는 이야기입니다.

그럼 금리를 올리고 위안화를 절상해야 합니다. 그러나 안 하려 들 것입니다. 안 하면, 반대로 외국인 투자자들의 이탈로 위안화가 대규모로 평가절하되게 될 것입니다. 중국 정부 당국은 이 급격한 이탈 과정이 설사 현실화되더라도 그 충격을 연착륙시킬 수 있다고 자신하는 모양입니다. 그러나 위안화 저평가 현상이 더 이상 계속될 수도, 계속되어서도, 계속되도록 놔두지도 않겠다는 국제 자본의 생각은 확고해져만 가고 있습니다.

그 실행 방법은 위안화를 수직 폭락시키는 것뿐입니다. 이 부분에 대한 올바른 이해가 필요합니다. 가치가 올라도 부족한 위안화라는 부분은 이해하시겠죠. 중국 정부가 위안화 절상을 거부하는 부분도 이해를 하실 것입니다. 그런데 위안화 절상을 거부하면 위안화가 폭락할 수 있다? '위안화가 절하되면 더더욱 중국 경제에 이로운 것 아닌가요' 라고 생각할 수 있습니다. 그러나 아닙니다. 절상 기대 심리로 들어온 투기 자금들이 끝내 절상 기대치를 포기하고 이탈하기 시작하면 도미노 현상이 일어날 수 있습니다.

'절상 기대 포기 ⇨ 이탈 시작 ⇨ 중국 정부에 절상 거부에서 절하 요인 발생 ⇨ 투자자들, 이중 절하의 전주곡으로 인식 ⇨ 크게 절하될 수밖에 없는 상황으로 내몰림 ⇨ 유동성 이탈로 자산시장까지 조정 시작 ⇨ 거품 붕괴 ⇨ 손절매성 이탈 추가' 등의 끝없는 추락 메커니즘을 맞이하게 될 것이라는 이야기입니다. 그러니까 '절상 거부 ⇨ 절상 기대감으로 자금 유입 지속, 기존 자금 투자 지속 ⇨ 위안화 저평가 기조 속에 중국경제 계속 호조 메커니즘'은 더 이상 유지되기 힘들다는 이야기입니다. 한계에 도달한 상황이기 때문입니다.

외통수를 만들지 않는 미국,
물가와 고용 사이 선택의 기로에서

여기서 미국의 움직임이 중요한데, 미국은 1차 석유 파동에선 팽창 정책, 2차 석유 파동에선 긴축 정책, 3차 석유 파동(최근)에선 팽창 정책을 사용하고 있습니다. 그럼 앞으로 유발될 4차 석유 파동은 어떨까요. 긴축, 그것도 돌발적 긴축 정책을 쓸 가능성이 농후합니다. 미국이 스태그플레이션(stagflation) 상황에서 긴축 정책을 쓴다는 것은 인플레이션을 공격 물로 선택한다는 것입니다. 그 상황에서는 물가, 고용 중 외길을 선택할 수밖에는 없습니다. 인플레이션을 공격하면 어떻게 될까요. 인플레이션 때문에 애를 먹던 국가가 더욱 곤경에 처하게 됩니다.

사람들이 이 지점에서 헷갈려 합니다. '미국이 고금리 정책을 쓰면 미국 경제도 나빠지지 않을까요. 그리고 인플레이션이 있는 국가가 통화 약세로 수입 물가가 오르면 국내 경기가 더욱 침체할 테고, 따라서 이는 세계 경기 침체로 연결될 텐데 미국에게 좋은 일일까요' 라고 말입니다. 그러나 외길뿐이 없습니다. 한쪽을 버리고 한쪽을 선택할 수밖에는 없는 것입니다. '물가를 선택할 것이냐, 고용을 선택할 것이냐' 의 외길 말입니다.

여기에서 미국은 실업률이 심각하니까 고용을 선택할 것으로 생각하실 분이 계실지 모르겠습니다. 그럼 고용을 택하면 고용 문제가 잡힐까요. 그럼 그건 또 아니라고 하실 것입니다. 이유는? 고용 문제의 근원은 중국의 부상이기 때문입니다.

그럼 어떻게 하겠다는 이야기인가. 미국이 물가와 고용 중 물가로 타깃을 잡는다는 것은 통상의 경제학 이론으로 볼 때는 불가피한 외길 선택으로 보입니다. 한쪽을 잡고 한쪽은 포기하는 거죠. 그러나 속사정을 들여다보면 고용을 버리는 게 아니라는 것입니다. 왜냐하면 미국은 자국으로 회귀시킬 산업이 많기 때문입니다. 생산 시설의 미국으로의 유인(미국 소비 시장 공급 제품의 미국 내 생산 유도 강화)이 바로 미국 고용 정책의 핵심이지, 물가를 방치하고 고용에 전력투구하겠다는 것이 미국 고용 정책의 핵심이 아니라는 뜻입니다.

따라서 한국, 일본, 유럽 등의 메이저 기업들은 모두 미국 시장 진출에 사활을 걸고 있습니다. 무슨 소리냐 하면, 다른 지역의 공장 건설은 경기 악화로 속속 포기하고 있지만 미국 시장 진출은 그대로 유지 혹은 확대하고 있는 것입니다. 즉 미국의 보호무역 성향 회귀를 읽고 있고 또한 상대적으로 미국 경제 강세를 가장 많이들 예측하고 있다는 뜻입니다. 현대자동차의 경우도 다른 사업 계획은 대폭 조정했지만(예 : 브라질 공장 건설 연기), 미국 공장 건설은 그대로 밀어붙이고 있습니다. 2009년 도요타 사태도 마찬가지입니다. 미국 항구에 도요타 차가 실려 오는 것을 더 이상 얌전하게 못 보겠다는 손보기성 시비인 것입니다. 따라서 도요타는 미국 현지 생산 비중을 획기적으로 끌어올리는 긴급 계획을 세워놓고 있습니다. 일본 경제가 다소 충격을 받겠지만 지금은 생존이 더 급하다고 보기 때문입니다.

결국 미국의 긴축은 인플레이션이 심했던 국가들의 고임금 요구, 수입 물가 급등, 실질 통화 잔고 감소, 자산 버블 붕괴 등의 위험을 키우게 될 것입니다. 반대로 사활을 걸고 거품을 꺼뜨리고 선제적 구조조정을 해온 국가들에게 있어서는 큰 기회가 될 것입니다.

　미국의 또 다른 선택의 하나는 바로 저축 증가 정책입니다. 많은 분들이 미국의 '재정 적자 증가 ⇨ 저축이 받쳐주지 못함 ⇨ 결국 경상 적자 증가'를 너무나도 당연한 공식으로 생각하시는 것 같습니다. 그러나 미국은 한번 고금리 불을 지르면 순식간에 금융 자본을 집결시켜 낼 수 있는 국가입니다. 미국이 짐바브웨, 필리핀 수준의 국가라고 착각하시는 분들이 계신데, 미국은 여전히 세계 최강의 금융 부국입니다.

　이것은 무엇을 말합니까. 이번 위기에서는 국가 부채 증가로 국가 GDP를 더 빠르게 증가시켜서 '부채 대 GDP 비율(Debt GDP Ratio)'을 떨어뜨리는 정책이 아닌, 인플레이션 국가를 공격해 재정 적자 부분을 저축으로 상쇄하고 무역 축소(무역 증대가 아닌 미국 내에 공장을 짓도록 유도해 미국 고용 증대 도모) 등으로 중국을 곤경에 처하도록 해 패권 자리를 수성하겠다는 것입니다.

　미국의 진정한 강점이 무엇이냐 하면 미국은 경제 정책의 외통수를 만들지 않는다는 것입니다. 한국처럼 부동산 버블의 외통수, 중국처럼 고환율 정책의 외통수를 만들지 않습니다. 또한 미국은 신뢰를 지키되 가끔 한 번씩만 뒤통수를 칩니다. 두 번 연속 거짓말은 안하지만 아홉 번 정직한 말 하다가 한 번씩 뒤통수를 친다는 이야기입니다. 2000년대 초반 미국은 인플레이션 갭(inflationary gap : '총생산 〉 잠재 생산량'의 현상) 신호를 읽고도 방치했습니다.

　그때 그린스펀은 거짓말을 했죠. "과열 징후는 전혀 없다"라고 말입니다. 중국을 잡기 위해서였습니다. 시장 참가자들은 '믿었다'기보다는 그냥 넘어가 주었습니다. 그리고 그 버블의 지속을 즐겼습니다. 그리고 이제 파티가 끝나 갑니다. 드디어 식대를 계산할 차례인 것입니다. 바로 그 파티를 주최했던 쪽이 이번 경제위기 구도 재편을 주도하게 될 수 있다는 말입니다.

4. 고래 싸움에 새우등만 터지는 것은 아니다
— 종국에는 두 고래 중 한 마리의 등도 터지는 것

인플레, 실업의 블랙홀을 불러오는
중국의 근린궁핍화정책

전 장에서 한국의 외환위기는 '중국이 한국을 턴 것'이라는 견해를 소개했습니다. 중국의 이런 정책을 바로 근린궁핍화환율정책(beggar the neighbor exchange rate policy)이라고 합니다. 내 이웃 국가를 거지로 만들어 버리는 정책을 말하는데, 쉽게 말하면 '일자리는 내가 가질게, 넌 고실업과 물가 폭등으로 한번 죽어봐'라는 것입니다.

그게 구체적으로 무슨 소리냐. 예를 들어서 국제 수지 불균형이 발생하게 되면 적자를 본 나라는 당연히 수입을 줄이기 위한 긴축 정책을 펼 수밖에는 없게 됩니다. 그럼 실업이 늘겠죠. 반대로 흑자 국은 국제 유동성을 축적한 뒤 해외로 내보내게 됩니다. 이 유동성은 다른 나라의 인플레이션율을 끌어올리게 되는 것입니다.

그러나 이것은 고정환율제도 적자 국의 이야기이고, 변동환율제도 국가는 상대적으로 국제 수지 적자를 더 오래 견딜 수 있습니다. 따라서 실업과 인플레이션 딜레마의 기로에서 국가마다 각각의 처한 상황에 맞춰 상이한 결정을 내리게 됩니다. 그러나 통상 인플레이션 유발 정책을 펼 가능성이 높아지게 됩니다.

한국의 어떤 경제 당국자가 말했던 것처럼 "실업보다는 물가 폭등이 낫지 않겠느냐"라는 식으로 나오게 되는 것입니다. 또한 미국 같은 기축 통화국의 경우에는 이 같은 국제 수지 적자를 정말 오랫동안 견뎌낼 수가 있습니다.

국제 수지 적자가 발생하면 고정환율제도 국가는 비상이 걸립니다. 긴축으로 돌아서야 되죠. 변동환율제도 국가는 약간의 융통성이 더 있긴 하지만 실업을 잡기 위해 인플레이션 유발책을 쓰게 되면 결국 인플레이션에 처할 위험이 급증하게 됩니다.

이런 상황에서 미국이 이를 악물고 버티며 세계 경제의 재균형(global rebalancing) 작업에 전력투구 나서지 않게 되면 결국 무슨 일이 벌어질까요. 미국과 중국을 제외한 나머지 새우 국가들의 등이 터지게 되는 것입니다.

여기서 본격적 이야기를 시작해 보도록 하겠습니다. 중국이 고환율 조작 지속으로 전 세계 유동성을 싹쓸이 합니다. 전 세계의 일자리를 블랙홀처럼 빨아들이고 인플레이션만 내뱉습니다. 난 일자리에 묻혀 죽을 테니 너희들은 인플레이션에 묻혀 죽어 봐라는 것입니다.

그러나 그 유동성은 다시 중국으로 들어갑니다. 바로 여기서 문제가 생깁니다. 중국은 자신이 내보낸 국제 유동성이 자국으로 들어와 인플레이션을 유발하는 것을 막아야 하고 반대로 전 세계 자본들은 그 유동성으로 이익을 창출해야 합니다. 자본가들 입장에서 중국에 투자해 이익을 내기 위해서는 환율 절상 추세가 이어지고 실질금리(명목금리-인플레이션율)는 높아야 합니다.

그러나 중국의 환율은 복지부동입니다. 공식적인 중국의 2009년 실질금리는(대출 기준금리 5.5%, 인플레이션율 -1.0%) 6% 수준이지만 실제로는 인플레이션이 심각한 수준입니다. 중국 대도시의 주택 가격은 1년에 25~70%씩 오르고 있고 물가는 자고 나면 천정부지로 뛰고 있습니다. 따라서 환율을 절상하고 금리를 올려야 합니다. 그러나 중국 정부는 그럴 생각이 눈곱만큼도 없습니다. 그럼 자본가들은 낮은 실질금리를 감수하고 조용히 있을까요.

그렇지 않죠. 공격적인 증시 투자로 들어갑니다. 그렇게 증시에 들어갔는데 2007년 증시 대폭락(6,400 ⇨ 1,700)으로 국제 자본은 큰 손실을 입었습니다. 이 일을 계기로 유럽 계열의 거대 기관 투자자들 상당수가 중국 증시를 이탈했습니다. 그럼 부동산으로 들어갈까요. 중국 부동산시장은 심각한 과열이라 이미 상당수 해외 자본들이 매도를 완료해 가고 있는 상황입니다.

그럼 고인플레이션 상황 속에서의 환율 고정이 중국 수출업자들에게는 어떤 영향을 미칠까요. 이들은 반대로 환율 절상이 아니라 환율 절하를 원합니다. 물론 지금의 절상 거부도 환율을 사실상 절하시키는 것이나 마찬가지이긴 하지만, 그 정도로는 어림도 없을 정도의 고인플레이션이 실질적으로 중국에서 일어나고 있기 때문입니다.

중국 정부는 이것을 수출 보조금으로 해결하고 있습니다. 그리고 수출 기업에 대한 부동산 개발권과 독과점 사업권 부여 등의 우회적인 방법으로 만회시키고 있습니다.

중국에게 부메랑이 되어
돌아온 유동성

그러나 이런 정책은 심각한 부작용을 낳게 됩니다. 대표적인 게 바로 극심한 빈부 격차와 부정부패의 만연입니다. 그리고 무엇보다 환율시장이 망가지게 됩니다. 왜 망가지냐면, '정책 가용성'이 붕괴되기 때문입니다. 중국이 위안화를 절상할까요. 위안화를 절상하면 수출 기업이 초토화됩니다. 그리고 국제 자본이 시세 차익 확보 후 급이탈할 수 있습니다. 반대로 위안화를 절상하지 않고 버티거나 절하하면 역시 인내력이 바닥난 국제 자본이 이탈할 것입니다.

이와 관련해서 최근 베리 아이켄그린(Barry Eichengreen) U.C. 버클리 교수는 "중국 당국이 위안화를 상당 폭 절상해 나가지 않는다면 달러화에 대한 위안화의 변동 폭이 2009년보다 2010년 이후에 더 커질 수 있으며, 위쪽으로뿐만 아니라 아래쪽으로도 크게 움직일 수 있다"고 경고했습니다.

여기서 '중국 당국이 지금 위안화를 상당 폭 절상하지 않는다면 나중에 대규모 평가절하의 위험을 맞게 될 것이다' 라는 부분이 무엇을 의미하느냐 하면, 중국은 현재 근린궁핍화정책에도 불구하고 그러니까 다른 나라의 일자리와 공장을 싹쓸이 했음에도 불구하고 세계 경제의 침체 여파로 어쩔 수 없이 경기 급랭의 위험을 맞이하고 있습니다. 거기에 물가 강제 억제 정책에 대한 분노(물가는 폭등하고 있는데 CPI는 잠잠, 결국 도소매업자들과 농민을 쥐어짜고 있다는 소리)는 극에 달해 가고 있습니다.

이런 상황 속에서 불길에 휘발유(통화 증발)를 끼얹었습니다. 인플레이션을 잡는 쪽으로 가도 부족한 판국에 역방향 질주를 하고 있는 것입니다. 경기 급랭을 막기 위해 일으킨 부동산 과열로 인해 위안화 평가절하 요인이 극에 달하고 있다는 이야기입니다. 따라서 수출 기업 입장에서 인플레이션이 과도하게 일어나게 되면 당연히 환율은 대폭 절하되어야 할 것입니다. 그러나 중국은 되레 국제 사회에서 근린궁핍화정책의 중단 요구를 받고 있습니다. 이제 더 이상 못 참겠다는 것입니다. 이 상황 속에서 미국이 전격적 긴축 전환 시기를 저울질하고 있는 것이 확실해지고 있습니다.

그러면 중국 시장에 투자되어 있던 중국 외환보유고에 버금가는 핫머니들이 일제 이탈 움직임을 일으킬 수도 있게 되는 것입니다. 그렇게 되면 여기서도 그간 중국의 장점이었던 고정환율제도는 결정적 약점으로 작용하게 될 것입니다. 국제 자본의 급격한 거대 이탈이 나타날 때 위안화 환율을 어떻게 조정해 낼 것인가. 급격한 절하? 이러면 이탈 추세에 기름을 붓게 될 것입니다. 그럼 이 악물고 버틸까요? 그렇게 되면 당연히 중국 금융시장은 초토화될 것입니다.

가장 좋은 것은 미국 경제가 회복되어 수출이 다시 정상화되는 것일 것입니다. 그러나 미국은 중국처럼 투자 유치에 사활을 걸고 있습니다. 무역을 줄이자는 것보다도 미국 시장에 팔 것은 미국에 공장을 지어 팔라는 것입니다. 지금의 중국처럼 미국도 그렇게 하겠다는 것입니다.

따라서 경기가 회복이 되어도 중국의 수출이 예전처럼 폭발적 활황을 보이는 일은 한동안 없을 것입니다. 그럼 상품시장이 아닌 자본시장에서 중국이 위안화 지위 확대를 도모해 나가는 것은 어떨까요. 말씀 드렸다시피 중국의 근린궁핍화정책으로 각국 정부와 국민들의 분노는 하늘을 찌르고 있습니다. 따라서 중국이 중심이 되는 동아시아 통화 협력 체제나 중국 위안화의 역량 강화 도모를 꾀하는 정책이 순항하길 기대하기 어려운 구도입니다.

예컨대 달러화(달러, 유로 등 국제 기축통화를 자국 통화로 대체)나 통화위원회제도(기축통화를 지준 화폐로 사용)를 통한 위안화의 역량 강화 또한 현재로서는 언감생심 꿈같은 일일 뿐입니다. 그럼 지금까지의 국제 유동성 축적 정책에서 발산 정책으로 전환해야 하기 때문입니다. 그나마 외환보유고가 유일한 재산인 중국으로서는 그것마저 소진하는 정책을 할 수는 없는 노릇입니다. 따라서 유일하게 할 수 있는 게 자신의 책임 전가뿐입니다. 예컨대 '이번 위기의 책임이 전적으로 미국에게 있다, 따라서 달러 패권을 손상시켜야 한다' 라는 주장을 전개하는 것입니다. 그러나 달러 패권의 패악질을 호소하기에는 중국 위안화의 패악질 또한 너무 거대합니다.

'나만 잘살면 되지!' 라는 거짓말

지금 국제 사회에서는 환율 제도의 재편 모색과 이에 대한 논의가 한창입니다. 그중 하나가 결국 최선의 해법은 '극단적인 환율 고정이나 극단적인 환율 변동만이 유일의 해법이 아니냐 라는 것입니다 (공동화이론, hollowing out theory). 이것의 대표적 나라가 중국, 한국입니다. 요지는 작금의 대규모 자본 이동 추세를 고려할 때 환율 안정 정책 구사가 과연 유효한가 하는 것입니다. 국제 자본이 대규모 유입과 이탈을 할 때마다 환율 안정책에만 목을 매게 되면 결국 그 자체로 끝없는 환율 불안정과 경제 펀더멘털의 손상만 유발하게 될 것이라는 이야기입니다. 따라서 유로처럼 지역 통화 체제로 가거나 그전까지는 이런 방법의 구사로 버틸 수밖에 없다는 것입니다. 그러나 이것 또한 심각한 내재적 한계점을 안고 있습니다.

결국 자원의 효율적인 배분 문제가 그것입니다. 한국의 경우 지난 2008년부터 시작된 고환율 조작 사태로 누가 이득을 보았습니까. 삼성, LG, 현대차 등 족벌 재벌들뿐이었습니다. 중국의 경우 또한 수출 보조금, 사업권 특혜를 받는 일부 기득권들에게만 그 수혜가 돌아가게 되어 있습니다. 지역 통화 또한 마찬가지입니다.

얼마 전의 그리스 사태가 무엇을 의미합니까. 유로 통합은 결국 환율, 금리, 물가, 재정 적자 등 거시경제 지표의 안정을 요구합니다. 그러나 이것이 안 되는 이유는 바로 내부 구성원들 간의 분배를 둘러싼 알력 때문입니다. 효율적인 민주적 시스템이 작동되고 구성원 간 최적의 배분이 이루어진다면 그리스 사태 같은 것은 애시 당초 일어나지도 않았을 것입니다.

그러나 역설적으로 보면 그런 것을 전 세계 모든 국가들이 공용으로 추진할 수 있다면 지역 통화 또한 불필요한 것일 것입니다. 지금처럼 고정, 변동환율제도가 혼재되어 있어도 국가 간, 국가 내부 간 어느 정도의 민주적인 분배 체제와 협력 체제가 작동이 잘 된다면 지금의 혼란도 없었을 것이고, 있다 한들 쉽게 해결될 수 있을 것이기 때문입니다.

결국 환율 문제가 어려운 이유는 정치가 어려운 이유와 마찬가지인 것입니다. 미국, 중국이 문제를 일으키고 있는 이유도 마찬가지이고, 유럽이 통합해 가고 있는 모습이 대안이 될 수 있다고 확신할 수 없는 이유도 마찬가지입니다. 유럽 통합의 본질 일부도 우리끼리 잘먹고 잘살기이기 때문입니다.

독일은 그리스 기득권에게 분노하고, 그리스 기득권은 독일에게 책임을 뒤집어씌웁니다. 도와주고 통합할 거냐, 아니면 안 도와주고 통합 안할 거냐. 그리스 비기득권은 그리스 기득권에게 분노할 것입니다. 재정 금융 정책의 실패 요인은 결국 언제나 기득권들의 탐욕 때문인 것입니다.

이런 것들이 서로 뒤엉켜 '나만 잘살면 돼, 나만 아니면 돼'를 연발하다 터진 것이 바로 이번 위기의 실체인 것입니다. 무분별한 통화 증발, 빈부 격차 극한 발현, 인플레이션과 실업 문제, 국가 간 국민 간 갈등. 이런 것들을 결론적으로 해결해 낼 수 있는 유일의 길은 결국 조세·복지 선진화와 그 호혜적 추구밖에는 없을 것입니다. 그러나 죽어도 그런 식으로 결론 내어질 리가 없어 보입니다.

내가 가진 100억 중에서 너에게 10만 원을 떼어주느니 차라리 100억 전부를 불태워 없애버리고 말겠다는 것이 금융 패권 역학의 기본 속성이기 때문입니다. 중국이 동남아, 한국, 일본에 위기를 전가하려 들고, 미국은 후진국과 중국에 위기를 전가하려 듭니다. 미국이 중국에 위기를 전가하려 들 때 중국은 그 위기에서 벗어나기 위해 한국에 위기를 전가했습니다. 그런데 1997년에 당하고 이번에 또 당할 위기에 처해가고 있습니다. 이렇듯 알면서도 못 막는 것이 바로 정치, 경제, 국제 문제의 속성이라 할 수 있습니다.

극한의 위기가 왔는데도 서민 지원은커녕 서민 갈취 후 재벌, 부동산 투기꾼 배불리기를 하고 극한의 무질서한 환율 조작을 보여 주고 있는 국가가 경제위기 극복의 모범 사례라고 자화자찬하고 있는 것이 바로 지금 위기 속에서 전 세계가 보여 주고 있는 추악한 실체인 것입니다. 결국 어떤 상황 속에서도 빈국, 서민들만 더 죽어나게 되는 것입니다. 그나마 올바른 지도자, 올바른 국민성을 가진 국가들은 조금 덜 힘들 뿐입니다.

미국이 경제 붕괴를 피해갈 수 있는 원천은 슬프게도 바로 이러한 세계 경제의 추악한 속성에서 기인하고 있다고 말할 수 있습니다.

- 석유 위기~1985년 : 강달러, 고금리, 고유가로 한국 경상 적자 행진.
- 1985년~1989년 : 약달러, 저금리, 저유가로 한국 경상 흑자 반전.
- 1989~1990년대 : 3저 현상 꺾이며 한국 경상 적자 행진, 전 세계 인플레이션 만연.
- 1990년대 초 : 일본 부동산 버블 붕괴로 몰락.
- 1994년 : 중국 40% 평가절하.
- 1997년 : 대만 16% 평가절하.
- 1997년 : 한국 외환위기로 몰락.
- 1998~2000년대 초반 : 약달러, 저금리, 저유가로 한국 경상 흑자 행진.
- 2000년대 중반 : 제3차 석유 위기 도래, 부동산 버블 만연.
- 2007년 : 금융위기 도래, 세계적 금융 완화 정책 만연, 인플레이션 우려감 급증.
- 2011년~ : ?

미국은 언젠가는 고금리를 동반한 긴축 정책을 펴게 될 것입니다. 이 상황은 2차 석유 위기 직후의 정책과 비슷한데, 그때 미국은 인플레이션을 억제하기 위한 긴축, 조세 감면, 고금리, 강달러 정책을 펼쳤습니다. 그 결과 인플레이션을 비교적 잘 억제하고 있던 일본 등은 초호황을 누렸고, 인플레이션으로 신음하고 있던 개도국 국가들은 심각한 불황을 겪어야 했습니다.

미국 백악관과 연방준비제도이사회는 은연중에 고금리 정책을 시사해 놓고 있습니다. 1980년대처럼 '감세 ⇨ 재정 적자 증가 ⇨ 저축이 받쳐주지 못함 ⇨ 경상 적자 증가 ⇨ 쌍둥이 적자 방치'를 하지 않겠다는 것입니다. 그렇게 되면 달러 가치의 상승은 수입재 가격 하락으로 이어져 미국의 인플레이션이 수그러들 것이고 한편으론 수출품 가격 경쟁력 악화로도 이어지겠지만, 미국 소비 시장에 대한 수입을 줄이고 내부 산업 육성과 투자 유치로 고용 창출을 함으로써 이를 상쇄하겠다는 전략인 것입니다.

따라서 향후 부동산 버블, 높은 실업, 빈부 격차, 가계 부채 위험, 높은 재정 적자, 높은 국가 부채 등을 안고 있는 국가들은 큰 위험에 노출되게 될 것입니다. 중국의 경우 외환시장은 비교적 안정적이지만 금융시장이 파탄나면서 경제위기가 전개될 수 있습니다. 이럴 경우 일시의 대붕괴보다는 지리한 붕괴 양태가 될 것입니다.

초고금리, 부동산 버블 붕괴의 쌍방향 위기를 중국 금융시장은 절대로 견뎌낼 수 없습니다. 그동안 물가가 안정된 것처럼 거짓말해 온 대가도 치르게 될 것입니다. 감춰졌던 물가 상승 요인은 수면 위로 급부상하고, 부동산 버블은 대붕괴될 것입니다. 이처럼 중국 경제가 파탄날 수밖에 없는 이유는 바로 조로화 때문입니다. 산업은 고비용 저효율의 개도국 수준이고, 부동산 버블은 선진국을 능가하고 있습니다.

원래 이런 현상은 일본처럼 60살이 넘어야(3만6천 달러) 오는 것이 정상입니다. 그런데 한국은 30대 후반에(1만5천 달러) 왔고, 중국은 11살에(3천 달러) 왔습니다. 중국은 아직 어린아이입니다. 커서 결혼(선진국 진입)도 하고 싶고, 아이도(복지 국가)도 낳고 싶을 것입니다. 그러나 유감스럽게도 힘들 것 같습니다.

5. 국제 공조에의 협력과 이탈, 그리고 다가오는 출구 전략

2010년 6월 전 세계 물가 상승률

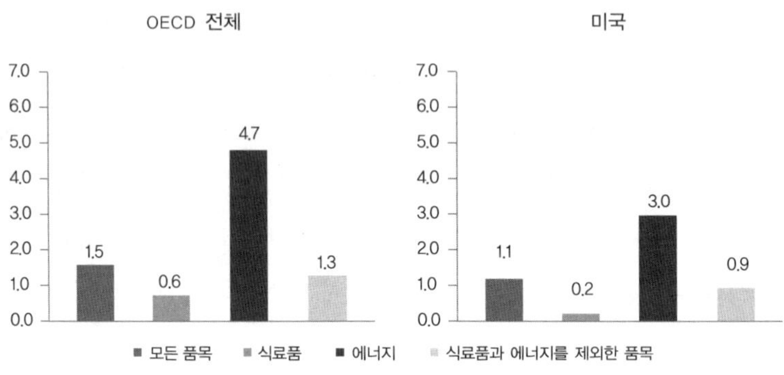

전 세계는 경제위기가 발발하자 강력한 경제 정책 국제 공조를 실시하여 성공하였습니다. 각개 약진 정책을 고수하면 공멸한다는 인식이 워낙 강했기 때문입니다. 문제는 그 다음입니다. 통화 팽창, 재정 팽창책을 쓰자 인플레이션 위험이 극에 달하고 있습니다.

문제는 이 지점에서 어떻게 할 것이냐 하는 것입니다. 당연히 긴축 정책을 써야 할 것입니다. 그러나 이 부분에 있어서는 협력을 기대할 수가 없게 되었습니다. 왜 그럴까요. 바로 한국과 중국 때문입니다. 이 두 국가가 약속 위반을 한 것입니다.

세계 경제위기가 생겼을 때 각국은 다음을 약속하였습니다.

1. 자국 통화 가치의 상대적인 과도한 하락 방어.
2. 자국산 생산품 구매 강요와 관세율 인상 금지.
3. 강력한 통화 재정 팽창 정책 공조.
4. 출구 전략(긴축 정책)도 협력.

이중에서 3번은 다 지켰습니다. 그러나 1번에서 한국이 과도한 환율 조작, 중국 또한 과도한 저환율 수준 유지로 글로벌 리밸런싱 작업을 방해하고 있습니다. 국제 공조를 한국과 중국이 무너뜨리고 있는 것입니다. 따라서 4번으로 나갈 수가 없습니다. 왜 그럴까요. (통화 재정) 팽창 정책에서와 마찬가지로 긴축 정책에서 국제 공조가 이루어지지 않으면 다른 국가가 피해를 입게 되기 때문입니다.

예컨대 미국이 긴축을 했는데 중국은 긴축을 안 하거나 상대적으로 덜 긴축을 했다고 가정합시다. 그럼 중국의 환율이 상승 압력을 받게 됩니다. 그런데 중국은 지금 국제 사회로부터 오히려 통화 절상 압력을 받고 있는데도 절상을 거부하고 있는 상황입니다.

헌데 엎친 데 덮친 격으로 환율 상승 압력이 극심해지고 있는데, 환율 조정을 안 한다면 어떤 일이 벌어질까요. 그 충격을 고스란히 인플레이션으로 치르게 됩니다. 상대적으로 '극심한 팽창 정책 사용 + 긴축 정책 사용 거부'는 급격한 인플레이션으로 갈 수밖에 없는 것입니다.

이때 중국 경제는 딜레마에 빠지게 되는데요. 중국이 통화 절상 압력을 받고 있는데 환율 상승 압력 또한 극심해진다면 이걸 핑계로 통화 절상을 안하면 되는 걸까요? 그렇지 않습니다. 쌍방향 가용성의 벽에 가로막히게 되는 것일 뿐입니다.

중국 통화가 절상 거부되면 될수록 좋고, 위안화 가치가 약해질수록 좋은 것이 아닌가 생각하실 분이 있을지 모르나 그건 착각입니다. 임계점을 넘어서게 되면(환율 고정 상태에서 인플레이션의 극한 발현) 아무리 보조금, 개발 특권 등을 지급받는다고 해도 가격 경쟁력을 완전히 상실하게 됩니다. 특히 이 경우는 결국 절하를 해야 그것도 심각하게 절하를 해야 하는 상황에 처하게 되는 경우의 수인데, 절하를 하게 되면 가뜩이나 절상 거부로 실망한 외국 자본 이탈, 절상을 하게 되면 절하해도 부족한 판국인 수출 기업 붕괴의 타격을 입을 수밖에는 없게 되는 것입니다. 특히,

절하를 하게 되면 인플레이션은 더더욱 과열되겠죠. 현재 중국에서 그 열기가 어디로 향해 있습니까. 바로 부동산 버블입니다. 그럼 중국이 그토록 인플레이션을 감수하고 있다면 실업 부분에서는 그 손실을 만회해 내고 있을까요.

현재 중국은 제조업은 과냉각(과잉 투자), 건설과 금융은 과열 상황입니다. 국민소득 3천 달러의 중국에서 인플레이션 열기가 어떤 산업으로 가야 고용에 기여를 할까요. 그렇죠. 제조업입니다. 그러나 열기는 현재 건설, 금융으로 가고 있습니다. 따라서 일자리는 점점 줄어들면서 곧 급감할 수도 있는 건설 일용직 일자리만 부풀어 있는 상황입니다.

그러나 이것은 과열 상태라 곧 꺼지게 될 것입니다. 부동산 버블도 함께 꺼지겠죠. 그렇게 되면 중국 은행은 부실 자산 상각 지옥에 빠져들게 될 것입니다. 물론 중국에게는 2.27조 달러의 외환보유고가 있습니다. 따라서 한 번에 무너지지는 않을 것입니다. 결국 이것은, 초인플레이션(hyper-inflation)보다도 스태그디플레이션(stag-deflation) 쪽에 가까운 위기 양태를 띠게 될 것이라는 말입니다. 쉽게 말해 지리한 디플레인 것입니다.

이 디플레에 대한 의견이 분분한데 통상적으로 1972년 달러환본위제도 폐지 이후 전 세계에서 디플레는 거의 사라졌습니다. 왜 사라졌을까요. 돈을 무지막지하게 쏟아 부었기 때문입니다. 통화 버블로 디플레이션 위협에 대처한 것이고 거기서 나오는 인플레이션 압력을 부동산시장, 주식 투기세 및 파생상품시장 팽창 등으로 분출해 온 것입니다.

따라서 전 세계는 디플레 대신에 부동산 버블, 극심한 빈부 양극화를 겪게 되었습니다. 이것이 디플레보다는 낫지 않을까요? 부자 입장에서는 그럴 것입니다. 그러나 서민 입장에서는 그렇지가 않습니다. 더더욱 웃긴 것은 그럼에도 디플레이션을 겪는 국가가 있긴 한데 그 조건이 매우 희귀하다는 것입니다.

첫째, 강력한 부와 산업이 있을 것. 그렇지 않다면 스태그디플레이션이 아니라 하이퍼인플레이션이 도래하겠죠.

둘째, 극심한 부동산 버블이 도래할 것. 또 강력한 부와 산업이 있음에도 치명적 정책 실수가 뒤따라야 합니다. 그렇지 않다면 그전에 부동산 거품이 적을 때 꺼져 디플레가 그토록 오래가진 않겠죠.

셋째, 통화 재정 정책의 가용성이 모두 한계에 도달할 것. 디플레가 오면 당연히 그것을 막으려 듭니다. 따라서 돈을 찍고, 국채를 발행하고, 조세를 낮춥니다. 그러나 결국 못 막죠. 따라서 사돈의 팔촌까지 보증으로 작살내 함께 망하는 것처럼 국가 경제를 산산조각 낸 뒤에야 결국에는 버블 붕괴를 인정하게 됩니다.

이 세 가지 조건은 매우 희귀한 것입니다. 그런데 일본이 바로 이 조건을 맞춘 것입니다. 불태환제도 하에서의 디플레이션, 그것도 지리한 디플레이션, 이른바 스태그디플레이션이 도래한 것입니다. 당연히 국제 경제학자들 사이에서는 연구의 대상이 되었습니다.

그런데 더 어처구니없는 것은 이러한 대참사를 한국, 중국이 뒤따르고 있다는 것입니다. Why? 한국, 중국 기득권은 일본 부동산 붕괴 관찰 후 '붕괴' 부분에서 두려움을 느낀 것이 아니라 '버블' 부분에서 매력을 느낀 것입니다. 도쿄의 아파트가 200억에서 20억으로 10분의 1로 토막 났다는 부분에서 두려움을 느낀 게 아니라 20억에서 200억을 찍었다는 부분에서 황홀함을 느낀 것입니다. 그리고는 '우린 일단 찍은 다음에 안 무너뜨리면 되잖아' 라고 주장하고 있는 것입니다.

말이 안 됩니다. 반드시 무너집니다. 이러니 한국 ,중국이 미국에게 얼마나 고마운 존재입니까. 근린궁핍화정책의 극한 사용으로 세계 경제를 절단 내면서도 자신들이 세계 경제의 구세주인양 행세하고 있는 것 또한 아주 귀엽게 보일 것입니다.

부도, 파산, 부실 채권 발생, 자산 상각, 자본 확충 등의 시끄러운 과정은 실은 아주 건강한 경제 회복 과정인데, 이걸 안하고 이 악물고 버티면서 위기 도래 안하는 게 다 훌륭한 정치인을 만난 덕택이라고 자화자찬하는 모습 또한 얼마나 귀엽습니까.

중국이 미국 경기 부양 법안의 바이 아메리칸(보호무역 성향의) 조항들을 비난하고 있지만 정작 자국산에 특혜를 가장 많이 주고 있는 국가가 바로 중국이라는 점, 한술 더 떠서 한국은 대기업 공장은 모두 중국, 선진국 등으로 내보내고 중소기업 역시 북한이 아니라 중국, 동남아로 내보내고 있는 등, 보호무역의 극치를 보여줘도 부족할 판국에 남북한 국민 모두를 실업자로 전락시키고 있는 점은 코미디에 가까운 일입니다. 그런 코미디 같은 상황 속에서 미국발 긴축 정책 도래 시점이 가까워지고 있는 것입니다.

1. 미국 경제가 정말로 중국보다 위험한가

미국 개별 경제지표 연간 동향(%)

	2005	2006	2007	2008	2009	전망치 2010	2011
생산과 소비							
실질 국내총생산 증가율	3.1	2.7	2.1	0.4	−2.4	3.3	2.9
순수출	−0.3	−0.1	0.6	1.2	1.2	−0.3	−0.5
총수요	3.2	2.6	1.4	−0.7	−3.4	3.5	3.3
최종수요	3.3	2.5	1.7	−0.4	−2.7	2.1	3.0
가계 소비	3.4	2.9	2.7	−0.2	−0.6	2.3	2.1
정부 지출	0.6	1.0	1.4	3.0	1.8	0.8	−2.0
고정 투자	5.3	2.5	−1.2	−3.6	−14.5	2.8	12.3
가계 투자	6.5	2.3	−2.1	−5.1	−18.3	3.1	15.0
주택 건설	6.2	−7.3	−18.5	−22.9	−20.5	0.7	19.9
공공 투자	−0.8	3.3	3.2	3.4	1.9	1.7	3.0
재고 증가율	−0.1	0.1	−0.3	−0.4	−0.9	1.3	0.3
경상 GDP	6.5	6.0	5.1	2.6	−1.3	4.1	4.1
고용과 물가							
실업률	5.1	4.6	4.6	5.8	9.3	9.7	9.2
소비자 물가 상승률	3.4	3.2	2.9	3.8	−0.3	1.6	1.1
GDP 디플레이터	3.3	3.3	2.9	2.1	1.2	0.8	1.2

정부 재정							
연방 정부 (budget, fiscal years)							
재정수지 (percent of GDP)	-2.6	-1.9	-1.2	-3.2	-11.3	-11.0	-8.1
연방 부채 (percent of GDP)	36.9	36.5	36.2	40.2	53.0	64.0	69.0
주 정부							
(GFSM 2001, calendar years)							
순부채 (percent of GDP)	-3.2	-2.0	-2.7	-6.6	-12.5	-10.7	-8.0
구조적 재정수지	-2.3	-1.9	-2.3	-4.7	-7.1	-8.0	-6.2
(percent of potential nominal GDP)							
총부채 (percent of GDP)	61.6	61.1	62.1	70.6	83.2	92.1	97.2
이자율 (percent)							
3월물	3.2	4.8	4.5	1.4	0.2	0.1	0.3
10년물	4.3	4.8	4.6	3.7	3.3	3.6	4.7
국제수지							
경상수지 (billions of dollars)	-748	-803	-718	-669	-378	-482	-531
GDP 대비	-5.9	-6.0	-5.1	-4.6	-2.7	-3.2	-3.4
무역수지 (billions of dollars)	-784	-839	-823	-835	-507	-651	-735
GDP 대비	-6.2	-6.3	-5.8	-5.8	-3.6	-4.4	-4.8
오차 및 누락 (billions of dollars)	36	37	105	166	129	168	204
GDP 대비	0.3	0.3	0.7	1.1	0.9	1.1	1.3
저축과 투자 (percent of GDP)							
총저축율	15.1	16.2	14.5	12.6	10.8	12.5	14.2
총투자율	20.3	20.5	19.5	18.2	15.0	16.0	17.6

출처 : IMF

작금의 금융위기는 미국과 중국 대결의 결과물로 볼 수도 있습니다. 미국은 전 세계 국가 간 자본 투자 74조 달러를 지배하고 있고, 중국은 전 세계 국가 간 무역 이동 12조 달러를 지배하고 있지만 아직까지는 미국의 힘이 월등히 큽니다. 따라서 미국이 74조 달러에 대한 패권을 바탕으로 금융시장의 부가가치를 독식하는 동안 중국은 바닥부터 부를 누적하느라 13.3억 명의 허리가 휘어야 했습니다.

국제 간 자본 이동 확산은 부채의 세계화를 의미합니다. 미국은 그동안 자국은 악착같이 건전성을 유지하며 타국의 건전성을 악화시켜 왔습니다. 엄청난 금융 유동성은 필연적으로 주기적인 버블을 유발해 냅니다.

그 통화 버블 속에서 세계 경제의 건전성을 유린해가며 막대한 이득을 취해 왔던 겁니다. 그 약탈적 착취를 못 견디고 쓰러진 것이 작금의 금융 위기의 본질입니다.

그 결과 미국만 부채로 위험해진 게 아니라 막대한 유동성에 맛을 들인 전 세계가 동시에 위험에 휩쓸리게 되어 버렸습니다. 현 경제 여건은 위험에 빠진 건 미국만이 아닌 전 세계라는 것을 보여 줍니다.

지금 사람들 눈에 미국의 부동산 버블이 심각해 보일까요? 네, 물론 심각하죠. 그럼 다른 나라는요? 미국보다 수 배에서 수십 배 심각합니다. 한국만 보더라도 토지 가격이 미국의 300배, 주택 가격은 미국이 우리 경제 수준일 때의 10배에 달합니다. 그런데 미국만 한심해 보인다는 주장이 과연 옳은 것일까요?

많은 분들이 중국 이야기를 꺼내려 들 것입니다. 중국이 무역을 지배하고 한 해 3,000억 달러의 흑자를 내며 무역 이익을 싹쓸이해가니 중국이 곧 미국의 패권을 대체하지 않겠느냐면서 말이죠. 그렇다면 중국이 골병 들어 골로 가기 직전인 것 역시도 지적해야 마땅할 것입니다.

외환보유고가 쌓이면 무조건 좋은 것일까요. 그렇지 않습니다. 중국은 지금 국제 유동성 축적 우선 정책의 오랜 지속으로 인한 후유증과 그 비용의 과다 지출, 고정투자에 대한 심각한 의존성의 구조적 문제 때문에 벼랑 끝에 몰려 있는 상황입니다. 핵심은 결국 인플레를 통제 못해 경제가 절단 날 지경에 처해 있다는 겁니다. 주식은 거품이 잔뜩 끼었다 주저앉았고, 그 후유증으로 중산층 서민 경제 체력이 와해된 상황입니다.

그럼 이런 인플레이션을 가장 적게 겪고, 가장 적절히 통제해 온 나라는 어디입니까. 바로 미국입니다. 현재 미국의 물가는 전 세계에서 가장 안정적이고 자산 거품 역시 가장 적은 상태입니다. 이것은 무엇을 암시할까요? 바로 작금의 경제위기 속에서 미국이 가장 빨리 빠져 나올 수도 있음을 암시하고 있는 것입니다.

그럼 미국이 왜 이렇게 운이 좋은 거죠? 이번 위기의 공식 제목은 '미국발 서브프라임 모기지 사태' 인데 말입니다. 그러나 위기는 미국에서 시작된 게 아니라 미국이 전 세계로 유발시킨 것이고, 미국은 우월한 경제 시스템상 가장 먼저 부실을 드러내고, 우월한 금융 시스템상 그 위기를 가장 잘 컨트롤해 내면서 제거하고 있습니다.

버블이 가장 적은 국가가 가장 먼저 버블이 무너져 가장 먼저 극복할 것이라는 점은 분명 아이러니입니다. 그게 바로 미국의 경쟁력입니다. 덜 망가져 더 망가지는 국가들에 상대적 우위에 설 수 있는 게 미국 경쟁력의 핵심이라는 이야기입니다. 유럽에 비해 경제적 민주주의는 덜 되어 있지만 절차적 민주주의는 신속하게 작동시킬 수 있는 시스템을 가지고 있는 것입니다.

일본 10년 불황도 궁극적으로 보면 지금과 마찬가지 메커니즘입니다. 영미계 자본이 일본 기업과 금융을 장악하려고 들어갔는데 일본이 쉽게 문을 안 열어줬죠. 그래서 엄청난 유동성으로 부동산·주식 버블을 일으켰습니다. 와중에 초대형 버블이 형성되고 무너지는 속에서 금융 산업이 초토화되었고, 덕택에 미국은 자신의 턱밑까지 추격해 들어 왔던 일본의 경제 패권 야심을 잠재울 수 있었던 겁니다.

그런데 지금은 중국이 일본을 대신하며 똑같이 위협해 들어오고 있습니다. 마찬가지로 미국이 원하는 것은 중국이 그들이 가진 부를 내놓으라는 것입니다. 그런데 중국이라고 순순히 내어주겠습니까? 그래서 미국이 어떻게 했습니까. 인플레이션 정책을 펼쳤습니다. 중국에 무역 흑자를 부어 주고 중국이 조만간 미국을 제칠 것이라며 중국 위정자들의 마음 또한 한껏 설레게 만들었습니다. 그러자 중국은 과열에 도취되고 자만하기 시작했습니다. 그러다 거품 경제가 한 번에 무너지게 될 위기에 처한 것입니다.

원래 유동성이란 것은 다루기 두려운 것입니다. 적으면 외환위기, 부채 위기가 오고, 많으면 대내 위기가 도래합니다. 우리도 1995년 대내 버블이 먼저 오고, 1997년 대외 위기가 왔습니다. 일본 또한 대내 버블 뒤 대외 위기를 겪지는 않았지만 충격을 그 수 배로 겪어야만 했습니다. 그런데 중국 역시 위기를 안 겪으려고 바둥거리다 수 배를 얻어터지게 생긴 것입니다.

잘 모르는 사람들은 중국이 미국채를 던지기 시작하면 재정, 경상, 가계의 트리플 적자로 허덕이는 미국이 죽어날 것이라고 생각하시는데, 미국은 타국이 국채를 안 사주면 최악의 경우 허리띠만 조이면 됩니다. 경제위기를 겪을 수 있겠지만 그 내용의 질적 차원이 한국, 중국과는 다르다는 이야기입니다.

결국 본질은 바로 인플레이션입니다. 인플레이션의 부작용은 결코 하루아침에 바로 잡힐 수 없습니다. 그런데도 이런 위기가 오면 보통 후진국의 위정자들은 '지금은 인플레가 문제가 아니라 디플레가 문제다' 라면서 오히려 인플레 고통을 잠재워 줄 진통제 대신에 정반대로 인플레를 부채질할 수 있는 극약을 처방하는 우를 범하기가 쉬워지게 됩니다.

그게 바로 악성 디플레가 도래하게 되는 이유입니다. 디플레에는 처방이 없는 게 아니라 인플레가 지속되다 임계점을 넘어섰기 때문에 벌어진 현상이므로 그걸 막는 길은 결국 평소 인플레이션 관리를 잘하는 것뿐입니다. 그런데 미국, 유럽, 일본 등은 그걸 아는 반면 중국, 한국은 그걸 모릅니다. 왜 그럴까요. 바로 하이퍼인플레이션, 스태그디플레이션 같은 공황의 경험이 없기 때문입니다.

따라서 오히려 어쭙잖게 미국 걱정이나 하게 되는 것입니다. 황당하게도 KBS나 CCTV에는 금융위기를 맞아 무료 배식소에 줄을 선 미국인의 모습들이 연이어 소개된 적이 있습니다. 그러나 진실은 중국에는 하루 2달러 미만의 낮은 소득으로 살아가는 사람이 1억 명이 넘고, 한국에는 한겨울에도 난방을 제대로 못하고 덜덜 떨며 자는 가구가 100만 가구에 육박하고 있다는 것입니다.

　결론적으로 인플레이션 정책의 좋은 성과물만 수십 년간 취해왔다면, 이제는 안 좋은 성과물 수십 년 치를 한꺼번에 치러야 할 시기가 도래했다는 이야기입니다. 물론 그런 사실 자체를 인정할 수 없다는 식으로 나올 게 뻔하겠지만 말입니다. 관을 보기 전에는 절대로 눈물을 흘리지 않을 것이라는 이야기입니다.

2. 샴페인 터트리는 중국, 문제는 지금부터

중국 국민들이 가장 행복한 시절로 접어들고 있습니다. 원래 국민소득이 3~4천 달러 구간에 접어들기 시작하면 상당수의 국민들이 행복해집니다. 아이들 옷도 사 주고, 가전제품도 사고, 언감생심이었던 자동차 대리점에 들어가 견적서도 한번 떼어 보고, 부동산 모델하우스로 들어가 대출 조건도 알아봅니다. 하루에 밥 세 번을 맛나게 먹게 되자 머릿속은 무럭무럭 자라나는 꿈들로 가득 차게 되는 거죠. 일자리는 넘쳐 나고, 통장엔 돈이 차분히 쌓이고, 대출이 가능해지고 집값은 계속 올라갑니다. 때문에 길거리엔 거지가 없고 정치인들은 희망찬 미래만을 말합니다.

유럽도 미국도 일본도 그리고 한국도 그랬습니다. 그런데 문제는 그때부터 생각지 못했던, 문제가 생겨나고, 그런 패턴들이 해소되지 못한 채 지리하게 반복되기 시작한다는 점입니다. 그걸 넘기면 1만 달러, 2만 달러, 3만 달러로 나아가는 것이고, 그걸 넘기지 못하면 주저앉게 되는 것입니다. 오늘날 중국의 문제는 국민들이 3~4천 달러 구간대의 행복을 만끽하고 있다는 점이 아니라, 이 시기 이후에 찾아오게 될 문제에 대한 대비가 전혀 되어 있지 않다는 데 있습니다.

이른바 노동집약적 산업의 독점, 그리고 전통 제조업과 국제금융 투자의 독점적 유치, 여기에 끝없이 독점되어 쌓이는 국제 유동성인 외환보유고, 이런 독점적 축적에도 불구하고 중국이 파탄날 수밖에 없는 이유는 바로 그 이후로 나아갈 길이 보이지 않기 때문입니다.

3~4천 달러에서 1만 달러 수준으로 올라가려면 고부가가치 업종으로 전환해야 합니다. 일각에선 가능할 겁니다. 그러나 경제 전체를 들어 올릴 수는 없는 노릇이죠. 그럼 나머지는 불만이 쌓이게 됩니다. 누구는 자동차 공장에서 연봉 5천만 원을 받고 일하고, 누구는 섬유 공장에서 연봉

180만 원을 받고 일할 수는 없는 노릇입니다. 섬유·봉제·완구 산업 같은 노동집약적 산업의 일부가 고부가가치화한들 13억 인구의 일자리를 커버해 낼 순 없는 것입니다.

그것은 바로 인구 구조 때문입니다. 이미 중국, 인도가 부상하기 수십 년 전부터 이 부분에 관한 논의가 수도 없이 있어 왔지만 어떠한 경우에도 선진국 진입의 마지노선은 인구 4천만~1억 남짓이라는 것입니다. 처음에는 많은 인구가 득이 되지만 나중에는 짐이 되다 결국에는 독이 되어 버리고 말기 때문입니다.

금융과 부동산 투자로 모두가 돈을 벌 수 없다는 것도 문제입니다. 지금이야 중국인들이 너나없이 집을 사고 주식 투기를 하고 있습니다. 처음엔 다 벌죠. 그러나 3~4천 달러대가 넘어서면 거의 대부분이 못 벌게 됩니다. 주식시장에선 그 간의 분식회계가 드러나고 부동산시장은 양극화합니다. 이 구간을 버텨내려면 결국 다수의 국민이 인내하며 저축에 올인해 줘야 합니다. 그런데 지금 중국은 고작 3~4천 달러의 국민소득으로 부채와 투기의 늪으로 빠져 들어가고 있습니다.

중국 은행들은 수천조의 대출을 겁 없이 쏟아내고 있고, 중국 정부는 수백조의 소비 진작책을 겁 없이 시행해대고 있습니다. 이것이 과연 무엇 때문입니까? 바로 해외 투자를 붙들어 두기 위한 고육지책인 것입니다. 이걸 안하면 경기침체가 올 것이고, 그럼 거품이 무너질 것이고, 그럼 부실이 드러나겠죠. 그렇게 되면 중국은 고작 3~4천 달러 구간에서 침몰하게 되고 마는 것입니다.

따라서 작금의 중국 경기과열을 중국 경제의 장밋빛 미래를 암시하는 신호로만 받아들여서는 곤란합니다. 그런데도 행복한 중국, 슬픈 미국을 노래하시는 분들이 너무나 많습니다.

그리고 위안화의 국제화가 무엇을 말하는 것인지에 대한 이해가 필요합니다. 그것은 중국의 현재 감춰진 부실이 드러나는 과정을 의미합니다. 그리고 중국 정부의 건전성이 고작 3~4천 달러대에서 무너져 들어가기 시작한다는 것을 의미합니다. 위안화가 정말 국제 통화로 도약하기 위해선 막대한 재정 건전성 위험을 감수해야만 합니다. 시뇨리지 수입의 국외 확산은 막대한 위험 요인을 쏟아내기 때문입니다. 현재의 중국은 그걸 감수할 만한 능력도 그리고 의사도 없는 상황입니다.

그렇다면 결국 소득 3~4천 달러대에서 국민들은 과소비와 부채로, 정부는 건전성 악화와 부채 증가로 망가져 가고 있다는 소리밖에는 안 되는 것입니다. 은행과 기업에 쌓여 있는 막대한 부실 폭탄을 그대로 간직한 채로 말입니다.

따라서 중국 지도부의 고민을 잘 들여다 볼 수 있어야만 합니다. 중국이 지금 가장 원하는 것은 한국처럼 1만 달러, 2만 달러 구간에서 벽에 부딪히지 않고, 일본처럼 3만 달러 구간에서 벽에 부딪히지 않는 것일 것입니다. 그러나 그에 대한 대책이란 것들이 하나같이 3~4천 달러대에서는 절대 주제넘게 해서는 안 되는 것들 뿐입니다.

그런데도 그런 시도들이 일어나고 있는 이유는 절대로 13억 인구의 국가가 선진화될 수 없는 구조적 한계 때문입니다. 중국이 이런 구간들을 정말 별 탈 없이 넘어서 7천 달러, 1만 달러, 2만 달러로 솟구쳐 오르려면 작금의 전 세계적 투자와 무역 그리고 일자리의 독점으로도 부족합니다.

미국, 일본, 서유럽, 한국 등의 일류 제조업들이 모조리 파탄 나 중국으로 넘어가고 그 일자리들이 모조리 중국인들로 대체되고 중국의 자원 패권과 금융 패권이 전 세계를 휘저으며 독점적 향유를 지속하게 해 줄 수 있을 때만이 가능합니다. 그러나 그것은 불가능합니다. 그렇다면 중국이 살길은 없습니다. 결국 어떠한 경우의 수에서도 중국인 대다수가 지금보다 한 단계, 두 단계, 세 단계 도약해서 행복을 누릴 수 있는 길은 없다는 것입니다. 그것은 현재 중국인들이 누리고 있는 행복이 너무 이르게 찾아온 막장 파티에 불과한 것임을 의미합니다. 중국인들은 지금 유럽이

200년, 미국이 150년 그리고 일본이 100년 넘게 걸려 달성했던 업적을 이번 금융위기를 기회로 겨우 30년 만에 누리려 하고 있습니다. 그러나 그러한 행복은 곧 종결될 수밖에는 없습니다.

'중국은 인구가 많아 내수로도 충분히 성장할 것이다' 란 대마불사의 새로운 신화, '중국의 미국 패권 대체는 이제 기정사실이다' 라는 신화의 목전 도래 등은 결국 중국 붕괴를 위한 올가미일 뿐입니다. 따라서 '중국은 더 이상 겸손할 필요가 없다' 라는 대내외의 부추김은 중국을 그 어느 나라보다도 극적으로 망가뜨리게 될 독약에 불과할 뿐인 것입니다.

이제 중국인들은 곧 부당한 시장 구조 하에서는 자신들이 행복해질 수 없다는 걸 깨닫게 될 것입니다. 7천~1만 달러 진입에는 막대한 기회 비용을 필요로 한다는 것 역시 깨닫게 될 것입니다. 그걸 감수하지 않고 포기하면 극소수만 잘사는 빈익빈 부익부의 중국이 될 것이요, 그걸 감수하고 절차적 민주주의, 경제적 민주주의 작업에 뛰어들면 분열의 중국이 될 것입니다. 가만있어도 망하고 가만있지 않아도 망하게 되는 형국입니다.

중국은 그렇게 되지 않고 계속 성장할 수 있는 방안을 찾고 싶겠지만 전례는 없습니다. 발전 속도에서도 중국은 한국, 일본을 뛰어넘고 있습니다. 그 과정에서 쌓인 엄청난 부작용의 해소를 외면한 채 더 빠른 속도로 도약하려는 중국의 전략은 결국 중국을 겨우 3천 달러에서 샴페인을 터뜨리다 망한 경제로 경제사에 기록되게 만들 것입니다.

내부적으로는 부드러워져야 하고 외부적으로는 악랄해져야 하는데, 전자는 싫고 후자는 불가능합니다. 3~4천 달러대에서 국민들이 행복할 수 있는 이유는 풍요로움 때문만이 아닙니다. 부정부패가 주는 활력 때문입니다. 덜 민주화되어 있으니 부정부패로 부를 챙길 수 있는 것입니다. 그러나 그 이상 성장하려면 그것을 포기하는 고통의 감수가 필요합니다. 경제가 성장하는 속도가 줄어들면 모든 자원들이 편중되는 빈부 격차가 더욱 가파르게 진행됩니다.

결론적으로 중국은 최대 다수의 국민들이 최대한 행복하던 시절에서 일부만이 행복할 수 있는 시절로 나아가고 있습니다. 또한 지난 십수 년 간 다른 국가들을 거지로 만들고 빈부 격차를 증대시켜 부를 축적해 오던 행태에 대한 경멸적 시선에도 크게 시달리게 될 것입니다.

3. 병원을 종종 찾는 미국 경제
vs. 병원에 가지 않고 버티는 중국 경제

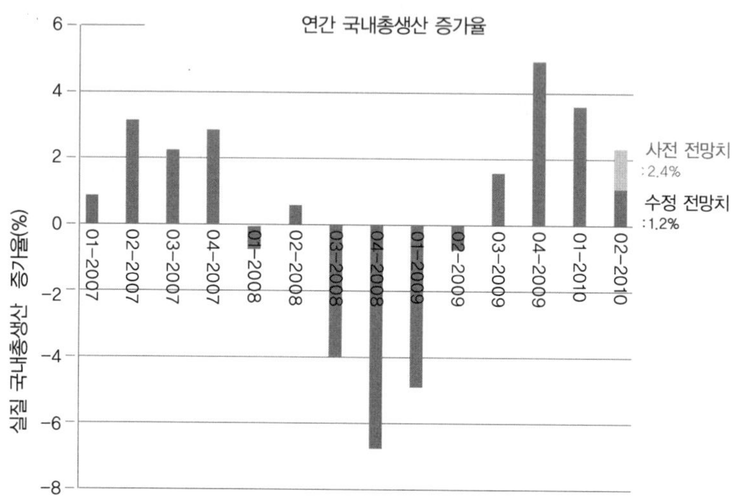

자료 : 미국 상무부 경제분석국

우리가 살면서 흔히 하게 되는 착각들이 있습니다. 예를 들어 고혈압 약을 먹는 게 좋은가 안 먹는 게 좋은가에 관해서가 그러할 것입니다. 고혈압 약을 복용 중인 사람은 고혈압 약을 먹지 않는 사람에 비해서 위험할까요. 그렇지 않습니다. 나이 35에 혈압이 145인데 혈압 약을 먹는 사람이 있고, 나이 50에 혈압이 160인데도 혈압 약을 먹지 않는 사람이 있습니다. 둘 중 누가 더 위험할까요. 당연히 후자가 더 위험할 것입니다. 혈압 약을 먹는다는 것 자체가 위험한 것이 아니라 고혈압을 방치한 채 그로인해 혈관, 심장, 신장 등이 망가져 들어가는 것이 더 위험하다는 소리입니다.

부작용? 물론 부작용도 있을 것입니다. 그러나 이 세상 어떤 부작용도 심장과 신장이 망가지는 것을 방치하는 것보다 심각할 수는 없습니다. 심장과 신장이 망가지면 결국 심부전, 신부전, 뇌졸중 등으로 사망할 수밖에는 없기 때문입니다.

현재 미국과 중국이 그런 차이라고 생각합니다. 미국은 최근 은행 파산, 실업률 문제 노출, 부동산 거품 붕괴, 기업 부도, 개인 파산 등으로 곤욕을 치르고 있습니다. 반면 중국은 그런 것 별로 없이 여전히 8~9%의 성장을 구가 중입니다.

미국이 중국보다 위험한 것일까요. 저는 그렇지 않다고 봅니다. 미국이 위험한 것을 여러분은 어떻게 압니까. 미국 정부가 공개하고 미국 언론이 이를 보도하기 때문에 압니다. 그럼 중국은 어떤가요? 중국 정부는 공개하지도 않고 중국 언론이 이를 보도하지 않기 때문에 여러분은 중국 경제의 부정적인 모습이나 잠재적인 위험에 대해서 알 길이 없습니다.

다만 매우 위험한 요인이 폭발 직전의 양태로 잠재되어 있다는 것만 어렴풋이 알 뿐입니다. 비유하자면 나이 60에 혈압 190인데 약은 안 먹고 매일 마라톤 연습을 하고, 끝이 나면 소금을 잔뜩 찍은 삼겹살에 소주를 곁들여가며 호탕한 식생활을 구가하는 꼴이라고 할 수 있을 것입니다. 이게 안전한 것일까요. 아닙니다. 따라서 만약 중국 경제가 휘청거리게 된다면 그것은 청천벽력 같은 형태로 다가오게 될 것입니다.

반면 미국 경제가 한 번에 넘어가는 일은 결코 없을 것입니다. 모든 곪은 부위를 드러내 놓고 치유하고 있기 때문입니다. 흔히 사람들이 착각하는 것이 하나 있는데 경기 하강 등을 무조건 안 좋게만 보는 것입니다. 그러나 그것은 부실을 해소하고 바닥을 찍은 후 위로 치고 나가기 위한 에너지를 축적하기 위한 필수 과정일 뿐입니다. 따라서 그것이 신속하고 투명하게 일어날수록 회복은 빠른 것입니다. 이를테면 나이 35에 혈압이 145인 남자가 순환기 계통 의사의 진료 처방하에 운동도 하고 약도 먹으며 관리를 해나가는 것으로 비유할 수 있을 것입니다.

반면, 경기 하강 등이 일어나는 것을 억지 춘향 격으로 막고, 회계 요건을 부실하게 하고, 무차별적으로 돈을 찍어 자산 가격을 부양하려 들고, 대출 상환을 무조건 연장해 주고 하는 식으로 시장의 메커니즘을 저해하려 들면 좀비 금융, 좀비 기업, 좀비 개인들이 급증해 시장은 언제고 아수라장이 돼 버리고 말 것입니다. 이것은 나이 60에 혈압이 190인 사람이 진료를 거부하고 매일 격한 운동과 사우나 그리고 소금 등을 과량 섭취하는 것에 비유할 수 있을 것입니다.

누가 더 오래 살고 누가 더 위험한 것일까요. 여러분이 상식적으로 뻔히 알 수 있는 일일 것입니다. 그런데도 전자가 위험하다고 주장하는 사람들이 있습니다. 그런 사람들은 뭔가 지금 대단한 착각을 하고 있는 것입니다.

지금의 위기는 약달러, 저금리, 저유가에서부터 시작된 것입니다. 통상 우리 경제는 그럴 때 호황을 구가했습니다. 1970년대 금본위제가 폐지되자 결국 얼마 못가 비용 상승 인플레이션, 즉 석유 원자재 위기가 도래했습니다. 사실 그것은 종말적 위기나 마찬가지였습니다.

스태그플레이션에는 대응할 방법 자체가 마땅치 않기 때문입니다. 결국 그것을 풀어준 것은 미국 주도의 무차별 통화 버블과 신자유주의 정책의 확산이었습니다. 즉, 자산 버블과 고용 유연화를 통해 양극화와 빈부 격차를 유발함으로써 기득권 국가와 기득권들이 활력을 회복할 수 있었던 것입니다. 그러다가 미국의 재정 적자와 국제 수지 적자가 급증하게 되자 플라자합의 과정을 통해 기력을 벌충했습니다. 이후 미국 경제는 다시 승승장구했죠. 그러다 작금의 위기를 맞이한 것입니다.

이것은 일본 경제처럼 중국 경제가 주저앉더라도 미국 경제에는 전혀 손상이 없을 것임을 전조하고 있다고 봐야 합니다. 오히려 중국이 더 빨리 더 크게 망해 줄수록 미국 경제의 기사회생의 시기는 빨라질 수 있습니다.

사실, 이번 위기가 도래하기 전에 중국은 이미 1990년대 후반 환율을 대폭 절상했어야 맞습니다. 그러나 그러지 않았죠. 덕분에 한국, 러시아, 아르헨티나, 동유럽 국가 등은 외환위기를 더 고약하게 겪어야 했습니다. 그러자 미국은 유동성을 더욱 부풀렸습니다. 따라서 정상적이라면 이번 위기에서 중국 경제는 넘어가야 맞습니다.

그런데 아직도 버티고 있죠. 이것은 참으로 볼썽사나운 것입니다. 최근의 국제 불균형의 심화는 미국의 책임만큼이나 바로 이러한 중국의 근린궁핍화정책 때문에 벌어진 것이기 때문입니다. 또한 미국은 주로 수혜를 베푸는 입장에 있지만 중국은 반대로 수혜를 입는 입장에 있습니다.

중국 때문에 세계 경제가 임금 하락, 제조업 이탈, 불량 식품, 정치 후진화 등의 홍역을 앓고 있기도 합니다. 따라서 이제 어느 쪽이 조정을 보여 주는 것이 이치에 합당한지는 자명하다고 할 수 있습니다. 30년 연속 10% 성장, 경제 성장률 10%에 인플레이션율은 1%. 아무리 봐도 이것은 사기입니다. 또한 사회 양극화, 빈부 격차 등 너무나 지대한 전 세계적 고통을 유발해 내고 있습니다. 따라서 중국 경제는 일단 주저앉아 줘야 맞는 것입니다.

그러나 어처구니없게도 중국이 이번 위기 역시 다른 나라의 희생으로 극복하려 들고 있습니다. 중국은 1990년 초중반부터 지금까지 늘 그래왔습니다. 중국이 잘나가도 다른 나라의 희생을 필요로 하고, 그러다가 위기를 맞이해도 역시 다른 나라의 희생을 필요로 했습니다. 특히나 이번에는 아주 큰 희생을 필요로 하고 있습니다. 그 나라가 과연 어디일까요. 크게는 미국부터 작게는 한국까지일 것입니다.

이러한 중국의 탐욕이 멈추지 않는 한 한국의 사회 양극화, 빈부 격차 문제도 결코 해결의 실마리를 잡아낼 수 없을 것입니다. 그렇다면 국제 사회가 공조에 나서야 할 것입니다. 중국 경제가 주저앉더라도 미국 경제가 주저앉지 않고 오히려 강하게 회복할 수 있듯, 한국 또한 중국 경제가 건전한 조정을 겪어주어야만 궁극적으로 경제 펀더멘털의 제고가 일어날 수 있는 상황입니다.

그러나 중국에 대한 국제 공조와는 별개로 시급히 이루어져야 할 작업은 바로 '중국 덕분에 한국 경제가 성장했다, 중국 의존도를 더욱 늘려나가야 한다, 중국 경제가 한국의 희망이다' 등의 터무니 없는 주장을 바로잡는 일입니다.

미국 경제 3
기로에 선

1. 오바마의 당선, 살림살이는 나아질까?

2009년 세계 주요국 중앙정부 채무

국가	채무	국가	채무
OECD	19조 8065억 달러		
일본	8조 6258억 달러	포루투갈	1912억 달러
미국	7조 5617억 달러	스웨덴	1671억 달러
이탈리아	2조 3345억 달러	덴마크	1209억 달러
프랑스	1조 6822억 달러	노르웨이	1085억 달러
영국	1조 6381억 달러	아일랜드	1082억 달러
독일	1조 5179억 달러	스위스	1076억 달러
스페인	6986억 달러	헝가리	1008억 달러
캐나다	5211억 달러	핀란드	926억 달러
벨기에	4636억 달러	오스트레일리아	820억 달러
그리스	4300억 달러	체코	641억 달러
네덜란드	4096억 달러	뉴질랜드	332억 달러
대한민국	2962억 달러	슬로바키아	306억 달러
터키	2961억 달러	슬로베니아	165억 달러
오스트리아	2565억 달러	아이슬란드	104억 달러
멕시코	2556억 달러	칠레	101억 달러
폴란드	2216억 달러	룩셈부르크	46억 달러

자료 : OECD

한국은 한나라당의 50년 장기 집권을 환란을 겪고서야 겨우 중단시킬 수 있었습니다. 그렇다면 지난 김대중·노무현 정부 10년을 거치는 동안 살림살이는 많이 나아지셨나요?

아마 아닐 겁니다. 물론 정경 유착 해소, 정치적 투명성 확보, 권언 유착 실태 개선, 분식회계 해소, 지역 균형 발전, 복지 정책 시작, 남북평화 구축 등 좋은 점으로 나아가기 시작한 분야는 너무나도 많습니다. 그럼에도 서민, 빈곤층, 취약 계층 등의 살림살이는 악화되었습니다. 그 이유는 부를 독점하고 있는 극소수 상위 계층이 교묘한 방법으로 자신들에게 떠안겨진 부담을 서민들에게 전가해 왔기 때문입니다.

최저임금 보장과 법정 근로시간 준수 그리고 지방 균형 발전 주장에 자본가들은 어떻게 대응했죠? 공장을 해외로 이전해 버렸습니다. 그리고 국내로는 외국인 노동자 100만을 불러들여 노동시장의 하층부에 깔아버렸죠. 대기업 등에서는 정규직과 비정규직 간의 임금 격차를 최대로 확대해 내부 갈등을 교묘하게 증폭시켰습니다. 정부는 목표치만큼 매년 물가를 잡아왔지만, 나중에 계산해 보니 한국은 이미 세계에서 물가가 가장 비싼 나라가 되어 있었습니다. 엉터리 통계가 누적되어 왔단 소리죠.

결국, 아무리 절차적 민주주의와 경제적 민주주의가 이뤄져도 정유, 통신, 금융, 건설 등 서민 생활과 직결되는 분야에서의 최종 소비자 가격은 시장 메커니즘과 무관하게 소수 기득권층과 관료 정치인들의 카르텔 속에서의 야합으로 결정되며, 이 카르텔은 평이한 방법으로는 절대로 무너뜨릴 수 없었다는 게 그간 얻은 결론입니다.

우리나라 일자리는 지난 10년간 지속적으로 줄어들어 왔습니다. 전 세계 주요국 중에서 우리나라처럼 총인구 대비 경제 활동 인구 비중이 적은 나라는 없습니다. 그뿐인가요? 복지와 사회 안전망은 미비하고 생활 물가 수준은 세계에서 가장 높습니다. 특히 부동산 가격이 비싸서 제조업들이 더 이상 사업 영위를 할 수 없는 임계점에 이른 지 오래고, 국민들

은 소득이 늘어도 소비는 늘이지 못한 채 평생을 모기지 대출 원금과 이
자를 갚느라 허덕이며 지냅니다. 물론 그 과정에서 집 없는 사람들의 꿈
도 갈수록 사라지고 있습니다.

이게 바로 지난 10년간 기득권층의 눈에 보이지 않는 저항의 결과물입
니다. 그래서 지친 국민들이 제발 부패해도 좋으니, 니들 말 잘들을 테니
살려달라고 빌어 출범시킨 정부가 바로 이명박 정권입니다. 그들은 어리
석은 국민들의 부탁대로 소수 부자들만을 위한 정책을 신나게 밀어 붙이
고 있죠. 허나 그 뒤에 따라 온다던 서민들의 살림살이 호전은 도래하지
않고 있습니다. 결국 지난 몇 년 그리고 앞으로 몇 년간 죽도록 고생해 봐
야, '지난 10년이 잘못된 게 아니라 단지 시간이 부족했기 때문이었구나'
란 점을 절실히 깨닫게 될 겁니다. 5년으로 부족하다면 10년간 더 고생해
봐야겠죠.

미국도 한번 보세요. 오바마가 당선되면 국민들 살림살이가 펴진다고
요? 바보 같은 소리입니다. 그러고 보니 우리가 미국보다 앞서 나가는 것
도 있군요. 최근의 미국 서브프라임 모기지 사태 10년 전에 한국은 이미
경제위기를 먼저 겪었고, 금융위기 후 정권 교체도 우리가 10년 전에 먼
저 경험한 거 아닙니까.

그럼 결론도 비슷할 가능성이 높습니다. 앞으로 오바마 집권 4년 혹은
8년은 한국의 지난 김대중·노무현 정부 10년과 비슷한 양태를 띠게 될
것이란 말입니다. 물론, 외형상 정치적으로 또 경제적으로 좋은 제도가
많이 실시될 겁니다. 경제의 지표도 부시 때보다는 활기를 띠게 될 수 있
겠죠.

그러나 단언컨대 국민, 특히 아래쪽으로 내려갈수록 살림살이는 힘들
어지게 될 것입니다. 아주 교묘하고 악랄한 방법으로 소수 기득권과 부
유층들이 서민들을 옥죄며 괴롭힐 것입니다. 그러면서 그들은 한국의 수
구 기득권들처럼 국민들에게 물을 것입니다. '봐라! 부자들을 조이려 들

고 너희들이 행복하게 살 수 있을 거 같았냐’라고 말입니다.

우리나라 국민들 또한 아무리 집을 지어도 그래서 주택보급률 110%가 아니라 200%를 넘게 만들어도 집 없는 사람들의 꿈은 이루어지지 않는다는 것을 추가로 깨닫기 시작했습니다. 정부는 임대주택 의무비율 건설 제도를 없애 버렸습니다. 잘못하다간 유럽 선진 국가들처럼 임대주택 보급률이 20%를 넘어가고 부동산으로 돈 벌기 어려운 시대가 올 수도 있을 것 같기 때문입니다.

또한 그나마 있는 복지제도도 축소하려고 합니다. 북유럽 국가들도 신자유주의 정책으로 뒷걸음질 치고 있는 중이란 게 그들의 주장입니다. 따라서 복지 말고 기부문화를 만들자고 합니다. 미국처럼 복지를 기부로 대체하자는 거죠. 이게 대체 말이나 되는 소리입니까.

오바마 역시 벌써부터 불운한 사람입니다. 그가 노무현처럼 욕만 먹다 임기를 끝낼 가능성이 농후해 보이기 때문입니다. 노무현이 이야기했었죠. “새 시대의 첫차가 되고 싶었지만, 구시대의 막차로 끝날 수밖에 없는 슬픈 운명이었다”고 말입니다.

앞으로 오바마는 힘차게 희망의 자기 시대를 열려고 노력하겠지만, 그 과정과 종결이 우리 국민들의 눈에는 훤하게 들여다보입니다. 앞으로 4년 내내 기득권과의 눈에 보이는 기 싸움에서 여러 정책들의 관철을 통해 서민들은 카타르시스를 느끼게 되겠지만, 눈에 보이지 않는 싸움에서는 부자와 정치적 기득권들에 눌려 서민들이 비루한 일상에 더욱 시달리게 될 것을 말입니다. 누구에게 딱히 확실한 책임을 물을 수 없지만, 누구에게서 비롯되고 있는지는 분명하게 느낄 수 있는 지금의 한국처럼 말입니다. 오바마가 이 같은 한국 실패의 전철을 되풀이하지 않기 위해서는 정말로 강력한 민주화의 실행, 특히 경제적 민주화의 실행이 필요할 겁니다.

그러나 오바마는 소수인종 출신이란 한계 때문에 그리 못할 겁니다. 오

히려 백인과 부자를 껴안는 포용 정책도 함께 펼쳐야 하니까요. 그것이
자충수의 첫 발걸음이자 마지막 발걸음이 될 가능성이 높아 보입니다.
물론 오바마 앞에는 미국 패권의 악랄한 속성이란 원초적 한계 또한 명
백하게 놓여 있습니다.

2. 오바마의 미국, '우리는 일본과는 다르다' 라고
　　말할 수 있을까?

　　일본이 자산 가격 폭락을 장부에 반영하지 않으려고 버티다가 10년 불황을 맞은 게 엊그제입니다. 자산 폭락이 일어나면 대규모 평가손이 일어나고 그만큼 자본을 확충해야 하죠. 자산 평가를 바탕으로 이루어졌던 차입도(레버리징) 줄여야 합니다. 일본은 그게 싫어서 버티다 결국에는 10년 불황을 맞았습니다.

　　웃기는 건 미국 경제의 70% 정도 규모였던 일본 경제가 추락하는 사이 미국 경제는 일본 경제의 3배로 치솟았다는 겁니다. 거품이죠. 그런데 작금의 위기에 대한 미국과 한국의 반응이 웃깁니다. 미국은 일본처럼 장부에 자산 폭락(부실)을 숨기지 않고 있으니 10년 불황 같은 위기를 자신들은 겪지 않을 것이라고 주장하고 있고, 한국 역시도 우리 부동산엔 거품이 없으며 경제 펀더멘털이 건전하니 위기는 없을 것이라고 주장합니다.

　　과연 그럴까요? 겉으로 큰소리 치고 있는 한국은 뒤쪽에선 부동산과 주식가치의 폭락을 막기 위해서 필사적인 몸부림을 치고 있습니다. 연기금을 끝도 없이 금융시장에 들이 붓고 있는 것입니다. 이게 한국만의 일일까요? 미국, 유럽, 중국 등도 마찬가지입니다. 그들은 일본에서 지난 10년간 벌어졌던 일들이 적힌 보고서를 다시 읽어 보면서 두려움에 떨고 있습니다. 그러면서 자신들은 '일본과는 다르다' 라는 말만 앵무새처럼 반복하고 있습니다.

　　그러나 다르기는 무엇이 다릅니까. 사실 일본은 그들에 비하면 귀엽기까지 하죠. 일본은 자산 가격이 폭락하자 폭락 이전의 가격으로 장부를 유지했습니다. 분식회계죠. 그를 바탕으로 자본 확충도 안하고, 기업들에게 부채 상환을 요구하지도 않았습니다. 그러자 기업들도 디레버리징

(deleveraging, 부채 축소)을 하지 않고 버텼습니다. 이 과정에 정치인들과 관료들이 개입했죠. 온 나라가 분식회계의 한통속이 된 겁니다.

미국은 '우리는 일본 같은 후진국이 아니다, 정치인과 관료들이 뱅커 기업가들과 한통속이 되어 나쁜 짓을 하지는 않을 거다' 라고 주장합니다. 그러나 AIG에 구제 금융 투입이 밑도 끝도 없이 쏟아 부어져 들어가자 드디어 미국 지식인들 사이에서 '미치겠다' 라는 소리들이 나오기 시작했습니다. 분식회계의 머리카락이 보이기 시작한 것입니다. 이게 과연 AIG만의 일일까요? 다른 금융권은 어떨까요? 그리고 제조업은 어떨까요? 최근 GM의 정부 구제 금융 신청 금액의 증액 과정이 AIG 사태를 뺨치고 있습니다.

너무 많이 한 번에 달라고 하면 국민들 사이에서 거부감이 일어나게 될까 저어해 나눠서 요청한다는 소리도 있고, 분식회계가 서서히 들통이 나는 중이란 소리도 들립니다. 그러나 어느 쪽이건 미국 경제계에 분식회계와 자산 폭락에 의한 대규모 경제 붕괴의 위험성이 급격하게 드리워지고 있는 것이 사실입니다.

차라리 일본처럼 아닌 척하고 완전한 철판 모드로 가든가 아니면 미국 자신의 말대로 확 드러내 놓고 부실을 처리해 버리든가 해야 하는데, 전자는 미국 시스템상 불가능하고 후자는 너무 위험성이 커서 피하고 싶은 거겠죠. 따라서 절충안을 택한 미국 경제는 한동안 힘들어질 수밖에 없습니다. 지금 투입하고 있는 버블 붕괴 위기 진압을 위한 추가 유동성은 더 큰 화를 불러올 수도 있어 보입니다.

문제는 한국입니다. 한국은 국부를 총동원해서 버블 지키기 대작전에 나섰습니다. 문제는 지금이 위기의 초입이고 따라서 지금의 그런 조치들이 나중에 진짜 위기가 도래했을 때의 충격을 가중시키고 마땅한 정책적 대응 수단을 선제적으로 소진시킨다는 데에 있습니다. 하지만 현 정부는 아무리 조언을 해도 들은 체도 안하고 버블을 키워 나가려고만 하고 있습니다.

결국 한국, 중국이 앞서거니 뒤서거니 하면서 일본의 전철을 밟아나가게 될 위험성이 높아지고 있습니다. 굿 뉴스라면 전 세계 주요국들 중 상당수가 동병상련의 처지에 빠지게 될 것이라는 것이고, 베드 뉴스라면 우리나라의 경우 특히나 부동산 버블의 규모가 심각하고 부동산에 대한 국민적 애착이 남달라 붕괴 후유증이 그 어느 나라보다도 오래 지속될 것이란 점입니다.

결론적으로 이 사태 전반의 핵심적 키는 오바마가 쥐고 있습니다. 많은 사람들은 지난 2008년 오바마 당선의 정치적 의미는 좋게 보고 경제적 의미 또한 희망적 견해를 견지했던 것 같습니다. 그러나 저는 오바마 정부의 성공 가능성에 대해 대단히 부정적으로 보고 있습니다. 그가 정말로 정공법을 택한다고 하여서 미국의 위기가 단시일 내에 극복될 수 있을 정도로 오늘날 미국이 처한 현실이 간단치 않기 때문입니다. 그 일면을 지난 미 중간선거에서 집권 민주당의 참패라는 결과가 말해 주고 있습니다.

현재 미국의 모든 지표는 일관되게 한계 신호를 보내고 있습니다. 미국인 노동자는 전 세계에서 7%를 차지하지만 소비는 35%를, 미국 경제는 전 세계의 25%를 차지하고 있지만 미 달러화의 위상은 50%를 차지하고 있는 상황하에서, 이러한 패권의 위기는 단지 경기가 후퇴하는 것만큼의 고통이 아닌 그 수 배의 고통을 안겨 줄 수 있을 것임을 암시하고 있는 것입니다. 정공법을 택할 경우 오바마의 재선은 불가능하게 될 것입니다. 미국인들이 원하는 것은 약간의 고통 뒤의 정상화인데, 그 정도 시간으로는 위기돌파가 어림도 없는 상황입니다. 이런 상황 속에서 오바마가 위기를 뛰어 넘기 위해서는 '자신의 정치적 희생'을 감수한 위대한 발걸음이 필요한 상황인데, 저는 오바마를 그토록 대단한 인물로 보지는 않고 있을 뿐더러 최초의 흑인 대통령, 민주당 내에서도 소수파 출신의 대

통령이라는 정치적 입지의 한계가 그의 정면돌파를 어렵게 하고 있다는
점도 직시해야 합니다.

3. 미국 AIG와 GM 사태,
   분식회계와 거짓 통계 사이에서

2010년 1분기 세계 주요국 실업률 추이

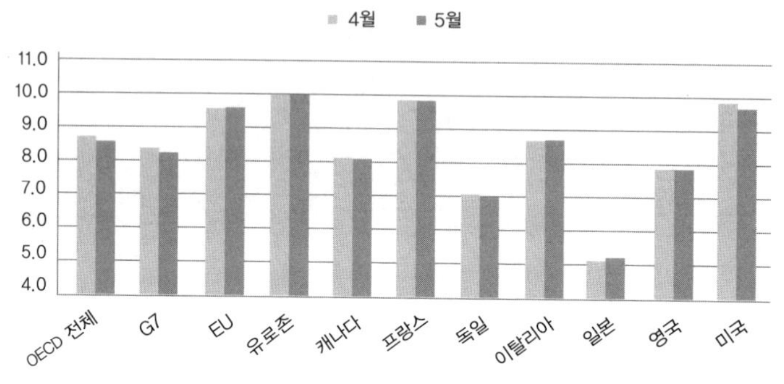

출처 : OECD

2009년에서 2010년으로 넘어오는 짧은 시기에 AIG 한 회사에 무려 1,500억 달러의 공적 자금이 투입되고 GM, 포드, 크라이슬러 3사의 시가 총액 합계가 현대자동차의 가치 아래로 추락하는 일이 벌어졌습니다. 이것은 자산 가치 폭락으로 인한 대규모 상각 발생과 매출 순익 급감으로 인한 수익 저하와는 전혀 별개의 '특수한 문제'가 있다는 것을 의미합니다.

그것은 바로 분식회계 문제입니다. 이미 AIG와 GM은 예전에도 분식회계로 처벌을 받은 전력이 있는 회사들입니다. 미국 연방 검찰도 금융 위기가 터진 다음 제일 먼저 이러한 분식회계에 대한 대대적인 실태 파악에 들어간 바 있습니다. 그러나 공표되지 않고 있죠. 아니, 공표할 수가 없습니다. 그랬다간 뒷감당할 수가 없을 테니까요. 다만 오바마의 경제 팀에는 실시간으로 보고가 되고 있을 겁니다. 그렇지 않고서는 제대로 된 후속 조치가 나올 수 없으니까요.

"

지금 전 세계를 뒤덮고 있는 일명 '신뢰의 위기'라는 것의 본질이 사실 이런 겁니다. 도대체 얼마나 많은 부실이 각각의 국가와 기업에 숨어 있는지 모르는 와중에, 세계 제1의 투명성과 시스템을 자랑하는 미국과 미국 기업이 이 정도라면 다른 나라들은 말할 필요조차도 없다는 탄식이 흘러나오고 있습니다.

우리도 이런 일을 10년 전에 이미 혹독하게 겪었습니다. IMF 때 삼성이 삼성자동차를 대우에 주고, 대우는 대우전자를 삼성에 주는 빅딜을 시도하다가 무산이 된 적이 있었죠. 왜 그랬었습니까? 서로 간에 장부를 믿을 수 없고 숨겨 놓은 부실이 짐작조차 안 돼서 두 손 두 발 다 들고 결국 포기했던 겁니다.

최근 중국의 2009년도 예상 성장률을 놓고서도 논란이 일고 있습니다. 그 논란의 핵심은 중국의 발표가 과연 정확한 것이냐 하는 것이고(4% 경착륙설), 그래도 내년 1년(2011년) 정도는 작정하고 밀어붙이면 올해만큼은 아니더라도 상당한 성장을 할 수 있지 않겠느냐 하는 것입니다(8% 연착륙설). 그러나 어느 쪽이든 중국 정부의 통계와 중국 기업들의 회계 장부에 거대한 거짓과 분식이 숨겨져 있을 거라는 추측에는 아무도 이의를 달지 못하고 있습니다.

최근에 열린 G20 회의에서 대다수 신흥국들이 선진국에서 초래된 금융위기 때문에 다른 나라들이 생고생 하고 있다며 온갖 성토를 늘어놓았다고 합니다. 주접도 이런 주접이 없습니다. 예컨대, 아르헨티나의 어느 해 물가 성장률은 정부 발표치로 9.9%였습니다. 그러나 선진국 경제연구소들은 최하 40%가 넘는다며 즉각 반박 자료를 발표했죠. 최근의 경제위기의 본질이 바로 이런 밥 먹듯 쉽게 내뱉는 거짓말들로 인하여 벌어진 것이고, 후진국으로 갈수록 그 정도가 극심한 양상입니다. 그런데 누가 누구를 욕합니까?

그런데 이런 이야기들을 하다 보면 우리나라야말로 대단한 행운의 국가임을 알 수가 있습니다. 지난 10년간 우리나라가 남들만큼의 고성장을 못한 데에는 그런 부실과 거짓의 청산에 집중했기 때문입니다. 우리가 지난 10년간 고생하면서 기업들의 투명성을 제고하는 데 힘을 쏟을 수밖에 없었던 이유도 이런 현실을 뒤로 하고서는 도저히 성장이 불가능하며 성장을 한들 또다시 경제위기를 맞을 수밖에 없다는 걸 너무나 잘 알고 있었기 때문이었습니다.

결론적으로 전 세계에 얼마나 많은 분식회계와 거짓 통계가 횡행해 왔는지 그리고 그것이 이번 사태를 통해 얼마나 터질지에 대한 확신어린 단정을 할 수는 없습니다. 그러나 그런 불신이 해소되지 못하는 한 그것이 앞으로 두고두고 작금의 경제위기 해소의 발목을 잡을 것임은 틀림없는 사실입니다.

4. 짐 로저스의 중국 오판

세계적인 투자가인 짐 로저스 이야기를 하기 전에 최근에 나온 단신 뉴스 제목부터 잠깐 살펴보고 넘어 가겠습니다.

"전 세계 기관 투자가 중국 혐오 급증, 중국 탈출 러시"

사람의 안 좋은 감정 단계는 보통 실망-짜증-분노-혐오-체념의 단계로 이어집니다. 이에 따른다면 지금 각국 투자자들의 중국에 대한 평가는 포기 직전의 마지막 단계까지 와 있는 것입니다. 그리고 지금 기관들의 선제 탈출 현상이 벌어지고 있습니다. 주요 대형 투자 기관에서 중국이 차지하는 비중이 평균 60% 이상 줄어들고 있습니다. 대략 100억을 중국에 투자했던 투자자라면 60억 원 이상을 거둬 들이고 있는 것입니다. 이것은 거의 공황 상태에 가까운 대탈출 러시라 할 수 있습니다.

그럼 왜 이런 일들이 벌어지고 있을까요. 한마디로 정리하면 다음처럼 요약할 수 있을 것입니다. '중국의 모든 것은 거짓이며 중국은 사기 집단 그 이상도 이하도 아니다.' 얼마 전에 짐 로저스가 한국 기자들을 상대로 간단히 인터뷰를 한 적이 있는데, 그의 시황 전망을 간단히 정리하면 대략 아래와 같습니다.

1. 조만간 엄청나게 풀린 돈이 움직이기 시작할 것이다.
2. 그 돈은 식량, 에너지, 원자재 등으로 다시 몰릴 것이다.
3. 이 현상은 주요국들을 하이퍼인플레이션의 악몽으로 몰아갈 것이다.
4. 달러 가치는 급락할 것이다.
5. 오바마는 작금의 금융위기를 해결할 수 없다. 오히려 재앙의 규모를 키울 것이다.
6. 중국 경제가 미국 경제를 대체할 것이다.

7. 지금 중국 주식을 팔 필요가 없다. 언젠가 1만 포인트를 찍을 것
　이다.

저는 이중에서도 달러 가치 급락과 중국 경제에 대한 장밋빛 전망 두 가지에 동의할 수 없습니다. 특히 지금 중국 주식을 사서 자식에게 물려준다? 이것은 거의 자살 행위에 가까운 행위라고 밖에는 말할 수 없습니다. 보통, 성숙한 국가의 기업들도 10년 정도 지나게 되면 상위 랭커의 얼굴이 상당수 뒤바뀝니다. 30년, 50년, 100년을 지속하면서 성장을 지속하는 회사는 더욱 드물겠지요.

그런데 위험하기 짝이 없는 중국의 주식을 사서 묻어둔 뒤 자식에게 물려준다? 아마 땅을 파는 삽질을 하는 와중에 이미 그 회사의 주식은 십중팔구 정리 매매 후 상장 폐지되어 버렸을 공산이 농후합니다. 특히, 중국이란 나라는 기간산업 주식의 자유로운 매매를 허용하지 않고 있습니다. 왜냐하면 그것은 중국 인민, 정확히 말하자면 공산당 기득권의 것이기 때문입니다.

최근 중국 주식시장의 지수가 2년간 무려 800에서 6,000으로 8배 상승했다가 1,500으로 1/4 토막 난 것은 중국 공산당 기득권이 만들어낸 암묵적인 합작품입니다. 이 사기극의 와중에 해외 투자자들과 중국 서민들은 초주검이 되어버렸습니다. 그런 식의 행동을 버젓이 하는 중국에게 불가능은 없습니다. 좋은 회사의 지분이 없으면 뺏어버리면 되고, 뺏기 힘들면 회사 하나 더 차려 그 회사로 오더를 대체하거나, 회사 가치를 휴지 조각 수준으로 뭉개버린 뒤에 다시 자본을 투입해 차지할 수도 있습니다.

특히, 전력, 수도, 통신, 정유, 철강, 농업 등의 기간산업 주식은 가질 수도 없고 가져봤자 소용도 없습니다. 그렇다고 전자, 자동차, 조선 등이 안전한 것도 아닙니다. 중국은 해킹과 기술 탈취가 거리낌 없이 이루어지는 국가입니다. 중국에 투자했던 상당수 기업들이 지금 불법적인 방법

으로 기술을 탈취당하고, 특허를 침해당한 후 단물 빠진 껌이 되는 순간 내동댕이쳐지고 있습니다.

오래 전에 우리나라의 한 자동차 회사 모델의 100% 이미테이션 차가 중국에 출시된 적이 있었습니다. 그것은 모방한 것이 아니라 해킹과 스파이 매수로 설계도를 빼내간 결과물이라는 추측이 많습니다. 그리고 얼마 전에는 한 조선 회사의 선박 주요 기술 전체가 중국으로 해킹되어 넘어갔다는 설이 있었습니다. 한 전자 회사는 중국에서 휴대폰 기술 탈취를 견디다 못해 이미 베트남으로 공장 이전을 시작했습니다.

이런 중국의 주식을 선취매하시겠다고요. 그것은 중국 공산당을 모욕하는 행위입니다. 중국에 투자했던 기업들이 야반도주하는 이유도 자세히 살펴보면 간단합니다. 예컨대 우리나라에 깡패들이 차린 회사에 멋도 모르고 들어갔다 임금도 포기하고 도망가는 식의 사례를 떠올린다면 아주 간단합니다. 중국은 단물만 빨아먹고 내버리는 수법이 거의 예술입니다.

이런 행태들이 금융 투자 부분에서는 더욱 극심하게 나타나고 있습니다. 따라서 해외 기관 투자자들이 중국이 혐오스럽다고 말하는 것은 당연한 것입니다. 그런데 짐 로저스는 이런 나라의 주식을 겁도 없이 사들인 뒤 자식, 손자에게 물려주라는 주장을 하고 있습니다.

중국의 이야기를 다소 길게 했는데, 그 이유는 중국을 비난하기 위해서가 아닙니다. 바로 짐 로저스의 달러 약세론을 반박하기 위해서입니다.

자, 그의 말대로 미국의 부채가 10조 달러에 달하고 15개월마다 1조 달러씩 늘어난다고 칩시다. 경상 적자, 재정 적자에 과소비 지속까지 금융위기 와중에도 멈추지 않고 지속되고 있습니다. 이것만 보면 미국이 아무리 기축통화 국가라고 해도 조만간 외환시장 관리 체제에 들어가고 달러 가치는 급락해야 맞을 것입니다. 그런데 급락이란 이야긴 어디까지나 상대평가고 따라서 다른 나라의 화폐 가치가 최소한 달러화보다는 덜 떨어져야 말이 되는 이야기가 되는 것입니다. 바로 이 부분을 설명하기 위해 위의 중국 사례를 든 것입니다.

짐 로저스에게 반문하고 싶습니다. 저런 국가가 과연 미국을 대체할 수 있을까라고 말입니다. 현재 중국의 외환보유고 2조 달러 중 공식적으로 7천억 달러가 미국에 물려 있습니다. 이는 미국 달러 자산의 가치 하락은 곧 중국의 추락을 의미하게 되는 것을 보여주는 증거라 할 수 있습니다.

게다가 남은 1조 3천억 달러도 그 규모 자체부터가 의심스러울 뿐더러 상당액이 파생 금융 상품과 원자재 투기로 물려 들어갔다가 재미를 보지 못하고 있는 걸로 추정되고 있습니다. 또한, 중국으로 유입된 핫머니 규모는 최소 2천억~최대 2조 달러에 달할 것으로 관측됩니다. 이들 자금이 탈출 러시를 시작한다면 중국이 과연 무사할 수 있을까요?

또한 중국 GDP 3조 2천억 달러의 최대 10%는 분식 통계로 추정되고 있습니다. 따라서 매년 발표되는 10~12%의 경제 성장률 중 당연히 2~3% 정도가 조작된 버블입니다. 중국이 8% 성장에 목메는 사실상의 이유가 바로 여기에 있습니다. 실은 최소 8% 이상의 경제 성장율을 달성하지 못하면 사실상 5% 이하의 경착륙이 되어 버리기 때문입니다.

이런 나라가 어떻게 달러 추락 와중을 틈타 그 자리를 대체할 수 있겠습니까. 중국 대신 EU와 일본을 말하는 사람도 꽤 많습니다. 그러나 EU는 지금 많이 타격을 입고 있습니다. 따라서 최소 3년, 최대 10년이 예상되는 이번의 금융위기는 유럽의 환상적인 복지 시스템을 중대한 기로에 서게 만들 것이 확실합니다. 그 증상이 지금 유로화의 위기로 발현되고 있는 중입니다.

국가 부채가 무려 170%이고 국가 예산의 30% 가까이를 국채 이자로 지급 중인 일본은 더 말할 나위가 없습니다. 일본이 가장 믿는 것 중의 하나가 19조 달러의 개인 금융 자산인데, 이것이 지금 캐리 트레이드로 전 세계를 돌며 위세를 떨치다 금번의 금융위기에 따라 일본으로 초라하게 귀향 중입니다.

기로에 놓인 달러화의 위상은 미국을 따라 2위, 독일을 따라 2위 하는 식으로 오직 1위의 등 뒤에 숨어 2위로 안전하게 국가 발전 전략을 실행해 온 일본 브레인들을 깊은 고민 속으로 빠져들게 하고 있습니다. 작금의 위안화의 달러 대비 선호 현상을 절대 오해해선 안 됩니다. 이 현상은 미국 경제가 일시적인 조정을 벌이는 와중에 나타나고 있는 현상일 뿐입니다.

결론적으로 미국의 달러 강세는 미국이 강해도 유지되지만 다른 나라가 미국보다 더 망가져도 유지될 수 있습니다. 물론, 달러 강세를 확언하자는 것은 절대 아닙니다. 미국의 붕괴를 쉽사리 예단해서도 안 된다는 점을 강조하고 싶은 것입니다. 미국은 부채가 많지만 부정과 부패 그리고 숨겨진 부실이 상대적으로 가장 적은 나라입니다. 그 점을 결코 간과해서는 안 될 것입니다.

5. 루비니와 로저스의 상반된 견해

2010년 1분기 세계 주요국 무역 흐름(G-7)

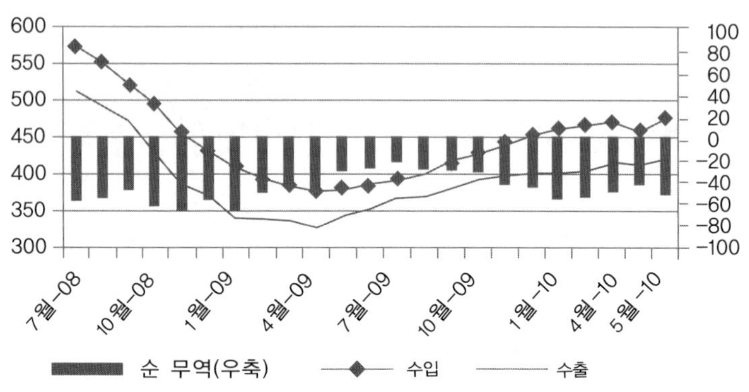

"루비니, 자산 버블 붕괴 시 달러 최대 20% 반등"

누리엘 루비니 뉴욕대학교 교수는 달러 가치가 반등, 최대 20% 상승할 수 있다고 말했다고 블룸버그 통신이 4일(현지 시간) 보도했습니다.

루비니는 이날 CNBC와의 인터뷰에서 "투자자들은 고수익을 위해 달러를 빌려 상품과 신흥 시장 자산을 사고 있고, 모든 캐리 트레이드의 근원이 되고 있다"며 "이러한 유행이 일단 붕괴되기 시작하면 달러는 빠르게 낙폭을 만회할 것"이라고 말했다.

달러 약세가 자산 버블을 야기하고 있지만 결국 버블이 붕괴되면 달러 가치가 빠르게 회복될 것이라는 진단이다. 그는 "이는 결국 일어날 일이며 지금부터 6개월~1년 이내가 될 것"이라고 말했다. 또한 "달러가 반등하기 시작하면 그 폭은 2~3% 수준이 아니라 15~20% 수준이 될 것"이라고 덧붙였다.

루비니는 또 "연준이 기준금리를 한동안 현 수준에서 유지함으로써 캐리 트레이드의 지속을 허용하게 될 것"이라며 "캐리 트레이드가 진행되는 동안 글로벌 버블은 점점 더 커질 것이고 끝내 붕괴가 올 것"이라고 말했다.

그는 "자산 가격 상승은 너무 빠르고 전 세계적으로 일어나 손쓸 수 없는 수준"이라며 "이는 버블이 시작되고 있다는 분명한 사례"라고 말했다...(중략)

출처 : 〈아시아경제〉, 2009. 11. 05, 박병희 기자의 기사에서 발췌

"루비니 틀렸다. 금, 신흥 시장 거품 아냐"

'상품 투자의 귀재' 짐 로저스가 금과 신흥국의 주식시장에 거품이 끼어 있다는 누리엘 루비니 뉴욕대 교수의 판단이 틀렸다는 의견을 피력했다고 블룸버그 통신이 4일(현지 시간) 보도했다.

로저스는 이날 블룸버그 TV와의 인터뷰에서 "많은 상품 가격이 여전히 사상 최고치 수준보다 낮으며 신흥 시장은 붕괴 직전에 있지 않다"며 루비니 교수의 의견에 정면으로 반박했다.

루비니 교수는 지난달 27일 남아프리카공화국에서 열린 한 컨퍼런스에서 "투자자들이 자산을 매입하기 위해 달러를 빌리고 있으며 이로 인해 엄청난 자산 버블을 만들고 있다"고 말했다. 그는 "투자자들이 달러를 빌려 자산을 매입함으로써 모든 캐리 트레이드의 근원이 되고 있다"며 "신흥 시장은 버블을 보여 주고 있으며 유가 상승도 펀더멘털에 근거해서는 정당화될 수 없다"고 말했다.

로저스는 인터뷰에서 루비니 교수의 의견에 동의하느냐는 질문에 무슨 버블이냐며 반문했다. 로저스는 중국 증시와 설탕, 은, 커피, 면화 등의 가격이 사상 최고치에서 50% 이상 하락해 있다고 강조했다.

그는 "어떤 것이 올해에만 100% 올랐지만 사상 최고치에 비해 70% 하락해 있다면 버블이 아니다"라며 "단지 올해 수익률이 너무 좋았을 뿐"이라고 말했다. 그는 이어 "금 가격은 언젠가 상황에 따라 온스당 2,000달러를 넘을 것"이라고 전망했다.

로저스는 달러 약세가 투자자들이 더 많은 상품과 자산을 매입하게 만드는 요인이라는 루비니 교수의 주장에 대해서는 동의했다. 로저스는 "현재 나를 비

롯한 모두가 달러 가치에 대해서는 회의적인 시각을 갖고 있다"고 말했다. 그는 이어 "약달러는 어떤 것이든 랠리를 유발하고 있다"며 "다만 랠리가 얼마나 오래 갈지는 모른다"고 답했다.

그는 신흥국 주식시장에 대해서도 많이 오른 것은 맞지만 금융시장을 아는 이라면 이를 버블로 보지 않을 것이라고 주장했다. 아울러 그가 보기에 버블이 끼어 있는 것은 미국 채권이라며 향후 30년간 미국에 돈을 빌려주는 것을 상상할 수 없다고 말했다…(중략)

출처 : 〈아시아경제〉, 2009. 11. 04, 박병희 기자의 기사에서 발췌

결론적으로 루비니, 로저스의 이야기 둘 다 맞습니다.

지금의 부동산 버블은 용납할 수 없으면서도 한편으로는 정당한 것이라 말할 수도 있는 것입니다. 무분별한 화폐 증발에 따른 통화 가치 추락의 측면으로 보면 부동산 버블은 정당한 것이지만 그에 비해서 노동자의 임금 상승은 제한적이었으므로 바로 이 간극에서 빈부 격차가 유발된 것입니다.

예컨대 지금 한국 노동자의 평균임금이 250만 원이 아니라 1,750만 원 정도라면 지금 수도권 아파트의 평당 1,800만 원 선의 가격은 정당합니다. 그러나 그렇지 못하죠. 또한 부동산 보유세율이 0.25% 수준이 아니라 선진국 수준인 1.5~3.0%라면 지금의 부동산 버블은 정당합니다. 그러나 이 역시 그렇지 못합니다. 결국 작금의 부동산 버블은 불로소득이자 빈부 격차의 주범이라는 소리입니다.

그럼 왜 이렇게 되었는가. 그것은 정치인, 관료, 재벌, 수구 언론 등이 작당하고 그것을 실행에 옮겨왔기 때문입니다. 따라서 이것을 바로 잡아야 할 것입니다.

루비니와 로저스의 차이는 여기서 찾아야 할 것입니다. 루비니는 부동산 버블이 정당하지 못하며, 이것은 빈부 격차를 딛고 이루어진 것이며,

그 빈부 격차의 불균형이 임계점에 달해 금융위기가 터진 것이라고 보고 있습니다. 즉, 자산 버블과 빈부 격차는 어쩔 수 없이 형성된 부작용이 아니라 지금 경제 성장 시스템의 핵심 프레임이라는 것입니다.

빈부 격차를 일으켜야만 버블 성장이 가능하고, 그 버블 성장 속에서 빈부 격차가 다시 가속화되어야만 기득권들이 탐욕을 도모하며 경제의 양적 성장 또한 도모해 낼 수 있었는데, 이제는 하부구조가 너무 부실해 도저히 밀어붙일 수 없는 지경에 있다고 보는 것입니다.

반면, 로저스는 각국 정부의 이중성을 꾸짖고 있는 것입니다. 지금 세계 경제는 마치 유가 등 상품 가격 상승을 바라지 않는 것처럼 주장하고 있지만 실은 그렇지 않다는 것입니다.

왜냐하면, 작금의 위기는 막대한 재정 투입과 국가 부채 급증을 불러왔고 이것을 해소하기 위해서는 역설적으로 원자재 가격의 상승이 필요하기 때문입니다. 그래야 물가 상승으로 간접세 등 정부 수입이 증가하고 인플레이션으로 부채 부담이 줄어들 수 있기 때문입니다. 또한 인플레이션 심리가 유발되어야 자산 버블의 붕괴를 막을 수 있을 거란 각국 정부의 계산을 꿰뚫어 보고 있기도 합니다. 그러나 현명한 정부라면 이런 수작을 안 부리겠죠. 예컨대 미국, 일본, 서유럽처럼 부동산 버블은 꺼뜨리고, 간접세 비중은 낮추고, 서민 직접 지원을 하는 등 위험 제거에 나서고 있는 국가들이 그 같은 경우입니다. 또한 급격한 단기 자본 이동에 따른 충격을 완화하기 위해 부동산 보유세, 자본 이동세, 기준금리 인상 등의 정책을 취하고 있는 브라질, 호주, 이스라엘 같은 나라들도 있습니다.

그러나 한국, 중국 같은 나라는 이도 저도 안하고 오히려 위기 도래 시 그 양태를 가중시킬 수 있는 정책만을 취하고 있습니다. 부동산 버블 조성, 간접세 비중 인상, 서민 지원 외면, 자본시장 개방, 부동산 보유세 인하, 자본 이동세 폐지, 금리 인상 거부 등처럼 모조리 거꾸로 하고 있습니다. 여기에 유가까지 은근히 오르길 바라고 있을 것입니다. 그래야 명목 GDP 제고, 인플레이션 유발을 통한 부채 부담 감소, 부동산 버블 유지, 재벌 부자의 세 부담 경감 등에 유리할 것이기 때문입니다.

그러나 이것들은 경제위기 재도래의 원인이 될 것입니다. 루비니는 바로 미국, 일본, 서유럽을 제외한 이런 국가들의 실수를 우려하고 있는 것이고, 반면 짐 로저스는 결국 선진국이 먼저 기운을 차리면 중진국, 후진국에서 투자를 일시에 털어내는 양털깎기 국면이 펼쳐지게 될 것이라고 보는 것입니다.

양털깎기 대상국의
헛발질과 자화자찬

양털깎기의 핵심 대상 국가는 어디인가. 바로 한국과 중국입니다. 특히나 어처구니없는 것은 한국의 행동입니다. 위기 속에서 가장 위험 요인을 키우는 정책을 밀어붙이면서도 마치 가장 먼저 위기 속에서 탈출한 양 거들먹거리고 있는 한국. 그러나 한국이야말로 서민을 고통스럽게 하고, 거짓말을 밥 먹듯 하고, 위기 해결책과는 거리가 먼 정책을 밀어붙이고 있는 대표적 국가라고 할 수 있습니다.

저 둘의 논쟁에서 알아야 할 핵심은 바로 이 점이라고 할 수 있겠습니다. 결론적으로, 저 둘의 이야기는 다른 것 같으면서도 똑같은 이야기를 하고 있는 것입니다.

작금의 위기는 '글로벌 불균형'에서 비롯된 것입니다. 그중에서도 핵심은 화폐금융제도의 모순에 있고, 이 모순점이 통화 버블, 자산 버블 그리고 빈부 양극화 등으로 30년간 누적되다가 끝내 곪아 터진 것이 바로 작금의 위기의 실체라고 할 수 있기 때문입니다.

그 위기 극복의 방법은 인플레이션이 사실 약자에게서 강자로 부를 이

동시키려는 시스템의 작동이라는 인식하에, 이 시스템의 부작용과 오남용을 막는 가장 좋은 길인 빈부 격차의 자동적인 조정 방안을 마련, 시행하는 것입니다. 그것은 조세·복지 선진화를 말하는 것이고 이것을 가능케 하는 것이 바로 '민주주의'의 구현입니다.

따라서 민주주의를 후퇴시키고, 조세·복지 제도를 후진화시키고, 빈부 격차를 가속화시키고, 부자 감세, 부동산 버블 정책에 몰입해 있는 현 정권은 최악의 정책을 펼치고 있다고 할 수 있습니다. 그나마도 정치적 치적을 과시하기 위해 "위기를 가장 빨리 극복하고 있다", "전 세계가 한국을 극찬하고 있다"는 등 궤변을 남발하고 있는데, 이것은 그야말로 최악의 자해 행위입니다. 문제의 본질을 깨닫지 못하고 있다는 방증이기 때문입니다. 중국이 미국에 대해 신경질적인 이유는 겉으로는 작금의 경제위기의 본질 인정을 거부하고 있지만 속으로는 명백히 그것을 알고 있기 때문입니다. 따라서 중국은 은밀히 해답 마련에 골몰하고 있습니다.

그러나 해답이 나올 리 없습니다. 해답이 나오려면 역시 민주주의, 조세·복지 선진화, 양극화 해소, 부동산 버블 억제 등의 정책을 취해나가야 하기 때문입니다. 물론 그것만으로 되는 것도 아닙니다. 어느 정도의 경제 발전 누적도 있어야 합니다. 그러나 중국에게는 둘 다 없습니다. 이런 상황 속에서 미국이 느긋하게 '투명성'이란, 중국에게는 그 지긋지긋한 민주주의의 핵심 프레임을 들이댈 채비를 갖추고 기다리고 있는 것입니다.

중국의 역할이 증대되려면 중국의 참모습이 드러나야 하는데, 드러나는 순간 중국은 주저앉게 됩니다. 그러나 그걸 뻔히 알면서도 중국은 자신의 역할이 증대되어야 한다고 주장하고 있습니다. 중국은 그러한 자신의 이중적인 모습과 그것이 불러올 후과에 대해서 잘 알고 있습니다. 그래서 신경질이 나는 것입니다.

결국 버려야 합니다. 겸손하고 솔직하고 그리고 잘못된 정책에 대한 대가와 희생을 감수할 수 있어야 합니다. 그러나 나라가 무너져도 절대 내려놓지 않으려는 것이 바로 '기득권'이라는 것이고, 마약보다 벗어나기 어려운 것이 바로 '부동산 버블'의 중독성이라는 것입니다.

결국 대가를 치를 수밖에는 없습니다. 중국은 본질적 해법을 알고는 있으나 그것은 죽어도 갈 수 없는 길입니다. 따라서 편법이 시도되고 있지만 그 길로는 결코 위기의 본질을 해소할 수 없습니다.

지금 모든 경제학자들은 속으로 이러한 각국 정부의 행태를 코미디라며 비웃고 있습니다. 그 코미디의 정점에 바로 금값 상승, 달러화에 대한 비웃음, 꺼지지 않고 있는 부동산 버블, 절체절명의 대위기 속에서도 전혀 나오지 않고 있는 사회적 약자에 대한 대책, 조세·복지 후진화, 그리고 민주주의의 후퇴가 있습니다. 경제학자들은 그러한 모습을 찬찬히 지켜보면서 새삼 민주주의의 중요성에 대해서 다시 한 번 절감하고 있을 것입니다. 결국 해법은 경제가 아니라 정치경제인 것입니다.

1. Endless Debt, 끝없는 부채는 가능한가

미국 신용 부채의 확장

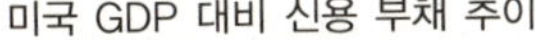

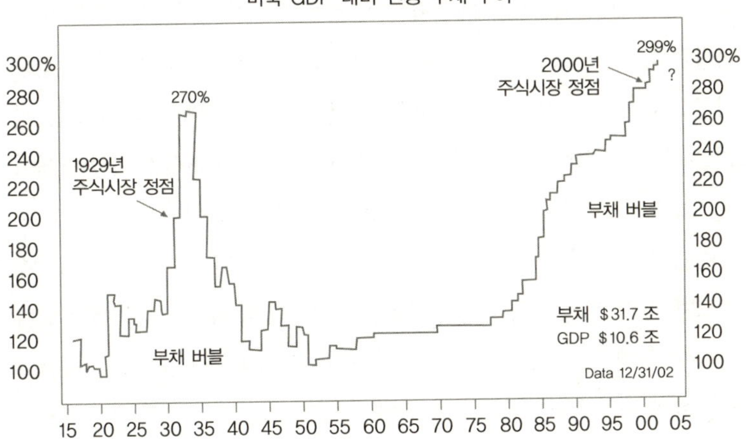

미국의 베이비붐 세대,
일본의 고령화 세대

폴 크루그먼 프린스턴대 교수의 한 〈뉴욕타임스〉 기고 글을 보고 나서 '저자가 미쳐가는구나'란 생각을 했습니다. 여기서 '미쳤다'라는 뜻은 비난의 의도는 아닙니다. 광인이 지나가던 행인에게 칼을 휘두르는 경우라면 그렇겠지만 발명가가 연구 실패를 거듭해 만사 제쳐놓고 실험에만 몰두한다면 그것을 비난할 수는 없을 것이기 때문입니다. 전 후자의 예로서 그렇게 말하고자 하는 것입니다.

크루그먼은 그 기고 글에서 "1940년 루스벨트 행정부는 당시 2차 대전 준비를 위해 미국 국내총생산(GDP)의 2배에 이르는 자금을 빌렸다. 이는 오늘날의 30조 달러에 해당한다(현재 미국 GDP가 15조 달러이므로). 그러나 대신 재정 적자는 전후 경제 성장으로 이어졌다"라고 주장했습니다.

좀 섬뜩하지 않은가요. 미국이 2차 대전 이후 20~30년간 활황을 구가한 이유는 '학살과 파괴' 때문입니다. 전쟁으로 전 세계 양대 경제권 중 하나인 유럽이 초토화되어 버렸습니다. 대신 미국은 멀쩡했습니다. 물론 미군도 많이 죽었지만, 대신 베이비붐이 일어났습니다. 따라서 공급 시설 파괴로 엄청난 수요가 뒤따르고 늙은이들이 죽은 대신 아이들이 태어남으로써 폭발적인 경제 성장을 이뤄낼 수 있었던 것입니다.

이때 미국이 빚을 낮춘 메커니즘은 간단합니다. 부채가 느는 대신 경제 규모가 커져 그 경제 규모에서 거둬들인 조세로 부채를 감당했던 것입니다. 늙은이가 죽고 젊은이가 태어나니 늙은이에게 나갈 재정은 사라지고 젊은이에게서 나오는 세수만 늘어난 것이죠. 그러니 경제가 폭발적으로 성장할 수밖에 없었던 것입니다.

이런 식으로 미국은 사상 처음이자 마지막으로 100% 넘게 치솟았던 국가 부채 대 국내총생산 비율을 20%선까지 끌어내릴 수 있었습니다. 그리고 70년 만에 다시 국가 부채가 100%를 향해 나아가고 있습니다.

크루그먼의 주장에 이의를 제기하는 이유는 '재정 적자의 필요성' 부분이 아니라 '그 이후의 경제 성장'에 관한 부분에서입니다. 미국이 그 재정 적자를 메우려면 두 가지가 필요합니다. 하나는 유럽, 동아시아 등에서 대규모 전쟁이 발발하는 것입니다. 그로인해 공급 시설이 대량 파괴되고 경쟁자까지 숙청되어야 합니다. 또 하나는 그 전쟁에 노년 세대를 내보내 국가가 '부양'해야 할 인구를 줄이는 겁니다.

이명박 정부를 비판할 때마다 그들이 반서민 정부라는 지적이 나오고는 하지만, 사실 그들이 가장 싫어하는 부류는 서민이 아닙니다. 저임금 장시간 근로를 해주는 서민이라면 그들이 싫어할 이유가 없습니다. 오히려 그들에게 있어 문제는 힘이 없어 놀고먹는 노년 세대인 것입니다. 그렇습니다. 지금 전 세계에서 가장 큰 문제이자 화두는 '노년 세대' 즉, 고령화 문제입니다.

그럼 왜 고령화가 문제가 되는 것일까요. 그 점은 일본을 보면 잘 알 수 있습니다. 일본의 가장 큰 문제는 바로 '고령화'입니다. 대다수 선진국의 경제는 '다단계'로 굴러가고 있는데, 이것은 사회보장기금의 구조가 아랫돌 빼서 윗돌 막는 구조를 가지고 있다는 것을 의미합니다. 그런데 일본은 사회보장기금의 지출은 늘어나면서 지입은 줄어들고 있습니다. 사회보장기금이 쪼그라들고 있는 것입니다.

이것이 어떤 문제를 야기할까요. 사회보장기금은 대부분 일본 국채에 투자되어 있습니다. 따라서 사회보장기금이 줄어들면 일본 정부는 이 빚을 사회보장기금에 상환해야 합니다. 그러면서 동시에 사회보장기금을 정부 재정으로 지급해야 합니다. 사회보장기금이 없어지고 있기 때문입니다. 즉, 그간은 사회보장기금으로 재미를 보았다면 이제는 그 돈을 모조리 뱉고, 사회보장기금을 지원까지 해줘야 하는 이중고에 맞닥뜨리게 된 것입니다. 그러니 정부 부채의 부담이 두 배로 늘 수밖에는 없는 것입니다.

채권 버블 속에 숨겨진 부동산 버블을 놓친
미국의 실수 그리고 2008년 금융위기

자, 여기서부터가 이 글의 본론입니다. 2009년 이후 여러분은 환율, 주가, 금리 등이 활황을 구가하고 있으므로 경제위기가 끝났다고 말하고 싶을 것입니다. 채권시장도 활황, 부동산시장도 하락이 주춤. 그러니까 부채와 부동산에 관한 우려도 이제 서서히 거두어질 때가 되가는 것 아니냐고 주장하고 싶을 것입니다. 그러나 전혀 아닙니다.

일본을 보면 답이 바로 나옵니다. 폴 크루그먼 교수가 미국이 재정 적자를 극복한 사례와 일본이 재정 적자를 극복 못한 사례를 비교할 때 반드시 들고 나오는 이야기가 바로 '인플레이션' 입니다.

통상 한 국가가 경제적 어려움에 처했을 때 취할 수 있는 조치는 바로 차입과 통화 증발입니다. 빚을 늘리거나 돈을 찍는다는 이야기입니다. 그러나 이는 문제를 야기합니다. 빚을 늘리는 것은 부도를 야기하고 돈을 찍는 것은 인플레이션을 야기하는 것입니다.(전자는 결국 debt deflation, 후자는 결국 hyper inflation을 의미합니다.)

미국과 일본이 그간 경쟁적으로 부채를 늘렸지만 미국은 부채의 수렁에 빠지지 않고, 일본은 부채의 수렁에 빠졌던 차이가 바로 거기에 있습니다. 미국은 빚을 늘리면서 돈까지 과도하게 찍어댔습니다. 여기서 발생한 인플레이션이 부채 부담을 가볍게 해 준 것입니다. 그러나 일본은 빚은 늘렸지만 버블 붕괴 이후 돈을 과도하게 찍어대지는 않았습니다. 그 결과 인플레이션을 유발하지 못해 국가총생산 아래로 국가 부채를 내리는 데 실패한 것입니다.

그럼 왜 미국은 성공했는데 일본은 실패했거나 혹은 그렇게 하지 않은 것일까요. 바로 거기에 '부동산'이 있습니다. 통상 인플레이션이라는 것은 결국 버블을 말합니다. 인플레이션은 통화 버블 없이 일어날 수 없습니다(반대로 통화 버블이 반드시 즉각적인 인플레이션을 유발하는 것은 아닙니다). 그럼 통화 버블이 일어날 수 있는 '대상'을 필요로 하게 됩니다.

미국은 거기서 '부동산'을 배제하여 왔던 것입니다. 뭘로? 바로 부동산 조세로요. 여기서 레버리지(reverage)가 걸려서 부동산 쪽에서는 버블이 일어나지 않았습니다. 반대로 일본은 부동산을 선택했습니다. 역시 부동산 조세로요. 여기서 레버리지가 걸리지 않아 부동산 버블이 일어났던 것입니다.

그 결과 일본은 최악의 악질적인 버블의 형성과 붕괴에 맞닥뜨리게 됩니다. 이 부동산 버블이 얼마나 악질적인 버블인지는 간단한 통계로도 알 수 있습니다. 2007년 현재 전 세계 GDP가 53조 달러, 은행 자산은 70조 달러입니다. 그리고 채권시장은 68조 달러, 주식시장은 50조 달러에 불과합니다. 그러나 부동산시장은 300조 달러를 넘어섭니다.

버블 규모가 상대가 안 되는 것입니다. 미국은 버블을 일으켜도 주로 채권 쪽에서 일으켰습니다. 여기서 일어난 버블은 펀딩 활성화로 기업 자금 조달, 고용 창출로 연결되었습니다. 이 버블은 무너질 때 그리 큰 충격을 만들어내진 않았습니다. 반면 부동산 버블은 시너지 창출은 없이 오히려 기업 투자 및 고용 외면의 투기세로만 연결되었습니다. 무너질 때는 채권 버블 등과는 비교할 수 없을 정도의 충격을 만들어내며 무너졌습니다.

그런데 여기서 미국도 결정적인 실수를 합니다. 부동산·채권 버블이란 희한한 버블을 만들어낸 것입니다. 이게 채권 버블입니까, 부동산 버블입니까. 미국은 채권 버블이라고 생각했을 것입니다. 따라서 무너지더라도 단순한 붐 앤 버스트(Boom & Burst)의 단기 주기로 끝나게 될 것이라 자신했습니다. 그러나 이것은 부동산 버블이면서 채권 버블이었습니다. 바로 MBS(주택저당증권)와 여기서 연계되는 파생 상품 등 그림자 금융시스템을 말하는 것입니다. 이게 무너지면서 2008년 미국발 금융위기가 시작된 것입니다. 허니, 헤어 나올 길이 없었던 것입니다.

물론, 미 연준(FRB)은 즉각적으로 조치에 들어갔습니다. 버냉키가 마우스 클릭질 몇 번으로 수조 달러의 본원통화를 찍어낸 후 그 돈을 모기지업체, 보험회사 등에 지불하고 그 쓰레기 채권을 거두어들여 금융 붕괴를 막은 것입니다.

그러나 이것은 심각한 후유증을 만들어냈습니다. 연간 2조 달러가 넘던 부동산 유동화 채권시장의 거래 규모가 연 300억 달러 수준으로 97% 이상 쪼그라든 것입니다. 당연히 엄청난 충격이 생길 수밖에는 없습니다. 이익이 사라지고 자산은 초토화되었기 때문입니다. 그래서 회계 기준을 변경하고(시가 평가 제멋대로 책정), 저금리로 수익을 지급하고 있는 것입니다. (작금의 은행 이익은 스스로 창출하고 있는 것이 아니라 중앙은행으로부터 국민 혈세를 통해 지급받고 있는 것입니다.)

결론적으로 그래서 미국의 통화 정책이 약발을 발휘하지 못하고 있는 것입니다. 정상적이라면 은행이 쓰레기 채권을 미 연준에 주고받은 통화를 시중에 풀어 '인플레이션'을 창출해야 합니다. 그래서 경기가 살아나면 미 연준은 그 쓰레기 채권을 돌려주고 통화를 다시 흡수해야 합니다. 그런데 채권이 쓰레기니 돌려받는 순간 미 금융기관은 망해 경기가 살아나는 것이 도루묵이 되고 마는 것입니다.

부동산 버블에 의한 반짝 성장을
자신의 치적으로 삼으려는 사람들

여기서 한국 당국의 실수가 나옵니다. 한국은 이런 사태를 어떻게 바라보고 있을까요. 한마디로 말하자면 대 착각을 하고 있습니다.

이명박, 강만수, 윤증현, 김중수 등은 일본이 실수한 거라 주장합니다. 부동산이 붕괴할 때 일본이 파키스탄, 방글라데시 등 이민자를 한 3~4천만 명 정도 받아들였다면 인구 문제가 해소되었을 것이고(그래서 지금 한국의 재벌들이 1천만 명 외국인 노동자 이민 정책을 건의하고 있는 것입니다), 부동산 보유세를 1.4%로 올리지 말고 한국처럼 0.2~0.3% 수준으로 유명무실화했다면 계속 거품을 유지해 그렇게까지 붕괴는 안 되었을 거라는 것이죠.

한마디로 얼빠진 소리가 아닐 수 없습니다. 외국인 노동자를 인구가 1.3억인 일본이 3~4천만 명을 받아들이면 일본은 10~20년 안에 일본이 아니라 일본합중국이 되버리고 말 것입니다. 부동산 버블을 그렇게까지 해서 유지해야 한다는 말입니까? 또한 부동산 보유세를 줄이는 것은 단기적으로 버블의 폐해를 악성화시킬 뿐 본질적인 해법이 될 수 없습니다.

그런데도 한국은 오히려 버블을 키워내기만 합니다. 이것은 어쩌면 현 정책 결정자들에게 '내일'은 없다는 생각 때문일 것입니다. 오늘까지, 혹은 내 세대에서 실컷 해먹고, 하다 안 되면 다음 세대가 그냥 아르헨티나, 필리핀처럼 살면 되기 때문입니다. 하지만 다음 세대에게는 당장 부동산 버블이 붕괴하지 않는다고 문제가 사라지는 것은 아닙니다. 부동산 버블은 '형성'되면 그걸로 끝인 것이지, 형성된 후 '대책'에 따라 어떻게 처리해낼 수 있는 문제가 아니기 때문입니다.

바로 여기서 미국의 살길이 나옵니다. 지금의 독일, 일본처럼 한국, 중국과 일부 유럽 국가들이 부동산 버블을 정리해 내고 지나친 인플레이션 정책을 억제하면 미국은 망할 수밖에 없는데, 고맙게도 한국, 중국이 스스로 불길 속으로 걸어 들어가 주고 있습니다. 미국 입장에서는 '이보다 더 좋을 수 없는 것입니다.'

유럽은 독일 중심으로, 동아시아는 일본 중심으로 부동산 버블을 억제하고 있는데, 유럽의 이탈리아, 스페인, 포르투갈, 그리스, 아일랜드 등과 동아시아의 한국, 중국 등이 부동산 버블의 마약성에서 헤어나오질 못하고 있기 때문입니다. 되레 그것을 '경제가 활황인 증거'로, 또 정치적 치적으로 활용하려 들고 있습니다. 따라서 밥상을 스스로 차려주는 한국, 중국이 미국 입장에서는 너무나 고마울 수밖에는 없는 것입니다.

앞에서 지금 미국이 살 수 있는 유일한 길은 '2차 대전 급의 전쟁' 그리고 '그 속에서 노년 세대들이 다 죽어 버리는 것'이라고 말한 바 있습니다. 그러나 그것은 쉬운 정책이 아닙니다. 그런데 한국, 중국이 알아서 일본처럼 무너져 내려가 주고 있습니다. 그리고 유럽도 독일 등 일부 국가를 제외하고는 허우적거리고 있습니다. 여기에는 위에서 말한 경제의 다단계 구조, 그러니까 막대한 사회보장기금 구조 및 인구의 노령화 구조가 자리하고 있기 때문입니다.

결론적으로 미국, 유럽, 동아시아의 3강 구도에서 미국의 퇴조가 기본 프레임이 되어야 하는데, 한국, 중국 등 동아시아의 부동산 올인 국가 그리고 아일랜드, 그리스, 이탈리아 등 유럽의 채무 과다 국가들이 미국을 살려주고 있습니다. 1달을 굶어 사냥도 못하고 죽어갈 사자 앞에 사슴이 스스로 드러누워 네 발을 위로 쳐든 채 흔들어 대고 있다고나 할까요. 그러니 배불리 먹어주고 원기회복할 일밖에는 더 있겠습니까.

이상에서 알 수 있는 사실은 간단합니다. 끝없는 부채가 과연 가능한가. 불가능합니다. 끝없는 부채를 일부 국가가 구가하는 것은 가능하지만 모든 국가가 구가할 수는 없으며 결국 어떤 희생을 필요로 하게 됩니다. 지금의 위기 극복도 사실은 위기 극복이 아니라 일부에게 돈을 몰아줘 그걸로 외형적 경제 붕괴를 막고 있는 것뿐입니다. 결국 그 일부를 제외한 나머지가 그 돈을 앞으로 메워나가야 하는데 먹고 죽으려해도 돈 한 푼 없는 하위계층에게 그런 여력이 있을 턱이 없다는 것이 문제입니다.

양극화로 시작된 위기가 더 큰 양극화로 일단 고비를 넘겼습니다. 버블 붕괴로 시작된 위기를 버블을 어느 정도 정리해 내는 것으로 마감하고 다시 출발을 해야 하는데, 부동산 버블, 채권 버블, 주식 버블은 오히려 천정부지로 치솟고 있습니다. 이보다 더 좋을 수 없는 저금리 속의 채권 버블, 위기 속에서 제대로 된 조정을 받지 않고 있는 한국, 중국 등의 부동산 버블, 금융위기 이전 수준을 회복한 주가 등 주식 버블. 뭔가 좀 이상하지 않은가요. 그렇습니다. 하위계층의 체력은 위기 이전에 비해 더욱 약해진 것입니다. 그 대표적 증좌가 바로 세계 각국의 고실업입니다.

결국 위기를 마무리하고 다시 경제가 순항하려면 새로운 버블을 만들어 내야 하는데 만들 버블이 없는 희한한 상황에 처하게 된 것입니다. 버블이 무너지는 것을 막았는데 이제 다시 그 버블을 무너뜨려야 할 차례가 된 것입니다. 그리고 그 버블 재붕괴 시 다시 재건을 담당해 줘야 할 하위계층의 체력은 더욱 약해진 상황입니다.

우스운 건 그 속에서 미국 공화당이 부자 감세를 요구하고 있다는 것입니다. 막대한 재정 지출로 꿀맛을 본 부유층들이 감세까지 해달라고 요구하고 있는 것입니다. 국가 부채는 천정부지로 치솟고, 그 재정 적자를 메워줄 고용은 바닥 수준인데 꿀을 더 달라고 조르고 있는 것입니다. 유럽의 각국 천덕꾸러기들도 '중앙은행의 무제한 양적 완화'에 힘입어 부실을 다시 숨기고 있습니다. 결국 버블이 무너지기 직전 상황으로 전 세계가 다시 들어선 것입니다. 부채와 통화 버블만 천정부지로 키워 놓은 채 말입니다.

이런 상황에서 재정 적자를 추가적으로 늘리는 정책이 무슨 의미가 있을까요. 미국이 1940년대 이후 20~30년간 활황을 구가한 데는 유럽 파괴, 베이비 붐, 금본위제 폐지 후 과도한 화폐 증발 등의 3박자 때문입니다. 그러나 이번에는 파괴할 곳은 없고, 고령화가 진행되어 노년 세대가 급증해 있으며, 더 이상 돈을 찍을 수도 없을 만큼 통화와 재정은 최악입니다. 결국 남은 것은 레벨 다운 정책뿐인 것입니다. 미국이 부채를 회복할 수 없다면 전 세계 주요국을 그렇게 만들어 버리면 되는 것입니다.

한국, 중국이 일본처럼 부동산 붕괴로 무너지고, 유럽이 국가 간 양극화로 정치적 동맹이 무너지고, 그 속에서 미국의 패권이 다시 살아나는 길밖에는 없는 것입니다. 공화당 의원들은 바로 그러한 임무를 수행할 석유, 금융, 군사 패권에 미리 밥과 보약을 먹여두라는 것입니다.

미국 무역 적자 추이(% GDP 대비)

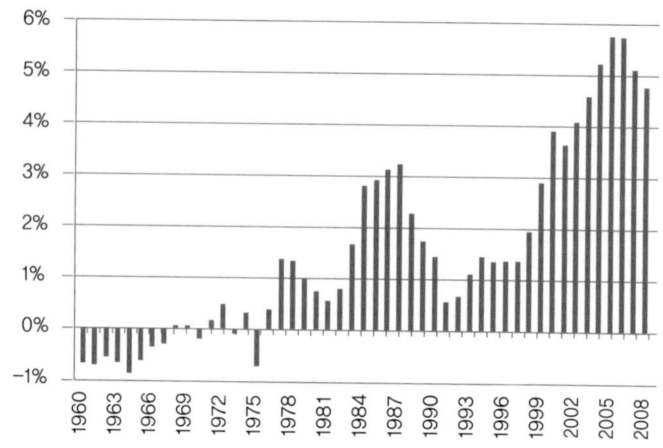

미국의 서민들에게 온기를
전달하기 위해 필요한 것은

반면 폴 크루그먼과 오바마는 서민들에게 온기를 전달해야 한다는 쪽입니다. 그러나 지금 미국 경제는 1940년대 미국처럼 철도와 도로를 건설한다고 살아날 수 있는 상황이 아닙니다. 그것은 심부전 말기 환자가 심폐 기능을 호전시키겠다고 하루에 푸시업을 백 번씩 하는 것과 마찬가지의 무모한 짓입니다. 그런다고 심부전이 낫는 것이 아닙니다. 오히려 바로 심근경색으로 사망합니다.

결국 미국의 살길은 한국, 중국의 붕괴와 유럽연합의 해체입니다. 그리고 그 속에서 금융위기를 조장해 각국에 대한 양털깎기(haircut)를 도모해 내는 것입니다. 그 양이 바로 한국, 중국 그리고 유럽의 고부채 국가들입니다. 이 세 마리만 잘 잡아먹으면 어떻게 살아날 수도 있는 것입니다.

글 초반부에 제가 폴 크루그먼이 미쳐가고 있다고 말한 이유는 그가 말한 길이 미국의 살길이 아니기 때문입니다. 오히려 미국의 살길은 공화당 주장대로일 수 있습니다. 서민들의 밥그릇을 채워 넣는 일보다 금융, 석유, 군사, 농업, 환경 부분 등에 에너지를 쏟는 것입니다. 한편으로는 한국, 중국의 부동산 버블을 더욱 자극한 뒤 무너뜨리고 유럽의 부채 문제를 덮어준 뒤 다시 터뜨려야 합니다. 왜냐하면 미국에게 중요한 것은 패권이며, 미국은 지금 죽느냐 사느냐 하는 기로에 서 있기 때문입니다.

패권의 양분, 다극화라는 것은 없습니다. 패권 프리미엄이란 사라지는 순간 붕괴합니다. 1등 프리미엄이 사라지는 순간 2등이 되는 것이 아니라 끝없는 나락으로 떨어지게 됩니다. 미국 서민들은 복지 정책의 그늘 밑에서 살아온 것이 아니라 미국 패권의 수혜로 살아왔습니다.

따라서 그림자 금융시스템 붕괴의 공백을 메워줄 투입재를 전 세계로부터 도모해 내야 하는 것입니다. 따라서 미국의 정책은 언제고 갑자기 돌변하게 될 수밖에 없는 것입니다. 그 돌변 직전까지 한국이 과연 얼마만한 부동산 버블 제거 및 대안책을 달성해 낼 수 있느냐에 한국 경제의 성패가 달려 있다고 말할 수 있을 것입니다.

끝없는 부채는 가능한가. 가능합니다. 대신 일부만이 가능하고 그 일부는 점점 줄어듭니다. 따라서 결국 국제 분쟁인 전쟁 혹은 국내 분쟁인 폭동으로 연결되게 되어 있습니다. 지금 엄청난 부채와 양극화로 위기를 잠시 봉합해 둔 상황입니다. 그러나 이것은 향후 통계로 실체화되어 나타나게 될 것입니다. 무엇보다 문제는 통화가 부채로 시장에 풀리는 시점부터입니다. 부채를 감당할 수 있는 계층은 결국 부유층이고 결국 이러한 쏠림은 더더욱 양극화를 가속화시킬 것이기 때문입니다.

그렇게 양극화가 가속화되어 전 세계의 불균형이 심화되게 되면 결국 미국의 살길이 열리게 될 수도 있습니다. 미국이 부채 증가에도 살 수 있는 비결은 부자가 '밥 없으면 고기 먹으면 되지' 라는 말을 하는 것과 같은 것입니다. 부자들에게만 가능한 이야기를 전체를 향해 떠들고 있는 것입니다. 폴 크루그먼이 2차 대전 시기를 언급하며 "부채 늘리고 나중에 다시 메우면 되지"라는 소리를 내뱉는 것도 마찬가지입니다. 결국 누구 하나 죽이자는 소리와 마찬가지입니다.

미국이 빚을 안 갚진 않습니다. 또한 빚을 절대로 갚지도 않습니다. 오직 이자만 줍니다. 대신 그것을 위해 빚을 안 갚는 짓만 빼놓고는 전쟁을 포함한 모든 행위를 다합니다. 미국은 가장 민주적인 시스템을 가지고 있으면서도 가장 비민주적인 작태도 자행하며, 결론적으로 그 가장 민주적인 시스템과 그 속에서의 번영은 바로 그 가장 비민주적인 작태 위에서 구가됩니다.

미국이 재정 적자 문제를 어떻게 해소할지는 자명합니다. 어떻게든 전 세계 금융의 극단적인 버블과 변동성을 유발해 내야 해소할 수 있습니다. 그런데 그걸 잘 아는 폴 크루그먼이 재정 적자를 확 늘리자고 주장하고 있습니다. 그것은 경제학적 주장만이 될 수는 없습니다. 미국 패권이 경제학적 논리로만 구가되어 온 것이 아니기 때문입니다.

결국 그러고 보면 크루그먼도 미국 사람이라 할 수 있습니다. 오바마든, 공화당이든, 폴 크루그만이든, 루비니든 결국 업어치나 메치나 미국의 살길은 오직 하나라고 말하고 있는 것입니다. 미국이 무엇인가를 도모해 내야 하고 지금 그 무엇인가를 도모해 내기 위해 무언가를 진행 중이라는 이야기입니다. 사기꾼이 오랜 기간 호의를 베풀 때는 고심참담이 배여 있을 것입니다.

　미국이 할 수 있는 최선은 간단합니다. 미국은 소비를 줄여 새로운 버블을 만들어 낼 체력을 비축하고 여타 국가들은 버블을 더욱 키우도록 유도해 상대적인 체력을 떨어뜨리는 것입니다. 그렇게 되면 중국은 암묵적 부채를 키우고 임금 인상, 저축 증가를 통해 경상 흑자 규모, 성장률 규모를 유지하려 들 것입니다. 자연 부동산 버블은 천정부지로 치솟을 수밖에 없습니다.

　그 과정을 통해 도모되는 경제 성장 그리고 부채 대 국내총생산 비율의 안정 유지는 실은 매우 불건전한 것입니다. 그러한 불건전한 저축의 증가, 불건전한 부채의 증가 그리고 불건전한 버블의 증가가 결국엔 미국의 위상 추락을 다시 건져 올리게 할 수도 있을 것입니다.

　전 세계에 걷잡을 수 없이 늘어난 통화는 결국 또다시 부채, 버블 그리고 양극화를 유발할 수밖에는 없습니다. 금융시장에서는 이것이 변동성과 차별화로 나타나게 될 것입니다. 돈이 많아질수록 양극화가 심해지고 부익부 빈익빈이 심해질 수밖에 없다는 것을 알아야 합니다. 그것에 대비하는 가장 좋은 방법은 버블의 불건전성을 적절하게 통제할 수 있는 조세 장치의 구축입니다. 그리고 그 대표적인 것이 바로 보유세입니다. 그러나 한국은 이미 늦었습니다.

　중국은 3천 달러 수준에서 경제가 길을 잃어버렸습니다. 미국이 한계에 도달했기 때문입니다. 7살짜리 아이에게는 아직 엄마가 필요한데 홀로서기를 해야 할 상황에 처한 것입니다. 따라서 결국 탈선할 수밖에는 없습니다. 미국은 탈선과 그 속에서 벌어지는 비극 속에서 활로를 도모하려 들 것입니다. 끝없는 부채가 가능하다는 폴 크루그먼의 주장은 바로 그러한 외면하고 싶은 불행한 진실 위에서 가능한 것입니다.

2. 극단의 경제학

오늘날의 세계 경제는 한마디로 극단의 경제라고 명명할 수 있을 것 같습니다.

제가 앞서 "이명박 정부가 환율을 1,100원 수준에서 고정시키고 있는 이유를 이야기할 수 있어야 합니다. 그것은 기본적으로 공동화이론(hollowing out theory)의 추종입니다"라고 언급한 적이 있습니다.

고환율로 가고 싶은데 '안정적으로 고환율로 가는 것'이 불가능합니다. 왜냐하면 계속 찔끔찔끔 환율을 올린다는 것은 현실적으로 불가능에 가깝기도 하거니와, 그 자체가 위기를 불러올 수 있기 때문입니다. 차라리 극단적으로 쳐올려버리면 더 이상 올라갈 데가 없어서 내려오게 됩니다. 그럼 그때 내려오는 템포만 조정해 주면 되는 것입니다.

중국 또한 마찬가지입니다. 환율을 극단적으로 고정하면 그 자체로는 좋습니다. 그러나 타의에 의해 변동하여야 할 시기가 오면 극단적인 변동만이 가능해집니다. 왜냐하면 극단적으로 고정하기 위해서는 너무 많은 출혈이 수반되는데 이것을 지키지 못하고 변동이 일어날 때에는 결국 그동안 치르지 않은 대가를 여력이 상실된 상태에서 치러 내야 하기 때문입니다.

환율이 급격하게 절상되면 중국은 망한다는 이야기가 우연히 나오는 것이 아닙니다. 그 위기가 현실화되고 있습니다. 미국이 한꺼번에 본원통화를 극단적으로 늘려버린 것입니다. 그럼 무슨 일이 벌어질까요. 달러는 절하되고 위안화는 절상될 수밖에 없습니다. 이미 강제적 위안화 절상은 이루어진 것이나 마찬가지입니다. 다만 가치로 가격이 수렴되는 데 시간이 필요할 뿐입니다.

그러자 중국이 다급해졌죠. 중국 또한 미친 듯이 통화를 찍어내고 있습니다. 지금 중국은 대외적으로는 소폭 절상, 대내적으로는 대폭 절하를 하는 모순된 행동을 취하고 있습니다.

도대체 이게 무슨 의미가 있죠? 기축통화국이라 예외적으로 국제수지 적자를 누적시킬 수 있는 미국과 국민 알기를 우습게 알기에 예외적으로 혹독한 인플레이션 정책 구사가 가능한 중국이 만나 속된 말로 난장판을 벌여온 것입니다. 그 결과가 작금의 국제 유동성 범람과 글로벌 경제위기입니다. 과연 누구의 잘못이 더 큰 것입니까.

통상 범죄를 논할 때 범인을 가리는 방법은 간단합니다. 이익을 볼 사람 그리고 본 사람을 가려내면 됩니다. 저 치킨 게임에서 이득을 본 자가 누구입니까. 바로 중국의 한줌 기득권 그리고 미국의 금융자본입니다. 반면 죽어나간 것은 중국의 서민들 그리고 미국 포함 전 세계의 중산층과 서민들입니다.

그럼 어떻게 해야 할까요. 둘 다 책임져야 합니다. 중국은 위안화 대폭 절상을 하고 미국은 금리 인상으로 긴축을 하면 됩니다. 그럼 무슨 일이 벌어질까요. 중국 경제의 파탄이 벌어질 수밖에는 없습니다. 그렇게 되면 위에서 말한 달러 대량 발행에 따른 위안화 절상이 일어나는 것이 아니라, 그 반대로 중국이 주저앉고 미국의 위상이 살아나는 제2의 프라자 합의 같은 일이 벌어지게 되는 것입니다.

미국은 이미 양 갈래로 그물을 쳐놨습니다. 긴축으로 중국에서 자본이탈을 일으켜도 중국의 버블을 붕괴시켜 금융위기를 유발시킬 수 있고, 중국을 압박해 절상을 유도해도 마찬가지로 금융위기를 유발시킬 수 있습니다.

중국을 압박한다는 것은 금융 팽창 정책을 지속한다는 것입니다. 한 나라의 재정 팽창 정책은 윈윈이 되지만 금융 팽창 정책의 지속은 너 죽고 나 살기가 되기 때문입니다. 그래서 지금 세계 각국이 '너 재정 정책해라. 난 금융 정책할게' 라면서 머리끄덩이 잡고 싸우고 있는 것입니다. 실제로는 그럴듯한 재정 정책은 제대로 못쓰고 돈만 찍어대고 있으면서 말입니다.

그럼 이 짓을 끝까지 하면 누가 이길까요. 당연히 서열의 역순으로 전사하게 됩니다. 그리고 주위로 파편이 튀어 엉뚱한 전사자가 속출하게 됩니다. 미국보다 중국이 먼저 죽고 일본, 유럽도 가만히 보고 있을 수만은 없는 난장판이 벌어진다는 소리입니다. 그래서 최근 환율 전쟁이니 뭐니 하면서 난리가 나고 있는 것입니다.

한편의 코미디를 보는 듯한
각국의 경제 현상

그런 극단의 경제 구사의 대표 주자가 바로 한국, 중국 그리고 미국입니다. 그중에서도 한국, 중국이 가장 악질적으로 환율을 조작하고, 인플레이션 정책으로 서민들의 피를 빨아먹는 국가라고 할 수 있습니다. 정말 도긴개긴의 정권들인 것입니다.

이 와중에 재밌는 것은 미국과 일본의 행보입니다. 이미 일본의 자산을 담보로 하여 국채를 대량 발행한 일본이 그 빚이 한계에 이르자 다시 그 자산들 중 우량 자산만을 따로 떼어 담보로 설정하는, 그런 수익증권을 발행하려는 계획을 발표했다가 국제 사회의 비웃음을 산 적이 있습니다. 그런데 미국의 경우는 조금 더 웃깁니다. 달러를 주고 상품과 서비스를 과소비합니다. 그럼 그 달러를 받아간 중국은 애써 번 그 달러를 미국의 국채 종이쪼가리를 받고 도로 돌려줍니다. 그러다가 궁핍해지면 그 종이쪼가리를 담보로 돈을 빌려 씁니다.

미국 입장에서는 물건 사면서 달러를 주고, 그 달러를 종이 주고 되찾아온 뒤, 그 종이를 담보로 받고 다시 달러를 빌려 주는 것입니다. 과소비, 공짜 회수, 대출, 그러면서 그 와중에 화폐 버블을 유발해 부채의 가치를 계속 떨어뜨리는 부채 축소까지.

과소비, 공짜 회수, 대출 재미, 부채 축소의 미국. 담보 대출, 재담보 대출의 일본. 끝없는 고정 환율로 극단적으로 유동성을 부풀리려 달려드는 중국. 일본, 싱가포르의 환율이 3배 절상되는 동안 자국의 화폐 가치를 1/5 토막 내고도 화폐 가치가 너무 높다고 징징거리는 한국.

이 코미디 같은 쇼를 하면서 서로 잘났다고 진흙탕 싸움을 벌이고 있습니다. 이게 경제 전쟁인가요? 아닙니다. 그냥 3류 코미디 쇼에 불과할 따름입니다. 그리고 그 와중에 죽어나가는 것은 각국의 서민들 뿐인 것입니다.

이것의 해결책은 사실 간단합니다. 한국과 중국이 민주주의 하고 조세·복지 선진화 해 내수를 강화하면 미국이 무슨 짓을 하건 이렇게까지 끌려 다닐 이유가 없습니다. 그러나 그러기 싫죠. 그래서 방법은 수출뿐이고 그러자니 지겹도록 환율 가지고 쌈질하는 수밖에는 없습니다. 그리고 그 대가는 바로 '본격적 금융위기 도래' 입니다.

중국의 부동산 버블은 반드시 무너집니다. 그럼 경제위기가 오겠죠. 그렇게 되면 한국의 부동산 버블도 무너지고, 중국 경제 의존도에서 또 한 번 충격이 오게 될 것입니다. 결론적으로 미국이 살아날 수밖에 없는 이유입니다.

미국이 유일하게 두려워하는 것은 한국, 중국이 똑똑해져서 노무현 같은 훌륭한 지도자를 다시 선출해 조세·복지 선진화로 나아가는 것입니다. 그럼 수출 의존도가 줄고, 미국 의존도가 줄고, 국제 자본 의존도가 줄어 미국의 위상이 줄어들 수밖에는 없기 때문입니다. 그러나 당분간 그럴 가능성은 적을 듯합니다. 차기 대선 후보 1위가 확고하게 박근혜이기 때문입니다.

박근혜는 어떠한 경우에도 이명박의 season2일 뿐입니다. 요새 이한구가 이명박을 거세게 비판하고 있습니다. 그 자는 박근혜가 대통령이 되면 기획재정부 장관을 맡을 가능성이 높은 사람입니다. 따라서 최근

투덜대고 있는 이유는 동치미 국물 먼저 마셔가며 차별화 전략을 구사하기 위함입니다.

미국이 이래서 'Everyday 해 뜰 날'인 것입니다. 미국을 욕하는 국가들은 많은데 하나같이 미국보다 더 못난 국가들 뿐이기 때문입니다. 건달이 담배를 배우면 몸 생각하며 조금씩 피지만 모범생이 담배를 배우면 골초가 된다는 말이 있습니다. 미국의 퇴폐한 자본주의와 불공정한 시장경제를 욕하는 한국과 중국이 더 극단적인 부정한 모습을 보이고 있는 것은 결코 우연이 아닙니다. 5%가 60%의 부를 가진 미국을 손가락질하는 한국은 5%가 65%의 부를, 중국은 0.4%가 70%의 부를 독식하고 있습니다. 지도층의 모럴헤저드 측면에서는 비교할 수조차 없습니다. 그런 나라의 적반하장이야말로 아이러니라 말하지 않을 수 없는 것입니다. 이명박 정권 같은 문명 역주행적인 정권의 전 세계적 출몰, 토건 경제, 부정부패, 빈부 격차의 횡행, 그것의 정리와 출발은 바로 한국과 중국의 경제구조 재정립에서부터 시작되어야 하는 것이 옳을 듯합니다.

극단을 정리해야 안정이 찾아옵니다. 수구를 정리해야 보수가 확립되고 그 위에서 진보의 구가가 가능해집니다. 민주주의 구현 없이 결코 경제가 좋아질 수 없다는 뜻입니다. '기득권은 천국, 국민은 지옥', '중국 한줌 기득권과 미국 한줌 금융자본은 천국, 전 세계 서민은 지옥', 이 불행한 현실을 바로잡을 수 있는 유일의 길은 오직 민주주의뿐입니다.

2007년 세계적 금융위기 이후 최근 3년간 부자는 늘고 중산층은 줄었습니다. 그런데도 부자의 세 부담은 줄고 서민의 세 부담은 늘었습니다. 적하효과는커녕 빨대 착취이고, 그렇게 살아난 재벌은 다시 의료 민영화 등으로 마지막 비수를 꽂을 궁리에 혈안입니다. 이런 지옥 같은 나라를 바로 잡을 수 있는 유일의 길은 바로 민주주의 구현뿐이라는 이야기입니다.

3. Bernanke's conundrum

폭풍 전야로 진입한 금융시장
- 금리를 내려도 금리가 오르는 역설은 무엇을 의미하는가

> 버냉키 미 연방준비제도이사회(FRB) 의장은 상원 예산위원회에서 "2011년 미국 경제 회복의 속도는 전년보다 완만하게 가속화하고 있는 것으로 보인다"고 말했습니다. 단지, 고용 개선에 있어서는 역부족이라는 인식을 드러냈습니다. 디플레이션에 빠질 위험이 남아 있기도 하다고 언급했습니다.
>
> – 〈일본경제신문〉, 2011. 1. 8.

'금리를 올려도 금리가 내리는 역설'이 생기는 경우가 있습니다. 여기서 금리란 전자는 기준금리, 후자는 시장 금리를 말합니다. 중앙은행이 기준금리를 올려도 은행 금리는 내리게 된다는 것입니다.

통상 금리를 올리면(금리가 인상 기조로 대세 전환되면) 장기 채권의 투자 가치가 떨어지게 되기 때문에, 단기 채권으로 투자가 몰리게 되고 장기 금리가 상승하게 됩니다. 반대로 금리를 내리면 장기 채권의 투자 가치가 올라가면서 단기 채권으로 몰렸던 투자가 장기 채권으로 이동하면서 장기 금리도 하락하게 됩니다.

그간 정부가 화폐를 증발(증가 발행)하고 이자율을 낮춰서 인위적으로 시장 금리 하락을 유도한 이유는 바로 장기 금리를 낮춰서 투자를 유도하도록 하기 위함이었습니다. 그럼 고용이 늘고 저축이 늘어, 은행의 수신이 늘어나게 됩니다. 이때 정부는 시중의 유동성을 회수할 수 있습니다. 물가 상승을 막아내기 위해서 말이죠.

잠깐 정리하고 넘어가죠.

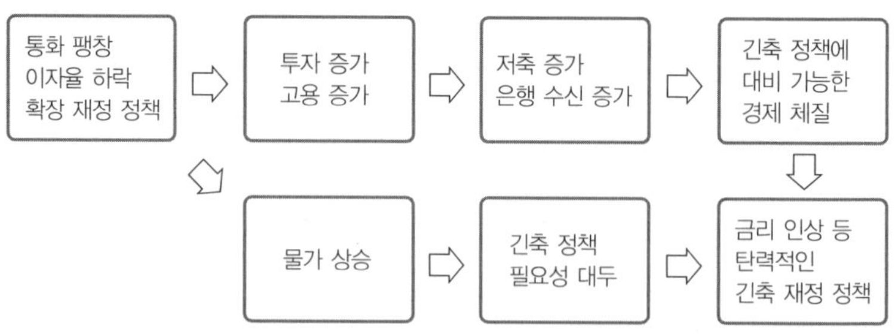

즉, 통화와 재정 정책을 쓰게 되면 고용이 증가하고 물가가 상승하게 됩니다. 그럼 정부가 긴축을 해서 물가 급등을 잡아내게 되는데, 이때의 충격을 민간은 고용과 저축 누적 그리고 수신 증가로 이겨내야 하는 것입니다. 그런데 지금은 어떻죠? 고용 없는 경기 회복(jobless recovery)이 일어나고 있습니다. 그래서 서민들이 죽어나고 있는 것이죠. 고실업, 고물가가 불어 닥치고 있기 때문입니다. 이걸 경제학 용어로 스태그플레이션(stagflation)이라고 하며 최악의 경제 정책 실패 중 하나입니다.

금리를 올려도 금리가 내리는 역설은 바로 여기서 출발하는 것입니다. 금리를 내리면 기업들이 투자를 해야 합니다. 그런데 안 합니다. 왜 안 할까요. 기업들이 투자를 하기 위해서는 '저금리가 어느 기간 정도는 지속 가능하다'라는 확신이 있어야 합니다. 만약 투자를 했는데 저금리가 일시적인 것이었고 단기간에 고금리로 갈 수밖에 없다면 투자 실패가 일어나게 되기 때문입니다. 긴 투자로 재화와 서비스를 만들어 내 봐야 실물 경기가 둔화하게 되면 그것을 과연 누가 사 줄 것입니까. 그리고 대출은 뭘로 갚을 것입니까. 따라서 기업의 투자 거부는 얄미운 것이 아니라 생존 본능에 따른 당연한 것입니다.

여기에 더해서 미국, 유럽 등이 극단적인 저금리로 가면서 국제금융이 신흥국으로 물밀듯이 밀어닥쳤습니다. 따라서 기업 투자의 부재 속에서도 채권시장이 호황을 누리고 증시도 급등했습니다. 시중의 넘치는 유동성은 경기 둔화 속에서 별다른 문제를 일으키지 않고 있었습니다. 따라서 중앙은행 입장에서는 금리를 올려도 금리가 내리는 역설에 직면할 수밖에 없었던 것입니다. 그래서 김중수가 금리를 동결하고 올리지 않았던 것입니다. 아니, 못했던 것이죠. Why? 올려 봐야 소용없으니까.

그러나 이제 서서히 생필품 등으로 몰려가 물가 상승이란 부작용을 일으키고 있는데 이번에는 정반대의 현상이 일어나고 있습니다. 그간 '금리를 올려도 금리가 내리는 역설' 때문에 금리를 동결했었다면, 이번에는 '금리를 내려도 금리가 올라갈 수밖에 없는 역설'이 발생하고 있는 것입니다. 그래서 며칠 전 금통위에서 금리를 올린 것입니다. 기준금리가 실세 금리를 좌우할 수는 없고, 따라서 가용성을 확보하고 있다는 인식은 심어 주어야 하는데 그렇다면 기준금리가 시장 금리의 꽁무니를 따라다닐 수밖에는 없는 것입니다. 아래 미국의 10년물 국채 금리 추이를 보시죠.

오른쪽의 도표는 미국 10년 국채물의 수익률 동향을 가리킵니다. 2010년 8월을 저점으로 장기 금리가 상승하기 시작했습니다. 이것은 금리를 올려 봐야 금리가 내려갈 수밖에 없는 상황에서 이제는 거꾸로 금리를 내리고 싶어도 금리가 올라갈 수밖에 없는 상황에 처했음을 말해 줍니다. 가장 큰 이유는 적자 재정을 만회하기 위한 국채 발행을 시장이 더 이상 못 받아 내고 있기 때문입니다.

미국의 10년 국채 수익률 동향	
2008년	2.22
2009년	3.84
2010년	3.28
2010년 1월	3.59
2월	3.61
3월	3.83
4월	3.65
5월	3.30
6월	2.93
7월	2.90
8월	2.47
9월	2.51
10월	2.60
11월	2.79
12월	3.28

출처 : 일본 상무성

Why? 미 FRB가 실세 금리를 낮추려면 은행이 소유하고 있는 재무부 증권을 매입해야 합니다. 그리고 현금을 지급해 줍니다. 은행은 이 돈으로 대출을 해서 신용화폐를 창출합니다. 그러나 통화승수를 늘리기 위해선 담보물의 가치가 올라줘야 합니다. 담보물의 가치가 오르기 위해선 민간의 가처분소득이 증가해야 합니다.

가처분소득(disposable income)이란 소득에 이전 지출(복지)을 더한 후 조세를 뺀 금액을 말합니다. 이걸 늘리는 방법은 고용 증가, 임금 상승, 복지 증가, 감세 등입니다. 그런데 그간 주요국들이 감세밖에는 하질 않아 왔죠. 그 덕에 경기 하락은 방어했는지 모르지만 고용이 줄고, 고용이 주는 마당에 임금이 오를 턱은 없을 것이고, 감세를 했으니 복지 역시 줄었을 테니까 이제 한계에 다다른 것입니다.

따라서 민간의 가처분소득이 줄어드니, 부동산 버블을 더 이상 떠받치기 힘들고, 부동산 가격이 오르지 않으니 은행은 담보를 잡은 후 대출하는 것이 힘들어지고, 대출을 안 하니 통화승수가 늘어나질 않고, 그러니 은행들이 더 이상 현금을 조달할 필요성을 느끼지 못하고, 따라서 은행들이 FRB의 통화 정책을 더 이상 받아내지 못하고 있는 것입니다.

문제는 이렇듯 장기 금리가 상승하게 되면 모기지 금리도 상승하게 된다는 것입니다. 주택시장의 리스크가 증가하게 되는 것이죠. 미국의 경우 특히 상업용 부동산시장의 부실이 문제인데 주택용 부동산시장은 어느 정도 조정을 받았지만 (물론 아직도 바닥이 아닙니다) 상업용 부동산시장의 부실 문제는 이제 막 폭발 직전인 상황입니다. 여기서만 미국이 감당해야 할 새로운 부실액이 2조 달러에 달할 것으로 예측되고 있습니다. 문제는 상업용 부동산시장의 대폭발을 막으려면 임대료가 상승하면서 공실률이 떨어져야 하는데 경제는 성장하고 있지만 고용이 없는 상황에서 그것은 언감생심이라는 것이 문제입니다. 즉, 고용이 안 되는데 무슨 상업용 부동산의 호황을 바라느냐는 것이죠.

미국과 중국이 미국채를
잘 관리하기 위해서는

여기서 우리는 다시 conundrum 이야기를 할 수밖에 없습니다. 2008
년 미국 서브프라임발 위기의 근원은 2004년경으로 올라갑니다.

당시 호황이던 미국은 기준금리를 올려 긴축으로 전환하려 했습니다.
그럼 장기 채권의 투자 가치가 떨어지면서 장기 금리가 올라가게 됩니
다. 그런데 중국이 미 장기채에 대한 대규모 투자를 단행하면서 장기 금
리를 찍어 누릅니다. 정신나간 짓이죠. 주식으로 따지자면 가격이 계속
폭락하는데도 오히려 매수 규모를 늘린 것입니다.

이유는 미국의 인플레이션 정책을 유지시키기 위함이었습니다. 전 세
계적인 긴축 구조가 휘몰아치게 되면 중국의 버블이 무너질 게 확실하자
막대한 채권 투자 손실을 감당하고 미국에 돈을 쏟아 부은 것입니다. 이
것은 중국 입장에서는 작게 보면 손실이었으나, 크게 보면 버블 붕괴로
발생할 수조 달러의 피해를 막아낸 이익이었죠. 반대로 미국 입장에서는
작게 보면 호황이 한동안 더 간 것이나, 크게 보면 더 큰 버블 붕괴로 오
늘날 수조 달러의 피해가 발생하게 된 손해였던 것입니다.

문제는 다시 지금입니다. 중국이 손실을 감수하고 미국의 장기채를
계속 매입할까요? 시장의 예상은 '아니다' 입니다. Why? 계속 말려 들
어갔다간 채권 투자 손실 정도가 아니라 휴지조각이 되게 생겼기 때문
입니다.

미국의 장기 채권 발행이 성공하기 위해서는 네 가지가 뒷받침되어야
만 합니다. 첫째 채권 발행의 주체인 미국 정부의 공공 부채가 건전하고
공공 소득, 즉 조세 수입이 유지되어야 합니다. 그러나 공공 부채는 한계
에 도달했고, 지방정부들은 파산 직전이며 조세 수입 증가는커녕 계속되
는 고용 감소와 감세 요구에 피가 마를 지경입니다. 경기가 살아나지 않

고 있기 때문입니다.

둘째, 위에서 말한 대로 미국 은행들이 FRB로부터 화폐를 공급 받아 신용화폐 창조를 할 수 있어야 합니다. 그러나 대출이 늘기 위해선 부동산이 올라줘야 하고 민간의 가처분소득이 올라줘야 하는데, 주택 가격은 하락세 지속에 상업용 부동산 가격은 대폭락의 초입에 들어서고 있는 상황이며, 가처분소득은 고용 감소로 어려운 상황에 직면해 있습니다.

셋째, FRB가 미 재무부 증권을 매입하는 대신 현금을 지급하면 은행이 받아내 수익을 발생시킬 수 있어야 하는데, 그러려면 기업 투자가 늘고, 고용이 늘고, 민간의 가처분소득이 늘고, 부동산시장 등의 담보물 가치도 올라줘야 하는데, 역시 두 번째 이유대로 불가능합니다.

그래서 중국도 미국 채권에 대한 투자 지속이 어려운 것입니다. 그럼 어떤 일이 벌어질까요. 미국의 금리가 올라갈 수밖에는 없습니다. 미 FRB가 기준금리를 올려서 실세 금리가 올라가는 것이 아니라 그냥 시장

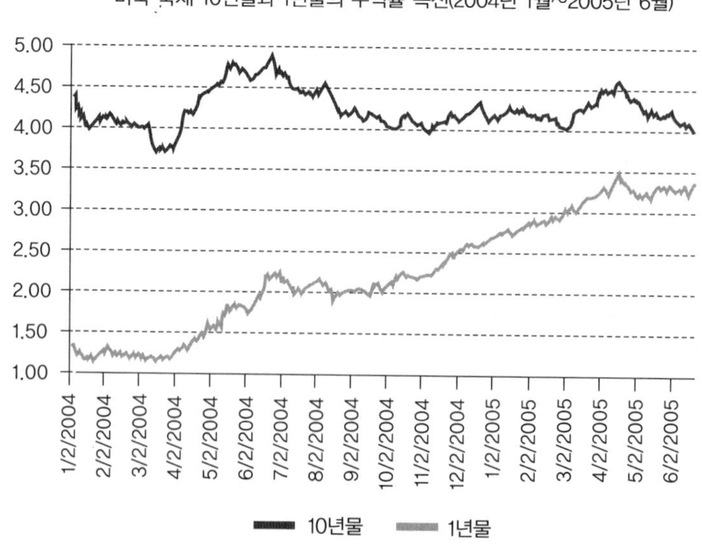

미국 국채 10년물과 1년물의 수익률 곡선(2004년 1월~2005년 6월)

금리가 저절로 올라가는 것입니다. 기준금리를 올리려면 재무부 증권을 매각해야 하는데 시장이 받아내지 못하기 때문에 통화 정책의 가용성이 떨어지고 있는 것이죠.

그런 상황에서 물가까지 오르고 있습니다. 고실업 속의 고물가 도래인 것이죠. 그럼 해법은 전혀 없는 것일까요. 폴 크루그먼, 조셉 스티글리츠 같은 미국 경제학자들은 극단적인 재정 정책을 실시하라고 주장하고 있습니다.

폴 크루그먼은 미국이 70년 전 루스벨트 행정부가 2차 대전 준비를 위해 국내총생산의 2배에 이르는 재정 지출을 일으켰음을 상기하라고 주장합니다. 지금으로 따지자면 무려 30조 달러의 규모입니다. 이런 식의 특단의 마인드가 아니라면 즉, 비정통적(unorthodox) 방식의 정책 동원이 아니라면 미국은 결코 수렁에서 벗어날 수 없다는 것입니다.

이게 무슨 소리냐 하면 모 아니면 도식의 극단적인 방법이라도 주저하지 말고 동원해 대마불사의 방법으로 회생하라는 주문입니다. 처음부터 재정 정책을 충분히 사용한 후 통화 정책으로 갔어야 했는데, 재정 정책을 과감하게 사용하지 못한 채 통화 정책으로 나아가 유동성은 넘쳐나지만 그것을 뒷받침해 줄 펀더멘털 제고가 이루어지지 못했다는 것입니다.

조셉 스티글리츠 역시도 통화 정책뿐만 아니라 재정 정책 역시 충분히 쓰라고 주문하고 있습니다. 원래 재정 정책은 한계가 있습니다. 반면 통화 정책은 무한합니다. 그러나 무한한 통화 정책은 결국 하이퍼인플레이션을 불러옵니다. 그런데 지금 미국을 보면 재정 정책을 한계까지 쓰지 않고 있습니다. 따라서 통화 정책 사용만으론 투자 유도가 역부족이고 그래서 고용 불안, 이로 인한 세수 불안, 다시 이로 인한 재정 불안의 악순환 카테고리에서 헤어 나오지 못하고 있습니다. 결국 조셉 스티글리츠도 폴 크루그먼과 같은 주장을 하고 있는 것입니다.

'세계 유일의 국가'에서
'가장 먼저 겪은 국가'가 된 일본

재미있는 것은 일본의 반응입니다. 일례로 오마에 겐이치 비즈니스 브레이크스루 대학 학장은 미국이 일본의 전철에 빠져 들어가고 있다고 단언하고 있습니다.

미국의 고용은 절대 살아날 수 없으며, 미국이 소생할 마술도 절대 없다는 것입니다. 이미 미국은 잃어버린 10년의 늪에 빠졌다는 것이죠. 대공황(great depression)에 빠지지 않기 위해 강력한 인플레이션 정책을 구사했는데, 이는 결국 대공황보다 한 단계 아래인 스태그디플레이션(stag deflation)에 불과하다는 것입니다. 일본이 빠져 허우적거렸던 바로 그 초장기 디플레이션의 도래 말입니다.

만약 여기서 통화 정책만을 계속 쓰게 되면 하이퍼인플레이션(hyper inflation)으로 갈 것이고, 재정 정책을 추가로 사용하게 되어도 스태그디플레이션에 빠질 것이라는 것입니다.

대공황	—	스태그플레이션 일본식 잃어버린 10년	—	스태그플레이션	—	하이퍼인플레이션

이 네가지 중에서 대공황을 피하려고 짐바브웨처럼 달러와 미 국채가 휴지조각화될 위험이 있는 강력한 인플레이션 유발 정책을 쓰고 있는데, 그 대가는 대공황을 모면하는 대신, '스태그디플레이션 + 스태그플레이션'의 복합 고통이라는 것입니다.

'인플레이션이냐', '디플레이션이냐'라는 전통적인 논쟁이 필요 없는 위기인 것입니다. 왜냐하면 양쪽의 고약한 위기 양태는 모두 겹치고 있기 때문입니다. 그간 부동산은 오르고 물가는 안정되었다면, 부동산은 내리고 물가는 오르는 것입니다. 그럼 고용은 어떤가요. 그 고용도 외형적으로는 대공황 때처럼 25% 수준이 아닌 10% 수준인 것처럼 보이나 비정규직, 자발적 실업자, 실업률 통계 조작, 빈부 격차 전가의 고통을 합치면 사실상 대공황 수준이라는 것입니다.

그러니 일본이 쓸쓸해 할 수밖에는 없는 것입니다. 과거 일본이 1990년대를 전후해 주요국 중 초유의 부동산 버블 붕괴로 인한 장기 디플레이션 국면에 빠졌을 때 미국을 비롯한 선진국들은 너무나 통쾌해 했습니다. 이자율을 0%까지 낮추고 더 이상 동원할 통화 정책이 없자 토목 재정 지출을 무려 1.5조 달러나 퍼부었던 일본의 처지가 너무나 고소했기 때문입니다.

이 1.5조 달러가 얼마나 엄청난 금액인가. 당시 한국의 수도권 단독주택 30평 가격이 2,500만 원 정도했습니다. 이런 주택 6천만 채를 지을 수 있는 금액입니다. 지금 한국의 수도권 30평 아파트 평균가격을 6억으로 하여 따지면 36조 달러에 달하는 금액을 퍼부은 것입니다. 그 결과 일본의 모든 강과 하천이 콘크리트로 뒤덮였고 해안선의 2/3가량도 콘크리트로 덮여졌습니다.

일본이 이렇듯 처참한 상황에 놓여 있을 때 미국, 유럽 등의 경제학자들은 과연 저게 뭐하는 짓거리냐며 비웃었습니다. 그런데 이제 전세가 역전되었습니다. 일본이 주요국 중 유일하게 '잃어버린 10년'을 맞이한 것이 아니라 미국, 한국, 중국 등이 줄줄이 그 대열에 서게 되었기 때문입니다. 따라서 일본은 가장 먼저 그 대가를 치른 것이 되었습니다. '유일한'이 '가장 먼저'로 바뀐 것입니다.

조셉 스티글리츠가 버냉키의 2011년 새해 의회 연설을 두고 FRB가 마치 미국 경제를 말아먹으려고 작정한 것 같다는 독설을 퍼부은 이유가 바로 그것입니다. 폴 크루그먼을 비롯한 미국 경제학자들 상당수가 분노하고 있습니다. 이제 비웃던 처지에서 비웃음을 당하는 처지로 입지가 뒤바뀌었기 때문입니다.

그러나 이들이 주장하는 과감한 재정 정책, 이를테면 당시 미국 경제의 2/3 수준이었던 일본이 무려 1.5조 달러의 재정 정책을 사용했으니 미국도 최소 3~5조 달러의 재정 정책은 써야 한다는 주장은 말처럼 그리 쉬운 것이 아닙니다.

일본은 확장적 재정 정책으로 인해 공공 부채가 6배 이상 수준으로 치솟아 GDP의 2배에 달하는 지경이 되었지만, 민간 저축이 GDP의 4배에 달하는 수준이라 별 무리 없이 재정을 조달할 수 있었습니다. 그러나 현재의 미국은 공공 부채와 민간 저축 수준이 그때의 일본 수준에 못 미칩니다. 결국 부채, 그것도 해외 의존 차입을 일으켜야 하는데, 현재로서도 그 신뢰도가 갈수록 의심받고 있는 상황에서 상당히 어려운 일입니다.

미국 경제팀의 처량한 처지

결국 미국은 새로운 conundrum을 만들어 내야 하는 처량한 처지에 놓이게 되었습니다. 예전의 그것이 Greenspan' s conundrum이었다면 이제는 Bernanke' s conundrum이 필요하게 된 것입니다.

이와 관련해 일본의 한 컨설턴트는 버냉키의 연막전술이 아니겠냐는 지적을 하고 있습니다. 과거 그린스펀은 총생산 갭의 관찰과 관련해 1998~1999년과 2003~2004년경에 명백한 인플레이션 갭을 관찰해 내고도 강력한 긴축 정책을 밀어붙이지 않고 저금리를 방치해 거품 화근을 키워낸 바 있습니다. 오바마의 경제 정책을 조언하고 있는 버냉키도 상식적으로 금융 위험을 파악하고 있지만 오로지 경제가 서서히 살아나고 있다는 정치적 제스처만을 취하고 있습니다. 그것은 1차적으로는 오바마의 연임을 염두에 둔 것일 수 있고, 2차적으로는 자신의 치적을 염두에 둔 것일 수 있다는 것이죠.

물론, 궁극적인 예측은 기준금리를 올려도 실질 금리가 내려갈 수밖에 없는 상황에서 저금리 지속을 택했던 일전의 방식에서, 이번에는 기준금리를 내려도 실질 금리가 올라갈 수밖에 없는 상황에서 언젠가 과감한 고금리 정책 선회를 하리라는 것입니다. 상업용 부동산 부실 폭탄을 감춘 채 말이죠. "경기가 살아나고 있다는 이면 하의 고용률 개선에는 4~5년의 기간이 필요할 것"이라는 언급 추가는 바로 그러한 복합 목표들을 염두에 둔 포커페이스라는 것입니다. 의회 위증을 피하면서, 오바마의 정치적 체면과 자신의 입지를 세우고, 한편으로는 전 세계를 상대로 한 또 한 번의 도박을 시작했다는 것이죠. 추악한 것은 다소 무모해 보이는 그러한 도박의 성공 가능성을 높여주는 현실적 바탕에는 각국 위정자들의 치적 욕도 함께 자리하고 있다는 것입니다. FRB의 노림수를 알면서도 각국의 주류 기득권들이 동참할 가능성이 크다는 것입니다.

결론적으로 금융시장 상황은 갈수록 어려워져가고 있습니다. 여러분 중 일부는 누군가에게는 명백한 해법이 존재할 것이라 믿고 싶을 것입니다. 그러나 현재 어느 경제학자, 어느 중앙은행 총재, 어느 경제 당국 책임자, 어느 정치인에게도 그런 것은 존재하지 않습니다. 다만 서로 속고 속이는 야바위 같은 작태만이 존재할 뿐이며 그 속에서 고통 받는 것은 오직 각국의 힘없는 서민들일 뿐입니다. 그리고 고통 받는 그들에게 어느 날 또다시 갑작스러운 고통의 나날들이 다가올 공산이 커지고 있습니다. 2008년 시작된 세계적 금융위기는 이후 조치된 정책의 후유증과 함께 조만간 다시 본격적으로 재개될 것이기 때문입니다. 그런 위기에 현명하게 대처할 수 있도록 주어졌던 지난 몇 년 간의 행동들에 대한 제대로 된 평가 시점이 다가오고 있습니다. 그때가 되면 위선과 기만이 가득한 또 하나의 conundrum을 우리는 목도하게 될 것입니다.

제 3 장

기괴한 중국 경제

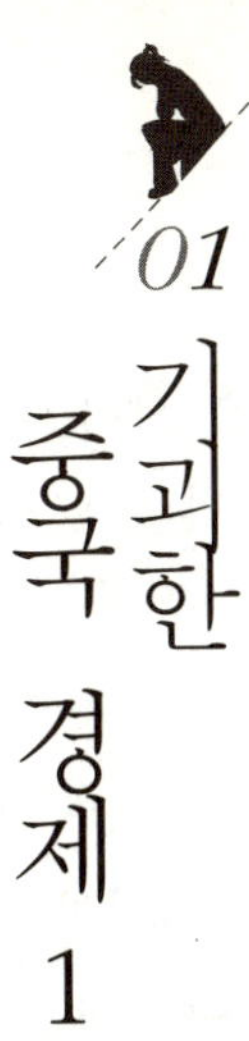

기괴한 중국 경제 1

1. 중국 거시경제 앞에서 중국 공산당이 직면한 몇 가지 암초들

1950~2008년 상품 무역 총액

(단위 : 억불)

순위	1950년			2008년		
	국가 · 지역	무역총액	비중(%)	국가 · 지역	무역총액	비중(%)
	세계 총계	1,260	100	세계 총액	325,420	100
1	미국	199	15.8	미국	34,665	10.7
2	영국	136	10.8	독일	26,714	8.2
3	프랑스	62	4.9	중국	25,615	7.9
4	캐나다	61	4.9	일본	15,443	4.7
5	독일	47	3.7	프랑스	13,164	4.0
6	네덜란드	40	3.2	네덜란드	12,079	3.7
7	벨기에-룩셈부르크	36	2.9	이태리	10,960	3.4
8	구소련	33	2.6	영국	10,899	3.3
28	중국	11	0.9	-		

출처 : WTO

2009년의 중국 경착륙설

2009년부터 언론에서는 중국 붕괴에 대한 시그널이 본격적으로 나오

기 시작했습니다. 경기 침체로 중국에서 대규모 민란이 일어날 것이란
예측이 나오는가 하면, 중국 관련 회사 CEO들 중 일부가 2009년 중국 경
제의 경착륙을 예상했었습니다.

그렇다면 중국 경제의 경착륙은 무엇을 의미하는 걸까요. 그것은 중국
의 경제 붕괴를 의미합니다. 최근 티베트 자치구의 달라이라마가 폭력
저항으로의 방향 전환을 고민하고 대만의 분리주의자들이 통일에 대한
반대를 거두지 않고 있는 이유도 바로 이 점에 대한 우려에서 기인하고
있는 것입니다.

그러나 아이러니하게도 상당한 외국 사람들이 이 점에 대해 의문을 표
하고 있습니다. 경기 침체는 시장경제 하에서 으레 있는 일인데 아무리
사회 안전망이 취약하다 한들 어찌하여 단 한 번의 경제위기로 붕괴를
운운할 수가 있느냐 하는 것입니다. 또한 강력한 공산당 집권 체제와 언
론 통제 그리고 전 세계에 광범위하게 분포한 화교의 존재 등을 들어가
며 중국의 붕괴는 가당치도 않다고 반론하는 이들도 있습니다.

그러나 그것은 중국에 대한 이해가 부족하기 때문에 나오는 주장일 뿐
입니다. 그 구체적인 근거는 다음과 같습니다.

첫째, 중국의 서부 내륙 지역 순환 발전 전략은 실패할 수밖에 없습니
다. 중국 수뇌부의 생각은 동부 지역은 고임금을 받는 기간산업과 첨단
산업 기지로 키우고, 경쟁력을 잃고는 있으나 대규모의 고용을 창출할
능력을 지닌 저임금의 경공업은 점차 서부 쪽으로 순환 이동시키며 중국
전체를 골고루 발전시킨다는 것입니다. 만약 이 전략이 실패하게 되면
중국은 제조업 강국으로의 업그레이드도, 일자리 창출 유지도, 도농 간
빈부 격차의 해결도 불가능해지게 됩니다.

그러나 이 전략은 실패할 수밖에 없습니다. 비슷한 학력의 단순 기능
인력들이 엄청난 임금 차이를 감수하고 서부로 밀려날 이유가 없습니다.
그냥 동부에 눌러 앉아 파업 등을 통해 임금 인상 요구 등을 관철시키면

되기 때문입니다. 이미 중국의 노동자들은 곳곳에서 실력 행사에 나서고 있습니다.

이것이 지속될 경우 서부의 저부가가치 산업과 중소기업을 통해서 동부의 고부가가치 산업과 대기업이 부품을 납품 받아 경쟁력 유지를 지속하고자 하는 중국 정부 전략의 근간 자체가 붕괴됩니다. 아니 이미 붕괴되어 가고 있습니다. 그리고 그것은 어떠한 경우에도 중국 내부에서 값싼 인력, 부품, 원자재 등을 조달해 낼 수 있으리라던 외국 투자자들의 믿음을 흔들고 있습니다.

부정부패 청산과 사회 통합이 난망한 중국의 사회구조

둘째, 중국 정치인, 관료, 기업인의 부정부패가 인류 역사상 최악의 수준으로 치닫고 있다는 점입니다. 절대 권력은 반드시 부패합니다. 이 점을 구구절절이 설명할 필요는 없을 것입니다. 그렇다면 중국 기득권들은 어떨까요? 그들은 근래 200년 세계사를 통틀어 최악의 수구 권력층입니다. 따라서 그 이후는 설명할 필요조차 없을 것입니다.

물론 중국 수뇌부는 아주 영리합니다. 그들은 중국이 따라갈 수 있는 멘토는 한국뿐이란 걸 잘 알고 있습니다. 전 세계에서 제국주의에 기반해 영토 침략과 자원 수탈 등을 하지 않고 후진국에서 선진국으로 부상한 전례가 한국밖에는 없기 때문입니다. 이 점에서 중국은 행운아라고 할 수 있습니다. 이런 한국을 지척에 두고 벤치마킹할 수 있으니까요.

중국은 한국의 성장 과정을 그대로 답습해 비슷한 성과를 이뤄내기는 했습니다. 그러나 문제는 그 다음입니다. 개발도상국이 중진국에 도달했다가 선진국으로 가는 길은 오직 정경유착의 청산과 경제구조 불평등의 시정으로만 가능하기 때문입니다.

한국은 김대중, 노무현을 거치며 이것을 이뤄냈습니다. '정경 유착 ⇨ 부정부패 ⇨ 분식회계 ⇨ 금융·기업 부실'의 메커니즘을 과감하게 도려 낸 것입니다. 이것 역시 최단기간의 기적입니다. 필리핀, 남아공, 아르헨 티나, 페루 등은 여기서 실패하고 후진국으로 전락했습니다.

그럼 중국은 성공할 수 있을까요? 이것이 성공하기 위해서는 중국의 씽크탱크들이 먼저 깨끗해야 합니다. 그걸 바탕으로 중국 수뇌부의 청 명함을 요구해야 합니다. 그러나 중국의 인재들은 되레 혈연, 학연, 지 연으로 얽혀 부패 메커니즘의 핵심부에 턱하니 자리잡는 길을 택한 지 오래되었습니다. 중국은 이런 면에서 한국보다 한술 더 뜬다고 말할 수 있습니다.

그런 그들이 부패를 해소하고 선진국으로 나갈 비전을 제시한다? 지나 가던 소가 웃을 일입니다. 그들은 이런 아이러니를 두고서도 그간 한국 의 사례를 치밀하게 연구해 왔기 때문에 한국이 주춤거렸던 과정을 자신 들은 거치지 않을 거라고 확신하고 있습니다. 그러나 한국이 주춤거린 것은 부패를 청산하는 과정에서 당연히 뒤따를 수밖에는 없었던 고통이 었습니다. 피할 수도, 피해서도 안 되는 길이었던 것입니다. 그런데 그걸 안하고 넘어 가시겠다? 그것은 어떠한 경우에도 불가능한 것이며 결코 있을 수도 없는 일입니다.

셋째, 소수민족과 대만에 의해 중국 분열이 가속화되고 있습니다. 달 라이라마가 폭력 노선으로의 전환을 고민하고 있는 표면적 이유는 도대 체 대화가 먹혀들 여지가 없기 때문입니다. 중국 정부의 정책은 '오로지 내 마음대로'입니다. 따라서 그런 그들과는 대화가 불가능합니다. 그러 나 이것보다 더 본질적 이유는 중국의 분열에 대한 확신 때문입니다. 그 는 세계 각국의 전문가로부터 이런저런 자문을 듣고 있습니다. 그리고 그 전문가들의 상당수가 중국의 분열을 예측하고 있습니다.

중국에게 위구르족은 더 큰 문제입니다. 그들은 드러내놓고 테러를 수행하고 있습니다. 테러의 위력은 중국이 발전하면 할수록, 또 한족의 이주가 그들의 자치구 내로 확산되면 확산될수록 배가될 수밖에는 없습니다. 반대급부와 피해 규모가 커지기 때문입니다. 따라서 위구르족의 시위는 중국이 그들의 요구를 들어주는 마지막 순간까지 지속될 수밖에는 없고 결국 성공할 수밖에 없습니다. 그리고 위구르족의 독립은 티베트 및 여타 소수민족의 추가 독립 선언의 도미노로 이어질 가능성이 농후합니다.

대만 문제는 어떤가요. 대만은 중국 때문에 망해 가고, 중국 없이는 부흥할 수 없는 딜레마에 빠져 있습니다. 그러나 최근 그 고민이 '중국을 버려야 한다'로 정리되어 가는 분위기입니다. Why? 중국에겐 대만의 경제력 따위가 필요한 것이 아니기 때문입니다. 그깟 조그만 섬 따위도 필요 없을 것입니다. 다만 중국에게 필요한 것은 통일에 반대하겠다는 그 건방진 버르장머리를 고쳐놓는 것뿐입니다.

한때 대만 일각에서는 홍콩 사례가 통일 주장의 막강한 근거였습니다. 홍콩이 중국으로 넘어갔지만 독립성을 보장해 주는 데다 온갖 특혜를 주며 발전을 지속시키고 있지 않느냐는 것입니다. 그러나 홍콩과 대만은 다릅니다. 홍콩은 외자 유치를 통한 선진화된 금융업이 주력 산업이었고, 그래서 버릴 이유가 없었습니다. 그러나 대만의 주력 산업은 제조업입니다. 그들의 주 경쟁 상대는 중국 본토 기업들인 것입니다. 따라서 적어도 중복되는 분야에 한해서는 배려해 줄 이유가 없는 것입니다. 물론 적극적으로 도와줄 이유는 더더욱 없겠죠.

예컨대 대만의 반도체 산업을 보호해 주려고 중국이 본토 반도체 산업의 성장을 자제시켜야 할 이유가 없을 것입니다. 대만의 산업 경쟁력이란 것 대부분이 그런 식으로 선진 제조업으로 나아가는 단계에서 거추장스럽게 방해하는 수준으로 중국에 인식되고 있는 것입니다. 결국 중국에 진출한 대만 기업의 운명은 기술이 어느 정도 탈취되고 난 뒤 흡수 또는 본토 기업의 출현과 성장에 의한 몰락 밖에는 없습니다. 하여 지금 대만에서는 그간의 중국 환상론에 대한 자성이 급격히 일고 있습니다. GDP 3,500억 달러 수준의 대만 경제가 중국에 의지하지 않고도 생존하거나 성장할 수는 있겠지만 반대로 중국에만 매달리게 되면 대만 경제는 결국 쇠퇴하고 말 것이란 것입니다. 이것은 중국이 급성장한 지난 10년간 오히려 후퇴한 대만 경제 실적이 극명하게 입증합니다.

획기적인 개혁 없이는
한국형 성장을 따라올 수 없는 중국 경제

넷째 중국의 모든 시스템이 엉망진창입니다. 미국의 자동차 산업이 붕괴 위기를 겪고 있는 이유도 그들 내부의 의사 결정 구조가 엉망진창이었기 때문입니다. 예를 들어 노동자의 임금 수준이 어느 정도여야 가격 경쟁력을 유지할 수 있는가에 대한 필수적인 기초 내부 보고서 같은 것이 전혀 없었음이 최근 밝혀졌습니다. 한마디로 엉망진창인 것입니다. 영국의 자동차 산업이 망한 이유도 자동차 차종별 수익 창출 구조가 어떻게 되어 있는지에 대한 최소한의 연구조차 없었기 때문입니다.

그냥 한마디로 말하면 '대충 만들어 팔면 어떻게 되겠지' 라는 구멍가게식 운영이 선진국 다국적 기업에 너나할 것 없이 그동안 횡행해 온 것입니다. 한국도 마찬가지입니다. IMF 때 은행들은 자기들끼리도 대기업에 얼마의 대출이 있는지 몰랐습니다. 영업 기밀이 드러날까 봐 밝히기를 거부했습니다. 은행 이외의 금융기관이나 사채는 말할 것도 없었고요. 기업은 수익 창출에 대한 치밀한 분석 없이 가짜 장부로 대출을 받아 횡령하고, 은행은 그 장부를 확인도 안하고 대출을 해 주고(물론 뒷돈을 받아 챙긴 뒤), 나중에 기업이 넘어가자 '제길 누가 이럴 줄 알았나' 라는 소리만 되뇌었습니다.

선진국이나 중진국도 이 모양 이 꼴인데, 아직 후진국인데다 극도의 거품 성장을 한 번의 조정과 혁신 없이 영위해 온 중국은 오죽 하겠냐 이 말입니다. 이것은 부패와는 전혀 별개의 문제입니다. 예컨대 주식회사의 CEO는 회사 돈을 마음대로 챙깁니다. Why? 내 마음이고 감시는 없으니까요. 감시를 하지 않는 이유는 물론 정치인과 관료들이 뒷돈을 받아 챙기는 한통속이기 때문이지만 근본적 문제는 어디까지나 거의 모든 것이 엉망진창이기 때문입니다.

이런 한심한 기업들이 어떻게 성장해 나갈 수 있을까요? 우리나라 대기업들은 그동안 거짓 장부로 뒷돈을 주고 대출을 받아 그 돈을 횡령하는 수법으로 부를 축적해 왔습니다. 남은 빈껍데기 회사는 위기 때마다 막대한 특혜와 지원을 받아 생존과 사세 확장을 지속해 왔습니다. 중국도 이러한 특혜로 대기업과 은행들을 살아남을 수 있게 만들겠다는 전략입니다. 그러나 평범한 경기 침체 정도라면 모를까 대규모 금융위기가 밀어닥칠 앞으로의 중국은 상황이 좀 다릅니다.

무슨 말인가 하면 중국에는 한국과 같은 조정 과정을 거치며 환골탈태하기까지 못 견디고 들통날 수밖에는 없는 엉망진창의 것들이 너무나도 많다는 것입니다. 중국이 위기를 극복하고 해결하려면 오직 IMF 때 한국처럼 부정과 부실을 드러내놓고 과감하게 도려내야만 합니다. 특히 부실보다 부정한 프레임이 더 큰 문제입니다. 그러한 프레임 구조를 들통나게 하려면 가장 좋은 방법이 바로 경기 하강입니다. 금리 인상으로 구조조정 작업을 진행하고, 재정 투입 등을 통해 부실을 해소하고, 그러면 살아남을 수도 있습니다.

그러나 지금 중국은 거꾸로 가고 있습니다. 금리를 인하하면서 대규모로 재정을 쏟아 붓고 있는 것입니다. 이것은 시장 자율 기능의 메커니즘 작동을 근원적으로 가로막는 것입니다. 충분한 조정만이 버블 붕괴 하에서 경제 체력을 회복시킬 수 있는 유일한 약인데도 말입니다. 물론 약을 안 쓰고 끙끙 앓으면서 기다릴 수도 있습니다. 그러나 그 경우 회복은 매우 더뎌지고 온갖 부실 기업, 금융기관들이 강시처럼 돌아다니면서 부실을 계속적으로 퍼뜨릴 수 있습니다. 그런데도 중국은 거꾸로 가고 있습니다. 단순히 경제 불황으로 돈을 못 갚는 개인, 기업 그리고 그로 인해 부실화되는 은행의 문제점을 가진 선진국의 위기 해법 과정을, 엄청난 구조적 문제를 지닌 중국이 주제 파악도 못하고 뒤따라가고 있는 것입니다.

물론 중국엔 2조 달러의 외환보유고가 있습니다. 그러나 그 돈은 위기 때는 결코 도움이 되지 않습니다. 오히려 위기를 배가시킬 것입니다. 이 돈의 대부분은 중국 정부, 기업, 개인이 잘 쓰고 있습니다. 그냥 쓰지 않고 쟁여 놓았다면 모르되, 잘 쓰고 있기 때문에 위기 때 더더욱 도움이 안 됩니다. 따라서 위기 국면이 갑자기 도래하면 중국 정부는 그 충격을 고스란히 받을 수밖에는 없습니다.

게다가, 거품의 증가가 결국에는 편중 성장, 빈부 격차를 가속화시킬 수밖에 없게끔 중국의 기득권층이 극도로 부패해 있습니다. 또한 중국에는 합리적 의사 결정 구조의 메커니즘이 전혀 없습니다. 오로지 민중을 짓뭉개버리는 것 아니면 그들에게 허위 선전 선동으로 달래는 유아적 행태뿐입니다.

그러나 이제 기만적 포퓰리즘 정책 가지고는 되지도 않습니다. 획기적으로 내놓든가 아니면 더욱 극단적인 탄압으로 가든가 하는 두 가지 길뿐입니다. 전자는 민주화의 길로 가는 것입니다. 후자의 길을 가더라도 결국은 민주화의 길로 갈 수밖에는 없습니다. 결국 피의 대결에선 정당하고 수가 많은 국민이 이길 수밖에 없기 때문입니다. 그러나 그 경우에도 중국은 분열될 수밖에 없습니다. 민주화가 되면 중국은 반드시 여러 국가로 쪼개진다는 말입니다. 이 경우 중국의 지속 발전은 불가능합니다. 중국 기득권과 브레인들은 이 점을 중국 인민들에게 설득하고 있습니다. 그러나 설득이 먹히려면 도덕성이 있어야 합니다. 그러려면 부패가 사라져야 합니다. 그러나 그건 싫은 게 중국의 기득권입니다. 따라서 설득은 불가능합니다.

결국 중국은 어떠한 경우의 수에서도 붕괴할 확률이 높습니다. 다만 한국의 금융위기 형태와 일본의 버블 붕괴 형태 중 어느 것이 먼저 닥치느냐 하는 순서의 차이가 있을 뿐이며, 중국은 그 위기를 극복해 내기 어려울 것으로 보입니다.

2. 리만브라더스 사태에 출렁이는 중국의 거시경제

'과열 경기 억제'에서
'경제 붕괴 방지'로 바뀐 슬로건

2008년부터 중국 경제가 삐그덕거리고 있습니다. 지난 5년간 10~12% 의 초고속 성장을 지속해 왔는데 2008년 3/4분기에 9%로 추락한데 이어, 4/4분기에는 5%대로 추락이 확실시 되고 있는 것입니다. 이쯤 되면 경착륙을 지나 수직 추락 수준의 대재앙이라 하지 않을 수 없습니다. 그동안 중국 경제의 슬로건은 '과열 경기의 억제'에만 있었습니다. 지나친 물가 상승과 자산 인플레에 대한 우려 때문입니다. 그러던 것이 '경기 연착륙'으로 슬쩍 바뀌더니 급기야 '성장 역동성 유지'를 지나 '경제 붕괴 방지' 쪽으로 급선회하고 있는 것입니다.

그럼 중국의 인플레는 꺾였나요. 중국은 GDP, 국가 부채, 인플레이션, 실업률에 이르기까지 거의 모든 통계가 메이크업되고 있는 조작의 제국입니다. 따라서 부동산 버블 등 초인플레 우려에서 공황 수준의 디플레로 급반전되려는 지금 이 순간에도 체감 물가는 급속도로 오르고 있습니다. 물론 중국 통계 당국이 발표하는 '연례 보고서' 속의 소비자 물가지수 동향을 보면 인플레는 일단 기세를 누그러뜨린 것으로 보입니다. 그러나 어디까지나 그래프 속에서 그렇단 것입니다. 실제로는 디플레 위험 속에서의 고인플레 위험 조짐이 곳곳에서 감지되고 있습니다.

따라서 중국 경제는 초비상입니다. 세계 경제에서 차지하는 비중은 6% 에 불과하지만 연 10~12%에 이르는 초고속 성장으로 전 세계 경제 성장의 견인차 역할을 해왔던 그 위상이 무너지고 있기 때문입니다. 그러나 아무리 중국이 글로벌 생산기지로서 세계 경제와의 연동성 그 중심에 있고, 수출과 투자가 최종 수요의 생산을 유발해 내는 비중이 큰 경제구조

를 가지고 있다 해도 이 정도의 몰락은 가히 충격적입니다.

중국이 만약 시중의 예상대로 10%대 성장에서 5%대의 성장률로 추락하면 중국 내에 잠재되어 있던 엄청난 부실이 터져 나와 경제 붕괴로 이어질 가능성도 완전히 배제할 수 없습니다. 이런 다급함은 중국 중앙정부와 지방정부가 발표한 '황당한 대책'에서도 확실히 반영되고 있습니다.

경착륙을 막기 위해 내놓은 재정 대책 규모를 보면 중앙정부 4조 위안(800조), 지방정부 14조 위안(2,800조) 등 무려 18조 위안(3,600조 원)에 다다르고 있습니다. 이는 중국의 1년 재정 수입(5조 위안)의 3.6배에 육박하는 규모입니다. 미증유의 금융위기를 맞아 미국이 내놓은 7천억 달러의 초기 구제안보다 훨씬 덩치가 큰 것입니다.

미국으로 따지면 10조 달러 정도의 대책을 내놓은 것이라고 할 수 있습니다. 결국 기존 사업의 중복 뻥튀기가 합산돼 발표된 것입니다. 이는 자금 조달 계획만 봐도 잘 알 수 있습니다. 중국 정부는 자금 조달 계획을 물으면 "외환보유고 10조 위안, 가계 저축 20조 위안, 국가 재정 규모 5조 위안, 국가 GDP 25조 위안"만 앵무새처럼 재잘거립니다.

누가 그런 걸 물어봤습니까? 조달 방법을 물어봤지. 결국 빙빙 돌려 봐야 채권 발행 아닙니까? 그리고 그것은 결국 국가 부채의 전가를 통한 위기 극복입니다. 그럼 현재 중국의 국가 부채 비율은 얼마입니까? 중국 정부의 발표에 따르면 대략 21%선쯤 됩니다. 6조 위안쯤 되는 것입니다. 그렇다면 기존의 재정 계획에 1~3조 위안의 국채 발행을 추가해 경기부양에 나서겠다는 것입니다. 이렇게 되면 중국의 국가 부채는 공식적으로 한국에 육박하게 됩니다. 문제는 한국은 1997년 외환위기 때 획기적으로 부실을 한번 털고 그렇게 된 것이지만 중국의 경우는 엄청난 부실이 금융, 기업 전반에 그대로 존재하고 있다는 것입니다. 게다가 이러한 대규모 국채 발행은 민간 부분의 유동성을 대거 흡수함으로써 산업 투자를 위축시키는 효과도 가져올 게 분명합니다. 최근 재정 집행 계획의 대부분이 내륙과 해안을 연결하는 대규모의 인프라 건설에 집중되어 있는 만큼 각종 부정부패의 전개 가능성도 농후합니다.

부동산으로 한 번 우려먹고 증시 부양으로 한 번 진하게 우려먹은 중국 공산당 기득권들이 이번에는 건설 커넥션을 등에 업고 정부 혈세를 진하게 우려먹을 공산이 매우 큰 것입니다. 국가 부채로 후손에게 책임이 전이될 이러한 우려먹기는 결국 그들만의 잔치로 끝남은 물론이요, 중국 경제 붕괴의 촉매 요인으로 작용할 가능성 또한 매우 큽니다. 왜냐하면, 중국 정부가 기대하는 것처럼 사회적 인프라의 구축을 통해 소비시장이 내륙으로 확대되는 선순환의 발현보다는 임금 인상, 일자리 분열, 사회 불만 전이 속도 증가 등의 부작용에 따른 후폭풍이 더 크게 나타날 공산이 크기 때문입니다.

토건 정책 일색의 경기부양책, 보통의 시민들을 위한 예산은?

다음 그래프를 보면, 4조 위안의 경기부양책 중 1천억 위안은 이미 건설 재정 집행 계획에 있던 것을 재탕한 것에 불과하고, 1조 위안은 대지진 복구 작업에 투입하기 위한 추경예산, 그리고 2조 4천억 위안은 사회 인프라를 구축하기 위해 여러 해에 나눠 집행할 금액을 합산 발표한 것에 불과합니다.

결국 산업과 민생복지 분야에 투자될 예산은 기껏해야 2천억 위안에 불과하고 그나마도 대부분이 부동산 관련 투자인데다 여러 해에 나눠 집행될 것이 뻔하고, 자금 조달 추이에 따라 후순위로 밀려났다 무위로 끝나게 될 공산 또한 큽니다.

중국 역시 한국에서처럼 서민들은 이번 금융위기의 대책 속에서 열외

4조 위안 투자 계획

(단위 : 위안)

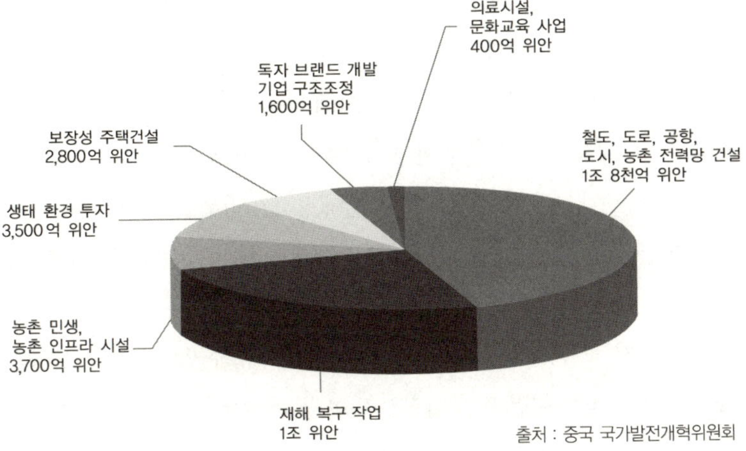

가 될 것임을 이 계획안은 극명하게 보여 주고 있는 것입니다. 결국 초대형 공사판이나 벌여 기득권들이 진하게 우려먹고 서민들은 나 몰라라 하겠다는 것입니다. 이는 현금을 직접 중하위 계층에게 타깃 지급하는 미국, 유럽, 호주, 일본의 대책과는 극과 극의 평행선을 달리는 것입니다.

되레 디플레 위기로 부동산 버블로 우려먹던 착취 구조가 갑자기 무너지려 하자 건설 부양으로 직접 혈세를 입에 넣어, 줄어든 이익을 벌충하려는 한국식 4대강 수법을 차용한 것입니다. 이러한 국가 부채 전가를 통한 막대한 토건 투자가 유발해 낼 GDP 개선 효과에 대한 전망도 어둡기 그지없습니다.

대부분의 전문가들은 매년 1~2% 정도의 상승효과를 낼 것으로 기대하는 모양입니다. 그러나 일각에선 이를 매우 부정적으로 보고 있습니다. 1998년 외환위기 당시 1조 위안의 적자 국채 발행을 통한 대규모 건설 부양을 통해 경착륙을 막아냈을 당시와는 다르게 지금은 장기적인 자산 디플레 압력이 발생하고 있기 때문입니다.

자산 디플레는 토지 개발에서 재정의 상당 부분을 각출해 내는 지방 재정의 악화로 이어지고 있고, 이는 지방 재정의 적자 누적과 국가 부채 증가로 전이되고 있습니다. 따라서 엄청난 출혈을 수반한 최근의 대규모 재정 부양 대책은 결국 디플레 저지, 그에 따른 재정 수입과 민간의 소비 여력 유지, 내륙 지역의 경제 환경 개선을 통한 경제 체질 강화 효과보다는, 거꾸로 막대한 비용 부담으로 인한 재정적 어려움, 소비 조달 루트 확산에 따른 지방 토종 산업의 붕괴, 그 속에서의 서민의 삶의 질 악화로 이어질 공산이 농후합니다.

결국 현재 중국 경제가 직면하고 있는 수출 붕괴, 자산 디플레로 인한 내수 붕괴 조짐은 이런 토건 삽질로 막아낼 수 있는 수준이 아닙니다. 도농 간, 해안 내륙 간 빈부 격차도 마찬가지입니다. 수출 산업이 고부가가치화되지 못하고 저임금에 기대거나, 반제품을 수입 조립해 수출하는 수준에서 벗어나지 못하고 있는 상황도 하루아침에 개선될 수 없습니다.

게다가 증시는 천정부지로 치솟았다 내리꽂혔고, 부동산 거품의 가격 조정은 아직 시작도 하지 않았습니다. 이는 국가, 지방, 은행, 기업들의 부실을 조만간 적나라하게 드러나게 만들 것입니다. 이런 상황에서 대규모 국가 부채 증가를 통한 토건 삽질, 은행 BIS 비율 인하, 지준율 인하 등을 통해 내륙과 해안을 연결하면 유발될 것은 임금의 폭발적 인상을 통한 저임금 산업의 경쟁력 붕괴와 이 과정을 통한 대대적인 민심의 이반 확산 밖에는 없는 것입니다.

상황이 이런데도 수억 명의 굶주리는 저소득층은 외면한 채 또 한 번의 대규모 공사판을 벌여 기사회생을 노리고 있는 중국 정부를 과연 어떻게 바라보는 것이 옳을까요? 그건 위에서 말했듯, 증시로(800 ⇨ 6,000 ⇨ 1,800) 한 번 우려먹고, 도저히 중국 수준에 어울리지도 않는 부동산 초버블로 한 번 우려먹은 중국 기득권들이 이번에는 해안과 내륙의 균형 발전을 이뤄낸다는 거창한 목표를 들어 직접 건설 투자를 통해 국가와 서민의 혈세를 자신들 입으로 직접 쏟아 붓겠다는 이기적 발상으로 밖에는 보이지 않습니다. 그런데도 중국 정부는 이런 삽질을 서민을 위한 고육지책, 위기 대책, 긴급 대책으로 미화하는 데만 여념이 없습니다.

기본적인 의식주, 의료, 교육의 사각지대에 버려진 채 죽어가고 있는 수억 명의 서민과 이런 상황 속에서 천정부지로 벌어지고 있는 빈부 격차, 지겨울 정도로 천천히 올라가고 있는 산업 경쟁력, GDP 3천 달러 수준에서 벌써 위험 수준으로 치솟아 올라가고 있는 재정 적자와 국가 부채, 수준이 어느 정도인지 짐작조차 못할 정도의 금융 산업 부실, 그 속에서 일어나고 있는 수출 붕괴와 자산 디플레 위험, 그리고 이를 막아내 보기 위한 대규모 공사판 꼼수, 그리고 그 속에서 꿈틀거리고 있는 엄청난 부정부패.

이런 나라가 무너지지 않고 버티는 것 자체가 그저 신기할 따름입니다. 그저 부의 축적 수준에 비추어 얼토당토 않은 버블의 기반 하에서 호의호식해 온 한줌 기득권들의 '중국 인민이 아무리 죽어나도 중국은 절대 망하지 않는다' 란 술판 외침에 찍소리 못하고 노예처럼 참아온 중국 국민들이 과연 어디까지 버텨줄지가 유일한 관전 포인트처럼 보일 뿐입니다.

3. 여러 모로 기이한 중국의 거시경제 지표들

1) 4조 위안 + 4조 위안의 경기부양책

　중국의 '4조 위안+4조 위안 경기부양책'은 지나친 과대포장입니다. 뒤의 4조 위안은 할 수도 있다는 뉘앙스만 풍긴 것이며, 앞의 4조 위안 역시 1년에 모두 쏟아 붓는 것이 아니라 몇 년에 걸쳐서 나누어 집행하는 금액입니다. 그조차도 실제 집행 가능성 여부, 자금 조달의 가능성 여부가 불확실한 상황입니다. 그런데도 우리 언론들은 4조 위안의 경기부양책이 완료되었다고 떠들어대고 있습니다. 중국 현지의 자료를 보면 4조 위안 대책 중 중앙정부의 예산은 1조 1,800위안이며 이중 2008년에 1,000억 위안, 2009년에 4,875억 위안, 2010년엔 6,000억 위안 정도가 집행된다고 합니다.

　그럼 2009년까지 집행되는 경기부양책은 고작 700억 달러 정도 되는 것입니다. 중국 경제가 우리나라의 3.5배 정도 되니까 한국으로 치면 200억 달러 정도의 경기부양책입니다. 고작 이 정도로 세계 경제의 구세주 노릇을 할 수 있을까요. 지푸라기 한 올이라도 잡아 안도의 한숨을 내쉬는 각국 수구 정부와 관제 언론의 수작이 그저 눈물겨울 뿐입니다.

2) 재정 정책

　중국의 2009년 1~8월 중 재정 수입은 3조 900억 위안(전년 동기 대비 2.6% 증가), 1~8월 중 재정 지출은 3조 8,625억 위안(전년 동기 대비 22.7% 증가)으로 재정 수입은 예산 반영 수치보다 11.4% 낮은 수준이라고 합니다.

　따라서 중국의 재정 적자는 당초의 3% 수준을 뛰어넘는 4.3% 수준, 국가 부채 역시 20% 수준에서 25.4% 수준인 7조 6,235억 위안으로 뛰어오를 것이라고 합니다.

가장 큰 문제는 4조 위안 중 중앙정부 몫을 제외한 나머지 금액이 지방정부의 채권 발행(지방채)을 통하여 메워질 것이라는 데 있습니다. 현재 중국 지방정부의 재정 상황은 거짓투성이인데다 악화일로를 걷고 있습니다. 따라서 국민소득 3,000달러 수준에서 벌써 재정이 파탄 나는 지경에 이르는 지방자치단체가 출현할 것으로 예측되고 있습니다.

3) 통화 정책

M1 증가율 추이(2001년~2009년)

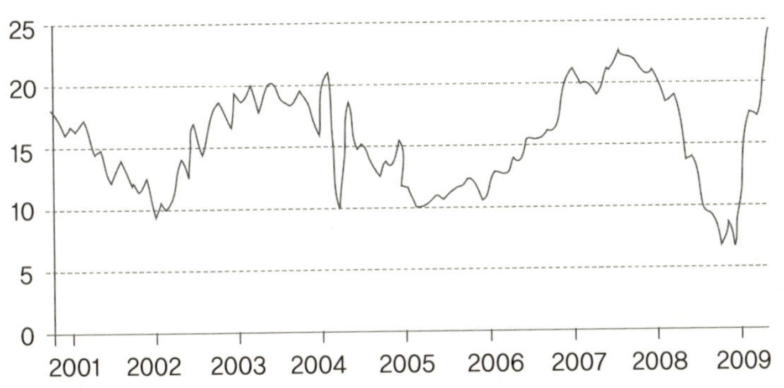

2009년 중국의 M1 증가율 추이

2009	1월	2월	3월	4월	5월	6월	7월	8월	9월	10월	잔액
M1	6.7%	10.9%	17.0%	17.5%	18.7%	24.7%	26.2%	27.7%	29.5%	미발표	20.17
M2	18.8%	20.5%	25.5%	26.0%	25.7%	28.4%	28.5%	28.5%	29.3%	미발표	58.54

중국의 월별 통화량 지표 증가율 추이(2009년 1월~6월, 전년 동월 대비, 단위 : 조 위안)

2009년 8월 현재 중국의 M0(본원통화)는 3.44조 위안(전년 동월 대비 11.5% 증가), M1(협의통화)은 20.17조 위안(전년 동월 대비 27.7% 증가),

		전년 동기 대비 증가율(%)								
		'05.12	'06.12	'07.12	'08.12	'09.4	'09.5	'09.6	'09.7	'09.8
통화 (말잔)	M2	17.6	16.9	16.7	17.8	26.0	25.7	28.5	28.4	28.5
	M0	11.9	12.7	12.1	12.7	11.3	11.2	12.0	11.6	11.5
	M2/GDP(비중)	1.62	1.64	1.63	1.58	–	–	–	–	–
대출 (말잔)	인민폐	13.0	15.1	16.1	18.8	29.7	30.6	31.8	33.9	34.1
	외환	12.0	10.0	30.2	11.9	−9.8	−5.0	7.3	12.3	20.6
예금 (말잔)	인민폐	149.0	16.8	16.1	19.7	26.2	26.6	29.0	28.5	27.4
	외환	5.6	0.3	0.9	12.0	24.3	27.1	27.0	12.2	8.7

M2(광의통화)는 58.54조 위안(전년 동월 대비 28.5% 증가)으로 폭증하고 있습니다.

위안화 대출액도 38.5조 위안(34.1% 증가), 외환 대출액은 3,257억 달러(20.6% 증가), 은행 예금액도 58.8조 위안(26.9% 증가)으로 폭증하고 있습니다.

4) 금리 정책

	2003	2004	2005	2006	2007	'08.9.16	'08.10.9	'08.10.30	'08.11.27	'08.12.23
예금금리 (1년만기)	1.98%	2.25%	2.25%	2.52%	4.14%	4.14%	3.87%	3.60%	2.52%	2.25%
예금금리 (1년만기)	5.31%	5.58%	5.58%	6.12%	7.47%	7.20%	6.93%	6.66%	5.58%	5.31%

		2007	2008
금리 (1년 만기)	예금	2.79% ⇨ 3.06% ⇨ 3.33% ⇨ 3.60% ⇨ (3.18일) (6.19일) (7.21일) (8.22일) 3.87% ⇨ 4.14% (9.16일) (12.21일)	⇨ 3.87% ⇨ 3.60% ⇨ 2.62% ⇨ 2.26 (10.9일) (10.30일) (11.27일) (12.23일)
	대출	6.39% ⇨ 6.67% ⇨ 6.84% ⇨ 7.02% ⇨ (3.18일) (6.19일) (7.21일) (8.22일) 7.29% ⇨ 7.47% (9.16일) (12.21일)	⇨ 7.20% ⇨ 6.93% ⇨ 6.66% ⇨ 6.68% (9.16일) (10.9일) (10.30일) (11.27일) ⇨ 6.31 (12.23일)
지급 준비율		9.6% ⇨ 10.0% ⇨ 10.6% ⇨ 11.0% ⇨ 11.6% ⇨ (1.16일) (2.26일) (4.16일) (6.16일) (6.6일) 12.0% ⇨ 12.6% ⇨ 13.0% ⇨ 13.6% ⇨ 14.6% (8.16일) (9.26일) (10.26일) (11.26일) (12.26일)	16.0% ⇨ 16.6% ⇨ 16.0% ⇨ 16.6% ⇨ 17.6% (1.26일) (3.26일) (4.26일) (6.20일) (6.7일) ⇨ 16.6% ⇨ 16.0% ⇨ 14.0% ⇨ 13.6% (9.16일) (10.16일) (12.6일) (12.26일)

2009년 중국의 지급준비율이 큰 폭으로 떨어지고 있습니다. 지급준비

율이 변하면 통화 승수가 큰 폭으로 변하게 됩니다. 따라서 사실상 거의 사용되지 않는 정책입니다. 대개의 경우 통화 정책은 공개 시장 조작을 통해 이루어집니다. 허나 당시 중국은 지급준비율을 큰 폭으로 떨어뜨렸습니다. 인하 여력이 많은 것은 사실이지만 엄청난 인플레 압력 때문에 많은 상흔을 남기고 결국 2010년 말 중국은 부랴부랴 지급준비율과 금리를 번갈아 올리며 곤혹을 치르게 되었습니다.

5) 주가, 환율, 외환보유고 동향

		'04. 12	'05. 12	'06. 12	'07. 12	'08. 12	'09. 5말	'09. 6말	'09. 7말	'09. 8말
상해	상해 종합	1,266.5	1,161.1	2,675.5	5,261.6	1,820.8	2,632.9	2,959.4	3,412.1	2,667.7
	A주	1,330.2	1,220.9	2,815.1	5,521.5	1,911.8	2,763.5	3,106.6	3,581.9	2,799.5
	B주	75.7	62.0	130.1	365.9	110.9	174.9	190.3	218.6	186.5
심천	심천 성분	3,067.6	2,863.6	6,647.1	17,700.6	6,485.5	10,127.9	11,566.6	13,670.7	10,585.1

	2005			2006		2007		2008		2009		
	7.21	9	12	6	12	6	12	6	12	6월말	7월말	8월말
위안화 환율	8.1100	8.0920	8.0702	7.9943	7.8051	7.6132	7.2971	6.8591	6.8346	6.8305	6.8321	6.8312
기간 중 절상률	2.05	0.22	0.27	0.29	1.27	0.43	2.9	2.33	−0.24	0.00	0.00	−0.00
누계 절상률	2.05	2.28	2.56	3.53	6.04	8.71	13.42	15.4	15.7	15.8	15.8	15.8

	2004	2005	2006	2007	2008	2009. 3	2009. 6
외환보유고(억불)	6,099	8,188	10,663	15,282	19,460	19,537	21,316
전년 동기비(%)	51.3	34.3	30.2	43.2	27.3	16.1	17.8

주가는 다소 반등하였지만 여전히 2007년 고점인 6,000선 붕괴의 충격에서 벗어나지 못하고 있으며, 위안화의 달러 대비 절상 기조 역시 2009년 들어 주춤하고 있습니다. 외환보유고 역시 증가 추세는 이어가고 있지만 증가율의 상승률 자체는 현격하게 떨어지고 있습니다.

6) 수출 동향

중국의 경제 성장 추이

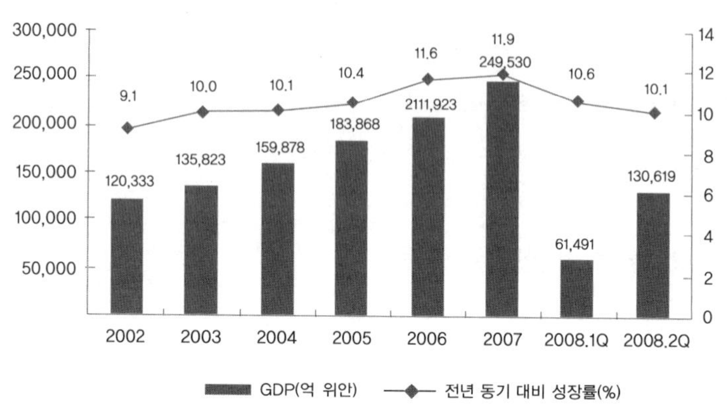

출처 : 모건 스탠리

2009년 2/4분기의 중국 경제 성장률은 7.1%로 전년 동기의 10.1%에 비해 크게 추락했습니다. 특히 1차 산업 3.8%, 2차 산업 6.6%, 3차 산업 8.3% 성장으로 1차 산업의 하향세가 경제 수준에 비해 빠릅니다.

소비재 판매가 건재하나 역시 성장세는 고정 투자 증가가 이끌고 있습니다.

소비재 판매 추이

	'05	'06	'07	'08	'09.4	'09.5	'09.6	'09.7	'09.8	09.1-8
전년 동기비 증가(%)	12.9	13.7	16.8	21.6	14.8	15.2	15.0	15.2	15.4	15.1

고정 투자 추이

	'05	'06	'07	'08	'09.1-6	'09.1-7	'09.1-8
전년 동기비 증가(%)	26.0	23.9	24.8	26.1	33.5	32.9	33.0

문제는 수출입 증가세 둔화입니다. 2009년 1~8월 수출은 전년 동기 대비 22.2%, 수입은 22.7% 줄어들었습니다. 특히나 일반 무역보다 가공 무역의 감소세가 두드러집니다. 중국은 이를 만회하기 위해 일반 무역

부문에서는 밀어내기 수출을 단행하고 가공 무역 부문에서는 반제품 수입 규제에 나선 것으로 보입니다. 무역 규모는 '일본 〉 EU 〉 미국' 순으로 감소하였습니다.

	2005	2006	2007	2008	2009.6	2009.7	2009.8	2009.1-8
수출(A)	7,620 (28.4)	9.69 (28.2)	12,180 (26.7)	14,285 (17.2)	964 (−21.4)	1,064 (−23.0)	1,037 (−23.4)	7,907 (−22.2)
수입(B)	6,601 (17.6)	7,916 (20.0)	9,668 (20.8)	11,331 (18.6)	872 (−13.2)	948 (−14.9)	880 (−17.0)	6,079 (−22.7)
수지(A−B)	1,019 (218.4)	1,776 (74.2)	2,622 (47.4)	2,966 (12.7)	83 (−60.6)	106 (−68.1)	167 (37.9)	1,228 (−0.7)

　무역 통계가 다소 큰 차이로 안 맞고 있습니다. 경상수지 통계가 일치하지 않는 이유에는 이자 소득 누락, 운송 업체의 보고 누락, 중개무역 시 수출 누락, FOB · CIF 기준 차이 누락 등이 있을 수 있습니다. 그러나 현재 중국은 구조적 이유로 발생하는 경상수지 불합치와는 별개로 무역 부문에 있어서도 강한 통계 조작 의심을 받고 있습니다.

		2005	2006	2007	2008	2009.6	2009.7	2009.8	'09.1-8
중국 통계(中→韓)	수출입	1,119.9 (24.5)	1,343.8 (20.0)	1,601.7 (19.2)	1,861.1 (16.2)	130 (−22.1)	136 (−27.3)	134 (−28.3)	946 (−26.4)
	수출	351.2 (26.3)	445.6 (26.9)	561.3 (26.0)	739.5 (31.0)	44 (−33.3)	43 (−41.1)	45 (−38.4)	327 (−35.1)
	수입	768.7 (23.7)	898.2 (16.8)	1,040.4 (15.8)	1,121.6 (8.1)	86 (−14.9)	93 (−18.4)	89 (−21.9)	620 (−20.9)
	수지	−417.5	−452.6	−479.1	−382.1	−42	−50	−44	−293
한국 통계(韓→中)	수출입	1,005.6 (26.7)	1,180.2 (17.4)	1,450.1 (22.9)	1,683.2 (16.1)	117 (−24.7)	123 (−25.0)	123 (−25.0)	
	수출	619.1 (24.4)	694.6 (12.2)	819.9 (18.0)	913.9 (11.5)	73 (−15.9)	78 (−12.9)	78 (−12.9)	
	수입	386.5 (30.6)	485.6 (25.6)	630.3 (29.8)	769.3 (22.1)	44 (−35.6)	45 (−39.0)	45 (−39.0)	
	수지	232.6	209	189.6	144.6	29	33	33	

　외국인 직접투자(FDI) 감소는 더욱 심각합니다. 특히 한국, 싱가포르, 미국 등의 전통적 제조업 투자가 급감하고 있습니다. 대신 버지니아제도, 케이만제도 등 조세 회피 지역에서의 투기자본 유입이 급증하고 있습니다.

	'06	'06	'07	'08	'09.6	'09.6	'09.7	'09.1–7
건수(건)	44,011 (0.8)	41,473 (6.8)	37,871 (8.7)	27,614 (27.4)	1,649 (−32.0)	2,629 (−3.8)	1,846 (−21.4)	12,264 (−27.4)
실제 투자 (억불)	603.2 (19.4)	668.2 (4.6)	774.7 (13.6)	924 (23.6)	64 (−17.8)	90 (−6.8)	63.6 (−36.7)	489.7 (−20.4)

7) 물가 동향

중국 소비자 물가지수 동향(%)

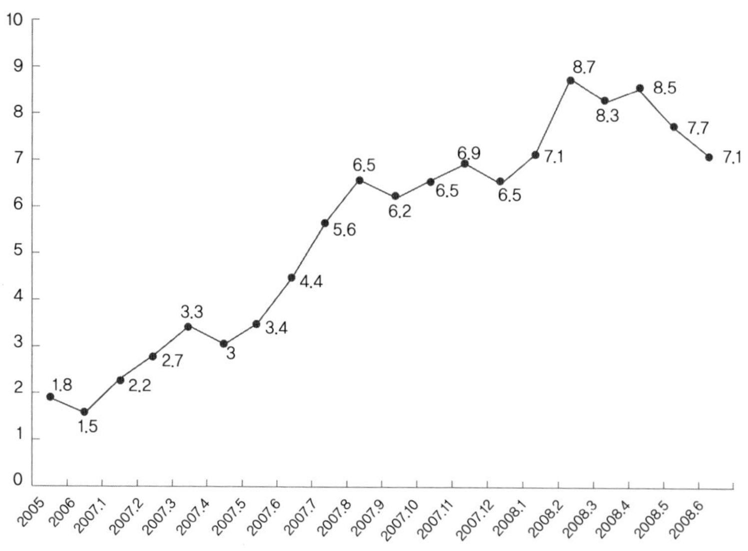

출처 : 중국 국가통계국

| | 생산자 물가지수 상승률(%) | | | | | | | | | | | | | |
	2007년				2008년				2009년					
	1/4	2/4	3/4	4/4	1/4	2/4	3/4	4/4	4월	5월	6월	7월	8월	1–8
전년 동기(월)비	2.9	2.8	2.9	3.1	6.9	8.4	9.7	2.5	−6.6	−7.2	−7.8	−8.2	−7.9	−6.4

	소비자 물가지수 상승률(%)													
	2007년				2008년				2009년					
	1/4	2/4	3/4	4/4	1/4	2/4	3/4	4/4	4월	5월	6월	7월	8월	1~8
전년 동기(월)비	2.7	3.2	4.1	4.8	8.0	7.8	5.3	2.5	−1.5	−1.4	−1.7	−1.8	−1.2	−1.2

출처 : 주 중국대사관

중국의 생산자 물가와 소비자 물가는 계속 하락하고 있습니다. 이는 원자재 가격의 하락에 힘입은 바가 가장 큽니다. 그러나 강력한 통화와 재정 정책으로 부동산 가격은 상승하고 있습니다.

웃기는 것은 7~8%의 과열 성장을 하면서도 물가는 마이너스라는 것입니다. 성장만 보면 초인플레가 우려되는데 물가를 보면 디플레입니다. 부동산 추이만 보면 버블이 진행 중인데 물가는 마이너스입니다. 심각한 불균형이 일어나고 있다는 소리입니다. 결국에는 큰 대가를 치르게 될 것입니다.

8) 결론

한마디로 중국 경제는 기괴합니다. 중국 경제는 1978년부터 연 10%에 가까운 성장을 해왔습니다. 14억의 끝없는 10% 고공 행진. 그리고 전문가들의 예상에 따르자면 향후 10년간도 중국 경제는 7~8%의 고성장을 거듭할 것이라고 합니다. 이는 유례가 없는 일입니다.

중국 이전의 최고의 고성장 기록은 일본이었습니다. 그걸 한국이 제쳤죠. 그리고 다시 중국이 제치려 하고 있습니다. 과연 가능할까요. 그게 가능하려면 전 세계가 곤죽이 나줘야 합니다. 전 세계의 동반 성장은 불가능합니다. 중국의 성장 이면에는 막대한 글로벌 불균형과 중국 내부의 불균형이라는 쌍방향 불균형이 양립하고 있습니다.

중국 때문에 전 세계 제조업과 지역 경제 그리고 고용이 파탄 나고 있는 것입니다. 중소기업과 서민의 삶도 붕괴되고 있습니다. 급기야 무차별 화폐 증발과 그에 따른 국제 유동성 과잉에 따른 후유증으로 금융위기까지 도래하고 말았습니다. 전 세계적인 부동산 광풍도 결국 중국 책임이 크다고 보는 게 옳을 것입니다.

더욱 어이없는 것은 중국의 불가사의한 인플레이션 현상의 지속입니다. 이것은 한국에서는 별 화두가 아니지만 미국, EU, 일본 등의 경제학계에서는 오래 전부터 큰 화두입니다. 결론부터 말하자면 결국 지나친 조작과 희생입니다. 있을 수도 없는 일이거니와 그런 짓을 오래할수록 결국 치러야 할 대가만 커질 것입니다.

게다가 건설, 금융업은 과열, 제조업은 과냉 상황입니다. 거꾸로 가고 있는 것이죠. FDI도 급감하고 있습니다. 자산 축적 대신 부채 차입이 급증하고 있습니다. 모든 분야에서 리스크가 커지고 있습니다. 그런 가운데 빈부 격차는 심화되어 지역 간 소득 격차는 수십 배까지 벌어지고 있습니다. 상하위 격차는 따져볼 엄두가 안날 지경입니다. 이런 가운데 고용마저 급감하면 중국 경제는 국가 분열의 길로 치달을 수 있습니다. 글로벌 리밸런싱을 위해선 내수 진작과 소비가 필요한데, 이것은 결국 빈부 격차 완화책을 말합니다. 현재의 중국에겐 불가능한 요구입니다.

따라서 중국은 불균형의 심화를 계속 밀고 나가면 국제 구도의 재편을 도모하려 들 것입니다. 그러나 일장춘몽으로 끝나게 될 가능성이 높습니다. 왜냐하면 중국은 그간 경제 수혜의 대상이었지 주체가 아니었기 때문입니다. 그것도 거의 독점에 가깝게 국제 경제 수혜를 입어왔습니다. 따라서 중국의 앞날은 미국, 유럽, 일본 등 서방 세계의 국제 구도 재조정 향배에 따라 결판나게 될 것입니다. 그리고 그 구도는 중국에게 조만간 매우 악몽 같은 현실로 다가오게 될 공산이 큽니다. 40년 연속 고성장에 저인플레이션율이라는 만화 영화 상영을 끝낼 때입니다.

1. 한국에게는 가능했으나, 중국에게는 불가능한

1961~2008년 세계 주요 국가 및 지역 경제 성장률 비교

(단위: %)

국가·지역	1961년	1979년	1990년	2000년	2006년	2008년	1961-2008 평균성장률
세계 총계	4.6	4.2	2.9	4.1	3.9	2.1	3.6
미국	2.7	3.2	1.9	3.7	2.9	1.1	3.2
유로 랜드	6.6	3.9	3.5	3.9	2.7	0.9	3.2
일본	12.0	5.5	5.2	2.9	2.2	△0.6	4.4
중국	△27.1	7.6	3.8	8.4	11.6	9.0	7.8
홍콩	14.9	11.6	3.9	8.0	7.0	2.5	7.0
한국	4.9	6.8	9.2	8.5	5.1	2.2	7.0
싱가포르	13.8	9.4	9.2	10.1	9.4	1.1	7.8
말레이시아	7.6	9.3	9.0	8.9	5.9	4.6	6.5
인도	3.9	△5.2	5.5	4.0	9.7	7.3	5.0
러시아 연방	–	–	△3.0	10.0	7.4	5.6	0.4
브라질	10.3	6.8	△4.3	4.3	3.7	5.1	4.4

* 러시아 연방은 1990~2008년까지 성장률임. 　　　　출처 : World Bank 및 IMF WEO(2008)

중국이 전 세계에서 가장 빨리 성장한다고 합니다. 30년 동안 10% 넘는 고성장을 지속해 2007년에는 1인당 국민소득 2,500달러를 넘어섰고,

국가 GDP는 3조 2천억 달러로 세계 2위 일본을 추월하기 직전에 이르렀습니다. 그런데 이런 중국의 성장 속도도 세계 1위는 아닙니다. 2위죠. 주요국 중에서 가장 빨리 성장한 나라는 여전히 중국이 아니라 한국입니다.

중국이 올해 1인당 GDP가 3천 달러를 넘어서면 경제 개발을 시작한 지 정확히 30년 만에 100달러 이하에서 3천 달러를 달성하게 되는 겁니다(1979년~2008년). 그러나 한국은 27년 만에 넘어섰습니다(1963년 ~1989년).

한국이 중국보다 빨랐죠. 중국 정부는 이 점을 매우 아쉬워하고 있습니다. 중국에게 한국은 모든 점에서 멘토이고 추월해야 할 목표이기 때문입니다. 그런데 의문이 드는 것은 한국에 버금가는 성장을 지속해 온 중국에게 압축 고성장의 후유증이 과연 언제쯤 나타날까 하는 점입니다.

한국은 1998년 외환위기를 기화로 부정부패, 분식회계, 가짜 통계, 빈부 격차의 문제점들이 일거에 드러났습니다. 그 결과 그해 마이너스 성장을 기록했고, 그 뒤 10년 동안을 국가의 위험 관리 시스템을 구축하고, 기업, 은행의 투명성을 제고하는 데 소진해야만 했습니다. 이후 정치, 경제, 사회 등 각 분야가 놀라울 정도로 깨끗해졌습니다. 이웃 나라 일본이 지난 1990년대에 겪었던 10년 장기 불황 이유도 따지고 보면 엔화 절상(플라자합의)에서 기인되었다기보다는 거품 경제 붕괴와 이 과정에서 그간 누적되어 온 은행의 분식회계와 기업의 부실 등을 정리하는 데 시간이 걸렸기 때문이라고 보아야 합니다.

그럼 한국, 일본이 당연히 거쳐 갔던 이런 고성장의 후유증들을 중국도 당연히 거쳐야만 합니다. 그런데 중국은 이 부분만큼은 한국을 흉내 내기가 힘듭니다. '정경 유착 ⇨ 부정부패 ⇨ 분식회계, 가짜 통계 ⇨ 위험 관리 시스템 구축 불가능', 이 메커니즘의 고리를 끊기 위해서는 무엇보다도 공산당과 정부 관료들의 부정부패를 척결해 낼 수 있어야 하기 때문입니다. 이건 중국이 공산주의를 택하는가, 민주주의를 택하는가 하는 체제 성격의 문제가 아닙니다. 전적으로 시장경제의 문제입니다. 따라서 중국이 시장경제도 중앙통제경제도 아닌 중국식 시장경제를 주창하며 기존의 민주주의와 시장경제가 가졌던 단점들을 자신들은 겪지 않고 나아갈 수 있을 거라 큰소리를 탕탕 쳐대는 것은 매우 가소로운 헛소리에 불과할 뿐입니다.

기존에 인구 4천만 명 이상(전 세계 30개국 정도)의 국가가 후진국에서 선진국으로 탈바꿈하는 것은 거의 불가능에 가깝다는 주장이 있었습니다. 그 패러다임을 유일하게 깨부순 나라가 바로 한국입니다. 전 세계에서 인구 4천만 명 이상의 국가 중에 제국주의 시대 이후에 선진국에 도달한 나라는 극소수 도시 국가를 제외하고는 한국이 유일합니다.

그 이유에는 여러 가지 요인이 있지만 시장경제뿐만 아니라 민주주의 역시도 성공을 시켰기 때문입니다. 시장경제란 게 어느 정도의 발전 과정을 거쳐 하루 밥 세끼의 고단함을 해결하고 난 뒤에는, 빈부 격차라든가 부정부패에 관한 사회적 합의 도출과 그 거시적 해결이 어느 정도 이루어지지 않게 되면 절대로 그 이후의 성장을 도모할 수 없는 체제입니다.

바로 중국이 지금 그 임계점에 도달한 것입니다. 그 임계점은 대체적으로 1인당 국민소득 3000~4000달러선인데 중국이 바로 이 지점에 도달했습니다. 그렇다면 앞으로 중국 경제에 엄청난 평지풍파가 일어날 것이란 건 충분히 예측 가능합니다. 그 폭풍우는 내부에서 발발할 수도 있고 한국처럼 외부 위기를 통해 발발할 수도 있습니다.

최근 세계 금융위기로 선진국 경제가 일제히 마이너스로 접어들고 있습니다. 따라서 그들 나라에 대한 수출로 경제 성장을 도모해 온 중국으로서도 절대로 충격에서 자유로울 수는 없습니다. 혹자는 막대한 외환보유고와 재정으로 SOC(Social Overhead Capital) 등 건설 경기를 부양시킴으로써 연착륙을 시도하여 만약 성공한다면 부정부패, 분식회계 등의 문제를 또다시 한동안 눈 가리고 아웅 하며 넘어갈 수 있을 거라 주장합니다만(주로 펀드 팔아먹는 금융업자들의 이야기입니다), 그렇게 해서 국민소득 몇 달러대까지 성장하는 게 가능하리라고 보는지 의문입니다. 7,000달러? 아니면 10,000달러? 갈수록 불가능해집니다. 왜 그런지 아십니까? 지금 중국은 국민 1인당 소득으로 3,000달러 정도의 후진국입니다. 이 점이 아직은 불만이 있어도 참고 넘어갈 핑계거리가 되죠. '아직 후진국인데 어쩌라고?' 하면서 말입니다. 그러나 5,000달러를 넘어 7,000달러, 이런 식으로 가게 되면 그런 핑계가 통할 수 없게 됩니다. 최근 농민공들의 급격한 도시 유입에 중국 정부가 떨고 있습니다. 전 세계 상당수 일자리를 독식하다시피 하는 중국의 능력으로도 그들 모두에게 일자리를 줄 수도 없거니와 극소수 부유층들의 부의 독점을 납득시킬 방법도 점점 사라져 가고 있기 때문입니다.

그렇다면 중국 체제가 매우 위험해지고 있다는 이야기입니다. 구조상 국지적 정치 불안이 빈발할 수밖에는 없습니다. 그럼 정부의 엉터리 통계와 기업들의 분식회계 그리고 거기에 담긴 부도덕성들이 일거에 드러나고 그것은 다시 전국적인 정치 불안으로 연결되겠죠. 그렇게 되면 중국은 한순간에 와르르 무너질 수도 있습니다. 지금 가지고 있는 기업 채권, 실물 자산 등의 유동성에 한순간에 브레이크가 걸리는 급변 사태가 일어날 수도 있습니다. 2007~2008년 중국의 주가지수가 6,000까지 갔다가 1,000 후반으로 추락했습니다. 이론상이라면 고점을 다시 찍어줘야 합니다. 강한 조정을 거쳤으니 그 2/3만큼이라도 강한 반등이 일어나야 합니다. 그러나 그렇지를 못하고 있습니다. 더 큰 위기가 기다리고 있기 때문입니다. 한국이 지수 1,000에 도달한 게 1989년입니다. 그 이후에도 빠른 성장세를 기록했음에도 주가지수는 1,000 언저리에서 15년 동안을 헤맸습니다. 일본 역시도 버블 시대에 기록했던 주가지수의 절반도 회복하지 못한 채 20년째 헤매고 있습니다. 두 국가 모두 획기적인 수준으로 부실을 노출해 제거하고 그에 대한 관리 시스템을 만들어 냈는데도 말입니다.

그럼 결론은 자명합니다. 중국에 대한 어떤 뚜렷한 윤곽이 나올 때까지 중국 금융에 대한 의존도를 획기적으로 줄여야 합니다. 중국 거래 기업들은 매출을 다소 손해 보더라도 무리한 외상 매출에 의존한 영업, 마케팅 기법을 제고하고, 쓰잘머리 없이 많이 만들어져 있는 중국 관련 펀드들도 당분간 확장 영업하지 말아야 합니다. 특히나 원금 보존이 안 되는 상품들의 판매나 구입은 자제해야 합니다. 지금도 중국에서 비즈니스를 벌이고 있는 한국 기업 중 상당수 우량 기업들은 현금 거래만을 고수하고 있습니다. 중국은 고성장을 한순간이라도 유지하지 못하면 바로 붕괴할 수 있기 때문입니다. 그러한 고성장을 유지시키기 위해선 강력한 구조조정과 부정부패 척결 그리고 깨끗한 기업 문화가 들어서야 하지만, 현재의 중국 시스템 수준으론 절대로 불가능합니다.

따라서 중국 경제는 조만간 크게 주저앉게 될 것입니다. 일단 붕괴가 시작되면 막기 힘들며, 그 경제 붕괴는 정치적으로 이어져 국가 분열로 마무리될 가능성도 높습니다. 한국이 이런 상황 속에서 연계 충격을 줄일 수 있는 유일한 길은 경제 성장 욕심을 당분간 줄이더라도 중국에 대한 경제 의존도 심화 현상을 획기적으로 줄여나갈 대책을 강구해 내는 것뿐입니다.

2. 중국 통계 조작, 중앙정부와 지방정부의 합작품

1997~2008년 중국과 세계 10위 국가 일인당 평균소득 비교

(단위: US$)

순위	1997년		2008년	
	국가·지역	1인당 국민소득	국가·지역	1인당 국민소득
1	리히텐슈타인	50,000	리히텐슈타인	98,325
2	룩셈부르크	47,740	버뮤다	90,294
3	스위스	44,440	노르웨이	87,070
4	일본	38,420	룩셈부르크	84,890
5	노르웨이	36,920	해협군도	68,400
6	버뮤다	35,990	스위스	65,330
7	덴마크	34,670	덴마크	59,130
8	케이만제도	32,000	카타르	57,365
9	미국	29,910	스웨덴	50,940
10	싱가포르	27,180	네덜란드	50,150
	중국	750(145)	중국	2,770(130)

출처 : World Bank

2007년 기준으로 중국 GDP는 3조 2천억 달러, 국가 부채 비율은 21%(6,400억 달러)입니다. 국가 GDP로는 미국, 일본, 독일에 이어 세계 4위고, 국가 부채 비율은 한국(33%), 영국(47%), 독일(65%), 프랑스(69%), 미국(64%)보다 건전합니다. 게다가 2조 달러의 외환보유고가 있고, 5천억 달러의 미국채를 보유한 국가입니다.

여기까지만 놓고 보면 중국이 국가 부도 직전의 경제위기 상황으로 간다거나 위기 한 번에 경제가 붕괴할 거라고는 도저히 상상이 안 됩니다. 그런데 제 눈에는 중국이 매우 위험해 보입니다. 저 위의 모든 지표가 허무한 모래성으로 보이기 때문입니다. 중국 정부의 발표가 거짓과 과장으로 가득 차 있다는 뜻입니다.

그런데 막상 그 근거를 대기란 매우 힘이 듭니다. 왜냐하면 중국의 통계 자료 근거란 게 결국 중국 정부의 발표로만 알 수 있는 건데 중국 정부가 꼭꼭 숨기고 허위 사실을 발표하는 이상 그것을 찾아내기가 현실적으로 매우 힘들기 때문입니다.

그래도 좀 살펴보죠. 영국 FT의 보도에 따르면, 2007년 중국 중앙정부의 GDP 발표액과 지방정부의 GDP 발표액 차이가 무려 300조 원에 달했다고 합니다. 그 금액은 2006년 200조 원에 비해 50% 폭등한 것이라고 합니다. 매년 통계 조작이 심해지고 있단 이야기입니다. 결국 지방정부의 GDP 금액을 모아 국가 GDP를 발표하는 중국 국가통계국 발표가 거짓이라는 겁니다. 지방정부가 이처럼 허위로 보고하는 이유는 GDP 보고 금액이 많아야 승진과 세수 배분에 유리하기 때문이라고 합니다. 문제는 뭐가 진실이냐는 거죠. 미국과 유럽 기관들에 의하면 지방정부 발표액은 확실히 거짓투성이고, 중앙정부 또한 이 거짓을 완전히 바로잡지 못한 채 상당한 거품이 낀 수치를 발표하고 있다고 합니다.

그럼 중앙정부까지 그러는 이유는 또 뭘까요? 상식적으로 지방정부가 문제를 일으키면 중앙정부가 나서서 바로잡아야 하는 거 아닐까요? 그런데 지방정부와 마찬가지 이유로 중앙정부도 잔뜩 거품이 낀 수치를 발표합니다. 중국이 고성장을 이룩하고 있다는 과열 지표 자체가 외자 유치에 결정적 역할을 하기 때문입니다. 하여, 선진국들은 자체적으로 원천 자료(raw data)를 산출해 자국의 중앙은행, 국책 연구기관 등에 내려 보낸다고 합니다. 이렇듯 선진국이 중국의 통계를 믿지 않은 것은 오래 전부터의 일입니다. 중국 정부의 이와 같은 짓은 마치 부실 기업이 거짓 회계 장부로 유상증자를 끌어들이는 것과 같은 사기질에 불과한 겁니다.

어쨌든 한번 따져 봅시다. 저 위의 지방정부는 애당초 3조 6천억 달러라고 허위 보고했고, 중앙정부는 이 금액을 조정해 3조 2천억 달러라고 발표했습니다. 그런데 3조 2천억 달러도 별로 신빙성이 가지 않습니다. 문제는, 국가 GDP가 과장이면 국가 부채 비율은 거꾸로 축소가 될 것이라는 것입니다. 이 경우 당연히 국가 부채 비율 21%는 틀린 지표란 결론이 나옵니다.

그럼 이건 또 얼마나 거짓일까요? 말 그대로, 국가 부채란 중앙정부 채무, 지방정부 채무, 중앙은행 채무, 공기업 보증 채무 등을 포함해서 산출됩니다. 따라서 GDP를 허위 보고하는 지방정부가 부채 비율을 제대로 계상하고 있을 리 없다는 추정이 가능해집니다. GDP가 많으면 승진과 인센티브가 주어지듯, 부채가 늘어나면 반대가 될 테니까 말이죠.

이건 중앙정부 채무를 담당하고 있는 중앙정부도 마찬가지겠죠. 심지어 일부 지방정부의 채무가 치명적 수준인데 중앙정부가 모르고 있는 경우의 수도 있을 수 있습니다. GDP에 대략 10% 수준의 거품이 있다면, 부채의 경우는 그보다 훨씬 큰 20%~30% 수준의 거품이 있을 수 있습니다. GDP가 내려가면 부채 비율이 올라가는데다 부채의 경우가 훨씬 위험하게 관리될 가능성이 높기 때문입니다.

물론 어디까지나 가정입니다. 그러나 그런 식으로 가정을 안할 수 없는 게 중국 정부가 통계 조작을 하는 것은 분명한데, 그 근거를 찾기는 매우 힘들기 때문입니다. 이런 상황에서 여타의 선진국들은 정보를 총동원해 나름 위기에 대비하고 있습니다. 그러나 한국은 그러기는커녕 밑도 끝도 없이 투자만 신나게 하고 있습니다.

만약 중국의 실질적 국가 부채가 생각보다 높은 수준이라면, 이것은 무엇을 의미할까요? 국가 부채 비율이 향후 중국 경제에 결정적 위기가 닥쳤을 때 최후의 보루 역할을 전혀 해 주지 못할 것이란 소리입니다. 예를 들어서, 한국의 국가 부채 비율이 1996년도에 8%였습니다. 그러던 것이 외환위기를 거치면서 33%로 치솟았습니다. 결국 금융 부실과 기업 부실을 국가 부채로 전가한 것입니다.

마찬가지로 중국에 한국의 IMF 위기나 일본의 버블 붕괴 같은 위기가 터진다면 최종적으로 결국 국가 부채를 늘리며 충격을 흡수해 낼 수밖에는 없습니다. 그런데 국가 부채 비율이 충격 흡수 역할을 해 주지 못한다면 위기 한 번에 경제체계 위기, 정치체제 위기가 올 수 있다는 소리입니다. 단 한 번의 위기로 위태로워질 수도 있단 이야기입니다.

통상적으로 국가 부채 비율이 60%선에 근접하면 그 나라 채권에 대한 부도 위험 프리미엄이 급증해 달라붙게 됩니다. 즉, 빚 때문에 실물 경제 전반이 위험스러운 지경에 처한다는 말입니다. 현실적으로도 이 선을 넘나드는 국가 부채 비율을 견뎌낼 수 있는 나라는 현재 세계에서 몇 나라 정도의 선진국 밖에는 없습니다. 그런데 중국에 그런 위험이 생긴다면 과연 무슨 일이 벌어질까요?

중국 경제에 언젠가는 위기가 닥치게 될 것입니다. 그중에서도 가장 심각한 것은 분식회계와 가짜 통계입니다. 만약 중국이 이 위기를 치명적 수준이 아닌 선에서 슬기롭게 극복해 내기 위해서는 이 시간 현재 그들이 은폐하고 있는 분식과 부실이 최소한 '상상할 수 없을 정도'는 아니어야 합니다. 그러나 중국에 그동안 우리가 못 보던 것을 보게 될 정도의 유례없는 수준의 재앙적 부실이 숨겨져 있을 수도 있습니다.

한국의 1997년 외환위기 전에 대우가 삼성을 제치고 재계 순위 2위에 나섰을 때 경제 전문가들이 얼마나 허탈해 했는지 기억하실 겁니다. "해도 해도 너무하네. 대우가 분식회계 한다는 건 온 세상이 다 아는데, 다른 기업도 아닌 삼성을 제칠 정도로 회계 조작을 해대다니. 이게 나라인가? 한국이 망할 징조야." 이러면서 탄식을 했죠. 결국 대우는 우리에게 그동안 못 보던 것을 보여 주며 한국 경제를 주저앉게 만들었습니다. 저는 중국 경제의 모습을 보며 예전의 대우 사태를 떠올립니다. 지금의 중국은 최소한 수백 개 대우의 위험을 지니고 있는 걸로 보여집니다.

따라서 앞으로 발표하게 될 중국의 경제 지표에서 눈여겨 봐야 할 것은 중국이 이 위기에서 어느 정도의 통계 조작을 동원해 위기를 감추어 나갈 거냐 하는 것입니다. 부실 집계, 조작 발표, 가짜 경기부양책 발표. 그런 짓은 호황 때는 통하지만 위기 때는 오히려 위기를 가중시키는 독으로 작용할 수 있습니다.

중국 사회과학원의 류위후이 주임에 따르면 통계에 넣지 않은 숨은 부채까지 합하면 현재 중국의 국가 부채는 실질적으로 GDP의 70~80% 수준인 23~27조 위안에 달할 것이라고 합니다. 씨티은행의 선밍가오 수석 이코노미스트의 예측에 따르면 지방 부채 또한 앞으로 2~3년래 2~3배 수준으로 폭증해 드러나게 될 것이라고 합니다. 중국에 더 이상의 경제 위기는 도래하지 않을 것이라는 전제하에서 그 수준에 도달할 것이라는 예측입니다.

3. 2009년 중국의 아름다운, 그러나 필사적인 숫자놀음

1982~2007년 서비스 무역 총액 세계 10위 국가와의 비교

(단위: 억불)

순위	1982년			2007년		
	국가·지역	무역 총액	세계적 비중(%)	국가·지역	무역 총액	세계적 비중(%)
	세계 총계	7,674	100	세계 총계	63,164	100
1	미국	880	11.5	미국	7,900	12.5
2	독일	653	8.5	영국	4,567	7.2
3	프랑스	620	8.1	독일	4,427	7.0
4	일본	539	7.0	일본	2,930	4.6
5	영국	513	6.7	중국	2,556	4.0
6	이탈리아	305	4.0	프랑스	2,505	4.0
7	네덜란드	301	3.9	이탈리아	2,255	3.6
8	사우디아라비아	219	2.9	스페인	2,243	3.6
34	중국	43	0.6	–	–	–

출처 : WTO

GDP에서 민간 소비가 차지하는 비중

국가	미국	일본	한국	중국
비중	70%	55%	53%	38%

GDP에서 내수가 차지하는 비중

국가	미국	일본	한국	중국
비중	86%	74%	69%	52%

출처 : 한국은행

중국의 2009년 1월 수입이 전년 동월 대비 43% 급감했습니다. 이에 덩달아 수출의 20%를 중국에 의지하는 한국의 대중국 수출도 46% 급감했습니다. 수출이 줄어드니 이에 기반한 투자 계획도 30% 이상 급감했습니다.

수출과 투자가 줄면 당연히 세수도 급감합니다. 세수가 줄면 정부 재정이 불건전해지고 재정 지출 여력이 급감합니다. 이를 만회하려고 적자

국채 발행을 통한 경기 부양에 집착하게 되면 이로 인한 구축효과로(민간 금융 조달 및 투자 감소) 인해 민간의 수출과 투자는 더욱 악화되는 악순환에 빠져들게 됩니다.

이런 경제위기로 인한 심리 붕괴 도미노를 막기 위해 각국은 사력을 다해 립 서비스에 올인하고 있는데, 대표적인 것이 중국의 4조 위안(우리 돈 800조 원)의 경기부양책입니다. 그 내역을 살펴보면 철도, 도로 등 대도시 SOC 투자 1조 8천억 위안, 쓰촨성 지진 복구 작업 1조 위안, 농촌 SOC 구축 3,700억 위안, 생태 환경 투자 8,500억 위안, 의료·문화·교육 등의 복지 투자 400억 위안 등인데, 이 모든 게 실제로 집행될지 의심스러워 보입니다. 재원 조달 계획이 빈약하기 때문입니다. 현재까지 재원 조달 계획이 구체적으로 잡힌 것은 1차 1,000억 위안, 2차 1,200억 위안에 불과합니다. 이나마도 실제 집행에 들어간 것은 쓰촨성 대지진으로 무너진 집을 다시 지어 올리는 복구 작업뿐이다. 여기에 고작 수천 억에서 수조 원이 들어간 게 전부입니다. 나머지 1,000억 위안 남짓의 자금 조달 계획도 그 달성 여부가 불투명한 상태입니다.

그런데 이런 경기 부양안이 세계 경제를 살릴 대형 호재라고 주장하는 사람들이 많습니다. 현실성이 떨어져 보이는 주장이 아닐 수 없습니다. 현재 중국은 위안·달러 환율을 절상하면 수출이 타격을 입고, 반대로 과소평가를 지속하면 국제금융 환경 변화 시 핫머니가 급격하게 이탈해 버릴 수 있는 기로에 놓인 상황입니다. 이런 상황에서 중국이 세계 경제의 구세주이거나 희망이란 평가는 과한 이야기일 수밖에 없는 것입니다.

중국은 지금 필사적인 조작 통계와 분식회계로 제 몸 하나 건사하기에도 급급한 형편이기 때문입니다. 그 대표적인 것이 2009년 1월에 행한 2007년 국가 GDP 순위 변경입니다. 중국은 이미 2년이 지난 과거 2007년도 GDP 순위를 세계 4위에서 3위로 변경했습니다. 원래는 독일을 제치고 3위였어야 하는데 아깝게 4위에 그치자 다시 통계를 재정리해 3위로 올려놓은 것입니다. 벌써 세 번째 수정입니다. 수정이야 할 수 있지만 의도가 너무 노골적이라는 것이 문제입니다.

경제 성장률 또한 마찬가지입니다. 2008년 4분기 중국의 경제 성장률은 6%대를 기록했습니다. 그러나 대외적으로 공개된 데이터들을 취합해 보면 5%대 이상이 나올 수 없었다는 것이 시장의 주류 견해였습니다. 헌데 중국은 이 역시 유유자적 6%대로 변경 발표하고 다시 이를 기반으로 작년 경제 성장률을 9%대로 올려놓았습니다.

그러나 유감스럽게도 중국의 원자재 수입량, 전력 소비량, 수도 소비량, 선박 물동량은 급감하고 있습니다. 그런데도 성장은 계속 폭발적 추세를 유지하고 있으니, 말이 안 되는 것입니다. 엄청난 기업 부도, 이로 인한 막대한 부실 채권이 금융권에 누적 발생되고 있는데다, 내수 소비 기반이 별로 없는 중국에서 수출마저 급감하고 각종 공공 통계 지표가 급강하고 있는데 성장률은 계속 아름답게 비상하고 있는 것입니다. 이는 만화책에서도 묘사하기 힘든 작업인데 중국은 천연덕스럽게 하고 있습니다. 그리고 이를 잘 아는 세계 주요국 언론과 경제 연구소들은 침묵하며 중국이 세계 경제의 희망이라는 중국 정부의 프로퍼갠더에 묵묵히 힘을 실어주고 있습니다. 이러니 제대로 된 대책이 나올 수 없는 것입니다.

지금 이러한 중국에 한국은 전혀 대비가 되어 있지 않습니다. 오히려 '중국이 800조 원의 내수 부양책에 더해 2차로 초대형 경기부양책을 벌이는 것을 한국 기업들이 호재로 활용할 수 있어야 한다'는 조언에만 열을 올리고 있습니다. 그러나 위에서 말했듯 그건 심리 호전용 경기부양책이고 그나마도 철저하게 중국 내수 부양용입니다.

따라서 한국이 할 수 있는 최선의 대책은 중국 경제의 경착륙 가능성에 대한 대비이지 중국 정부가 급박하게 내놓은 긴급 대책을 중국 경제에 대한 의존을 확대할 계기로 삼는 것이 될 수 없습니다. 더욱 한심한 것은 한국엔 미국, EU, 일본 같은 대중국 전략이 아예 부재하다는 것입니다. 아무런 대책 없이 중국을 저임금을 바탕으로 한 우회 생산기지로만 활용하려 드는 중국 올인 전략에 골몰하고 있습니다. 여기서 행여나 중국 경제 경착륙으로 인한 충격이 발생할 경우 대책이 전무합니다. 그냥 앉아서 당하거나 그런 일이 일어나지 않기만을 기도하는 것이 전부일 뿐입니다. 참으로 한심한 상황이 아닐 수 없습니다.

4. 의심하는 프랑스, 포커페이스 일본, 한국은?
- 중국 통계지표를 대하는 주변국들의 시각

1978~2008년 외화보유액(억불) 세계 10위 국가·지역 비교

(단위 : 억달러)

순위	1978년		2000년		2008년	
	국가·지역	외화보유액	국가·지역	외화보유액	국가·지역	외화보유액
1	독일	424	일본	3,472	중국	19,460
2	일본	289	중국	1,656	일본	10,037
3	스위스	174	홍콩	1,075	러시아연방	4,115
4	사우디아라비아	167	대만	1,067	대만	2,917
5	영국	155	한국	959	인도	2,466
6	브라질	114	싱가포르	797	한국	2,005
7	이란	109	독일	497	브라질	1,928
8	이탈리아	105	인도	373	홍콩	1,825
9	스페인	98	멕시코	351	싱가포르	1,736
10	프랑스	83	영국	342	알제리	1,431
38	중국	16	–	–	–	–

출처 : IMF IFS

중국에게 신나게 깨진 프랑스

2009년 들어 프랑스가 중국에 연일 깨졌던 적이 있습니다. 그 이유는 과연 무엇일까요. 그것은 베이징 올림픽 불참 선동 때문도 아니고 달라이라마 때문도 아닙니다. 바로 프랑스 계열 금융 회사들이 자꾸만 중국 통계의 신뢰성에 관해 의문을 제기하였기 때문입니다.

전 세계 각국 정부는 '입바른 소리'와의 전쟁 상태입니다. 미국은 위키리크스 사태로 홍역을 치르고 있고, 이와 관련한 폭로로 튀니지와 이집트 등 북아프리카의 구 정권은 시민들의 거센 요구로 상당히 흔들리게 되었습니다. 한국도 인터넷과 언론 장악에 혈안인 건 다들 잘 아실 거고, 그게 경제를 잘할 자신이 없으니까 '지금의 위기는 오로지 미국 때문인데 그나마 현 정권 때문에 이만큼이나마 선방하고 있다'고 선전선동을 하기 위함이라는 것도 다들 잘 알 것입니다. 중국은 한국보다 이런 강도가 더욱 심합니다. 그런데 핏발이 곤두선 중국 당국에 프랑스가 손을 볼 시범 케이스로 걸려들고 만 것입니다. 그 뒤로 세계 각국은 중국 경제의 펀더멘털에 대한 언급을 극도로 삼가하고 있습니다. 잘못했다간 중국과의 모든 비즈니스가 한순간에 끊길 수도 있기 때문입니다.

본론으로 들어가서, 중국의 4조 위안 경기부양책부터 다시 재론해 보겠습니다. 이거 앞에서 신뢰할 수 없는 정책이라고 이야기했었습니다. 추가로 나온 4조 위안 재정 투입 계획 역시 신뢰할 수 없습니다. 중국 정부는 이런 경기 부양을 할 재정 능력이 없다는 소리입니다. 그런데 또 추가로 재정 투입 계획을 발표했다던데, 그 이유가 뭘까요?

중국 당국자의 발표 한 부분만 인용해 보겠습니다. "중국 정부는 4조 위안의 내수 투자 계획을 발표한 이후에도 투자 및 소비 심리가 여전히 바닥을 헤매는 등 경제 상황이 계속 악화되고 있는 것에 대해 우려하고 있다." 그렇습니다. 이것은 경제 심리를 띄우기 위해 발표된 정책입니다. 경기가 가라앉으니까 재정 투입으로 경기를 부양하려는 것이 아니라 정부가 돈이 많으니까 경기가 죽게 놔두지 않을 것이다, 그러니 투자하고 소비하라는 쇼인 것입니다. 그러나 먹히질 않고 있습니다. Why? 중국 정부의 사정은 정작 중국 기업이 가장 잘 알기 때문입니다.

중국 정부의 4조 위안 경기부양책은 기존 재정 지출 외에 추가 지출이 아닙니다. 대부분 기존 사업이 중복 뻥튀기 되어 발표된 것입니다. 그런데 죽어도 아니라고 합니다. 신규라는 것이죠. 그래서 기자들이 자금 조달 계획을 물어봤습니다. 그런데 중국 정부는 자금 조달 계획을 물으면 외환보유고, 가계 자산, 국가 재정 규모, 국가 GDP 등 중국 경제의 거시 지표들만 앵무새처럼 읊어댑니다. 누가 그런 걸 물어봤나요, 재원 조달 방법을 물어봤지. 돈을 찍어낼 것인지, 국채를 발행할 것인지, 증세를 할 것인지, 그것도 아니면 외환보유고를 빼서 돌릴 것인지 하는 것 말입니다. 그런데 대답을 못하는 것은 여력이 없기 때문입니다.

먼저 민간 은행 부분. 중국 은행의 예대율은 75% 수준입니다. 그리고 중국 정부에 따르면 은행의 부실을 주기적으로 정리해 왔기 때문에 중국 은행에 큰 부실은 없다고 주장합니다. 그러나 전문가들은 이 수치가 조작이라고 반박합니다. 민간 은행의 수익과 건전성은 기업에 달려 있기 때문입니다. 현재 중국 기업은 매출 규모는 급증하고 있지만 이익을 많이 내는 구조가 전혀 아닙니다. 한국의 1970~1980년대처럼 지가 상승, 주가 상승, 특혜 부여 등으로 초라한 순이익을 역으로 만회해 나가는 구조인 것입니다. 그런데 최근 중국의 주가 상황이 어떤가요? 고점 대비 절반 이상 폭락한 상황입니다. 따라서 지금 중국 은행 부실이 우려스러운 상황인 것입니다.

아마도 미국처럼 곧이곧대로 부실 상각과 자산 상각 처리를 했다면 순식간에 대차대조표가 초토화되어 버렸을 것입니다. 그런데 무슨 수로 중국 정부가 민간 투자를 유치해 정부 지출로 돌릴 여력이 있겠습니까? 거꾸로 공적 자금 투입 준비를 해야 할 상황이 다가오고 있습니다.

믿지는 않지만,
굳이 입밖으로 드러내지 않는 일본

두 번째 국가 재정 부분. 부채를 국가 건전성으로 커버하려면 국가 부채가 낮아야 합니다. 현재 중국의 국가 부채 비율은 21%입니다. 그러나 전문가들에 따르면 이 수치 또한 의심스럽습니다. 숨은 부채까지 합하면 현재 중국의 국가 부채는 실질적으로 GDP의 40~80% 수준이라는 주장까지 있습니다.

그러나 백번을 양보해 맞는다고 쳐도, 8조 위안의 재정 계획을 실행에

옮기고 난 후 경기가 살아나지 못하거나 여기에 더해 1997년 한국처럼 대규모로 누적 부실을 해소해야 할 순간이 도래하면 그때는 어쩌려고 하는 것일까요?

결국 8조 위안의 경기부양책을 실시하면 재정 위기 국면으로 갈 수 있고, 실시를 안 해도 경기가 주저앉아 재정 위기 국면에 처할 수밖에 없는 쌍방향 위기 상황인 것입니다. 그런데도 이걸 잘 아는 지방정부가 경기부양책을 하자고 조르고 있습니다.

최근 중국 지방정부는 4조 위안 재정 방출이 경제를 살리는 데 역부족이라며, 중앙정부가 지방정부의 채권 발행과 이를 통한 투자 자금 조달을 적극 지원해 줄 것을 호소하고 있다고 합니다. 현재 지방정부 단독으로 채권을 발행하는 행위는 중앙정부가 법으로 금하고 있습니다. 왜냐하면 걷잡을 수 없이 부채가 늘어날 수 있기 때문입니다. 그런데 그 요구 규모가 무려 14조 위안에 달합니다. 정부 목표액 4조 위안과 합치면 무려 18조 위안으로, 이럴 경우 국가 부채는 공식적으로만 70~80%에 달하게 되는 것입니다. 그렇게 되면 국가 부채 규모가 금융위기 이전의 미국을 뛰어넘게 됩니다. 그런데도 하자는 것입니다.

그럼 전 세계에서 가장 영악한 일본 금융기관들은 이런 중국 정부의 경기부양책과 재정 상황을 어떻게 보고 있을까요? 노무라증권에 따르면 경기 부양 정책 발표 이후 중국 지방정부가 앞다퉈 발표한 투자 제의 규모가 모두 18조 위안에 달해 중국 당국이 어느 정도의 교통정리에 나설 것이라면서도 7~8조 위안을 조달하는 데는 크게 문제가 없어 보인다고 예상한 것으로 나와 있습니다.

천하의 천리안을 가진 일본이 이런 헛소리 행렬에 동참하고 있습니다. Why? 못 믿겠다고 했다간 프랑스 꼴 날게 뻔하기 때문입니다. 무리한 재정 정책을 펼치겠다는데 부추기지는 못할망정 말릴 이유도 없습니다. 고정환율제도인 중국이 통화 팽창 정책을 쓰는 경우라면 몰라도 재정 정책을 쓰는 경우에는 일본에게 불리할 것이 없기 때문입니다.

세계 무역의 급감에 취약한
중국 경제의 몸부림

그리고 외환보유고. 중국의 외환보유고는 2조 달러에 달하지만 이는 허상에 불과합니다. 지금 중국에 최대 2조 달러에 달할 것으로 추정되는 핫머니가 유입되어 있는 상태라는 것도 문제입니다.

이것은 중국 정부의 금융 정책의 발목을 심각하게 붙잡고 있습니다. 환율을 절하하자니 핫머니 이탈은 물론 투자 유입이 급감할 것 같고, 절상하자니 수출 산업이 초토화되고 있는 상황을 외면할 수 없는 것입니다. 그러나 결국 못 견디고 위안·달러화 환율은 절하 기조로 전환되었습니다. 그러나 이는 조만간 심각한 자금 이탈을 불러오게 될 수도 있습니다. 위안·달러화 절하 정책이 조속히 수출 증가세로 연결되지 못할 경우에는 말입니다. 그러나 유감스럽게도 중국 수출은 나락으로 떨어져 가고 있습니다.

2009년 1월 중국의 수출은 전년 동기 대비 17.5%, 수입은 43.1% 급감했습니다. 이것은 블룸버그통신이 예측했던 수출 14%, 수입 25.4% 감소 예상치를 훨씬 상회하는 것입니다. 더욱 문제는 수출입 감소치 사이의 지나친 간극입니다. 저것은 중국 내수가 수출 급감을 전혀 커버해 주지 못하고 있음을 보여 주는 방증인 것입니다. 여기에 중국의 각 산업 부분별 재고 수준은 천정부지를 향해 치솟고 있습니다. 출하 회복(수출)을 통한 재고 소진이 갈수록 요원해지고 있는 것은 물론입니다.

그렇다고 이를 정부 지출로 만회하는 것은 한계가 있습니다. 중국의 재정 적자가 끝 모르게 급등하고 있기 때문입니다. 2009년 중국의 재정 적자는 1조 위안을 넘어설 것으로 보입니다. 이는 중국 GDP의 4%, 중국

한 해 예산의 20%에 육박하는 규모입니다. 중국의 재정 건전성이 악화되고 있는 것입니다.

결국, 중국 정부는 못 견디고 과도하게 돈을 찍어내기 시작했습니다. 총통화 증가율이 가파르게 상승하고 있는 것입니다. 여기에는 다른 목적도 있습니다. 통화 발행으로 물가 인상 압력을 발생시켜 부동산과 증시를 살려보자는 것이죠. 그러나 이것은 너무나 위험한 정책입니다. 그렇지 않아도 물가 상승으로 실질 소득이 급락하고 있기 때문입니다. 이런 상황 하에서 부동산 부양 정책을 펴면 사회가 불안정해질 수도 있습니다. 거기에 통화 증발에는 환율 하락을 도모할 목적도 있습니다. 그렇게 되면 결국 설마 했던 대규모 외자 이탈이 언제고 현실화될 수도 있습니다.

무엇보다 중국은 수출 급감을 견딜 수 있는 경제구조가 아닙니다. 그런데 씨티그룹이 2009년 상반기 들어 발표한 보고서를 보면 2009년은 한동안 중국의 수출 물량이 연간 기준으로 20% 이상 감소할 것이라고 나와 있습니다. 여기에 더해 2009년 1월 소비자 물가지수(CPI)가 2008년 동기에 비해 1% 상승에 그치고 생산자 물가지수(PPI)는 3.3% 하락한 상태입니다. 중국 증권보에 따르면 소비자 물가지수가 2월에는 0%에 근접하고, 3월에는 마이너스 성장할 것으로 예측했습니다. 결국 디플레이션 리스크 역시도 커져가고 있는 것입니다.

그런가하면 제조업 구매관리자지수(PMI: 제조업의 경기를 보여 주는 지표로 50을 넘으면 확장, 50 이하면 위축을 의미)는 회복 추세를 보여 주었긴 하지만, 1월의 전력 생산이 13%나 줄어드는 등 지표 간 엇박자도 갈수록 커지고 있습니다. 통계 조작의 강도가 거세지고 있으며, 중국 정부의 초조감이 극에 달해 가고 있었다는 방증입니다.

중국은 무역 대국입니다. 무역 의존도가 절대적이란 소리입니다. 그런 중국이 드디어 2008년에 독일을 제치고 무역 규모 2위에 올라섰습니다.

교역 규모 총액도 2조 7천억 달러로 GDP의 80%를 넘어 100%를 향해 나아가고 있습니다. 이런 가운데서의 수출 급감은 결국 경제 붕괴를 의미합니다. 그리고 경제 파탄은 결국 민란과 폭동 등의 정정 불안 위험 증가로 이어질 수밖에는 없습니다. 중국의 농민과 차상위 계층 극빈층을 타깃으로 한 2차 경기부양책은 바로 이 점을 우려한 가운데에서 나온 것입니다. 그러나 이 정책은 현실성이 없으며 따라서 성공 가능성을 논할 필요가 없습니다. 따라서 중국은 현재 지독한 딜레마에 빠진 상태입니다.

이것은 결국 지독한 보호주의 무역 형태로 연결될 공산이 큽니다. 앞뒤가 잘 안 맞는다고 생각하는 사람들이 있을 것입니다. 수출에 의존하는 중국이 보호주의를 선도한다? 오히려 미국과 EU가 그런 정책을 펴도 말려야 할 입장인데 말입니다. 그러나 중국은 자국 자동차 산업 지원, 수출 기업 세제 지원 강화, 정부 조달 입찰 절차 강화, 중국산 기술 표준 수립 등을 통해 이미 보호주의 성향을 강화해 나가고 있습니다.

특히나 재수출(조립 가공 무역 포함) 부분에 대하여는 철퇴에 가까운 조치를 취할 태세입니다. 이는 한국에 날벼락과도 같은 것입니다. 그러나 이러한 것들은 이미 현실화되었습니다. 2009년 한국의 대중 수출이 기록적인 감소세를 기록한 것입니다.

결국 중국의 경제위기 가능성은 커져가고 한국도 중국으로 인해 경제위기 도래 가능성이 커져가는, 동아시아 쌍방향 위기의 가능성이 커져가고 있습니다. 이는 미국, 서유럽, 동유럽을 거쳤던 금융위기가 대망의 종점을 향해 동아시아로 치닫고 있는 것을 의미합니다.

문제는 그 속에서 연계되어 위기를 겪게 될 한국 경제의 모습입니다. 한국은 중국의 반제품 수출 차단, 부동산 거품 붕괴 그리고 중국발 유동성 경색으로 3중고 위기 도래의 위험을 맞이하고 있습니다. 물론 끝까지 그런 위기 가능성을 부인하려 들 것입니다. 경제는 심리라는 주장을 설

파하면서 말입니다. 맞는 말일 수 있으나 유비무환이란 말도 알아둬야 할 것입니다. 준비하는 자에게 위기는 기회가 될 수도 있지만 준비하지 않는 자에게 위기란 언제나 위기 그 자체일 뿐이기 때문입니다.

5. 중국이 G-2? 한참 멀었다
– 몇 가지 숫자로 살펴보는 중국 통계의 의문점

2000~2009년 중국 10대 수입국 시장 점유율

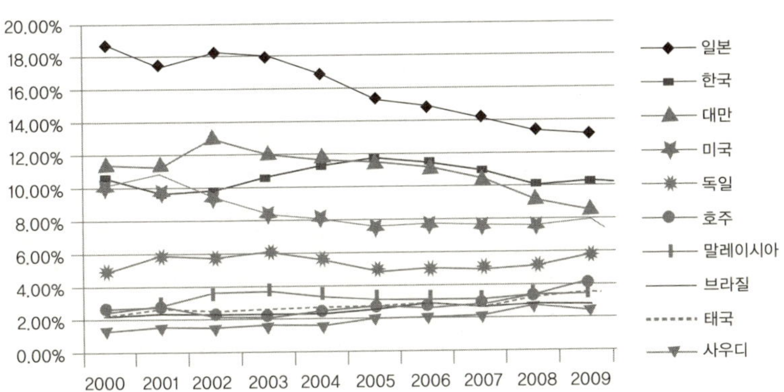

1) 경제 성장률 8.7%?

2009년 중국의 경제 성장률은 8.7%. 그러나 중국의 31개 성, 시, 자치구 가운데 GDP 성장률이 평균보다 높은 곳은 28곳, 평균보다 낮은 곳은 고작 3곳에 불과했습니다.

경제 성장률 1위는 네이멍구인데, 성장률은 무려 17%입니다. 이게 도대체 말이나 되는 수치입니까. 수출로 먹고 사는 중국 경제의 2009년 1~9월 중 수출 증가율은 −21.3%, 수입 증가율은 −20.4%입니다. 따라서 순수출의 GDP 기여도는 연평균 2~3%대에서 −3.6%까지 떨어진 상황입니다. 무역은 폭발적으로 감소하고 있는데 경제는 폭발적으로 성장하고 있는 것입니다. 이는 뭔가 잘못 돌아가고 있음을 의미합니다. 경제의 극단적인 과열에 극단적인 통계 마사지까지 더해져 있다는 소리입니다.

2) 소비자 물가 마이너스 0.8%?

2009년 상반기 중국에서는 디플레이션이 일어났습니다. 연 4~6%에 달하던 CPI 성장률이 1~9월 중 0.8% 마이너스로 전환된 것입니다.

그런데 우습게도 도시 노동자의 임금 증가율은 9.3%, 농촌 노동자의 임금 증가율은 10.0%에 달했습니다. 수출이 급감하고 물가가 폭락하고 있는데, 임금은 폭등하고 있는 것입니다. 그러나 현지인들에 따르면 시중의 체감 물가는 폭등하고 있다고 합니다. 기업들의 경영 여건이 악화되고, 서민들의 민생 여건 또한 악화되어 가고 있다는 증거입니다.

3) M2(총통화량) 29.3% 폭증?

2009년 중국의 1~9월 중 본원통화(M0) 증가율은 전년 대비 16.0% 증가, 총통화량(M2) 증가율은 전년 대비 29.3%를 기록했습니다. 외환 대출은 28.3%, 위안화 대출 역시 34.2% 증가했습니다. 중국의 경제 성장은 통화 증발과 대출 증가가 이끌고 있는 것입니다.

그럼 이 돈은 어디로 가고 있을까요. 당연히 부동산입니다. 그럼 수출이 급감한 중국에서 이렇게 대량 발행된 통화가 몰리고 있는 부동산 과열은 어느 정도일까요. 공식적인 통계로 부동산 개발 투자는 전년 대비 17.7%, 주택 투자는 전년 대비 13.4%, 부동산 판매 가격은 전년 대비 2.8% 증가한 상황이라고 합니다.

이렇게 말하면 잘 체감이 안 될 것입니다. 미국 에너지 기업 엔론의 파산 등을 예측해 명성을 얻은 공매도의 달인 키니코스어소시에이츠의 제임스 채노스 대표는 CNBC와의 인터뷰에서 다음처럼 말했다고 합니다. "중국의 과도한 부양 경제가 붕괴 위기를 맞고 있다. 중국은 지금 몰려드는 투기 자금으로 인해 부동산시장이 두바이의 1천 배 이상으로 과열되었으며, 이는 경제 성장률 8% 고수를 위해 중국 정부가 무리수를 두고 있기 때문에 벌어지고 있는 현상이다. 집값은 유럽 수준인데 1인당 국민소득은 유럽의 몇 십 분의 1이 말이나 되는 소리인가?" 이것은 중국의 경제 정책이 얼마나 이성을 상실해 가고 있는지를 잘 보여 주는 지적이라 할 수 있습니다.

4) 작년 한 해 대출 폭증으로 대출 잔액 10조 위안?

2009년 1~9월 중 월 대출 증가액은 3,000억~5,000억 위안, 우리 돈으로 60조~100조 원에 달하는 수치입니다. 누적 대출 잔액은 10조 위안(2천조 원)을 향해 나아가고 있습니다. 드디어 중국이 빚더미를 향해 나아가고 있는 것입니다. 국민소득 3천 달러 국가가 벌써 말입니다.

이 금액은 중국이 보유한 외환보유고에 맞먹는 금액이라고 할 수 있습니다. 더욱 우려스러운 것은 외환보유액 증가분에서 경상 흑자, FDI(외국인 직접투자) 순유입, 이자 수익 및 보유 자산 평가 이익을 제외한, 설명안 되고 입증 불가능한 유입 자금이 증가하고 있다는 점입니다. 이것은 핫머니 유입을 말하는 것입니다. UBS 자료에 따르면 분기별 핫머니 유입액이 360~560억 달러에 이르고 있다고 합니다. 이 자금이 이탈, 아니이탈 기미만 보여도 중국 경제에는 엄청난 충격이 발생하게 될 것입니다. 중국 정부의 조급함이 극에 달해 가고 있는 이유입니다.

5) 중국이 G2라고?

2006년 전 세계의 금융 자산은 190.4조 달러였습니다. 그중 은행 자산은 70.8조 달러, 채권 자산은 68.7조 달러, 주식 자산은 50.8조 달러입니다. 이 자산의 권역별 비중을 보면, 은행 자산의 경우 EU 36.6조 달러, 북미 12.1조 달러, 일본 6.4조 달러, 나머지 기타 15.5조 달러, 채권시장의 경우 북미 28.0조 달러, EU 23.2조 달러, 일본 8.7조 달러, 나머지 기타 8.7조 달러, 주식시장의 경우 북미 21.2조 달러, EU 13.0조 달러, 일본 4.8조 달러, 나머지 기타 11.6조 달러로 중국은 부의 측면에 있어서 아직 G-2가 될 수 없습니다.

중국이 자랑하던 해외의 FDI 투자도 급감할 기미를 보이고 있습니다. 2010년 초 1~2위는 홍콩 371억 달러, 대만 51억 달러(2009년 1~9월 중)로서 사실상 중국 경제권의 내부 투자나 마찬가지라고 할 수 있고(이조차 상당액이 투기 자금으로 의심되고 있습니다), 나머지 국가들의 경우는 점점 미미해지고 있습니다. 투기세조차 시들어가고 있는 것입니다. 급기야 2009년에는 투기성이 명백한 버지니아제도에서의 투기 유입액이 전체 대중국 투자 순위에서 홍콩에 이어 2위를 기록했습니다. (실제 투자 기준, 금융업 제외)

결론적으로 말하면 중국이 아니라 미국, EU, 일본을 제외한 전 세계를 중국과 다 합쳐도 중국은 G-2가 될 수 없습니다. 현재 중국의 제조업은 과잉 투자로 붕괴 직전, 부동산 투기는 과열로 폭락 직전, 위안화는 과잉 발행으로 초인플레이션 직전입니다. 여기에 도농 간, 도시 간, 상하위 간 빈부 격차는 이제 수십 배를 넘어 수백 배를 향해 나아가고 있는 실정입니다.

FDI 급감과 그 질의 악화(고정 투자가 아닌 금융 투기성 자금)와 양의 악화(홍콩, 대만 비중 증가 및 전체적인 유입액 감소)는 물론 단기 부채(핫머니) 및 장기 부채(모기지론) 또한 폭발적으로 증가하고 있는 상황입니다. 그 불균형을 중국은 지금 통화 발행과 위안화 절상 거부의 이중 모션으로 버텨내고 있는 상황입니다. 이것은 지속가능한 정책이 아닙니다.

따라서 미국발 금융위기가 드디어 대망의 종착역을 향해서 가고 있다고 볼 수 있습니다. 이제 금융위기의 실질적인 진원지였던 중국이 본격

적으로 위기를 맡기 시작할 태세인 것입니다. 이 위기의 결말은 결국 부
동산 버블을 선제 조정하고 있는 미국, 서유럽, 일본이 살아나고 반대로
버블을 꺼뜨리지 못하고 되레 키우고 있는 중국, 한국 등 신흥 시장이 붕
괴하는 구도 재편의 모습으로 수습될 공산이 크다고 하겠습니다.

6. 중국의 은행 부실과 부동산 버블

2009년 물동량 기준 세계 10대 항구

순위	항구명	화물 물동량(억 톤)	전년 대비 증가율(%)
1	독일	5.92	1.8
2	닝보–저우산	5.77	10.8
3	싱가포르	4.71	−8.6
4	로테르담	3.86	−8.5
5	텐진	3.81	7.1
6	광저우	3.64	4.9
7	칭다오	3.15	5.1
8	다롄	2.72	10.6
9	친황다오	2.49	−1.1
10	홍콩	2.43	−6.3

출처 : 중국 국제상보

1) 중국 경제 성장률 8.7%가 아니라 4% 수준

"중국 정부의 통계 조작이 광적 수준으로 치닫고 있다." 최근 미국의 한 경제학 교수가 언론 인터뷰에서 사용한 표현입니다. 무엇 때문에 전 세계에서 이런 독설들이 봇물 터지듯이 쏟아져 나오고 있는 것일까요.

중국 당국은 2008년 1분기 성장률이 6.1%, 2분기 7.9%라고 밝혔지만, 그해 상반기 전력 소비량은 오히려 2.2% 감소한 것으로 밝혀졌습니다. 지난 10년간 중국 공업의 부가가치(Industrial value-added, IVA)는 전력 사용량과 같은 방향으로 움직였는데, 경제위기를 맞이한 최근 몇 년간은 IVA와 전력 사용량이 반대의 움직임을 보이는 경우가 빈번해지고 있다는 것입니다.

중국의 통계학자들이 IVA로 추정한 GDP는 정부가 발표한 GDP 성장 수준의 절반 수준에 불과합니다. 중국의 GDP 성장률은 8~9%가 아니라

4~6%에 불과할 수 있다는 것입니다.

미국 정부가 발간하는 〈외교정책(Foreign Policy)〉지에 중국 전문 저널리스트 조단 칼리노프(Jordan Calinoff)가 기고한 '중국은 어떻게 장부를 조작했나(How China Cooks Its Books)'라는 글을 보면 "중국은 예전에는 국영 기업끼리 물품을 끊임없이 사고팔거나 물품을 단순 반복 운송한 것도 생산량으로 잡아 GDP를 끌어올리고 있었는데, 최근에는 아예 정부 지시(8% 상회)에 맞춰 장부를 조작하고 있는 단계로까지 나아가고 있는 것으로 의심된다"고 밝히고 있습니다.

중국 전문가인 린치 경제학 교수에 따르면, 2009년 중국의 수출은 2008년 세계 금융위기 이후 20~25% 감소하였고, 2009년 하반기부터 2010년에 이르기까지 서서히 회복되었습니다. 또 에너지 소비가 매년 7~9% 증가하다 2009년 상반기엔 발전소 석탄 소비는 8.9%, 석유 소비는 2.6% 감소했습니다. 국세 수입도 매년 17~31% 증가하다 2009년 상반기엔 마이너스 6%로 떨어졌습니다.

따라서 이런 상황 속에서 고성장이 사실상 힘겹다는 것입니다. 부동산 부양책을 감안하더라도 발표치를 상당히 하회한 수준의 플러스 성장을 했을 가능성이 있다는 것입니다. 그런데도 사후에 작성된 통계는 9% 가까운 성장을 한 것으로 기록되어 있습니다.

2) 중국의 은행들 부실 우려를 넘어 은행업 자체가 초토화 직전

2009년 말 국제 신용평가사인 스탠다드 앤 푸어스(S&P)는 "현재 중국 은행의 대손율이 상당한 수준에 달할 것으로 추정된다"고 밝혔습니다. 은행에 대한 공적 자금 투입 사태가 불가피하다는 추정입니다.

2009년 1~9월 중 월 대출 증가액은 3,000억~5,000억 위안, 우리 돈으로 60조~100조 원에 달하는 수치입니다. 누적 대출 잔액은 11조 위안

(1,800조 원)을 넘어섰습니다. 2010년에도 대출 증가폭은 감소하겠지만, 신규 대출은 20% 늘어 8조 위안에 육박할 것으로 추정되고 있습니다.

중국 경제 규모가 얼마인데 대체 1~2년 사이에 이런 대출이 일어나고 있다는 말입니까. 문제는 거기서 그치지 않습니다. 국제 신용평가기관 피치(Fitch Ratings)에 따르면, "중국 은행들이 신탁회사에 대출 채권을 매매해 실제 대출 규모를 축소시키고 있으며, 이로 인해 신용 위험이 은폐되고 있다"고 합니다. 이런 거래는 "새로운 가공의 대출을 증가시키고 건전한 자본 비율과 유동성을 감소시켜 대출 상환 가능성을 급격하게 낮추고 있다"라는 것입니다. 또한 이런 식이라면 실제 대출 총액도 정확히 잡아낼 수 없다고 합니다.

2008년 종합주가지수가 6,400p에서 1,600p로 70% 이상 하락했을 때 중국 4대 국유 은행의 부실 대출액이 1조 8,900억 위안(400조 원)으로, 총 대출 자산액의 19%에 달했었습니다. 중국 정부는 이 손해액을 메우기 위해 천문학적인 외환보유고를 탕진해야 했습니다. 한 기관의 조사 결과, 당시 증시에 뛰어든 개인 투자자들의 97%가 절반 이상의 손해를 입었고, 2%가 원금 보전, 단 1%만이 수익을 얻은 것으로 밝혀졌습니다.

해외 거대 기관 투자자들의 손실도 막대해 서유럽 계열의 은행들은 중국 증시에서 상당수 철수했고, 이때 입은 손실을 메우기 위한 자본 이동(펀드 환매, 자본 확충), 유로커런시 시장에서의 채권 롤오버 거부 사태, 헤지펀드·사모펀드 등의 막대한 투자 손실 등이 결국엔 서브프라임 모기지 사태로까지 연결되었다는 분석까지 있습니다.

중국 정부가 광적인 부동산 부양에 나서고 있는 이유도 이러한 서구 자본의 철수, 핫머니의 대량 이탈, 개인 투자자 손실로 인한 내수 붕괴, 경제 성장률 저하에 따른 FDI 이탈과 제조업 철수 등을 막아내기 위한 것으로 추측되고 있습니다. 그러나 일부 전문가들은 이번에 중국 부동산 버블이 붕괴하면 외환보유고에 육박하는 은행 부실 자산(2.27조 달러)이 발생할 수도 있을 것으로 예측하고 있습니다.

3) 광적 수준의 중국 부동산 버블

외국 자본의 중국 부동산 이탈 러시가 봇물을 이루고 있습니다. 최근 골드만삭스는 상하이 중심가 가든플라자를 매각할 방침이며, 이에 앞서 가오팅 빌딩을 매각한 바 있습니다. 스웨덴 SEB는 2006년 12월 장기 투자를 위해 매입했던 신마오 빌딩을 3년도 안 돼 중국 업체에 넘겼습니다. JP모건 체이스 등 투자 기관들도 2009년 대형 부동산을 잇달아 중국 국내 자본에 매각했습니다.

사실상 서구 자본의 부동산시장 이탈이 완료되어가고 있는 형국입니다. 〈비즈니스위크〉는 '중국 부동산시장의 광기어린 열기'라는 칼럼에서 중국 부동산의 버블은 미국 이상으로 심각하다고 평가했습니다. 엔론(Enron)의 도산을 정확하게 예측한 미국 투자가 제임스 체노스도 〈뉴욕타임스〉에 "중국 부동산시장의 버블 붕괴 위험은 두바이의 1천 배 이상으로 심각하다"라고 지적한 바 있습니다.

현재 중국은 총 인구의 0.4%가 전체 부의 70%를 차지하고 있습니다. 반면 매일 1달러 이하로 생활하는 인구가 3억 명(중국 발표로는 5천만 명)에 달합니다. 중국이 발표한 지니계수(소득 분배의 불평등도를 나타내는 지수)는 0.5에 상당히 근접하고 있습니다. 지니계수가 0.5 이상이면 사회 폭동이 일어날 만큼 극심한 불균형 상태를 의미하므로 중국 정부는 몇 년째 수치를 0.47~0.48 사이에서 조작하고 있다고 합니다. 그러나 이미 0.5를 넘어선 것으로 추정됩니다.

또한 중국 정부는 실업률을 4%선이라고 주장하고 있지만 1.5억 명에 달하는 농민공이 계산에서 빠져 있습니다. 시티은행 아시아 지역 수석 이코노미스트인 황이핑(黃一平)에 따르면, "실제로는 해고를 당했지만 중국 관리들이 문책을 우려해 자발적 실업자로 둔갑시킨 실업자 수만 독일의 총 노동 인구에 해당하는 4~5천만 명에 육박할 것"이라고 합니다. 결국 중국의 실업률은 실제로는 10~25%에 달하고 있는 것입니다.

도농 간, 도시 간, 공무원과 일반인 간 소득 격차도 극심해 대도시와 소도시의 소득 격차는 10~20배, 공산당·공무원 간부와 도시 주민의 소득 격차는 8배~25배, 농민과는 25배~85배에 달하고 있습니다.

이보다 더 심각한 것은 고위층의 횡령 행각입니다. 중국 상무부가 최근 발표한 보고서에 따르면, 최근 30년간 해외로 도주한 고위 공무원과 공산당 간부는 약 4천 명으로, 착복한 자금은 5백억 달러(56조 원), 그 일가족과 친지의 숫자는 108만 명에 이르는 것으로 밝혀졌습니다. 1인당 횡령 금액만 140억 원에 달하는 것입니다. 그러나 그간 실제 빼돌려진 금액, 지금 빼돌려지고 있는 금액은 이와는 비교조차 할 수 없을 것으로 추정되고 있습니다. 그 이유의 기저는 당연히 '중국 경제의 파탄'입니다. 고위층, 지식인 대부분이 실제로는 결국 중국 경제가 파탄을 면하기 힘들 것으로 생각하고 있다는 것입니다.

이런 상황 속에서 어떻게 부동산이 오를 수 있을까요. 실제로도 부동산 가격은 폭락할 조짐을 보이고 있습니다. 부동산 투자는 증가하고 있지만 매매는 큰 폭으로 줄어들고 있는 것입니다. 베이징, 상하이, 선전 등 대도시에는 이미 빈집이 대량 속출하고 있습니다. 그나마의 매매조차 상당 부분이 개인, 부동산 업체, 기업 등에 의한 자전거래(自轉去來)인 것으로 밝혀지고 있습니다. 즉 스스로 구입한 뒤 타인 명의를 빌려 고가로 팔아 인위적인 차익을 만들고, 다시 자신이 스스로 상승시킨 부동산을 담보로 거액을 대출 받아 빼돌리는 행위가 만연하고 있다는 것입니다. 뿐만 아니라 부동산 업체와 기업들도 이러한 행위를 너나 할 것 없이 저지르고 있습니다. 부동산 업체의 입구에서는 업체에서 고용한 아르바이트들이 손님으로 가장해 매매계약서를 작성하는 진풍경을 연출하고 있지만, 외국인을 제외하고는 속지 않는다고 합니다.

일반 중국 국민들은 이런 사실을 뻔히 알고 있습니다. 물론 부동산을 구매할 여력도 없습니다. 일부 특권층들만이 거액을 대출 받아 스스로 부동산 가격을 올리고 은행 대출을 빼돌리고 있는 것입니다. 물론 은행 관계자들도 가담하는 짜고 치기입니다.

서구 전문가들은 이런 행태가 이미 통제 불능한 상황이라고 보고 있습니다. 지금(2008년 하반기부터 2010년까지) 중국에서 일어난 대출의 절반가량이 이미 빼돌려졌거나, 상환 불능 상태라는 추정도 있습니다. 증시 붕괴처럼 부동산도 붕괴할 것이라 확신하고 있으며 따라서 절반 이상의 금액이 결국엔 상환되지 않으리라는 것입니다.

4) 중국 경제 파탄의 시기

그럼 각국 정부와 언론들은 왜 이런 중국 정부의 본질에 대응 조치를 취하지 않고 있는 것일까요.

제임스 채노스키니코스는 일전에 "중국이 그간 일궈낸 기적이 투자자들의 눈을 멀게 해 중국의 위험을 파악하지 못하게 하고 있다"고 지적한 바 있습니다. 또한 〈월스트리트저널〉은 중국 경제를 순대에 비유했습니다. "순대를 맛있게 먹으려면 돼지 내장과 선지 등이 들어가는 순대 제조 과정을 보지 말아야 한다. 중국 경제 지표가 조작되는 과정을 보면 중국 경제가 더 이상 매력적이지 않다"는 것입니다.

그러나 이것만으로는 설명이 되지 않습니다. 한국 수구 기득권들이 중국 경제에 찬사를 보내면서 부동산 투기질, 통계 조작을 따라하는 것이나, 일부 증권사들이 말도 안 되는 중국 환상론을 부채질하면서 중국 펀드 가입을 유도하는 것을 보면 결국 "내 등만 따뜻하고 내 배만 부르면 나라와 국민은 망해도 상관없다"라는 중국 이상의 극한의 모럴헤저드가 자리하고 있다는 것을 잘 알 수가 있습니다. 당장 내일 망하더라도 오늘의 중국을 흉내 내거나 중국의 본질을 들통 내지 않음으로써 내 배만 부르면 그만이라는 식인 것입니다.

이것이 바로 오늘날 한국 경제가 구조적으로 중국에 심각하게 종속되어 들어가고, 중국으로의 이전으로 산업이 공동화되고, 중소기업과 서민의 붕괴가 일어나고 있는데도 여전히 정신 못 차리고 수출 만능론, 중국 구세주론을 내세우며 국민들을 우롱하고 있는 진정한 이유인 것입니다.

예전에 10년 전쯤 이건희가 중국의 부상을 걱정하면서 한국이 조만간 중국과 일본 사이에 낀 "고래 싸움에 등 터지는 새우 신세가 될 수 있다"며 한탄한 적이 있습니다. 10년이 지난 후 그 삼성은 재벌 감세, 고환율 정책 등으로 서민과 중소기업의 부를 털어 내가며 수십조 원의 이익을 챙기며 승승장구하고 있습니다. 결과적으로 한국이 중국과 일본 사이에 끼어 죽게 생긴 것이 아니라 한국의 중소기업과 자영업자 그리고 서민이 삼성과 중국 사이에 끼어 죽게 생긴 기막힌 상황에 놓이게 되었습니다.

지금이라도 중국에 진출한 대기업은 한국으로 철수시키고, 중소기업들은 북한으로 옮겨가는 정책을 펼쳐야 합니다. 그리고 하루빨리 중국 증시와 부동산에 투자되어 있는 위험 자산들의 리스크 관리에 나서야 합니다. 그리고 부동산 버블 조장 정책, 대운하, 고층 빌딩 건립 계획 등을 중단하고 부동산 담보 대출 등 위험 자산에 대한 관리 감독 강화에 나서야 합니다. 그렇지 않으면 조만간 한국 경제는 중국 경제의 파탄과 부동산 버블 붕괴로 인해 회복 불능 수준의 타격을 입게 될 수도 있을 것입니다.

7. 정상적인 국가라면, 중국은 이미 환란을 겪었어야

1979~2007년 FDI 세계 10위 국가와의 비교

(단위 : 억불)

순위	1979년		2000년		2007년	
	국가·지역	FDI	국가·지역	FDI	국가·지역	FDI
1	미국	87	미국	3,140	미국	2,328
2	영국	65	독일	1,983	영국	2,240
3	캐나다	53	영국	1,188	프랑스	1,580
4	프랑스	27	벨기에–룩셈부르크	887	캐나다	1,087
5	브라질	24	캐나다	668	네덜란드	994
6	독일	17	네덜란드	639	중국	835
7	네덜란드	17	홍콩	619	홍콩	599
8	호주	15	프랑스	433	스페인	534
9	스페인	14	중국	407	러시아연방	525
10	이집트	12	스페인	396	독일	509
126	중국(만불)	8	–	–	–	–

출처 : UNCTAD 및 중국 통계연감

　국내외 기관들은 중국의 2009년도 재정 적자가 중앙정부 7,500억 위안, 지방정부 2,000억 위안 등 총 9,500억 위안으로 GDP 32.7조 위안의 2.9%에 달하는 것으로 추정하고 있습니다.

　이는 2008년의 1,800억 위안에 비하면 5.3배 증가한 것이지만 미국, 영국 등의 GDP 대비 10%선에 비하면 매우 건전한 것으로 평가되어 왔습니다. 그러나 이는 '수치 조작'이라는 주장이 거듭 제기되고 있습니다. 중국이 막대한 재정 적자를 정부 주도의 공공 인프라 확충 과정에서 공공 기업을 통해 회계 조작으로 은폐하고 있으며, 2009년 중국의 실질적 재정 적자는 국가 GDP 대비 10%선이라는 것입니다.

　GDP가 9% 가까이 늘었다고 주장하지만 수출, 선박 물동량, 전기 사용량 등을 볼 때 이것이 정확한 수치일리 없으며 따라서 GDP 대비 재정 적자 비율은 더욱 올라가야 한다는 주장도 있습니다.

그중에서도 가장 말이 안 되는 것이 저축인데, 최근 중국의 저축은 매년 GDP 대비 50%선 증가, 노동자 총임금보다도 높은 총액을 보여 주고 있습니다. '경상 흑자=정부 재정 흑자+민간 순저축' 이 되는데 경상 흑자 규모가 1/3 줄긴 했지만 여전히 막대한 규모를 유지하면서 엄청난 재정 적자 발생 속에 민간 순저축이 그 정도로 급증했다는 것은 결국 대규모 핫머니 유입을 의미하는 것입니다.

순수출 급감, 민간 투자와 소비 급감(높은 저축률) 상황 속에서 정말로 GDP가 9%선 폭증했다면 상상을 초월하는 재정 적자 속에 공공 투자가 이뤄지고 있다는 것을 의미하는 것입니다. 따라서 재정 적자가 고작 GDP의 2.9%선밖에는 안 된다는 것은 말이 되지 않습니다.

와중에 중국이 엄청난 재정 적자 은폐 속에 강행해 일으킨 부동산 버블도 무너지고 있습니다. 그러나 이 역시도 은폐하고 있습니다. 상업용 건물이 거의 초토화 수준으로 비어가고 있습니다. 그럼 주택시장은 어떨까요. 거래량 없는 수직 대폭락 조짐이 보이고 있습니다. 2009년까지는 개인의 사기성 자전거래로 인한 급등과 부동산 거래 업소의 자전거래(아르바이트를 고용해 고가에 사고파는 모습을 연출하고, 부동산 업소를 들락거리는 일명 '삐끼' 일을 하는 아르바이트 성행) 사기가 유행했지만 그 짓도 이제는 더 이상 아무도 속지 않는다고 합니다.

한국 아파트 가격이 최소 1/3~1/10 토막 나야 정상이라면 중국 주택 가격은 최소 1/10~1/20 토막 나야 정상이라는 이야기까지 나오고 있습니다. 당연히 생각 있는 사람이라면 대출 받고 빼돌려 놓고 싶을 것입니다. 은행은 브로커로부터 수수료를 받고 대출을 해 줘 치부를 하면 되고, 서로 끼리끼리 해먹다 자본이 잠식될 때마다 다시 중국 정부가 몰래 외환보유고를 통해 은행 자본을 채워 넣는 일의 무한반복이 일어나고 있는 것입니다. 그러나 그 짓도 향후 발생하게 될 부동산 대폭락과 엄청난 부실 대출 앞에서는 속수무책일 수밖에 없습니다.

이런 상황 속에서 이미 향후 중국 부동산 붕괴 시뮬레이션에 대한 예측이 쏟아져 나오고 있습니다. 그런 시뮬레이션의 대체적 예측은 중국 부동산 버블이 붕괴하고 와중에 조작된 회계와 장부들이 만천하에 드러나게 될 경우, 국가 부채 100%는 이미 기본이고 일본 수준(국가 부채율 170%)을 뛰어넘을 가능성까지 있다는 것입니다.

이런 상황 속에서 중국에 단 한 번의 경제위기 도래는 곧 국가 파탄으로 이어질 수 있습니다. 결국 중국의 국가 부채가 건전하다란 환상은 말도 되지 않으며, 미국의 위기를 중국이 커버해 주고 있다, 역시 말이 되지 않습니다. 정상적인 상황이라면 중국 경제는 이미 망했을 것입니다. 그러나 비정상적인 국가이기 때문에 망하지 않고 있는 것입니다.

8. 짐 로저스 '중국, 이건 아니다'

국제 여행 수입(억불) 및 입국 여행자 수(만명)

순위	국제 관광 수입				입국 여행자 수			
	1995년		2007년		1995년		2007년	
	국가·지역	수입	국가·지역	수입	국가·지역	인 수	국가·지역	인 수
	세계 총계	4,861	세계 총계	10,284	세계 총계	53,597	세계 총계	91,147
1	미국	937	미국	1448	프랑스	6,003	프랑스	8,194
2	프랑스	313	스페인	651	미국	4,349	스페인	5,897
3	이태리	304	프랑스	636	스페인	3,492	미국	5,599
4	영국	276	영국	471	이탈리아	3,105	중국	5,472
5	스페인	274	독일	469	영국	2,172	이탈리아	4,365
6	독일	241	이태리	461	멕시코	2,024	영국	3,087
7	오지리	145	중국	411	중국	2,003	독일	2,442
8	호주	119	호주	291	폴란드	1,922	우크라이나	2,312
9	스위스	114	오지리	213	오지리	1,717	러시아연방	2,291
10	네덜란드	106	터키	206	캐나다	1,693	터키	2,225
11	중국	87	–	–	–	–	–	–

자료 : World Bank

2009년 전 세계 무역 규모가 전년 대비 12% 급감했다고 합니다. 이게 얼마나 심각한 일인지 모르시는 분도 계실 것입니다. 지난 2002년 이래로 세계 무역은 매년 9~21% 성장해 왔습니다. 따라서 평균으로 보아 15% 성장해야 하는데 역으로 12% 감소한 것입니다. 즉, 100에서 115가 돼야 하는데 88이 된 것입니다. 그럼 1/10 정도가 아니라 1/3 정도가 감소한 것입니다.

코미디인 것은 WTO의 태도입니다. "WTO는 2010년 교역에 대해서 아무런 전망도 하지 않고 있다. 다만 소폭 증가할 것으로 예측하는데 중국이 과열 상태라 그렇게 될지는 미지수다"라고만 말하고 있습니다. 왜 저런 식으로 나오고 있느냐 하면 2009년에도 WTO는 연초부터 계속 무역 규모가 증가할 것이라고 주장했다가 망신을 당한 전례가 있기 때문입니다.

결국 WTO는 "무역 성장세 지속 ⇨ 0% 성장 ⇨ 마이너스 성장 ⇨ 8년 만에 최악의 수치 ⇨ 27년 만의 최악의 수치 ⇨ 2차 대전 이후 최악의 수치"로 말을 계속 바꾸어야 했습니다. 그 과정에서 국제기구에 대한 신뢰는 바닥이 났습니다. 국제기구가, 또 증권사 애널리스트가 부실 기업에 매수 추천 의견을 내는 도덕적 해이를 저지르듯이, 경제 심리 호전을 위해 말을 내뱉고 있기 때문입니다.

그래서 '그럴 거면 차라리 입을 다물고 있는 것이 낫다' 라는 탄식이 쏟아져 나왔고, 그래서 저런 식의 반응이 나오고 있는 것입니다. 그리고 WTO 관계자의 말처럼 특히 중국이 문제입니다. 그간 세계 경제 성장세를 주도해 온 것은 중국, 그중에서도 수출이었습니다. 그러나 전 세계 무역이 예정치의 1/3이나 줄어들었고 중국은 더욱 타격을 입었습니다. 세계 무역 규모는 12% 줄었지만 중국의 무역 규모는 배나(22%) 더 줄어든 것입니다. 그것은 중국의 수출이 경제적으로 어려울 때 꼭 살 필요가 없는 완구, 섬유 등의 저부가 산업이 주력인 구조이기 때문입니다.

이런 상황에서 중국 경제는 9%에 가까운 초과열 성장을 보여 주었습니다. 그것은 무슨 소리냐 하면, 대단히 무리했다는 이야기가 되고 향후 이로 인한 대가를 치르게 될 것이란 이야기입니다. GDP 대비 3% 재정 적자 지출을 일으켜도 국내총생산 1% 성장 하락을 만회하기 어렵습니다. 2009년 수출이 1/3이나 급감한 중국은 마이너스 성장을 기록해도 이상할 것이 없었습니다. 그런데도 고작 재정 적자 2.9%로 플러스 9% 가까운 성장을 이어갔다는 것입니다.

IMF에서 수석 이코노미스트를 지냈던 하버드 대학교 케네스 로고프 교수는 이러한 무리수의 대가로 중국 부동산 버블 붕괴를 예상했습니다. 문제는 중국 경제가 시장경제도 아니고 중앙통제경제도 아니라는 것입니다. 이것의 문제는 가격 시스템이 있는 것도 아니고 없는 것도 아니라는 것입니다. 오직 공산당 마음대로입니다. 상업용 건물 공실율이 50%에 달해도 가격은 70%가 뜁니다. 살 사람이 없는데도 건물을 지어대고, 매수자가 없으면 사람을 고용하거나 법인끼리 짜고 자전거래로 사고팔아 가격을 올립니다. 이익은 반영하고 손실은 반영하지 않습니다. 중국은 부동산 가격을 사실상 정부에서 컨트롤하기 때문에 정부가 원하지 않는 한 떨어질 수 없다고들 합니다. 증시도 중국 정부가 마음먹은 대로 오르내립니다.

그래서 중국이 망하는 시점을 예측하기 어려운 것입니다. 왜냐? 망해도 안 망했다고 주장하니까. 가격 시스템이 불완전하고, 사유재산권, 자유 경쟁이 제대로 보장되지 않는 나라. 심지어 외국 자본으로부터 공공 투자를 받을 때 무(無) 서류 조항을 요구하는 일까지 있다고 합니다. "특혜 줄 테니 믿고 뇌물 줘! 싫으면 사라져." 특혜를 진짜 주긴 줍니다. 그래서 선진국 자본들이 고민합니다. 떼일 수도 있는데 서류도 없이 수천억, 수조 원씩 투자하라고 하니 말입니다. 지방정부는 장부상 뜬 공돈을 얻고 개발을 일으켜 GDP 성장을 중앙에 보고해 영달을 꾀하고, 외국 투자자는 특혜를 반대급부로 얻어내 중국 국부를 수탈해 갑니다. 당연히 나라 망한다는 탄식이 쏟아져 나옵니다. 오직 불쌍한 것은 저임금 장시간 노동에 피폐해져 가는 중국 국민들 뿐입니다.

비판하지 않는 자들,
그들은 약자인가, 공범인가?

더욱 코미디인 것은 이런 중국 비판을 하면 수구 언론, 수구 정부는 물론 세계 기구들까지 쉬쉬하며 역정을 낸다는 것입니다. "쉿! 그나마 중국이 구세주인데." 중국의 역동성에는 바로 이런 부정부패들이 바닥에 깔려 있는 것입니다. 선진국, 다국적 기업이 중국에 매료되고 있는 것은 자국에서는 수십 년, 십수 년 전에 사라진 뇌물, 일사천리, 패거리 문화를 느낄 수 있기 때문인 것입니다. 중국을 통하면 자국에서는 불가능한 여러 가지 부정부패와 특혜가 가능하기 때문입니다. 바로 이런 중국에 대해서 이제 신물이 난다는 탄식이 나오고 있습니다. 중국 통계 또한 마찬가지입니다.

한편에서는 차라리 그냥 놔두라고도 합니다. Why? 언제고 한 번에 확 무너져 버리게 말입니다. 그리고 그 와중에 지속될 긴축 정책 속에서 한 몫 단단히 챙길 기회를 기다리면서 말입니다. 그래도 중국 부동산 버블을 무너뜨리긴 쉽지 않을 것입니다. 소수가 독점하고 있는 중국 자산 가격의 변동은 별 의미가 없을 수 있기 때문입니다.

그러나 일자리와 임금에서 비전을 얻을 수 없는 중국 노동자들이 자산 시장에 박탈감을 얻었을 때 나올 저항까지 막아낼 수는 없을 것입니다. 지난 증시 폭락 때 개인 투자자 절반 이상이 깡통을 찼다고 합니다. 물론 수구 기득권들은 사전 정보를 얻었겠죠.

은행의 대출 채권 중 회수 불가능한 금액이 수천조 원에 달하는 것으로 추정하고 있는 전문가들도 많습니다. 대출은 갚는 게 아니라 이자만 내는 것이라는 공식이 일상화되고 있습니다. 1997년 직전까지 한국의 대기업들이 그랬고 지금은 그 바통을 아파트 구매자들이 이어받은 상태인데, 중국은 그 정도가 더욱 심각한 것입니다. 이런 나라가 과연 안 망하고 버틸 수 있을까요. 그리고 그런 나라에 투자할 가치가 있을까요.

정말 대단한 코미디인 것입니다. 물론 한국의 수구들에겐 이런 중국이 노다지로 보일 것입니다. 중국이라는 나라는 되는 일도 없고 안 되는 일도 없는 그야말로 돈과 권력만 있으면 귀족 같은 삶을 구가할 수 있는 나라이기 때문입니다. 그러나 전 세계적 관점에서 봤을 때 중국을 그대로 놔둔다는 것은 재앙일 것입니다.

오늘날 중국이 누리고 있는 부귀영화는 그냥 흙 파서 이루어진 것이 아니라 중국 안팎의 극심한 희생을 기반으로 수립이 된 것입니다. 오죽하면 중국이 세계 중심국이 될 것이라면서 딸과 함께 중국으로 이민 간 짐 로저스가 "이 정도인 줄 몰랐다"며 "중국은 반드시 주저앉는다"라고 바로 입장을 바꾸었을 정도입니다. 물론 한국 부동산시장도 시장경제가 아닌 중앙통제경제에 가깝습니다. 가격 시스템도 사유재산 보호도 엉망진창이죠. 끝없이 서민을 갈취하는 시스템입니다.

바로 이 때문에 정부 관리들은 부동산 폭락은 없을 것이라 자신하고 있는 것입니다. 소수가 전부를 가졌고, 가격은 생산자와 소비자가 아닌 국가가 결정하므로. 그러나 그것은 독재적 의사 결정 구조가 작동하는 중앙통제경제가 유지될 때나 가능한 것입니다. 선진국 진입을 저지하면서 국가 전체를 뒤로 후진시켜야 지속가능한 정책입니다. 결국 한국과 중국 모두 현재의 경제 상황을 유지하는 것이 불가능할 것이란 이야기입니다.

03 기괴한 중국 경제 3

1. 중국은 디플레이션으로 간다

중국 경제 성장 추이

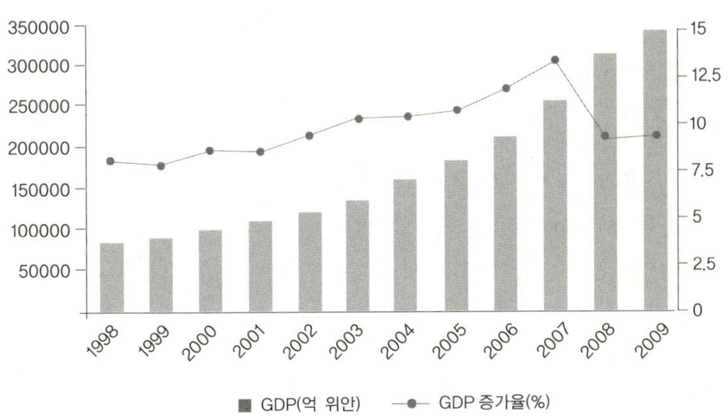

출처 : 한국무역협회

    중국 위안화가 절상되거나 자유변동환율제를 도입하면 국제 투기 자금의 대규모 공격에 직면하게 되리란 것은 자명합니다. 그래서 중국은 위안화의 평가절상을 매우 천천히 진행하고 있습니다. 매년 절상률은

0.2~2.0% 정도였습니다. 그러나 2008년 금융위기가 시작되면서 평가절 상을 아예 중단해 버렸습니다. 2008년 12월부터 2009년 12월까지 위안 화의 변동률은 거의 제로에 가까웠습니다.

거꾸로 위안화의 발행을 대폭적으로 늘렸습니다. 중국의 본원통화 증 가율이 2005~2008년 10% 중반대에서 2009년에는 거의 30%에 육박한 것입니다. 이는 사실상의 위안화 평가절하라고 할 수 있습니다. 평가절 하까지는 아니더라도 평가절상의 확고한 거부라고 할 수 있을 것입니다.

중국의 막대한 국제 수지 흑자는 이번 위기를 초래한 글로벌 임밸런스 (global imbalance)의 주범으로까지 지목되어 왔습니다. 그런데 그렇게 욕 을 얻어먹으면서까지 2.27조 달러에 달하는 막대한 국제 유동성을 축적 한 중국이 미증유의 경제위기를 맞이하고서도 결국에는 불균형 조정을 거부하고 있는 것입니다. 다른 나라 예컨대 미국의 경우는 대규모 달러 증발을 단행하기는 하였지만 시장에 미치는 영향을 최소화하고 있습니 다. 그러나 중국의 경우는 증가 발행(증발)된 화폐가 고스란히 부동산·대 출 시장으로 흘러들어 가고 있습니다.

한쪽에서는 부동산 거품을 꺼뜨리고 있는데 한쪽에서는 거품을 키우 고 있는 것입니다. 미국은 성장률 지표(유량지표)에 목을 덜 매고 있는 반 면, 중국은 목을 매고 있기 때문입니다. 그 이유는 첫째, 분기별 핫머니 유입액이 500억 달러에 육박하고 있는데, 이들 자금이 이제는 도저히 컨 트롤할 수 없는 지경으로 접어들고 있기 때문입니다. 이들을 활용하면 성장을 지속해야 합니다. 그렇지 못하면 이탈이 일어나고 금융시장이 충 격 받게 됩니다.

둘째, 환율이 안정된 상태에서 중국 특유의 고성장이 지속되고 있는데 이는 인플레 안정 속에서 도모되고 있습니다. 이 차익(성장률—인플레이션 율)의 상당 부분을 지금 외국인 투자자들이 가져가고 있는 것입니다. 그 러나 이는 불합리한 것이죠. 엄밀히 말하자면 중국 국민이 보아야 할 이익을 국제 자본이 빼내가고 있는 것입니다. 여기서 국제 자본은 두 번째 이익을 보고 있습니다. 부동산 활황이 붕괴되면 이 시스템의 유지가 불가능해지고, 중국의 성장률 유지가 불가능해지고, 따라서 자본 유입도 중단될 수밖에는 없습니다. 따라서 중국이 건설 경기와 부동산 버블 유지에 목을 매고 있는 것입니다. 이처럼 중국이 위안화 절상을 거부함으로써 막대한 외환보유고 축적을 지속하며 수출 산업을 지키고 있는 것처럼 보이지만, 실은 그것이 아니라는 결론이 나옵니다.

즉, '위안화 절상 거부 ⇨ 수출 산업 경쟁력 유지 ⇨ 외환보유고 축적 지속 ⇨ 글로벌 불균형 심화 ⇨ 전 세계적 과잉 유동성의 생성 ⇨ 부동산 증시 활황 ⇨ 경제 성장률 등 유량(flow) 지표의 개선 ⇨ 그러나 한편으론 양극화 심화로 인한 경제 하부 붕괴'가 되는 것처럼 보이지만 실은, '위안화 절상 거부 ⇨ 핫머니 유입 가속화 ⇨ 한 번에 이탈하면 중국 경제 충격 ⇨ 인위적인 부양으로라도 중국의 경제 성장률 유지 필요 ⇨ 중국 내수 시장 부양 필요 ⇨ 그러나 분배 정책은 곤란 ⇨ 결국 부동산 증시 등 자산시장 부양 정책의 강화 ⇨ 경제 하부 붕괴'가 되는 것입니다. 그러나 결국 두 경우 모두가 똑같은 결과를 초래하게 되는 것은 마찬가지입니다. 단지 후자의 경우가 약간의 시간을 더 벌 수 있을 뿐인 것입니다. 이렇듯 한 나라의 통화, 외환, 재정, 구조 등이 손상되고 경제위기가 수시로 도래하는 것은 그 나라마다 수구 기득권들이 목표하는 바가 악랄할 정도로 거대하기 때문입니다. 물론 핑계야 국제 경제, 국제 금융의 상황을 듭니다. 그러나 그런 것들은 이유가 될 수 없습니다. 되레, 금융 자유화의 경우는 국내 기득권들이 해외 자본 도피를 원활히 하기 위한 수단, 이를 지렛대로 한 경제 지배력의 증대 도모 수단입니다.

금융 투기가 늘어나 거래량이 늘어난다고 해서 변동성을 줄일 수 있으리라는 것은 그야말로 착각일 뿐입니다. 환투기가 늘어난다고 외환 가격 변동성이 줄어들고, 파생 거래량이 늘어난다고 시장 변동성이 줄어든다고 누가 이야기합니까. 오히려 금융시장이 끝없이 불안정해지고 새로운 위험만 증가하고 있습니다.

중국은 불환지폐제도로 전환한 1970년대 이후, 미국이 부당한 지위를 향유해 왔다고 주장합니다. 그 주장은 어느 정도 사실입니다. 그러나 중국 또한 근린궁핍화정책으로 전 세계 경제 하부구조를 붕괴시킴으로써 양극화를 심화시켜 온 주범으로서의 책임을 피할 수는 없습니다. 중국이 지금의 말 같잖은 환율 수치, 임금 수치, 물가 수치, 성장률 수치를 바로 잡고 빈부 격차 완화, 정치 민주화 정책 등을 시행한다면 중국의 경제 성장률은 일시적으로 떨어질지 몰라도 전 세계의 불균형과 중국 하층민의 불행한 현실은 바로잡힐 수 있을 것입니다.

그러나 그러지 않고 있습니다. 그렇게 되면 중국 극소수 기득권의 파이가 줄 것이기 때문입니다. 외환보유고도 중국 국민을 위해 써야 합니다. 그런데도 중국은 그것을 정치적 이유 때문에 거부하고 있습니다. 자전거 페달이 멈추면 넘어지게 될 거란 핑계를 들어가면서 말입니다. 따라서 중국의 광란의 질주를 제지하지 않고서는 현재 세계 경제가 직면하고 있는 그 어떤 문제점도 해소해 낼 수 없다는 결론이 나오게 됩니다. 사회 양극화, 빈부 격차, 민주주의 후퇴, 석유 고갈, 성장 지상주의 골몰, 삶의 질 악화 문제 등의 모든 문제에 있어서 그렇습니다.

그 첫 번째 시작이 바로 중국의 거품을 꺼뜨리는 것입니다. 경기 하강으로 중국의 거품을 꺼뜨리지 않고서는 세계 경제는 앞으로도 뒤로도 나아갈 수 없는 것입니다. 불확실성도 제거될 수 없습니다. 그리고 그 거품 아래 깔려 가려져 있는 중국 경제의 추악한 실체에 대해서 이제 전 세계가 알 때가 되었습니다.

2. 중국 위안화의 딜레마

중국 물가 상승 추이

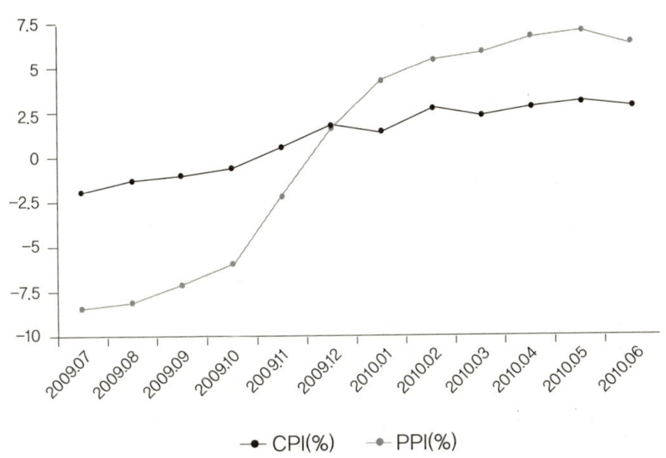

출처 : 한국무역협회

중국의 극단적인 위안화 가치 고정

그동안 극단적인 위안화 가치 고정이 유효했습니다. 그러나 더 이상은 불가능합니다. 이제는 평가절상을 하든가, 평가절하를 하든가 해야만 하는 시점에 왔습니다. 통상 금융위기는 자기예언 효과(self fulfilling crisis)와 쏠림(herding behavior) 때문에 일어나는데, 중국의 그간 극단적인 위안화 가치 고정은 바로 그러한 예상을 잠재우기 위한 최선의 예방 조치였습니다. 이제 그 예방 조치의 약발이 끝나가고 있습니다.

그럼 무슨 일이 벌어질까요. '극단적인 위안화 가치 변동'이 일어나게 될 것입니다. Why? 그간 극단적인 고정을 했기 때문입니다. 극단적인 고정이란 적절한 변동을 안하는 것입니다. 그것은 극단적인 고정 그 자체에는 유리합니다. 그러나 결국 변동해야 할 시점이 도래했을 때는 역시 적절한 변동 또한 불가하게 만듭니다. 적절한 변동은 결국 이후의 극단적인 고정을 불가능하게 만들기 때문입니다.

따라서 앞으로 변동환율제, 적절한 가치 반영의 고정환율제를 시행하지 않을 것이라면, 지금의 극단적인 위안화 가치 고정 유지 혹은 극단적인 변동 후 다시 극단적인 고정 밖에는 길이 없습니다. 그러나 이제는 극단적인 위안화 가치 고정 유지가 불가능하므로 후자만이 가능하고 그 중 어느 쪽의 길을 선택하든(극단적인 절상 혹은 극단적인 절하), 중국은 그 과정에서 위기 도래를 피할 수 없을 것입니다. 그럼 중국은 어느 쪽을 선택하려 들까요. 또 그럴 경우 각각 무슨 일이 벌어지게 될까요.

첫째, 극단적인 위안화 평가절하를 선택할 경우를 살펴보겠습니다. 지금 중국은 환율이 고정된 상태에서 자산 버블이 극한으로 치닫고 있습니다. 이것이 수출 기업의 투자 환경을 악화시키고 생산 비용을 급증시키고 있습니다. 수출을 위해서라면 위안화를 대폭 절하해야 합니다. 그러나 위안화를 대폭 절하하면 국제 자본은 대규모로 중국을 이탈하게 될 것입니다. 그럼 금리를 인상하는 방법이 있지만, 금리가 인상되면 버블이 무너지면서 중국 경제가 붕괴하게 될 것입니다.

둘째, 극단적인 위안화 평가절상을 선택할 경우를 살펴보겠습니다. 변동환율제를 택하는 주 이유는 고정환율제에서는 디플레이션 우려가 크기 때문입니다. 즉, 국제 수지 적자국의 경우 결국에는 긴축 밖에는 길이 없기 때문입니다. 반대로 고정환율제를 택하는 주 이유는 변동환율제에서는 인플레이션 우려가 크기 때문입니다. 즉, 정부에 의한 인위적인 인플레이션적 화폐불균형(높은 통화증가율 유지로 총수요 진작) 정책 지속에 의한 경기 변동 요인의 누적 때문입니다.

따라서 중국이 엄청난 국제 유동성 축적에도 불구하고 위안화를 고정한다는 것은 곧 중국 이외의 국가에 어느 시점에 이르러서는 극단적인 긴축을 요구하는 것일 수밖에는 없습니다. Why? 그간 중국의 위안화 고정이 너무 오래 또 너무 극단적으로 지속되어 왔기 때문입니다. 결국 중국의 극단적인 위안화 평가절상이 필요한 이유는 중국 자신 때문인 것입니다. 문제는 위안화를 대폭 절상하게 되면 국제 자본이 대량 이탈할 것이라는 점입니다. 그 후에 다시 극단적인 고정책을 쓸 것이므로 국제 자본은 이탈할 수밖에 없습니다.

그럼 중국이 위안화 절상을 할 수도 없고 위안화 절하를 할 수도 없는 상황 속에서 극단적인 고정을 유지하려 들지는 않을까요. 그것은 불가능합니다. 고정도 불가능하고 '극단적인' 수준이 아닌 적절한 수준의 변동 또한 불가능합니다. 중국의 그간의 극단적인 고정은 언제고 극단적인 변화를 필연적으로 야기할 수밖에 없는 전제 위에서 유지되어온 것이기 때문입니다.

'중국은 외환보유고가 많으니 국제 자본이 이탈하더라도 충격이 작지 않을까요' 라고 반문할 수 있습니다. 문제는 그렇지 않다는 데 있습니다. 현재 중국에 많은 핫머니가 유입되어 있는데 이것은 중국에 투자가 되어 있습니다. 특히 금융기관에 간접 금융 형대로 많이 물려 들어가 있습니다. 이것은 곧 중국의 부채입니다.

이런 상황 속에서 이탈이 일어나고, 동시에 위안화가 평가절하가 되면 은행의 대차대조표가 초토화됩니다. 갚아야 할 부채 총량이 기하급수적으로 팽창할 것이기 때문입니다. 그럼 시중 자본이 회수될 수밖에 없습니다. 자본의 회수가 일어나고 버블이 붕괴되기 시작하면, 역시 은행의 대차대조표가 초토화될 것입니다. 그럼 동시에 은행 또한 부채 조달(예금 유입)의 어려움에 봉착하게 됩니다. 그럼 금리를 급등시켜야 합니다. 이것은 버블 붕괴, 수출 기업 초토화를 더욱 가속시킬 것입니다.

그럼 여기서 잠깐 과거로 돌아가 봅시다. 중국은 국제 수지 누적 유지로 국제 수지 균형을 맞추기 위한 긴축을 할 필요가 없습니다. 따라서 디플레이션 우려가 적습니다. 외환위기 우려도 적습니다. 그런데 왜 중국에 외환위기가 올 수 있다는 것일까요. 바로 '극단적인' 환율 고정과 '극단적인' 국제 수지 누적 때문입니다. 이것은 무엇을 의미하냐 하면 중국이외의 다른 국가에 극단적인 긴축을 요한다는 이야기입니다. 쉽게 말해 초고금리인 것입니다. 원래는 중국의 극단적인 환율 고정과 국제 수지 누적은 1세대 외환위기 모형의 위기 도래를 막는 최적의 카드였습니다. 그러나 시간이 지나 돌고 돌아 바로 그 불균형 때문에 역설적으로 그것의 유지가 불가능해지게 된 것입니다.

한 나라의 긴축은 다른 나라에 인플레이션을 전가하게 됩니다. 예컨대 지금 미국 등의 버블 조정으로 유동성이 신흥 시장으로 몰리고 있는 것이 그 예라고 할 수 있습니다. 자연적으로 환율 하락 압력(평가절상 압력) 또한 증가시킵니다. 그런데 미국은 중국에 환율을 하락시키라는 압력까지 가하고 있습니다. 이것은 죽으라는 이야기입니다. 이중으로 압박을 가하고 있는 형국이기 때문입니다.

그러나 심각하게 이야기하지는 않습니다. '하려면 하고 말려면 말고' 식입니다. Why? 어차피 필연적으로 도래하니까. 그리고 이러한 미국을 비롯한 일본, EU 등의 긴축 움직임(인플레이션 전가)은 원래 중국의 근린 궁핍화정책(극단적인 위안화 고정=인플레이션 타국 전가)을 그대로 되돌려 보내려는 것일 뿐입니다. 따라서 중국은 위안화 절상 요구에 대해 말할 자격이 없습니다. 중국은 자신이 1세대 외환위기 모형(국제 수지 적자 누적과 이로 인한 외환보유고 부족)을 피하기 위해 그동안 다른 나라들을 2세대 외환위기 모형으로 밀어 넣어 왔기 때문입니다.

국제 수지 적자인 나라가 실업과 물가의 기로에서 실업 타개를 위한 통화 증발책을 돌파구로 삼고, 이 과정에서 평가절하, 물가 상승을 반복해 온 결과가 오늘날 위기의 원인입니다. 그럴수록 자산 버블이 극대화되고, 은행들은 정부가 책임져 줄 것이라는 믿음 하에 모럴헤저드로 막무

가내 대출을 밀어붙이고 그러다 거품 형성이 일어나 금융위기 도래 가능성이 커진 것입니다.

중국 때문에 긴축을 해야 하는데 오히려 팽창책을 돌파구로 삼는다? 그 짓의 무한 반복의 결과물은 결국 자산 버블과 빈부 격차의 극한 발현일 것입니다. 그렇게 되면 실업 정책이 나올 수도 또 통할 수도 없습니다. 통화 팽창 해봐야 결국 돈은 자산 버블로만 가고, 하부로 내려 보내면 소비자 물가지수에 비상등이 켜지고, 이는 긴축 필요성을 유발시켜 자산 버블 유지를 불가능하게 합니다. 고용 창출을 자산 버블이 가로막고, 자산 버블은 다시 긴축 정책을 불가능하게 합니다.

외길로 몰리는 것입니다. 이걸 중국이 원했던 것입니다. 다른 나라들이 끝없는 자산 버블 붕괴(일본형 위기) 속으로 빠져 들어가는 것을요. 그러나 미국, 일본, EU(독일)는 바보가 아닙니다. 부동산 버블을 쳐내고 있죠. 그리고 긴축 준비에 들어가고 있습니다. 이제 자산 버블의 함정에는 중국이 빠져 들어가고 있습니다. 정리하면,

1세대 위기 모형(국제 수지 적자와 환율 변동 예상)에 중국은 국제 유동성 싹쓸이와 극단적인 환율 고정(예상 가능성 자체의 소멸)으로 위기를 피했습니다.

2세대 위기 모형(물가와 고용의 기로에서 고용 선택)에서는 중국 때문에 긴축을 해야 하는 국가가 팽창 정책을 쓰고, 이것은 필연적인 평가절하를 불러오게 됩니다. 이 예상을 기초로 한 국제 자금의 끊임없는 유출입이 외환위기를 불러오게 되는 것입니다. 통화 증발, 물가 상승, 평가절하하는 식으로요. 그러나 중국은 인플레이션 정책으로 야기되는 불만은 정치적으로 탄압하는 식으로 위기를 피해 왔습니다.

그러나 3세대, 외환보유고와 정부의 지급 보증을 믿은 은행의 모럴해저드와 이로 인한 자산 버블, 그리고 4세대, 단기 자금(해외 핫머니) 유입 후 이 자금들이 장기(부동산 버블) 대출 구조로 빠져 들어가는 위기는 완전

하게 막아내지 못하고 있습니다.

　Why? 결국 시장을 건전하게 유지시키는 것은 '가격의 자율신경망'이기 때문입니다. 중국은 고환율로 발생하는 인플레이션의 후유증을 강제로 내리누릅니다. 물가는 치솟는데 손에 쥐는 돈은 그대로입니다. 따라서 내부 빈부 격차가 급증할 수밖에는 없습니다. 다른 나라 상품 가격은 치솟는데 중국 상품은 제자리입니다, 이로 인해 해외의 빈부 격차 역시 급증할 수밖에는 없습니다.

　국내 간, 국가 간 빈부 격차의 증가는 결국 어떠한 실업 대책도 무위로 만듭니다. 그럴수록 바로 그 실업을 잡는다는 미명하에 물가 포기 정책은 더욱 기승을 부립니다. 그러나 외형적으로는 완전히 포기할 수 없기에 결국 소비자 물가지수(CPI)를 우회한 자산 버블의 탈출구만 더욱 열어제끼고 그 버블만 천정부지로 키우다, 통제 불능 상황으로 빠져 들어갑니다. 결국 위기가 폭발하고 마는 것입니다.

　중국은 중국 때문에 디플레이션(긴축) 위기에 빠진 국가들이 그걸 모면하기 위해 일으킨 인플레이션(팽창) 정책으로 자산 버블에 당하는 것을 지켜보았습니다. 그런 중국은 인플레이션(팽창 정책과 유동성 축적) 유발 정책을 쓰는 국가이기 때문에 더더욱 인플레이션이 크게 일어날 수밖에 없는 나라입니다. 그러나 여태껏 '자국 서민 희생+다른 국가 희생+통계 조작'으로 버텨왔습니다. 그것이 바로 임계점에 이르러 자산 버블 붕괴 위기로 폭발하고 있는 것입니다. 따라서 중국의 자산 버블은 중국 때문에 자산 버블이 일어난 국가보다 몇 배 막기 힘든 것입니다.

　흔히 경제 정책의 3대 목표는 국제 수지 균형, 완전 고용, 물가 안정이라고 합니다. 헌데 중국은 국제 유동성을 싹쓸이하고, 일자리를 싹쓸이하고, 물가를 강제로 유지하고 있습니다. 자본시장 정책의 3대 목표인 환율 안정, 통화 정책 독립성 유지, 자본의 자유로운 이동도 각각 극한 수준에서 자기 유리한 대로만 재단하고 있습니다.

중국은 전 세계를 상대로
제로섬 게임을 벌이는 중

국제 유동성 싹쓸이, 일자리 싹쓸이, 물가 강제 안정, 환율 강제 고정, 고정환율제 고수, 자본시장 개방 거부의 중국에게 국제 유동성과 일자리를 모두 갖다 바치고, 중국의 물가 안정(환율 조작) 때문에 다른 나라 산업이 파탄 나고, 실업과 인플레이션이 유발되고, 그리고 죽을 순 없기에 중국 자본시장에 들어가면 위험 회피 수단은커녕 정보 취득 수단조차 없기에 수시로 큰 손실이 날 수밖에 없는 구조. 이 구조의 유지는 정말 말이 안 되는 것입니다.

결국 중국의 이런 식의 발전은 뭐다? 전 세계 하부구조의 파탄과 동의어인 것입니다. 중국과 미국이 윈-윈 관계만이 아닌 것처럼 중국과 전 세계 또한 윈-윈 관계만이 아닌 것입니다. 중국은 그간 다른 나라들에 온갖 위험을 전가하기 위해 사력을 다해 왔습니다. 그리고 이제 그것을 자신이 뒤집어 쓸 수밖에 없는 상황에 처했습니다.

물고기를 많이 잡으면 처음에는 좋죠. 그러나 나중에 씨가 마르면 원양(먼 바다)으로 나가야 합니다. 중국이 다른 나라를 파탄 내려는 근린궁핍화, 실업 전가, 인플레이션 전가, 자산 버블 전가 정책을 초고강도로 유지해 온 것이 그것과 마찬가지입니다. 처음에는 다른 나라가 실업으로 고통 받고, 부동산 버블로 고통 받는 것을 중국은 즐겼습니다. 1994년 통화 절하로 1997년 한국이 당하는 것을 보고 쾌재를 불렀습니다. 2007년 미국이 서브프라임으로 당하는 것을 보고서도 쾌재를 불렀습니다.

그러나 이제 전 세계는 중국 때문에 파탄 나가는 자국 경제 상황을 더 이상 참을 수 없게 되었습니다. 그럴수록 중국은 다급해집니다. 세계 경제의 구세주인양 행세해야 하고(성장률 10%), 자신도 실업 대란을 겪는 척해야 합니다. 그러나 중국의 실업률은 말도 되지 않는 조작입니다.

Why? 중국 13억은 원래 농민이었기 때문입니다. 원래는 엄밀히 말해서 실업률이 100% 가까웠던 나라입니다. 그러던 나라의 농부 7억 명이 노동자가 되었습니다. 그만큼 다른 나라 일자리가 파탄 나줬기 때문입니다. 다른 나라의 실질 실업률은 냉정하게 말하면 다 15~25% 수준으로 오래 전에 이미 대공황 수준입니다. 다만 실업자를 비경제 활동 인구로 빼거나 일 같지도 않은 임시직, 비정규직, 자발적 비경제 활동 인구 등으로 통계 조작을 하고 있을 뿐입니다.

그런 근린궁핍화정책을 쓰고 있는 중국이 세계 경제의 구세주로 둔갑되고 있는 이유는, 각국의 한줌 기득권들에게는 중국이 구세주 같은 존재이기 때문입니다. 빈부 격차, 물가 짓누르기, 임금 짓누르기에도 아무 말 못하는 중국 국민. 이것은 각국 수구들에겐 '꿈' 그 자체인 것입니다.

반면 미국, 일본, EU 등의 짜증은 극에 달해가고 있습니다. 중국을 한 번 바로잡지 않고서는 글로벌 리밸런싱 작업은 영원히 요원하기 때문입니다. 그 조정의 첫 시작이 바로 '긴축' 입니다.

많은 분들이 '중국이 무너지면 물가 안정은 뭐로 도모하냐' 라고 생각하시는데 이 질문이 우문의 극치라는 것은 이미 설명했습니다. 최근 30년간의 물가 안정은 가짜입니다. 물가는 거짓 안정, 자산 버블은 극한으로 발현되어 왔습니다. 따라서 물가는 오르고 자산 버블은 내리꽂혀야 합니다.

그럼 전체적으로는 물가는 정상으로 바로잡히게 될 것입니다. 되레 부동산 버블이 무너지면서 제조업, 서비스업은 활기를 띠고, 물가 상승(진정한 물가 상승-부동산 안정, 상품 서비스 가격은 정당한 가격 회복)으로 고용과 투자도 활기를 띠게 될 것입니다. 그래야 선진국, 중진국, 후진국이 골고루 잘살 수 있게 되는 것입니다.

'잘못된 프레임' 에서 벗어나시기 바랍니다. 인지부조화로 빠져들지 마시기 바랍니다. '중국이 발전해서 세계가 그나마 먹고 산다, 중국이 망하면 물가 안정은 물 건너간다, 물가가 안정이면 부동산 버블은 좀 생겨도 된다, 양극화는 막을 수 없는 대세인 것 같다, 글로벌 불균형의 원인은 오직 미국의 신자유주의 정책 탓이지 중국 책임은 눈곱만큼도 없다.' 다 거짓된 프레임입니다. 중국은 최근 수십 년래 전 세계 빈부 격차와 사회 양극화 발생의 미국 못지않은 공신입니다.

그리고 그 프레임에서 깨어난 뒤 수구 언론들이 최근 사력을 다해서 한국 대기업 환상 프레임, 미국 패권 붕괴 프레임, 일본 경제 몰락 프레임, 그리고 중국 구세주 프레임을 심고 있는 이유를 들여다보시기 바랍니다. 그 모든 것이 재벌, 수구 언론, 토건 마피아들의 농간이라는 것을 잘 알 수 있을 것입니다.

세금과 국채를 비난하고, 환율 조작과 인플레엔 잠잠한 시민들

플라자합의 이후로 환율이 달러당 300엔 수준에서 100엔 수준으로 절상되면서도 버텨낸 일본 제조업, 반대로 원·달러 환율이 300원 수준에서 900원 수준으로 절하되면서도 난리법석을 떨며 1,700원으로 수직 추락시키고, 그 결과 국민 등골을 우려내 간신히 적자에서 흑자로 탈바꿈하고도 일본을 이겨냈다고 큰소리치는 한국의 재벌들 행태를 지켜보면서 무엇을 느끼십니까.

한국이 일본을 이긴 것이 아니라 재벌이 서민들의 주머니를 탈탈 털어낸 것일 뿐입니다. 해외 언론에서 이러한 비판만 수십만 건이 나왔습니다. "대체 한국 국민들은 호구냐?"라는 것입니다. 왜 가만 있느냐는 것이죠. 대신 대답해 드리겠습니다. '세금 걷으면 비난, 국채 찍으면 비판, 돈 찍고 환율 조작하고 물가 인상하면 잠잠' 하기 때문입니다. 그 정도로 한국 국민이 경제에 무디기 때문입니다.

　환율 조작이 왜 중소기업, 자영업, 서민 등골을 우려내는 것인지, 그럴수록 일자리는 왜 줄고 사회 양극화, 부동산 버블은 심해지는지를 당최 모르기 때문에 재벌들의 고환율에 의한 흑자 기사에 어쩔 줄 몰라 하며 좋아하는 것입니다. 그러나 진실을 알고 나면 한없이 쓸쓸해질 일입니다. 한국의 수구들은 특히 경제적인 면에 있어서 친일 숭미주의에서, 친중 사대주의로 이미 전환해 나아가고 있습니다. 중국을 이용하는 게 지금 자신들에게 최고의 이익이기 때문입니다. 서민의 등골을 우려내, 소수가 부를 독점하고, 민주주의를 억압하고, 돈과 권력만 있으면 황제처럼 살 수 있는 중국이 그들에게는 바라던 바이기 때문입니다. 그러나 그 대가로 한국 경제는 후진국 중국과 똑같은 패턴으로 주저앉고 있습니다.

3. 중국의 부동산 버블과 패권 경쟁

중국 전국 부동산 개발 경기 지수 추이

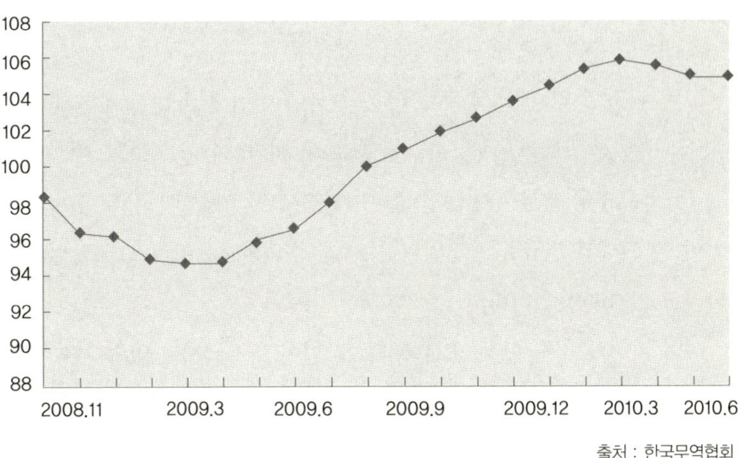

한국의 GDP 대비 고정자산 투자 비중은 대략 28%선입니다. 현 정권이 4대강 등에 사활을 걸고 있는 이유 중 하나가 바로 이 건설 부분에서 고정 투자를 늘려 GDP를 끌어올려 보려는 이유에서입니다.

선진국의 경우 이 비율이 10%~20%대입니다. 그런데 중국이 50%선을 훌쩍 넘어서고 있습니다. 이게 얼마나 과도한 수준인가는 한국을 보면 잘 알 수 있습니다. 한국의 GDP 대비 고정자산 투자 비중은 1970년대 이후 20%~30%대였습니다. 그러다 1996년 정점을 찍었는데, 이 후유증으로 1997년 IMF 외환위기가 오게 됩니다. 나이든 사람들에게 살면서 언제 가장 경기가 좋았었냐고 물어보면 거의 대부분이 외환위기 직전을 꼽습니다. 그 정도로 건설 경기의 마약성은 지대한 것입니다.

중국이 바로 이 마약 속으로 빠져 들어가고 있습니다. 어느 정도로 심각하게 빠져 있는가 하면, 2004년 40%대를 넘어선 이후 현재 50% 전후를 넘나들고 있습니다. 보통 개도국에서 초과열이 일어날 경우도 30%선을 겨우 넘겼습니다. 그 선에 육박해 들어가거나 넘긴 나라가 바로 한국과 일본입니다. 그 대가로 한국은 IMF행, 일본은 스태그디플레이션(stag deflation)행 지옥 열차에 올라타야만 했습니다. 이걸 뻔히 알면서도 중국이 그 두 배 수준으로 빠져 들어가고 있습니다.

그럼 이런 유의 건설 경기 활황은 중국에 어떤 결과를 초래하게 될까요. 국가 부채 초토화, 금융 시스템 초토화, 외환보유고 초토화, 디플레이션 도래, IMF행 금융위기 등을 들 수 있습니다. 이중에서 IMF행이 가장 말이 안 된다고 생각하실 것입니다. 중국의 외환보유고가 2.27조 달러에 달하고 있기 때문입니다.

이와 관련해 지금 일부 경제학자들의 입이 뜨거워지고 있습니다. 미국 노스웨스턴대 빅터시 교수는 중국의 GDP 대비 공공 부채가 2011년 96%에 달할 수 있다고 예측하고 있습니다.

현재 중국의 부동산 버블은 정상치의 100배에 달하고 있습니다. 중국의 소득은 일본의 1/20 수준인데, 주택 가격은 일본 버블 전성기 수준입니다. 당시 도쿄 버블을 정상의 8배로 잡아도 중국의 부동산 버블은 정상의 100배에 달하고 있는 것입니다. 물론 리스크 환산 1,000배 정도 된다고 말하는 사람도 있습니다. 왜냐하면 지금 중국 국민들은 부동산 상승장에서의 수익을 자기화하지 못하고 버블 가격의 꼭대기에서 그대로 떠안고 있기 때문입니다.

중국의 대출 증가 추이는 정말로 드라마틱해 보입니다. 미국 서브프라임 사태 이후 신규 대출은 GDP 대비 무려 33% 폭증하였습니다. 한국으로 따지자면 가계 대출이 1년 만에 400조 원이 늘어난 꼴입니다. 이것도 연 환산 20~40%의 증가 추이를 이어나가고 있습니다. 돈을 부동산시장에 융단폭격하고 있는 것입니다. 이 결과 지방 부채는 노출된 것만 5조 위안, 비공식 통계로는 12조 위안, 향후 떠안을 민자 부실과 공기업 분식회계 등을 합하면 20조 위안에 달하는 수준이 되어버렸습니다. 중국 GDP가 대략 30조 위안 초반대이니 중앙정부 부채와 외채 규모까지 합치면 국가 부채 100%에 임박하게 되는 것입니다.

더욱이 은행 대출을 중국 돈으로만 하고 있나요. 천만의 말씀입니다. 그것의 상당수는 핫머니 자금입니다. 중국은 현재 불태화정책 잠정 중단, 외화 자산 취득 감소(미국채 매입 감소)분을 고스란히 은행 여신으로 내려 보내고 있습니다. 핫머니의 경우 중국의 위안화 절상을 예상한 끝물 투기 자금 유입세가 절정에 달하고 있습니다. 그 결과 중국의 1년 은행 수신 증가액이 중국 노동자 총임금을 뛰어넘는 코미디가 벌어지고 있습니다. 그런데도 조만간 상당액이 빠져 나갈 수도 있는 이 엄청난 돈을 중국 정부는 어처구니없게도 장기 고리 부동산시장에 처박고 있는 것입니다. 그럼 중국 정부는 대체 뭘 믿고 이토록 막나가는 것일까요.

앞에서 미국 경제가 죽지 않을 수 있었던 이유는 패권 때문이며, 이 패권으로 '국가 GDP 성장률 〉 국가 부채 증가율'을 유일하게 유지할 수 있었기 때문이라고 했습니다. 중국은 바로 이 패권을 빼앗아오겠다는 것입니다. 과잉 설비 투자를 유지하고 후유증을 이겨낼 수 있는 유일의 길도 바로 GDP 성장률에 있는데, 중국은 어떻게든 긴축 없이 앞으로 나아가겠다는 것입니다. 언제까지? 중국 GDP가 미국 GDP의 2/3 수준에 도달하는 순간까지.

중국 정부는 그 순간부터 미국 패권이 완전히 꺾이게 될 것으로 보고 있고, 따라서 2/3 도달 순간 미국 패권의 프리미엄(대략 30%선)까지 나눠 가져와 일약 패권국으로 도약하겠다는 것입니다. 그럼 중국 대 미국의 GDP 배율이 7 대 10에서 10 대 7로 역전되게 되는 것입니다. 그러나 일본은 그렇게 미국 경제의 2/3 수준을 찍은 이후 내리막길을 걷다가 주저앉았습니다.

결론적으로 어떻게든 어금니 깨물고 미국이 무너질 때까지 버티겠다는 것인데, 중국은 절대로 돌아올 수 없는 오판의 길로 들어선 것입니다. 그럼 중국은 뭘 보고 그런 판단을 내린 것일까요. 아마도 중국은 달러 패권 시대의 종말을 확신하고 있는 것 같습니다. 그러나 이것은 중국의 착각일 뿐입니다. 통상적으로 통화 증가율은 잠재 성장률 수준 등을 감안해 과도한 선을 넘지 말아야 합니다.

미국의 경우 최근 십수 년간 이 준칙을 최대한 지켰습니다. 그리고 금융위기를 맞이하여 단 한 해 불을 지른 것입니다. 반면 중국은 계속해서 잠재 성장률의 3~5배 이상의 통화 증가율을 보여 왔습니다. 2009년 중국 경제 성장률이 8.7%입니다. 그런데 중국의 최근 5년간 통화 증가율은 평균 25.7~28.5%에 달하고 있습니다. 2010년 목표도 중국 인민은행의 발표를 보니 총통화 증가율을 17%선 내외로 가져가겠다고 합니다. 2009년에 14% 목표에 28%의 증가세를 보여주었으니, 올해도 실제로는 35%선의 통화 증가율 추이를 유지하겠다는 계산입니다.

여기서 우리는 두 가지를 볼 수 있어야 합니다. 첫째 중국이 미국보다 통화 정책 부분에서 더 과열된 모습을 보여 주고 있다. 둘째 중국은 거품이 일어나고 있고 미국은 거품이 꺼지고 있다. 물론 미국의 증발된 본원통화는 언제고 반드시 시장에 나올 것입니다. '본원통화 = 순외화 자산 + 국내 여신'을 의미하므로 미국 경기를 활성화시키기 위해선 결국 국내여신이 다시 늘어나줘야 한다는 것을 의미합니다. 그것은 무엇을 의미합니까. 고유가, 고농산물, 탄소 버블 등으로 다시 버블을 불러일으킨다는 것을 의미합니다.

'그럼 부동산 버블도 다시 만들어 내지는 않을까,' 그리고 '이것이 중국의 부동산 버블을 정당화시켜 주게 되지 않을까.' 중국의 계산은 여기까지 가 있을 것입니다. 그러나 미국은 중국이 바라는 그쪽 방향으로 가지 않을 것입니다. 대신 역방향을 택할 것입니다. 그 과정에서의 달러 유동성의 수요 확대를 유도할 것이라는 이야기입니다. 이미 그렇게 하고 있습니다. 미국의 통화가 중국 등으로 유입되어 버블이 꺼지는 것을 막아낸 후 도리어 더욱 키워내고 있는 것입니다.

중국은 미국이 엄청난 본원통화 증발을 단행했음에도 결국엔 중국의 과잉 통화 공급의 수준에 여전히 미치지 못하고 있다는 점을 간과하고 있습니다. 달러가 여전히 국제 유동성으로 사용되는 기축통화라는 점을 너무나 무시하고 있습니다. 지금 중국의 그런 행태는 도가 지나친 것입니다. 더욱이 인플레이션, 불건전한 붐(boom)을 컨트롤하고 생산적인 분야로 투입되도록 조정하는 미국의 역량은 여전히 세계 최고입니다.

그중에서도 미국의 중국에 대한 가장 우월적 역량은 바로 민주주의입니다. 이 논거 중에 하나가 바로 현재 중국이 보여 주고 있는 행태들입니다. 현재 일부 중국 지방정부들은 투자 유치에만 미쳐 해외 자본의 엄청난 거액 투자에도 서류상으로 보장을 해 주지 않고 있는 사례까지 나타나고 있습니다. 중앙정부의 지시와 향후 책임 추궁 문제 때문입니다. 이 것은 민자(民資)로 투자된 SOC 등이 향후 부실화될 경우 외국 투자자에게 책임을 전가하겠다는 것입니다. 이런 불확실성은 투자의 가장 큰 적입니다. 이런 나라에 패권이 부여되는 것을 전 세계가 원치 않고 있을 것입니다.

국가별 GDP 대비 채권 발행 잔액 비율

국가	일본	미국	한국	독일	대만	중국	영국	홍콩
비율	202%	169%	114%	71%	56%	50%	46%	34%

자료 : 한국은행

현재의 미국과 중국의 대결 양상은 결국 버블 문제입니다. 그럼 국채 버블과 부동산 버블 중 어느 것이 먼저 한계에 도달하게 될까요.

전 세계에서 생산되는 부가가치의 총량인 GDP는 54조 달러, 소비 시장은 20조 달러, 무역은 12조 달러에 불과한데, GDP, 소비, 무역은 모두 감소하고 있습니다. 반면 이 감소의 간극을 메우기 위해 정부 지출이 급증하고 있고 결국은 국채 버블이 문제가 되고 있습니다. 그러나 빚을 빚으로 막는 돌려막기보다 부동산 거품을 기반으로 일으킨 빚이 당연히 더 문제가 될 수밖에 없습니다. 거품이 무너지면서 자산 가치가 찌그러들고 상대적으로 상환해야 할 찌그러들지 않은 통화 표시 부채의 질량은 상대적으로 급격하게 늘어날 수밖에 없기 때문입니다.

현재 국제 외국인 직접투자(FDI) 시장의 규모는 1.2조 달러, 국제 단기 금융시장의 규모는 10조 달러, 국제 채권시장의 규모는 21조 달러입니다. 그러나 외환 거래량은 800조 달러, 파생 거래량은 440조 달러, 거래 상대방 위험 회피 시장인 신용부도스와프(CDS) 거래량의 규모는 62조 달러에 달하고 있습니다. 12조 달러의 실물 거래와 32조 달러의 금융 거래를 위해 각각 110배와 45배의 투기적 거래가 수반되고 있는 것입니다. 그러나 2009년 세계 무역은 15% 성장세에서 12% 감소세로 하락하였습니다. FDI도 29% 감소했습니다. 자본 운용이 갈수록 투기화되어가고 있는 것입니다.

실물 자산이 불안해지고 있는데, 그에 비례해 금융 거래량은 오히려 늘어나며 투기적 성향 역시 극에 달해가고 있습니다. 리스크와 투기적 성향이 모두 커져나가고 있습니다. 결국 국가적 규모 위기가 빈발할 것이란 이야기고 이것은 한두 국가만의 위기로 끝날 일이 아니란 것입니다.

그중에서도 가장 위험한 곳이 어디입니까. 바로 부동산 버블이 심하고 거대한 국가입니다. 지금 전 세계 부동산 자산 총액은 300조 달러에 달할 것으로 추정되고 있습니다. 따라서 대부분의 국가는 사력을 다해 부동산 거품을 쳐내가고 있습니다. 그런데 오직 한국, 중국만이 정반대의 역방향 질주를 하고 있습니다. 무슨 돈으로? 부동산 버블이 꺼져 들어가고 있는 국가에서 유입된 투기자본으로 말입니다. 물론, 이러한 국제 자본이 단번에 이탈할 수 있으리란 가정은 너무 극단적이고 실현 가능성이 소설 수준에 가깝다고 양국 정부 관계자들은 주장합니다. 그러나 다들 아시겠지만, 국제 투기자본들은 이제 공공연히 뭉쳐 국가를 공격하는 수준에 이르고 있습니다. 국가가 아니라 여러 국가(PIGS), 나아가 국가 연합(EU), 거대 기축통화 국가(일본, 영국)까지도 흔들어대고 있는 상황입니다. 이것은 소설이 아니라 엄연한 현실입니다.

잘못된 프레임을 또 하나 지적하도록 하겠습니다. '미국의 주택 가격 폭락이 계속될 것이다, 금융기관 부실이 우량 모기지의 부실로 옮겨갈 것이다' 라는 주장이 있는데, 미국의 주택 버블은 이미 거의 꺼졌습니다. 더욱이 중국, 한국의 부동산 버블 수준은 미국의 주택 가격이 더 이상 버블로 불리는 것 자체를 코미디로 전락시켜 가고 있습니다.

따라서 이제는 인플레이션 헤징(hedging)의 싸움입니다. 인플레이션에 대응할 여력이 작은 국가에서 큰 국가로 자본이 이동하게 될 것이라는 이야기입니다. 규제 리스크가 높은 국가에서 낮은 국가로 이동하게 될 것입니다. 이러한 모든 면에서 역시 중국보다는 미국이 월등하며 이것은 작금의 유동성 유입으로 인한 버블 극대화 대신 정반대의 현상이 조만간 중국에서 일어날 것임을 암시하고 있는 것이라 할 수 있을 것입니다.

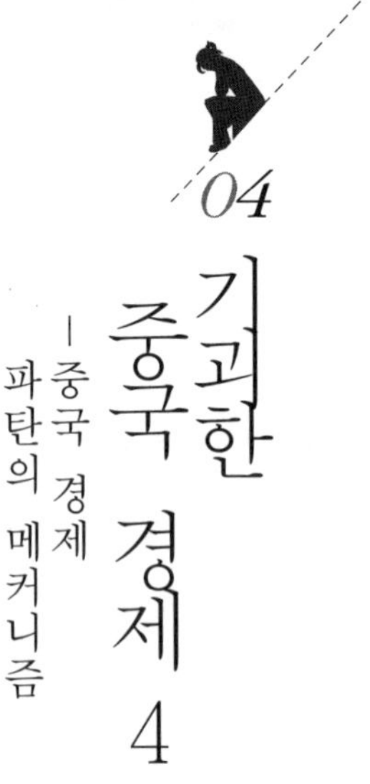

1. 도시화, 공업화, 엑소더스, 그리고 공동화

국제 여행 지출(억불) 및 출국 관광객 수(만명)

순위	국제 여행 지출				출국 여행자 수			
	1995년		2007년		1995년		2007년	
	국가·지역	지출	국가·지역	지출	국가·지역	인수	국가·지역	인수
	세계 총계	4,582	세계 총계	9,187	세계 총계	57,927	세계 총계	110,037
1	독일	665	미국	1,096	미국	5,129	홍콩	8,068
2	미국	609	독일	935	영국	4,135	독일	7,040
3	일본	470	영국	885	폴란드	3,639	영국	6,945
4	영국	307	프랑스	445	러시아연방	2,133	미국	6,405
5	프랑스	207	일본	373	말레이시아	2,064	폴란드	4,756
6	이탈리아	172	중국	333	프랑스	1,869	중국	4,095
7	네덜란드	132	이탈리아	328	캐나다	1,821	러시아연방	3,429
8	캐나다	127	캐나다	314	일본	1,530	이탈리아	2,773
9	오지리	117	러시아연방	243	포르투칼	1,308	캐나다	2,576
10	러시아연방	116	스페인	242	네덜란드	1,231	슬로바키아	2,384
25	중국	37			중국(17)	452.0		

출처 : World Bank

중국 경제가 금융위기 이후에도 폭발적인 나 홀로 성장을 계속하고 있습니다. 그 이유가 무엇일까요. 주위에 물어보면 가장 많이 나오는 대답이 4조 위안 투자 지출 등 중국 정부의 경기부양책입니다.

그러나 중국의 4조 위안 경기부양책은 과장입니다. 4조 위안이 아니라 2008년에 1,000억 위안, 2009년에 4,875억 위안, 2010년에 6,000억 위안 가량이 집행된 걸로 추정됩니다. 중국 경제가 우리나라의 3.5배 정도 되니까 한국으로 치면 매년 20조 원 정도의 경기부양책인 것입니다. 그것도 신규라기보다는 철도, 항만 등 기존의 인프라 건설 계획을 짜깁기하여 발표한 것이거나 쓰촨성 대지진 이후 도시 복구에 들어갈 비용을 모두 합해 발표한 것입니다.

4조 위안 다음으로는 중국 정부의 내수 진작책 이야기를 많이 합니다. 중국 정부가 자동차, 가전 회사 등에 보조금을 지급한 것은 사실입니다. 그러나 그것은 전 세계의 상당수 국가들이 단행한 정책입니다. 따라서 그것이 다른 국가는 거의 제로 성장을 하는 마당에 중국 경제만 10%에 육박하는 과열 성장을 하는 이유가 될 수 없습니다.

그럼 2009년 한 해 중국 경제는 무엇으로 성장하였을까요. 바로 예년의 2배 가까이 치솟은 통화 버블의 힘입니다. 그럼 통화만 증발한다고 경제가 성장하는 것은 아니죠. 그 돈이 대출로 가야합니다. 2009년 중국의 은행 대출은 예년의 3배 가까이 폭증하였습니다. 그럼 대출만 증가한다고 경제가 성장할까요. 아니죠. 신규 주택 공급 증가 등의 고정 투자 증가가 뒷받침되어야 합니다. 그래서 중국 경제는 2009년 나 홀로 성장한 것입니다. 문제는 이러한 방식은 지속가능하지도, 후유증이 없을 수도 없다는 것입니다. 2009년 한 해 중국의 수출은 21% 감소하였습니다. 그러나 고정 투자는 역으로 32% 증가했습니다.

구체적으로 이것이 무슨 소리인가. 도시의 공장이 시골로 이동하고, 도시의 빈 공장은 주거용, 상업용 건물로 대체되고 있다는 소리입니다. 최근의 중국의 통화 증발은 바로 이러한 도농 이전 작업을 돕고 있는 것입니다. 그러나 이것은 몇 가지 문제가 있습니다. 하나는 수요 증가를 동반한 건설 활황이 아니라는 점입니다. 즉, 중국 경제는 수출 감소를 내수로 감내해 낸 것이 아니라 도시 공장이 시골로 이동해 가면서 그에 따른 신규 건설 붐으로 버텨낸 것이라는 소리입니다. 공장을 쓸데없이 이전하고 공장이 떠난 빈자리는 주거용 혹은 상업용 건물이 건축되어 부동산 버블을 일으킨 것입니다.

그럼 그 다음은 어떻게 될까요? 공장이 더 시골로 이동해야만 합니다. 그럼 공장은 시골 이동, 기존 공장은 주거용, 상업용 건물로 전환, 시골로 이동한 공장은 다시 더 시골로 이동, 그 시골의 공장은 또 다시 주거용, 상업용 전환. 이상의 무한 반복이 되어야만 중국 경제는 성장세를 유지할 수 있다는 것입니다.

이 과정에서 도시가 개발되고, 도시의 숫자가 늘어나고, 부동산 시가 총액이 올라가고, 그러한 시가 총액에서 나오는 관련 세수는 지방 경제를 떠받히게 되고, 그럼으로써 전국이 골고루 성장할 수 있게 하려는 것이 중국 정부의 의도일까요. 그렇다고 한다면 과연 그것이 가능한 목표일까요. 가능하지 않습니다.

바로 버블 붕괴 메커니즘 때문입니다. 지금 상태로라면, A, B, 두 개의 도시 중 어느 한 도시가 흥하면 결국 다른 도시는 망하게 되어 있습니다. 윈-윈이 아니라 제로섬 게임이기 때문입니다. 물론 당장이야 윈-윈으로 보입니다. 공장이 이전하면서 공장이 떠난 자리에 건물 지으면 또 한 번 성장을 하니 말입니다. 그러나 공장이 떠난 도시는 결코 오래 버틸 수 없습니다. 중국은 아직 서비스업이 발달하지 못한 상태이기 때문입니다. 그렇게 한 도시가 망하면, 그것을 메우기 위해 두 개의 도시를 건설해야 합니다. 그러나 이것은 얼마 못가 곧 두 개의 도시 붕괴를 유발하고 네 개의 도시 건설을 필요로 하게 됩니다. 중국의 작금의 묻지마 건설 정책은 이러한 끝없는 도미노 후폭풍을 불러오게 될 것입니다.

현재 중국 경제는 제조업은 과냉, 부동산 투자는 과열입니다. 도시가 발전해 넘쳐나서 그 주변부의 새로운 도시가 건설되고 발전하는 양태가 아니라 도시에 부동산 버블, 물가 앙등, 극심한 빈부 격차, 임금 격차가 발생해 공장과 노동자들이 시골로 떠버리는 양태입니다. 경제 규모의 총합은 같은데 아니 되레 수축되어야 마땅한데, 일단 때려 부숴도 부족할 판국인 공장을 지방으로 이전시켜 짓고 공동화된 도심엔 살 사람도 없는 주거용 건물, 들어올 기업도 없는 상업용 건물을 지어 돈의 힘으로 간신히 경제를 떠받치고 있는 위태위태한 형국인 것입니다.

이러한 중국을 향해 무디스 등 해외 금융기관에서 보고서 등을 통해 "중국발 버블이 아시아 경제에 동반 침체를 유발할 가능성이 있다"라는 경고를 하고 나서기 시작했습니다. 이른바 중국이 조로화되어가고 있다는 경고인 것입니다. 도시가 확장되는 속도가 비정상적이며, 부동산 버블은 주제에 맞지 않게 너무 거대하며(소득은 선진국의 수십 분의 1, 부동산 가격은 선진국 수준), 그럼에도 도시와 공장이 쉴 새 없이 건설되고, 와중에 부동산 가격은 천정부지로 치솟고 있다는 것입니다. 경제가 성장하고 내수가 발전해 도시가 건설되는 것이 아니라 역방향으로 도시를 건설해 경제를 성장시키고 있다는 것입니다. 내수 발전이 아니라 과잉 건설일 뿐이고 펀더멘털이 받쳐주지 못하는 활황이 일어나고 있는 것일 뿐입니다.

중국 경제에 현재 정확히 무슨 일이 일어나고 있는 것일까요. 그 세부적인 면을 들여다보기 위해 중국에 있는 대만계 회사에서 근무하고 있는 제가 아는 어느 분의 말을 인용해 보도록 하겠습니다.

인용-1

키우던 강아지에 살짝 물려서 병원에 갔더니 한 달에 걸쳐서 주사를 다섯 번 맞아야 하는데 비용은 500원이 들고, 나머지 주산 한 대는 1,000원이 든다는 겁니다. 아니 여기 노동자들은 하루에 12시간을 꼬박 일해도 월급 2,000원을 넘기기 힘든데, 개한테 한 번 물렸다고 1,500원을 써야 한다는 사실에 참 놀랐습니다.

일전에 감기에 걸려 거의 3,000원을 쓰고도 낫지 않고 있다가 한국 출장 갔을 때 마트 옆에 있는 약국에서 제조용도 아닌 그냥 파는 약을 먹고 바로 나은 경험이 있어 중국 병원을 믿지 않는데, 이번에도 그러네요.

인용-2

월요일 영업 미팅 때 인력 부족으로 말이 많았습니다. 우선 대도시와 지방의 물가가 너무 차이가 나고, 명절 때 고향으로 내려가는 비용이 너무 커서, 급여가 많이 차이 나지 않으면 차라리 지방에 남겠다는 사람이 많기 때문입니다. 그래서 이번 명절에 그냥 정리하고 돌아가는 노동자들이 많다더군요.

지방에 많은 공장들이 들어서고 있어 구직하기에 별 어려움이 없다네요. 그래서 대만의 큰 기업인 Foxconn은 지난달에만 2만 명이 퇴사를 해서 엄청난 고생을 하고 있습니다. 인력 회사 사람들만 돈을 벌고 있는 상태라고 하더군요. 중국 인구가 13억이 맞는지 실감이 안 납니다. 우리 회사도 인력이 너무 부족하여 바쁘지 않은 사무실 직원들이 생산라인에 투입되었습니다.

설이 지나고 나면 정말 엄청난 혼란이 있을 수 있겠더라고요. 이제는 기업들이 중국인들의 복지를 위해 좀 더 신경을 써야 하는 시대가 온 것 같습니다. 현지 직원들 말로는 대만 기업의 복지가 정말 너무 형편이 없다고 합니다. 특히 사람들이 먹는 음식이 너무 부실하다고 합니다. 농촌에서는 가난해도 풍요롭게 먹던 젊은이들이 부실한 음식, 그것도 고향 식이 아닌 짬뽕 식을 먹자니 불만이 쌓여만 갑니다. 중국 직원들 말로는 지금은 회사가 노동자를 선별하는 것이 아니라 노동자가 회사를 선별하는 시대가 왔다고 하네요.

지금 중국은 회사는 구인난, 직원은 구직난에 빠져 들어가고 있습니다. 도시에서는 공장이 빠져나가고 물가가 천정부지로 올라 살기가 어렵습니다. 따라서 시골로 옮겨진 공장을 따라 귀향을 합니다. 그럼 그 도시는 공동화됩니다. 선진국처럼 개인 자산이 축적되고, 빈부 격차가 심하지 않고, 사회복지제도가 제대로 되어 있다면 서민들이 도시에 살아 도시가 죽는 것을 막아줄 것입니다. 그러나 그렇지 못합니다. 따라서 곧 도시는 죽고, 부동산 활황세는 꺼지게 될 것입니다. 이것은 신규 주택 건설과 상업 건물 분양에 찬물을 끼얹게 될 것입니다. 그럼 노동자가 이동한 시골은 어떻게 될까요. 그곳은 도시화가 진행되겠지만 반대로 그로 인해서 다른 하나의 도시를 공동화시킬 것이고, 결국엔 그곳도 다른 곳에 밀려나 공동화되게 될 것입니다. 결국 이렇게 가다보면 그러한 진행을 기다릴 필요도 없이 경제 전반이 도미노처럼 와르르 무너지게 되는 것입니다.

지금 중국 지방정부의 거의 모든 곳이 10%가 넘는 성장률을 기록하고 있습니다. 그 유지 불가능한 메커니즘은 누차 말한 대로입니다. 그리고 지방정부들은 그러한 부동산 버블을 바탕으로 막대한 부채를 일으켜 추가 성장을 도모해 내고 있습니다. 거의가 수십 년을 내다보고 무지막지하게 진행되는 인프라 건설들입니다. 이것은 추가 세수 유입을 단정짓고 미래 세수를 담보로 조달된 자금들로 이루어지는 건설이고 성장입니다.

그러나 달성 불가능한 목표입니다. 그럼 어떤 일이 벌어질까요. 지방정부 파산이 일어나게 될 것입니다. 국민소득 3천 달러에 벌써 주택 가격이 선진국 수준. 그리고 국민소득 3천 달러에 엄청난 복지제도를 갖춘 선진국이 3~4만 달러에나 겪는 지방정부 파산을 겪게 되는 것입니다.

그럼 국가 부채 또한 안심할 수 없게 됩니다. 중국의 국가 부채 수준은 20~40% 수준으로 외형상으로는 매우 건전해 보입니다. 그러나 악성 부채로 전락할 만한 은행의 위험 자산은 이미 충분히 축적되어 있는 상황입니다. 한국이 1997년 외환위기를 극복하면서 국가 부채가 8% 미만에서 33%선으로 치솟아 오른 경험이 있습니다. 네 배 치솟은 것입니다. 일본 또한 부동산 버블 붕괴를 겪으면서 마찬가지 일을 겪었습니다. 중국이라고 이러한 것들을 비켜나갈 수는 없는 노릇입니다.

따라서 중국 경제는 일단 한번 무너지면 휘청거리는 정도가 아니라 파탄에 가까운 도미노 양상을 보일 수밖에는 없고, 이걸 잘 아는 중국 정부는 경제 성장률이 조금이라도 주저앉으면, 중국에 대한 환상이 깨지고, 중국에 대한 투자가 일시에 빠져나가고, 그럼 그간 중국이 벌여온 조작이 모두 들통 나게 되어 중국 경제는 한방에 나락으로 떨어지게 될 것이 자명하기 때문에, 이를 막기 위해 사활을 건 통화 증발, 부동산 부양, 대출 증가책을 쓰고 있는 것입니다.

그러나 이것은 자전거 곡예나 마찬가지입니다. 멈추면 쓰러집니다. 그러나 쉬지 않고 계속 달릴 수도 없는 노릇입니다. 그렇다고 멈추면 쓰러지고, 쓰러지면 망합니다. 환장할 노릇입니다. 이런 중국에 대해 최고의 염장질은 '중국 경제가 조만간 붕괴할 것이다' 라는 악담이 아니라, '중국 경제 내년에도 활황을 지속할 것이다' 라는 덕담입니다. 중국은 지금 잠재력을 모두 소진해가며 간신히 경제 성장률을 유지하고 있는데 이것을 계속해라? 무슨 수로 계속합니까. 이런 유의 성장이 가능했다면 이번 위기는 터지지도 않았습니다. 무엇보다도 이제 중국 경제는 고속 성장을 더 이상 지속할 수 없는 한계 상황에 봉착해 있습니다. 내부적으로도 저임금 장시간 노동 환경과 극심한 빈부 격차 그리고 부동산 거품 정책을 유지할 수도 없거니와, 미국 또한 중국만을 이롭게 하는 양국 간 경제 관계를 더 이상 고수할 생각이 없기 때문입니다.

그 말은 그간 미국, 중국 양안 간의 윈-윈 게임의 고리 기반은 미국은 중국 물건을 사주고, 중국은 그 돈으로 미국의 채권을 사주는 것이라기보다는, 미국이 그 돈으로 다시 중국에 들어가 금융시장을 장악하고, 각종 제도를 변화시키고, 금융기관, 우량 기업 등을 장악하는 것이었습니다. 그러나 마지막 고리에서 계속 삐걱거리며 진도가 나가지 않고 있기 때문에 더 이상 중국과 우호적 경제 관계만을 고수하지 않을 것이라는 것입니다.

2. 중국, 대만의 기득권 계층과 10억 서민 그리고 미국

중국의 국경 상황

미국이 펼쳐놓은
커다란 바둑판

최근 미국과 중국이 충돌하고 있습니다. 그렇다면 향후 중국이 어떻게 될까요. 답은 미국의 의사가 중요합니다. 미국은 중국을 견제하려고 하고 있습니다. 그럼 중국이 매우 곤혹스러워지게 될 것입니다.

중앙아시아 이야기를 잠깐 해보도록 하죠. 미국이 거기 왜 갔습니까. 탈레반 없애러? 뉴스를 보면 "미군이 수렁에 빠져 들어가고 있다", "미국이 러시아, 영국의 전철을 밟고 있다", "미국이 엄청난 전비만 소진한 채 결국 퇴각하게 될 것이다", "미국은 현재 전쟁을 수행할 만한 경제 여건이 아니다" 등의 기사가 나옵니다. 그러나 미국이 거기 간 이유는 탈레반을 없애러 간 것이 아니라 탈레반을 키워 중국을 곤경에 처하게 하기 위함입니다.

따라서 아프칸 전쟁에서 미국이 이기고 지고는 하등의 중요한 것이 아닙니다. 다만 중요한 것은 탈레반이 강해지도록 해 주는 것뿐입니다. 그리고 미군은 열심히 싸우는 척만 하면 됩니다. 물론 미군도 죽습니다. 그러나 그깟 미군 몇 명 죽으면 다시 선발해 투입하면 그만입니다. 그럼 막대한 전비는 어떻게 하냐고요? 미국 입장에서는 내수 진작책 중의 하나일 뿐입니다.

미국이 조만간 테러리스트들이 미국 본토를 공격할 것이라고 소란을 떠는 것은 결국 중국에 테러가 발생하게 될 것이라는 우회 시그널이기도 합니다. 다만 관심사는 중국 본토가 핵공격을 당하게 될 것이냐, 아니면 재래식 무기 공격만 당하게 될 것이냐, 아니면 그 전에 중국이 깔끔하게 서쪽 영토를 이슬람 세력에 분할해 주느냐 하는 것 등입니다. 결국 이것은 중국 분열 우려로 이어지게 될 것입니다.

대만 이야기도 해 보도록 하죠. 최근 미국이 대만에 60억 달러어치의 무기를 팔았습니다. 더욱 분통 터지는 것은 블랙호크 헬기 때문입니다. 예전에 미국이 이 무기를 중국에 팔아먹었는데 천안문 사태를 빌미로 부품 공급을 중단해 버린 적이 있습니다. 결국 중국 정부는 이 비싼 헬기를 고철로 녹여버릴 수밖에는 없었습니다. 바로 그 블랙호크를 미국이 대만에 판 것입니다.

왜 이렇게 미국이 중국을 자극할까요. 그것을 미국과 중국의 관점에서 보면 안 됩니다. 중국 기득권과 중국 서민의 관점에서 봐야 합니다. 중국 공산당에게 10억 명에 달하는 중국 서민을 책임져 줄 의지가 있을까요. 없습니다. 그럼 대만에게 중국과 통일해 자신들의 부를 나눠줘 중국 공산당이 포기해 버린 10억 명의 서민을 대신 먹여 살릴 의지가 있을까요.

역시 없습니다.

한국 수구 기득권들에게 북한의 서민 2,400만 명을 먹여 살릴 의지가 있을까요. 없습니다. 대만 국민들이 걱정하는 것은 중국과 통일을 할 거냐 말 거냐가 아닙니다. 통일 후 중국에 결국 폭동과 국가 분열이 일어나게 될 것이라는 점이 걱정인 것입니다. 그렇게 될 경우 통일 뒤 자신들도 기득권의 일부가 되어 서민들의 공격을 받고 강제적 분배 요구를 받게 될 것이 뻔한 것입니다. 따라서 중국과는 섣불리 통일을 할 수 없는 것입니다. 그리고 미국은 그러한 이기적인 기득권 구도의 생리 위에서 중국의 남부에서 확고한 전선 하나를 구축할 수 있게 되는 것입니다.

이란 이야기도 해 보죠. 지금 중국에게 있어 이란은 중요한 원유 수입처 중의 하나입니다. 중국도 공식적으로만 수백억 달러가 물려 들어가 있습니다. 그런 이란과의 우호 관계를 강화하기 위해서 핵무기에 대한 제재까지 반대하고 있는 상황입니다. 그러나 그런 이란의 경제를 제재하는 것은 미국에게는 쉬운 일입니다. 이란 경제가 파탄 나면 이란에 투자된 중국 자산은 손상 받게 될 것입니다. 그럼 그만큼의 외환보유고 또한 손상 받게 될 것입니다. 따라서 중국이 미국 채권의 가격 안정성을 못 믿겠다며 원자재 등으로 투자를 확대하고 있는 것은 리스크가 큰 행위인 것입니다. 왜냐, 그런 시장들은 아직까진 미국 손아귀에 있기 때문입니다.

중국만 자국 증시의 가격 조절로 외국 투자자들의 자산을 빼먹을 수 있는 것이 아닙니다. 중국 자산이 중국 밖으로 나가는 순간 미국도 중국 자산을 언제든지 빼먹을 수 있습니다. 따라서 현재 중국에게 가장 안전한 투자처는 여전히 미국 채권이지 기타 다른 것이 될 수 없습니다. 더욱이 미국은 더 이상 중국에게 채권 판매를 의존할 의사가 없어 보입니다. 그 말은 제조업 기지를 중국 이외 다른 나라로 다변화해 나가겠다는 소리입니다.

세상의 모든 일은 역방향으로 흘러가게 되어 있는 법입니다. 예를 하나 들어보죠. 중국이 위안화 절상을 거부합니다. 그럼 앞으로는 어떻게 될까요. '중국이 위안화를 점진적으로 절상할 것이다, 아니면 위안화를 큰 폭으로 한번 절상할 수도 있을 것이다' 라고 말하면 안 됩니다. 시장에 풀린 돈으로 기준을 따지자면 위안화는 이미 달러보다도 더욱 과대평가된 상황이기 때문입니다. 가장 올바른 대답은 '중국 위안화는 대폭적으로 절하될 가능성이 높다' 라는 것입니다. 위안화 절상을 거부하면 절상 거부가 아니라 대폭적 절하를 당하게 될 것이라는 말입니다. 뭐에 의해서? 바로 중국 경제 파탄의 메커니즘에 의해서 말입니다.

'당연하다' 라고 생각되는 이치를
거꾸로 생각해 본다면

그럼 중국 경제는 왜 필연적으로 위기를 겪을 수 밖에는 없을까요. 이것 역시도 역방향 이치로 설명이 될 수 있습니다. 처음에 중국이 성장할 수 있었던 이유는 바로 '14억 환상론' 때문이었습니다. '볼펜 하나만 팔아도 14억 개를 팔 수 있다' 는 환상론 말입니다. 지금은 어떻습니까. '10억 서민 부양 불능론' 이 대세입니다. 아무리 중국 경제가 발전해도 결국엔 중국 국민 전체를 먹여 살릴 수는 없다는 것입니다.

더욱이 중국 인구구조는 노후화되어 가고 있습니다. 불과 0.4%가 전체 부의 70%를 가지고 있는 상황에서 서민 한 명이 서민 수십 명을 먹여 살려야 하는 시대가 조만간 오게 되는 것입니다.

과연 그럴 수 있을까요, 지금 여러분에게 묻는 것이 아닙니다. 여러분은 대답할 자격이 없습니다. 여러분은 부양 의무자가 아니기 때문입니다. 부양 의무자는 바로 중국 기득권입니다. 중국 기득권은 그에 대한 대답으로 '도망' 을 선택한 지 오래입니다. 중국에서 현재까지 일어난 국부 유출액은 수백조 원이 넘습니다.

따라서 이런 중국 경제가 순항할 수 없으리라고 예측하는 것은 '순리'일 것입니다. 미국은 민주주의 국가입니다. 유럽만큼은 아니지만 중국 따위와는 비교도 할 수 없는 수준의 민주주의를 구현하고 있는 국가입니다. 거기에 더해 패권을 가진 국가입니다. '민주주의 + 패권' 말입니다. 미국이 전 세계에 패권을 들이대며 폭리를 취하는 것은 사실입니다. 그러나 아주 작은 기회이기는 하지만 기회도 줍니다. 진짜 민주주의를 하면 패권의 착취를 최소화할 수 있다는 것입니다. 그것은 미국이 착해서가 절대 아닙니다. 바로 패권의 명분 때문입니다. 패권은 힘으로만 유지되는 것이 절대로 아닙니다. 명분, 이념, 휴머니즘 등이 동반될 때 유지될 수 있습니다. 그런데 중국은 명분을 갖추고, 이념을 공고히 하고, 인본주의적 모습을 보여 줄 수 있는 민주주의를 거부 중입니다.

중국 기득권이 정말로 미국을 이길 수 있는 길은 미국 패권에 도전하는 것이 아닙니다. 바로 중국 국민에게 무릎 꿇는 것입니다. 중국 10억 서민들에게 골고루 잘살 수 있다는 경제적 희망을 주고, 중국 국민들도 자유로운 삶을 살 수 있다는 이념적 희망을 주고, 중국 국민들을 따뜻하게 보살피는 인본주의적 모습을 보여 준다면, 역설적으로 중국에게 미국 패권을 물리칠 수 있는 돌파구가 열릴지도 모릅니다. 그러나 중국 기득권은 완강히 그것을 거부하고 있습니다. 결국 중국은 패권에 의한 외부 공격이 아니라 집안 단속을 하지 못하여 내부 붕괴로 무너져 내릴 것입니다.

예전 일본은 미국을 이기겠다는 희망, 미국인처럼 잘살아 보자는 희망으로 1등 국가가 될 수 있었습니다. 실질적으로도 일본 국민들은 잘살게 되었습니다. 그러나 중국은 미국을 이기겠다는 패권 도전의 희망은 있지만 미국인처럼 잘살게 될 수 있으리란 희망이 없습니다. 이제 미국보다 더 짜증스러운 것이 중국 기득권, 그리고 통일 중국이 탄생하면 일약 기득권 계층으로 편입될 '대만 국민 전체' 라고 할 수 있습니다.

그런 상황 속에서 중국은 너무 일찍 늙고 조로화되어 가고 있습니다. 그리고 사방이 적입니다. 몽고, 한국, 일본, 베트남, 대만, 파키스탄, 인도, 이스라엘, 러시아 등. 또한 한족에게도 버림받고 있을 뿐 아니라 수많은 다민족들에게도 버림받아 가고 있습니다. 중국은 바로 이러한 명분, 이념, 휴머니즘적 관점에서 절대로 미국을 이겨낼 수 없습니다. 그리고 이것은 바로 민주주의의 거부와 최종적으로 연관이 됩니다.

중국의 중앙통제경제와 시장경제의 결합. 결국 그것은 사기로 결판이 나고 있습니다. 시장경제보다 더 악랄한 빈부 격차를 가져오고 있기 때문입니다. 불과 인구 0.4%의 70% 부 독식. 외환보유고는 위안화로 바뀌어져 은행에서 그들 0.4%에게로 대출된 뒤 끝없이 횡령되고 있습니다. 중국 국민들이 간신히 모아 은행으로 보낸 푼돈들도 마찬가지입니다. 이런 상황 속에서 진작 폭동이 일어나야 했지만 8% 성장과 민주주의 억압으로 간신히 버티고 있는 중일 뿐입니다. 이제 그 더러운 위선적 가면만 벗겨내면 중국 경제의 파탄은 시간문제가 되는 상황이 되어버렸습니다.

지금 많은 사람들이 착각하고 있는 것, 두 가지가 있습니다.

첫째, 국가 대마불사론입니다. 동유럽, 북서유럽, 남서유럽, 동남아 등의 잔챙이는 몰라도 미국, 일본, 중국, EU 등의 대마는 건재할 것이라는 환상론입니다. 그러나 이 경제위기는 대마불사가 아니라 대마 중 하나가 죽어야 끝이 납니다. 잔챙이 국가들의 희생이나 각국 내부의 지엽적 구조조정 따위로는 어림도 없다는 소리입니다.

둘째, 전쟁 불능론입니다. 2차 대전 이후 핵무기의 광범위한 보급으로 전쟁이 더 이상 안 날 것이라는 환상론입니다. 그러나 핵이 터질 수 있습니다. 특히 그 핵은 각국 정부가 아닌 테러리스트 등을 배후에서 조종하는 형태가 될 수 있을 것입니다. 왜냐하면 아무리 미국이라 할지라도 공식적으로 핵을 터뜨릴 명분이 없기 때문입니다. 그러나 테러리스트가 핵을 터뜨리게끔 미국이 뒤에서 배후 조종하고 미국이 이를 진압하는 방식이라면 충분히 가능합니다.

물론, 중국은 이러한 미국의 압박과 농간을 잘 알고 있습니다. 따라서 중국이 코너에 몰리면 중국 국가 분열을 막고 내부 폭동의 세를 외부로 돌리기 위해 극단적인 선택을 할 가능성도 배제할 수 없습니다. 이렇게 될 경우 한반도가 위험해질 수도 있습니다.

그럼 한국이 이러한 위험을 막을 수 있는 가장 좋은 방법은 무엇인가. 제가 위에서 설명했습니다. 한국의 수구 기득권이 북한의 서민 2,400만 명을 먹여 살리겠노라고 생각을 바꾸는 것뿐입니다. 즉, 통일 거부에서 통일 수용 쪽으로 돌아서 획기적으로 정치, 경제 협력 강화를 해나가는 길뿐입니다. 그러나 한국의 수구 기득권들은 현재 중국 공산당과 똑같은 수준일 뿐입니다. 결국 비슷한 운명으로 전락해 나아가게 될 것이라는 이야기입니다.

3. 약을 줄 것인가, 사탕을 줄 것인가

미국이 살포하는 사탕은
누가 받아 먹었나

미국이 재정 적자를 벌충하기 위해 국채를 대량으로 발행하고 그 국채 발행이 일으키는 부정적인 효과(대내적 구축 효과 외에 대외적 달러 패권 손상)를 최소화하기 위해 금리 인하를 지속한다면 어떻게 될까요.

전 세계에 인플레 우려가 커집니다. 인플레 우려가 커지면 기준금리와 상관없이 자연 이자율이 상승하고, 장기 국채 수익률이 올라가면서 시장 이자율을 끌어올리게 됩니다. 그럼 채권 가격들이 폭락하겠죠. 달러화 표시 국채 가치가 하락한다는 것은 금융 자산 전체의 신용도가 의심받게 되는 것이나 마찬가지입니다. 당연히 달러화 가치 또한 약세를 띠게 되겠죠. 교과서적으로는 그렇게 되겠지만, 2009년 위기 상황에서는 약달러가 아닌 강달러 현상이 나타났습니다. 일단 예상과 반대 현상이 나타나고 있다는 점만 기억하고 넘어가도록 합시다.

그럼 금리는 궁극적으로 어떻게 될까요. 부채 조달이 순조로운데다 부채 부담을 줄여야 하니 당분간 저금리를 고수할까요. FRB도 그런 뉘앙스를 풍긴 적이 있죠. 그러나 답은 '결코 그렇지 않다' 입니다. '전격적 고금리 단행' 이 어느 순간 이루어지게 될 것입니다. 그간의 금리 인하는 자국 거시경제 조정이 아닌 패권 전략의 일환에 방점이 찍혀온 것이기 때문입니다.

유가는 어떻게 될까요. 세계 경제가 안 좋으니 수요 부족으로 저유가가 될까요. 아니면 유동성 과다로 인해 고유가가 될까요. 2009년 예상은 저유가 기조가 당분간 계속될 것이란 것이었습니다. 그러나 어느 순간 유가 급등이 도래할 것이고, 2011년 상반기에 펼쳐진 북아프리카의 민주화 확산, 이에 따른 수에즈 운하 운행의 불투명으로 인한 유가 반짝 상승도 이와 맥을 같이 합니다. 과다 유동성 때문에? 그게 아니라 미국의 석유 패권 의지 때문에 그렇게 될 것입니다. 그렇게 되면 '강달러, 고금리, 고유가 등, 3고 폭풍의 도래'가 일어나게 되는 것입니다.

유럽발 위기의 본질이 무엇입니까. 그것은 국제금융의 주류가 '강달러, 고금리, 고유가 도래를 예감하고 있다'라는 것입니다. 그렇게 되면 전 세계의 자금들이 부동산시장에서 채권시장으로 본격 이동하게 될 것입니다. 최근의 유럽발 위기 지속은 바로 그러한 자본 이동의 전주로 봐야 할 것입니다. 그럼 자본이 이동하게 되면 어떠한 일이 추가적으로 벌어지게 될까요.

첫째, 지금 전 세계의 상당수 국가들이 유동성을 회수하면 부동산시장이 무너지고, 유동성을 회수하지 않으면 채권시장이 무너지게 되는 이중의 위기를 맞이하고 있습니다. 유동성을 회수하면 적자 재정, 고세율, 정부 지출 감소, 고실업 등이, 유동성을 회수하지 않으면 물가 폭등, 가처분 소득 급감 등이 가속화되는 쌍방향 위기에 처해져 있는 것입니다.

둘째, 이 쌍방향 위기를 아울러 들여다볼 수 있는 대표적인 지표가 바로 '재정수지'라는 것입니다. 따라서 재정 적자 상황이 악화일로를 걷고 있는 국가부터 자본 이탈 현상이 일어나고 있는 것입니다.

그럼 재정수지가 왜 중요한가. 재정수지와 경기 순환 간에는 밀접한 관계가 있기 때문입니다. 재정수지와 관련해 통상적으로 가장 널리 인용되는 지표는 바로 고용입니다. 고용이 줄어들면 재정 적자가 늘어날 것으로 예측되고(이 경우 고용은 재정의 선행 지표가 됩니다), 고용이 늘어나면 재정 적자가 줄어들 것으로 예측됩니다. (재정수지의 변화 그 자체는 재정 정책의 판단 척도로 잘 사용되지 않습니다. 왜냐하면 재정 적자는 경기 변동의 원인이 아니라 경기 변동의 결과일 경우가 대부분이기 때문입니다. 재정수지 그 자체보다 경기 변동이 더 중요하다는 이야기입니다. 따라서 고용이 가장 중요한 것입니다.)

즉, '경기 악화 ⇨ 고용 악화 ⇨ 재정 적자 증가' 가 발생하게 되는데, 이걸 막기 위해 각국은 통화 증발을 해왔고, 그 결과 '경기 악화 ⇨ 통화 증발 ⇨ 그래도 고용 악화 ⇨ 또 통화 증발 ⇨ 재정 적자 눈덩이 증가' 가 발생한 것입니다. 이렇게 안 되려면 증가된 통화가 고용에 효율적으로 투입되었어야 합니다. 그런데 몇몇 정부 예컨대, 한국, 중국, 스페인, 포르투갈, 이탈리아, 그리스 등은 이 통화를 부동산 부양에 쏟아 붓고 또한 재정 적자를 줄일 생각은 안 한 채 부자 감세에만 열을 올려 왔습니다.

예컨대 아이가 열이 나 아프다고 칩시다. 울고 있는 아이를 위해서 아빠가 해열제를 지어왔습니다. 그 약을 아이에게 먹이면 열이 떨어질 것입니다. 그런데 아빠가 약 대신, 아이가 울고 있다고 해서 아이가 평소에 좋아하던 사탕이나 불량식품들을 잔뜩 사와서 아이의 비위를 맞추려고 한다면 어떻게 될까요. 그런 것들이 아이의 면역력을 더욱 악화시켜, 간단한 감기가 중이염, 폐렴이나 최악의 경우 류머티스 심질환으로 번져 판막질환을 일으킬 수도 있습니다.

따라서 그런 이유들로 고용이 회복되지 않고, 그 결과 재정 적자가 엉망이 되는 것입니다. 그럼 엄마(국민)가 약봉지(실업률)는 어디 있냐고 물어보지 않을까요. 그럼 약봉지 여기 있다고 둘러대면 됩니다. 바로 가짜 실업률 약봉지를 들이대게 되는 것입니다. 실질적 실업률 악화에도 불구하고 기저효과 및 재정 투입에 의한 일용직 고용 등으로 장부상 실업률만 개선된 수치를 국민들에게 들이미는 것입니다.

그러니까 재정 정책, 통화 정책을 해도 소용없는 것이 아니라, 재정 정책, 통화 정책을 정석대로 제대로 사용하지 않고 있는 것입니다. 아이한테 약 주면 되는데(고용) 그 돈으로 사탕을 주고(부동산 버블) 있는 것입니다. 그래서 위기가 본질적으로 해결되지 않고 있는 것입니다. 또한 현재 유럽에서 위기가 벌어지고 있는 국가들의 공통점이 무엇이냐 하면 불법 체류자 증가, 의료 관광 산업 진흥, 부동산 버블, 사회 양극화, 금융 산업 올인, 부자 감세가 판을 치고 재벌이 사회 전반을 좌지우지하는 국가들이라는 것입니다.

쓴 약을 거듭 삼키고 있는 독일과 일본

반면, 위기가 덜한 독일은 '관광 산업의 경우 볼거리를 아예 만들지 마라', '살기 좋으면 그만이지 관광객 늘어봐야 불법 체류자, 매춘, 마약만 증가한다', '부동산 버블의 경우 주택 버블을 철저히 차단하고, 그 돈이 제조업으로 가도록 해라', '고부가 금융 산업은 니들이 해라, 우린 제조업, 복지 서비스에 치중할게', '사회 양극화의 경우 주 3일제, 주 4일제 등의 노사 협력과 근로시간 단축으로 일자리 나누기 해라' 등의 정책을 취하고 있습니다. 서민들이 고통의 기미만 보여도 부자, 재벌에게 도덕적 의무를 신물 나도록 들이대는 상황에서 부자 감세는 있을 수도 없습니다.

EU 건설 과정에서 재정 적자 3% 이상 금지 조항을 만들었던 것도 유럽 각국의 기득권이 제발 서민들 쥐어짤 생각만 하지 말고 함께 살아가는 공동체 세상을 지향하라는 취지에서였습니다. 그러나 각국 기득권은 '그러면 위기가 와도 대응이 어렵다', '정책 독립성 침해가 지나치다' 는 등 별의별 저항을 다 해가며 결국 그 본래의 취지를 무용지물에 가깝게 만들었습니다. 그렇게 말 안 듣고 '내 등 따뜻하고 내 배만 부르면 난 걱정 없어'를 목 놓아 크게 외치던 순서로 지금 박살이 나고 있는 것입니다. 이게 유럽발 금융위기의 진정한 실체 중 한 단면이라고 보면 될 것입니다. 조금 더 나아가서 그럼 유럽이 망가지는 모습을 보인 뒤에 그 불똥이 어디로 튀게 될까를 예상해 보면, 그 대상이 바로 한국과 중국입니다.

그럼 일본은 어떻게 될까요. 한국과 중국이 환율 조작, 통화 증발로 일시적인 수출 유지, 부동산 버블 유지로 경쟁력을 지속하는 듯한 모습을 연출하는 동안, 일본은 상대적인 엔화 초강세로 고생을 한데다 얼마 전에는 도요타 사태 등으로 제조업마저 흔들리고 있으니 일본은 곧 침몰할까요? 그렇지 않습니다. 일본은 독일 등의 서유럽과 더불어 전 세계 자본 시장의 양대 지지대 역할을 하고 있는 나라입니다.

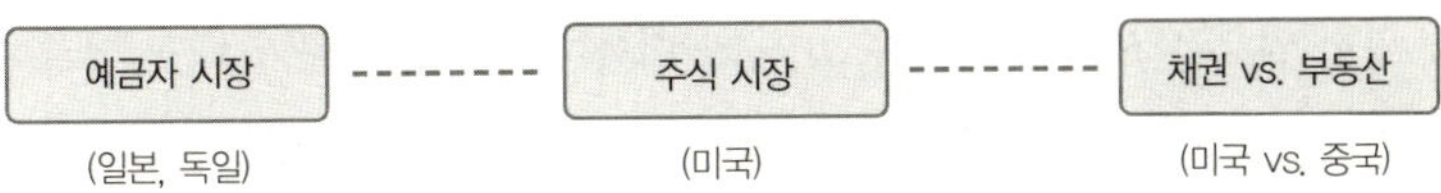

일본은 그간 엔을 자국 내로 꾸준히 회귀시켜 왔습니다. 이는 엔화 강세로 인한 제조업 타격, 자본 운용에 있어서의 수익률 손해를 일으켰습니다. 그럼에도 그것을 능가하는 무슨 메리트가 있었다는 이야기입니다. 바로 한국과 중국의 부동산 버블 조성입니다.

예컨대 현재의 도요타 상황은 물론 위기입니다. 그러나 도요타는 외형상 수십 년 적자가 나도 버틸 수 있는 기업입니다. 물론 일본 정부가 그렇게 망해가도록 놔두지도 않을 것입니다. 그럼에도 인내하고 있는 이유는 성공은 불확실하지만 가능성이 그 어느 때보다 한층 높아진 바로 저 눈에 가시 같은 숙적 '중국'을 이겨내기 위해서입니다.

만약 미국이 이번 위기에서 중국을 확실하게 주저앉히지 못하면 20~30년 뒤에 중국이 미국을 역전하는 것이 아니라 패권 프리미엄을 상실하는 속도만큼 그 기간이 추가로 앞당겨지게 될 것입니다. 빠르면 10년 이내가 될 수도 있을 것입니다. 그러나 그 전에 일본은 일본 프리미엄(아시아 맹주+제조업 황제)을 먼저 상실되게 될 것입니다. 그렇게 되면 군사적 패권도, 석유·금융파워도 없는 일본은 일순간에 무너져 버릴 수도 있습니다. 이미 GDP는 '중국 > 일본'의 임계점을 갓 넘어섰고, 바로 이 절체절명의 순간에 일본이 마지막 힘을 내서 버텨보고 있는 상황입니다.

물론, 한국, 중국에게는 상대적으로 국가 부채가 낮다는 마지막 밧줄이 있기는 합니다. 그러나 일본도 예전에는 국가 부채 비율 40% 이하의 고결한 국가였습니다. 그러다가 부동산이라는 함정에 빠져 부채 비율 200%의 나락으로까지 추락하게 된 것입니다. 일본은 부동산이 경제를 한 순간에 망가뜨린다는 것을 누구보다 잘 아는 국가이고, 경제 구도 예측에는 누구보다 뛰어난 국가이기도 합니다.

또한 일본은 선진 주요국 중 미국과 더불어 유이하게 국가 패권 전략에 따라 산업이 일체화되어 움직여 온 국가이기도 합니다. 일본은 지금 미국과 중국이 대립하는 작금의 구도 재편 상황을 잘 읽고 있습니다. 또한 1970년대 엷은 태환화폐제도마저 붕괴한 이후 지속되어 온 인플레이션 정책들이 전환점을 맞이할 수밖에 없는 임계 상황에 도달한 것을 잘 알고 있습니다.

인플레이션 ⇨ 인플레이션 ⇨ 스태그플레이션 ⇨ 인플레이션 ⇨ 인플레이션 ⇨ 스태그플레이션, 그리고 그 다음은 무엇일까요. 또 인플레입니까. 전에 통화량 증가가 반드시 소비자 물가지수(CPI) 상승을 유발하는 것은 아니지만, CPI 상승은 반드시 통화량 증가를 동반한다고 설명한 적이 있습니다. 바로 이게 문제라는 것입니다. 그간 CPI는 무차별적 통화량 증가에도 불구하고 안정되어 온 것이 아니라 강제로 짓눌려져 온 것입니다(서민에게 고통 전가). 그리고 짓눌려진 부분이 풍선 효과로서 부동산 거품의 과잉 형성에 기여한 것뿐입니다. 그리고 그 버블은 끝도 없이 경제 성장에 기여하는 척하는 위선적 행각을 벌여오다 오늘날 드디어 이 지경에 도달하게 된 것입니다.

이른바 3대 위기 즉, 서민 고통 버블의 위기, 자산 버블의 위기, 통화 버블의 위기가 찾아온 것입니다. 그리고 이 3대 버블 위기에 일시적 종식을 고하기 위해서는 상당수 국가들에 상당한 수준의 위기가 찾아올 수밖에는 없는 것입니다.

4. 자산 거품이 제외된 CPI가 초래한 것

인플레? 디플레? 소비자 물가지수

'미국이 전격적인 긴축 정책을 단행할 가능성이 높다' 라는 전망에 대하여 '이해도 안 가고 수긍도 안 가는데요. 솔직히 말하면 약간 이상 한데요' 라고 생각하시는 분들이 계실 것입니다. 2000년 초반 미국 FRB가 너무 낮은 저금리 정책을 지속할 때도 전 세계 유수 경제학자들이 FRB 의장에게 똑같은 이야기를 했습니다. "그린스펀은 이제 너무 늙었어. 드디어 벽에 똥칠을 하기 시작하는구먼", "이제 FRB가 전 세계 인플레이션 관리의 교본 역할을 해온 지위는 끝이 났다." 구체적인 비판도 이어졌습니다. "미 연준(FRB)이 이런 식으로 나온다면 전 세계에 앞으로 파괴적인 거품이 조장되게 될 것이다. 불건전 신용이 극에 달하고 인플레와 디플레의 쌍방향 위기도 극에 달하게 될 것이다." 그리고 그 비판은 정확히 현실이 되었습니다.

그럼 그린스펀은 왜 그랬을까요. 그가 미쳐서 그랬다면 그것은 경제학 분석의 영역이 아니라 정신의학의 영역일 것입니다. 그러나 미치지 않았다면 분석을 해 보아야 할 것입니다. 바로 '고의(intention)' 에 대해서 말입니다. 그는 급격한 거품(bubble)의 형성과 붕괴를 원했던 것입니다. 그를 통한 숙적(EU과 중국) 누르기와 그 속에서의 뉴버블(newbubble) 창출 주도를 통한 미국 패권의 복원을 원했던 것으로 보입니다. 그게 아니라면 그린스펀의 저 행동은 설명될 길이 없습니다.

많은 분들이 아직도 가장 헷갈려 하는 부분 중의 하나가 바로 인플레냐 디플레냐 하는 것입니다. 중앙은행이 경기 과열로 물가 상승 우려가 있으면 기준금리 인상, 채권 매도 등을 통해 유동성을 흡수하고, 반대로 경기 급랭으로 물가 하락의 우려가 있으면 기준금리 인하, 채권 매입 등을 통해 유동성을 푸는 등의 거시경제 조절 정책이 경제에 대한 주도권을 상실하지 않을 때 쌍방향 위기는 모두 줄어드는 것입니다.

그런데 지금 보면 금리를 내릴 수도, 올릴 수도 없는 상황이었습니다. 일단 CPI(소비자 물가지수)보다는 경기 하강을 막는 게 우선이라고 보고 금리를 최대한 내려 놓은 상황이었고, 따라서 이미 실질 금리(명목 금리 – 물가 상승률)는 제로선 언저리까지 떨어진 상황이었습니다. 그런데도 경기 하강 압력을 막을 수 없는 상황이었고, 반대로 금리를 올리면 자산 버블(부동산 버블)이 무너져 내리면서 걷잡을 수 없는 경기 둔화가 발생하게 될 상황이었습니다.

통상의 인플레이션 우려라면 금리를 올려서 막고, 디플레이션 우려라면 금리를 내려서 막으면 되는데, 지금은 공식적으로 인플레이션 우려는 크지만 금리를 올리면 인플레이션 통제 밖에 있던 자산 버블이 무너져 내리고, 디플레이션 우려는 크지만 물리적으로 금리를 더 이상 내릴 수 없는 상황입니다. 그럼 계속 이 상황을 유지할까요.

저금리, 통화 증발, 지준율 인하, 채권 매입을 지속하게 되면 어떻게 될까요. 하이퍼인플레이션(hyper inflation)이 도래하거나, 자산 버블이 더욱 솟구치고, 불건전 신용이 더욱 증가하다 거품이 무너져 내리며, 결국 경제가 붕괴하는 스태그디플레이션이 도래하게 될 것입니다. 이 정답의 비밀이 바로 CPI에 있습니다. 그간 전 세계의 CPI는 잘 관리되어 왔습니다. 그린스펀도 (브릭스 등의 출현으로 인해) 인플레이션 우려가 획기적으로 감소할 것으로 예측되어 저금리 기조를 유지한다고 주장했었습니다.

그린스펀의 이 말은 거짓말이었던 것입니다. Why? 전 세계의 상당수 경제학자들이(주류, 비주류, 진보, 보수, 수구, 개혁을 망라) 작금의 CPI 안정은 거짓이며 부동산 버블을 관리 지수에 포함시키라고 지적해 왔기 때문입니다. 그러나 그린스펀은 이것을 거부했고 그 결과 CPI는 가짜 안정, 자산 버블은 천정부지로 형성되게 되었던 것입니다.

그러니 작금의 진실은 CPI는 솟구쳐 올라야 정상이며, 부동산 버블은 폭락해야 맞는 것입니다. CPI 안정이 자산 버블 전가를 통해 이뤄져 왔기 때문입니다. 그럼 미국 입장에서 물가가 오르고 부동산 거품붕괴가 온다면 어떨까요. 반사 이득을 누리게 될 것입니다. 반대로 중국 입장에서 물가가 오르고 부동산 거품 붕괴가 도래한다면 경제 파탄이 나게 될 것입니다.

전 세계 경제학자 모두에게 물어봅시다. '그간 CPI는 외형적으로 안정되어 왔으나 자산 버블이 극한으로 발현되었습니다. 그럼 과연 각국 중앙은행들이 물가 안정 목표를 성취했다고 볼 수 있을까요?' 대다수가 'NO'라고 대답할 것입니다. CPI는 사실상 폭등해 온 것입니다. 그렇다면 세계 경제는 실질적으로 그간 십수 년간 극심한 인플레이션을 겪어왔다는 소리입니다.

자산 거품을 제외하고
계산되었던 CPI

그럼 그 부작용은 없었을까요. 있습니다. 인플레이션이 지속되면 효율적인 경제 활동(잠재 성장률 제고와 소득 분배)을 방해하고 이로 인한 극심한 사회 양극화(빈부 격차)가 발생하게 됩니다. 지금 세계 경제가 무너지고 있는 것은 바로 이러한 실질적인 인플레이션 지속의 후유증인 것입니다.

그렇다면 그간 부동산 버블을 CPI 지수에서 제외하고 물가가 안정되었다고 각국 정부가 주장한 이유는 무었일까요. 그렇습니다, 바로 각국의 수구 기득권들이 빈부 격차 증가를 즐겨 온 것입니다. 그리고 빈부격차가 증가되고 있는 것 같다고 할 때마다 가짜 CPI 지수를 들이대며 무마해 온 것이고, 이제 그 위선과 사기질이 종말을 향해서 가고 있는 것입니다.

그럼 향후 세계 경제는 어떻게 될까요. 미국·일본·독일 등은 상대적으로 건재하게 버텨내는 동안, 한국·중국 등에는 스태그디플레이션(stag deflation)의 도래, 약소 국가에는 하이퍼인플레이션이 올 가능성이 농후해지고 있다고 볼 수 있습니다. 그리고 이제 미국은 그런 상황을 만들기 위해 어느 순간 전격적인 긴축 정책을 단행할 가능성이 높습니다. 제가 버냉키 의장이라면 이렇게 말을 하겠습니다. '미안하다. 지금까지 세계 경제는 사실상 극심한 인플레이션을 겪어 왔다. 진작 자산 거품을 CPI에 포함시켰어야 했다. 그러나 순간 탐욕에 눈이 멀어 그러질 못했다. 그것은 명백한 실수이다. 반성한다. 이제 미국이 앞장을 서서 그 오류를 바로 잡겠다'.

오바마 대통령은 실제로 예전에 이렇게 말을 했습니다. "지금 미국의 제1 목표는 차입을 중단하고, 저축을 늘리는 것입니다. 부동산 투기와 금융시장의 과열을 중단시키고 미국인들이 고용되어 제품을 만들고 그 제품을 수출할 수 있는 경제를 만들어 나가야만 합니다." 이것은 무슨 이야기냐 하면 '저금리 정책과 전 세계로의 달러 보급 정책의 잠정적인 중단'을 의미합니다. '차입 중단 ⇨ 고금리 ⇨ 저축 유도, 무역 적자 축소 ⇨ 달러의 역외 발산 축소 ⇨ (국채 등) 부채 축소'의 사이클을 밟아나가겠다는 것입니다. 그리고 그 핵심 고리가 바로 고금리인 것입니다.

그렇게 미국이 개도국들의 저축 잉여(국제 수지 흑자)를 감소시키고, 미국 금융기관들의 국제 투자를 회귀시키고, (자본의) 내부 조달을 증대하고자 하는 방향으로 나아가게 되면, 세계 경제는 당분간 수축을 피할 수 없을 것입니다. 그런 가운데 미국 경제의 우월성은 미국 경제 자체의 건재함보다는 미국의 경쟁 국가였던 국가들의 어려움 속에서 도모될 가능성이 커지고 있습니다.

그렇게 변화되어 가고 있는 국제 정세의 첫 모습이 유럽발 위기라고 할 수 있습니다. 최근 유럽이 애를 먹고 있는 이유는 바로 2000년대 초반 미국의 저금리 기조 때문에 영국으로 과도하게 유입된 핫머니(투기 자금) 그리고 이 핫머니가 만들어 낸 과도 이익 호사와 그 뒤치다꺼리인 작금의 쓰레기 채권 뒤처리 문제 때문입니다.

영국 이상으로 핫머니가 유입되고 불건전 신용이 형성된 곳이 바로 중국입니다. 그리고 한국 또한 마찬가지입니다. 따라서 이번 기회에 미국은 중국뿐만 아니라 유럽까지도 잡겠다고 달려들고 있다는 인상이 듭니다. 한국 같은 경우를 예를 들어 보면, 정치적으로는 미국, 경제적으로는 중국에 의존하는 양다리 행태를 보이고 있습니다. 미국은 그런 이중적 의존 구도 현실에 대해 대단히 불쾌해 하고 있습니다. 특히 수출의 경우 중국 의존도가 높아진 것처럼 보이나 실은 중국을 우회해 미국으로 가는 비율이 여전히 압도적으로 높은 상황입니다. 빗장을 걸어 잠근 채 내부 발전만을 도모하고 정치적 통합으로 미국에 대항하려고까지 드는 EU 또한 미국의 눈에 거슬리기는 마찬가지입니다.

미국 입장에서 이번 위기가 커지면 커질수록, 숙적은 제거되고, 위상이 바로 서고, 다시 한 번 꺼져가던 미국의 패권 불길을 되살릴 수 있는 절호의 기회가 될 수도 있는 것입니다. 미국은 조만간 1990년대 후반부터 시작되어 2000년대 초반 정점을 찍은 금리 정책의 방점을 찍으려 들 것입니다. 그리되면 그간 인플레이션과 빈부 격차 그리고 부동산 버블이 가장 적었던 미국, 일본이 힐난 받고, 가장 극심했던 한국, 중국이 극찬 받고 있는 현재의 코미디가 막을 내리게 될 것입니다.

금리연동체계의 균열, 각국의 사활을 건 디레버리지가 예고하는 폭풍전야

다음은 2010년 2월 한 언론에 실린 기사입니다.

기준금리, 알기 쉽게 얘기해서 콜금리가 6%일 때 대출 금리와 0.5%일 때의 대출 금리가 같다고 하면 믿을 사람이 있을까.

콜금리에 2% 정도의 마진을 붙이는 게 통상적인 대출 금리라고 한다면, 콜금리가 6%일 때 대출 금리는 8%가 된다. 콜금리가 0.5%로 떨어지면 대출 금리도 2.5%로 추락해야만 한다. 물론 대출 기간과 채권 수익률 커브가 있기 때문에 콜금리에 동일한 마진을 붙이는 게 맞는 얘기는 아니지만, 콜금리의 등락에 따라 대출 금리가 동행한다는 것은 특별한 경우가 아니면 틀린 얘기가 될 수는 없디.

하지만 현재 영국에서 대출 금리는 9%다. 영국 개인 대출 전문 웹사이트 머니팩츠(Moneyfacts)에 따르면, 현재 영국에서 우량 고객이 3년 만기로 5,000파운드를 대출 받을 때 금리는 9%라고 한다. 대출업체 알리안스 레스터는 현재 평균 대출 금리가 이보다 훨씬 높은 12.4%로 집계됐다고 밝히고 있다.

영란은행(BOE)이 기준금리를 사상 최저인 0.5%로 유지하는 가운데 이런 기현상이 나타나는 것은 다름이 아니라 은행이 연명하기 위함이다. 대출 금리가 이렇듯 상상을 초월할 정도로 높아진 것은 은행들이 가계 대출의 예대 마진을 높여 디폴트(채무 불이행)로 인한 손실을 보전하고 있기 때문이다.

다시 말해 정상적인 대출 금리를 적용하면 은행은 이미 망했다는 뜻이다. 예대 마진이 12%나 돼야 겨우 연명하는 은행. 과연 추가적으로 대출 부실이 생기면 대출 금리가 20%, 30%로 치솟지 말란 법이 있겠는가. 케이블 TV에 자주 나오는 49% 대출 광고처럼 영국의 상업은행 대출 금리가 한국 제2 금융권 대출 금리에 육박할지도 모르는 일이다.

물론 한국도 결코 예외는 아니다. 이러한 은행을 살리는 게 경제에 도움이
되는 것일까. 은행이 망하면 실물경제도 망하는 것을 봤으니 어떤 수단을 동원
해서라도 은행을 살려야만 한다. 하지만 이렇게 비정상적인 대출 금리를 적용
해야만 겨우 사는 은행이 과연 산다고 할 수 있는 것일까. 결국 시간문제일 뿐
이라는 결론을 뒤집지는 못할 것이다......(중략)

– 출처 : 〈아시아경제〉, 2010. 02. 03. 홍재문 기자

이 기사는 에둘러 영국을 비판하고 있지만 한국, 중국 또한 마찬가지
신세입니다. 지금 한국의 은행에는 쓰레기 채권이 가득합니다. 물론 그
채권들은 현재까진 우량 채권 행세를 하고 있습니다.

은행은 돈이 없지만 국민의 혈세(중앙은행 지원)로 배가 부르다 못해 터
져 나올 지경입니다. 덕분에 임직원들은 산더미 같은 보너스에서 억대에
가까운 연봉을 받고 있습니다. 그러나 정작 은행 금고를 채워야 할 수신
금리는 올리지 않고 있습니다. 물론 대출 금리 또한 내리지 않고 있습니
다(예대 마진 폭증). 그리고 부동산시장이 붕괴 직전이라는 것을 알면서도
부동산 대출을 계속하고 있습니다.

'RP 금리(기준금리), 콜금리 ⇨ CD 금리 ⇨ 회사채'로 연동되는 금리
메커니즘은 완전히 망가졌는데, 시장은 그럭저럭 돌아가고 있습니다. 생
물학적으로 사망인데 그럭저럭 돌아다니는 것들을 우리는 '강시'라고 부
릅니다. 지금 우리 은행들은 강시인 것입니다. 그럼 강시는 무얼 먹고 사
는가? 당연히 피(국민 혈세)를 먹고 삽니다. 그런데 은행이 피를 빨아먹는
게 아니라 정부에서 국민 고혈을 짜서 깔때기로 가져다 부어 주고 있습
니다.

채권시장은 또 어떠합니까. 인플레이션 리스크, 디플레이션 리스크,
이자율 변동 위험 등을 전혀 느낄 수가 없습니다. 인플레와 디플레 쌍방
향 리스크와 고금리의 전격 도래 가능성은 급증하고 있는데 천하태평인

것입니다. 그러나 실상은 어떠합니까. 이쪽으로 갈수도(인플레 예상), 저쪽으로 갈수도(디플레 예상) 없는 상황입니다. 결국 금리 메커니즘이 완전히 망가진 이상 외부 충격에 의해서만 상황 변화가 도래할 수밖에 없는 일촉즉발의 폭풍전야 속에서 어처구니없게도 유유자적하고 있을 따름입니다.

지금 미국, 일본, 독일, 캐나다 등 비교적 위기가 덜한 국가들은 부동산 거품 정리, 부실 자산 상각, 자기자본 확충, 예대율 조정 등 사활을 건 금융시장 복원 작업을 펼치고 있습니다. 당연히 고통이 따릅니다. 어느 정도의 선제적 디레버리지(de-leverage) 없이는 진짜 부채 디플레이션(debt deflation)이 도래했을 때 아수라장 같은 상황이 펼쳐질 수밖에는 없기 때문입니다.

그리고 그 다음에는 마지막으로 수신 기능 정상화(고금리 도래)가 기다리고 있습니다. 이미 오바마는 중국에게 더 이상 끌려가지 않겠다고 선언했고, 또 계속해서 압박하고 있습니다. 한때 중국은 통화 증발을 하지 마라, 미국 채권을 안 사줄 수도 있다, 무역 장벽을 세우지 마라 등의 요구를 직간접적으로 피력했지만 미국은 보란듯이 통화량을 늘렸고(제1, 2차 경기부양책), 미국 채권은 굳이 중국이 사주지 않아도 발행할 때마다 전 세계의 큰손들에게 매진에 가까운 기록을 세워가며 팔리고 있으며, 미국 상하원은 중간선거 전후로 계속해서 무역 장벽을 세우는 듯한 강경한 발언을 쏟아내고 있습니다. 애초에 그런 한심한 소리를 들을 필요가 없습니다. 외부 차입을 줄이고, 수입을 줄이고, 내부 수신을 늘리는 것이 미국에게는 정도를 걷는 것이기 때문입니다.

정작 문제는 중국에게 있습니다. 디레버리지, 무역 축소, 핫머니 이탈 움직임(헤지펀드, 사모펀드 규제), 그런 상황 속에서 가속화되고 있는 위안화 절상 요구, 그리고 끝도 없이 치솟는 부동산 버블, 산더미 같은 쓰레기 채권의 발생, 여기에 고금리 위협까지, 문제가 하나둘이 아닙니다. 중국에게 고금리가 필요합니까? 그리고 소용이 있습니까? 이미 중국의 모든 돈은 은행으로 가 있습니다. 고금리를 해도 장롱에서 나올 돈은 없는 것입니다. 따라서 오직 부동산만 무너지게 되어 있는 것입니다.

<table>
<tr><td>부동산 상승률</td><td>></td><td>대출 금리</td><td>></td><td>기업 이익률</td></tr>
</table>

이미 기업 이익률과 대출 금리 사이는 지구와 안드로메다 거리만큼, 부동산 상승률과는 그 훨씬 이상으로 간극이 벌어져 있는데, 부동산 버블이 무너지고 대출 금리가 급등하면 무슨 수로 버틸 수 있을까요. 말도 안 되는 억압형 인플레이션 구조가 무너지고 나게 되면 물가 폭등은 금리 30%로도 잡을 수 없게 될 것입니다.

그런 도저히 설명될 수 없는 중국 경제를 옹호하고, 너덜해져 널브러져 있는 한국의 은행과 부동산시장을 정성스레 아끼며 보듬고 있는 우리 금융기관과 연구소들. 지금 국민은 일자리가 없고, 대출을 못 받고, 집을 못 사고, 정부 지원이 없어서 고통 받고 있는데 Everyday good! Forever now!를 외치고 있는 중앙은행, 기획재정부. 정말이지 대단하다고 비아냥거려주지 않을 수 없는 대한민국의 처참한 모습입니다.

5. 주도권과 신속함에서 나오는 미국의 금융 패권과
중국의 딜레마

미국이 긴축이라는 숨겨놓은 카드를 꺼내든다면 어떤 일들이 생길까
요. 앞에서 영란은행(BOE)이 기준금리를 0.5%로 정했음에도 시중 은
행의 평균 대출 금리(시장 이자율)가 12.4%에 달하였던 코미디를 이야
기했습니다.

'기준금리(RP 금리), 콜금리 ⇨ CD 금리 ⇨ 회사채' 등의 금리 메커니
즘이 완전히 망가진 것입니다. 이것은 중앙은행의 통화 정책이 마비 상
태라는 것을 의미합니다. '기준금리가 낮은데 자연 이자율은 높다, 그리
고 그 이격이 줄어들기는커녕 점점 벌어진다.' 이것은 고금리가 도래할
것이라는 이야기입니다. 이런 상황에서 후유증을 줄이는 길은 조속히 기
준금리를 높이는 깃뿐입니다. 초고강도 긴축 통화 정책을 의미합니다.

미국이 조만간 그렇게 할 것입니다. 그럴 경우 중국은 어떻게 될까
요. 위안화 절상을 중국이 끝내 거부하면 향후 위안화 절상이 아니라
위안화 폭락이 오게 될 것이라고 했습니다. 왜 그럴까요. 미국이 금리
를 올리면 달러화는 강해지고 위안화는 약해집니다. 그럼 중국도 움직
여야 합니다. 그러나 중국이 금리를 올리면 자산시장 거품이 무너지게
될 것입니다. 중국이 금리를 안 올리면 위안화 투매가 일어나게 될 것입
니다. 사람들은 여기서 두 가지 착각을 하고 있습니다.

첫째, 미국 경제 상황 때문에, 즉 고용과 부동산 문제 등이 아직 심각해
쉽사리 고금리로 선회하지 못할 것이라고 생각하는 모양입니다. 그러나
그것보다 더 심각한 것은 은행의 '수신' 부분과 채권시장의 '조달' 부분
입니다. 이번 위기도 위기가 신용 부분에서 시작된 것이라기보다는 조달
부분에서 일어난 것입니다. 레버리지가 임계점에 달했다고 판단하고 있
던 금융권에서 일단 회수 불길이 붙기 시작하자 걷잡을 수 없는 도미노

현상이 벌어졌던 것입니다.

그 위기를 극복하기 위해서 각국 정부는 높은 수준의 통화 증발을 지속하고 있는데, 그럴수록 인플레이션 위험이 커져 이제는 더 이상 통화 팽창 정책을 지속할 수조차 없는 상황에 처했습니다. 바로 여기서 코미디가 발생하고 있는데, 각국 중앙은행들이 인플레이션 압력이 크지 않다고 거짓말을 하고 있다는 점입니다. 미안하지만 그 압력 측정기(CPI)는 망가진 지 오래입니다.

사람들이 화폐가치를 인정하지 않으면 그게 곧 인플레이션인 것입니다. 저축, 대출, 투자가 많아지면 시장 참여자들이 인플레이션 우려가 적다고 보는 것이고, 투기에 올인하게 되면 시장 참여자들이 인플레이션 우려가 크다고 보는 것입니다. 여기서 자연 이자율이 결정되고, 그것이 중앙은행의 금리에 의해 전혀 통제되지 않을 때 그것이 곧 인플레이션이지, 중앙은행 총재들이 인플레이션 우려가 없다고 입을 놀린다고 인플레이션이 아닌 것이 아닙니다. 결론적으로, 미국은 중앙은행(FRB)의 기능을 정상화시키기 위해 고금리로 급선회하게 될 것이라는 소리입니다.

둘째, 미국이 고금리를 해서 강달러가 되면 중국의 수출은 더욱 호조를 띠게 될 터이니 차라리 더 잘된 일이라고 생각하실 분이 있을지 모르겠는데, 그것은 오산입니다. 중국의 잠재 성장률은 8%선인데 통화 증가율은 30%선입니다. 지나치게 통화 증발의 힘에 의존해 성장하고 있다는 이야기입니다. 그럼 인플레가 와야 합니다. 그런데 안 옵니다. 중국 정부 통계로는 물가는 1~2% 초절정 안정을 구가하다가 최근에 들어서야 4~5% 구간에 들어서 급한 불을 끄는 조치(기준금리 인상, 지급준비율 인상)들을 취했습니다. 이것이 안정인가요.

위에서 말했듯 경제 주체들이 저축, 대출, 투자에 나서면 인플레이션 우려가 적은 것이고, 투기에 올인하게 되면 인플레이션 우려가 큰 것입니다. 중국은 이미 투기 지옥이 되어가고 있습니다. 물론, 각종 통계는 정반대입니다. 고정 투자가 폭발하고 있고, 은행 수신 또한 폭발하고 있습니다. 그러나 전자는 감당 못할 건설 투기의 증좌일 뿐 실제 고용과 연관이 깊은 산업 설비 투자는 급감하고 있습니다. 은행 수신의 경우는 명백한 사기인데, 중국의 현재 수신 증가액은 노동자 전체 임금을 넘어설 정도입니다. 이것이 무슨 말이냐.

1. 너무나 많은 국제 핫머니가 유입되어 있는 상황이다.
2. 통화 증가율이 심각한 수준이다.
3. 통화승수 과정에서 조작이 일어나고 있다.

앞에서 1, 2번은 말씀을 드렸고 여기서는 3번에 대해서 설명하겠습니다. 중국의 작년 지준율을 16% 정도로 잡으면 최대 통화승수는 6정도가 될 것입니다. 통화승수는 시준율 레버리지의 제약을 받기 때문에 그 이상 일어날 수가 없습니다. 그러나 변칙이라면 가능합니다. 부동산 대출 채권을 매각하고, 그 현금으로 다시 처음부터 통화승수 증가의 과정을 시작하면 됩니다. 전문가들은 중국의 이런 행위가 이미 미국 투자 은행의 고레버리지 구사 행위 수준의 위험을 뛰어넘은 것으로 판단하고 있습니다.

따라서 이러한 수준의 통화 문제와 인플레이션 압력으로 '금리 인상'마저도 거부한다면 도저히 제정신으로는 중국 시장에 머무를 수 없는 것입니다. 위기(crisis) 때는 수익률보다는 안정성이 우선입니다. 그럼 여기서 이런 질문이 가능해집니다. '미국이 금리를 올리면 인플레이션은 잡힐까요' 라는 질문 말입니다. 이 질문에는 이런 대답이 가능합니다. '노병은 죽지 않는다. 다만 사라질 뿐이다.' '통화는 죽지 않는다. 다만 흡수될 뿐이다.'

한번 형성된 통화 버블은 반드시 그 대가를 요구합니다. 지금 각국 정부들은 통화 증가율을 끌어올려 총수요를 증가시키고 있습니다. 그러나 총수요는 더 이상 증가하지 않고 투기세만 극한으로 치닫고 있습니다. 이런 상황에서 긴축을 하면, 다음과 같은 상황이 벌어지게 될 것입니다.

1. 시중의 자금이 은행으로 빨려 들어가면서 ⇨ 증시 급락, 부동산 버블 붕괴.
2. 국가 간 자금이 이동하면서 ⇨ 강대국 강화폐, 약소국 환란.
3. 자금이 농산물, 석유로 이동하면서 ⇨ 원자재 급등.

이것 역시 3번의 설명이 필요한데, 미국은 현재 부채 탕감, 명목 GDP 제고를 위해선 고유가가 필요하고, 소비 제고, 투자 확대, 고용 창출을 위해선 저유가가 필요하기 때문에 유가의 딜레마에 빠진 상황입니다. 그러나 그것은 경제 상황 전반이 평온할 때의 이야기이고 지금은 그런 것을 따질 필요가 없습니다. 미국이 그간 우월적 지위를 누릴 수 있었던 이유는 바로 '달러 패권' 때문이었습니다.

무슨 소리냐 하면, 지금 여타 국가들이 '경기 악화 ⇨ 고용 악화 ⇨ 재정 적자 증가 ⇨ 국가 부채 증가' 의 악순환에서 벗어나지 못하고 있지만, 미국이 그간 누려 온 달러 패권이라는 것이 바로 이러한 악순환의 예외(exception)였다는 이야기입니다.

중앙은행 먼저 살리기
선착순 경쟁의 승자는?

미국이 지속적인 국가 부채 증가에도 불구하고 부채율 70% 이하의 우량 재무 구조를 유지할 수 있었던 이유는 미국이 부채를 잘 상환해서가 아니라(이자만 잘 줄 뿐입니다), '국가 GDP 증가 속도' 가 '국가 부채 증가 속도' 보다 컸기 때문이었습니다. 이것을 가능하게 해 준 것이 바로 '달러 패권' 인 것입니다.

따라서 미국에게는 '경기 악화 ⇨ 고용 악화 ⇨ 적자 재정 증가 ⇨ 국가 부채 증가' 가 아닌, '경기 악화 ⇨ 고용 악화 ⇨ 적자 재정 증가 ⇨ 국가 부채 증가 ⇨ 미국 경기 침체로 다른 나라는 더욱 침체 ⇨ 미국의 상대적 우월성 유지 ⇨ 여기서 후발 국가와의 GDP 간격 다시 확대' 의 패턴 유지가 더 중요한 것입니다.

그 원동력이 바로 금리, 유가 등을 선제적으로 조절해 낼 수 있는 경제 펀더멘털을 만들어 내는 '속도' 의 역량에 있는 것입니다. 유가는 미국의 군사력, 다국적 석유 기업, 미 금융기관의 역량이 좌우합니다. 2008~2009년의 고유가와 급락은 이 세 경제 주체들의 의지에 의한 것이지 순간적인 경기 활황이나 국제 경기 퇴조에 의한 것이 아닙니다. 금리를 조절할 수 있는 경제 여건을 만들어 내는 역량에 있어서 미국은 세계 최강입니다.

세계적으로 경기 변동, 경제위기가 빈발하는 이유는 결국 경제 때문입니다. 경제에서 가장 중요한 것은 금융이고, 금융에서 가장 중요한 것은 금리입니다. 그리고 금리에서 가장 중요한 것은 바로 이 글의 맨 위에서 언급했던 중앙은행의 정책 가용성입니다.

미국은 이것을 가장 합리적으로 조절해 냅니다. 부동산 거품? 과감하게 꺼뜨려 버립니다. Why? '민주주의 국가 + 패권 국가' 이기 때문입니다. 다른 나라 예컨대, 한국 같으면 부동산 버블 껴안고 죽으면 죽었지 절대 버블 못 무너뜨립니다. 외부의 힘에 의해 무너지기 전에는 말입니다. 그러나 미국은 무너뜨립니다. 그냥 그대로 놔두면, '미국의 금리 가용성이 무너지고 ⇨ 미국의 금리 정책의 위상이 무너지고 ⇨ 미국 달러 패권이 흔들리면서 미국이 그간 누려온 '맨 앞의 위치' 가 소멸되고 ⇨ 미국 패권이 무너지게 되기 때문'입니다. 예를 들어 워렌 버핏이 주식을 사면 그 주식이 오릅니다. 바로 이런 게 속도의 힘입니다. 그게 유지되면 그 다음에는 무너져야 할 기업도 워렌 버핏이 그 기업 주식을 사면 살아납니다(주가 상승 ⇨ 증자 ⇨ 투자 ⇨ 이익 상승). 그러나 이 패턴이 무너지면 모든 게 끝이 나게 됩니다.

미국 입장에서 자신들이 가지고 있는 이런 금융 패권은 죽어도 내려놓을 수 없는 것입니다. 마치 내일 신문을 오늘 미리 받아 보는 것과도 같은 것이니까요. 그런데 이런 중요한 지위를 고작 실업률 몇 % 높다고 내팽개치고 부동산 버블을 꺼뜨리지 못해 전전긍긍한다는 것은 있을 수도 없는 것입니다. 미국 패권이 붕괴되면 미국 경제에 위기가 오는 정도가 아니라 파탄 나게 될 것이기 때문입니다. 실업률 10%가 아니라 실업률 30~40% 상황도 올 수 있습니다. 따라서 패권이 문제가 아니라 실업률이 문제라고 주장하는 사람들은 미국이 패권 국가라는 것을 빼고 앞뒤가 맞지 않는 소리만을 늘어놓고 있는 것입니다.

결론적으로, 이 위기는 중앙은행 먼저 살리기 선착순 경쟁이라고도 할 수 있습니다. 중앙은행은 이번 위기의 구원자(양적완화 정책)가 아니라 무분별한 통화 증발과 부동산 버블 외면(CPI 포함 거부)으로 위기를 촉발시킨 원흉이라고도 할 수 있습니다. 그 중앙은행이 죽으면서 이번 위기가 시작된 것이고 살아나지 않고 있기 때문에 위기가 지속되고 있는 것입니다. 그러나 어찌되었든 중기적으론 미국의 중앙은행이 살아나는 듯한 모습을 보이면서 경제 향배의 구도 윤곽이 잡히기 시작할 것입니다.

벤 버냉키와 폴 보커는 여러분의 상상을 초월하는 인물이라는 것을 잘 알아두시기 바랍니다. 그 사람들은 지금 한 가지의 확고한 생각을 가지고 있고, 한 가지의 예견된 행동을 하고 있습니다. 바로 '그린스펀 거짓말의 종지부를 찍기 위해 마지막 돌려막기 거짓말을 해야 한다'라는 것입니다. 도서관 간다고 거짓말해 용돈 타서 PC방 갔다 오려면 두 번 거짓말을 해야 합니다. 도서관 간다고 한 번, PC방 갔다 오면서 도서관 갔다 왔다고 또 한 번 말입니다. "인플레이션 우려가 없어 저금리를 유지한다(그린스펀)", "아직 금리를 올릴 생각이 없다(버냉키)", 이렇게 말입니다.

정말로 미국이 선제적으로 고금리를 단행하지 않는다면 미국은 패권을 포기하겠다는 뜻으로 받아들여도 될 것입니다. 그러나 그게 아니라면 반드시 도래합니다. 그리고 그때가 중앙은행의 기능이 정상인 척, 부동산 거품이 없는 척 가장하고 있는 중국, 한국 경제가 아수라에 빠져드는 순간이 될 것입니다.

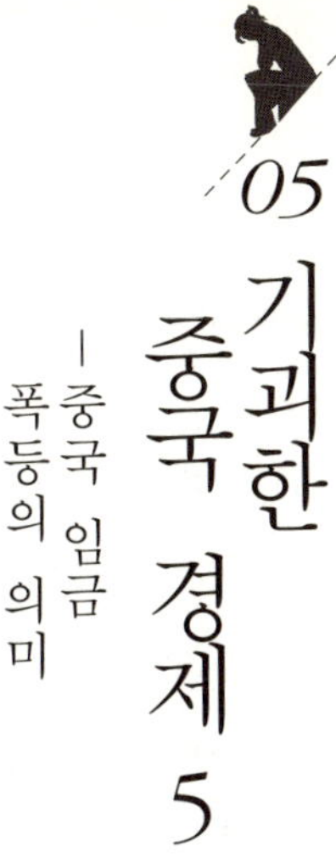

1. 세계 경제의 3대 거짓말 가운데 가장 위험한 거짓말은?

아르헨티나 물가 상승률, 한국의 실업률, 중국의 GDP

세계 경제의 3대 거짓말이 있습니다. 한국의 실업률, 중국의 GDP 성장률 그리고 아르헨티나의 물가 상승률을 말합니다. 그중에서도 중국의 거짓말이 가장 심하다고 볼 수 있는데, 이제 그 대가를 치러야 할 시점이 다가오고 있는 듯합니다.

중국의 2010년 GDP 성장률은 1분기 11.9%, 2분기 10.3%, 3분기 9.6%, 4분기 9.8%에 달합니다. 그러나 CPI(소비자 물가지수) 상승률은 1, 2분기에는 각각 2.2%, 2.6%에 불과하다가 11월, 12월에야 5% 전후를 기록했을 뿐 평균 3.3%에 불과했습니다. 한마디로 지나가던 개가 웃을 일입니다. 한국이 중국과 비슷한 수준의 성장을 하던 1980년대 중반부터 1990년대 중반까지를 보면 CPI 상승률은 GDP 상승률을 거의 웃돌았습니다. 1990년도 한국의 GDP 성장률은 9.2%, CPI 상승률은 8.6%에 달합니다. 1991년의 경우 GDP 성장률은 9.4%, CPI 상승률은 9.3%에 달합니다.

장기간의 통계를 살펴보아도 결과는 마찬가지입니다. 일본의 고도 성장기인 1965~1975년 사이 경제 성장률은 7.6%, CPI 상승률은 7.7%로 CPI 상승률이 GDP 상승률보다 높았고, 한국의 고도 성장기인 1989~1996년 사이의 경제 성장률은 7.8%, CPI 상승률은 7.6%로 역시 CPI 상승률이 GDP 상승률에 육박합니다. 그런데 중국은 GDP 성장률은 9~11%, CPI 상승률은 3%대를 기록하고 있는 것입니다.

이와 관련해 북경대학교 마이클 피어스 금융경제학 교수는 "따져볼 가치도 없다"고 잘라 말합니다. 경제 성장률 10%에 물가 상승률 3%는 불가능하므로 그것이 왜 가짜인지 논리적으로 입증할 필요가 없다는 것입니다. 중국 사회과학원의 위융딩은 "중국 정부는 CPI를 산출하는 방식 지체를 비밀로 숨기고 있으며, 통계를 산출할 때 폭등하는 상품은 계산에서 제외하고 있다"라고 지적합니다.

통계 조작이
불러올 후폭풍

문제는 통계 조작이 아니라 이러한 통계 조작이 불러올 후폭풍입니다. CPI가 오른다는 것은 서민들의 부의 실질 가치가 줄어든다는 것을 의미합니다. 따라서 민간은 투자를 하지 않고 투기에만 올인하게 됩니다. 그 결과 중국의 부동산 버블이 정점에 도달한 것입니다. 그럼 금리를 올려서 투기세를 진정시키고 물가를 안정시켜야 합니다. 그러나 그럴 수 없죠. 은행에서 대출을 받고 부동산 투기에 나선 주체가 중앙정부, 지방정부, 재벌, 부자들이기 때문이고, 중국 경제 성장률의 절대 기여가 SOC(사회간접자본)와 주택 건설에서 일어나고 있기 때문입니다. 금리를 올리면 기득권들의 부가 손상되고 경제 성장률이 나락으로 떨어질 위험이 있는 것입니다.

환율의 경우는 약간 복잡합니다. 최근 언론 보도를 보면 세계적인 경제학자들이 '중국 위안화가 수직 대폭락 위험성이 있다'라고 경고하고 있는 것을 볼 수가 있습니다. 여전히 의아하게 생각하시는 분들이 많이 있을 겁니다. 미국의 폭풍적 고금리, 중국의 위안화 수직 대폭락이 도래할 수도 있다? '미국은 금리를 올릴 능력이 없고, 중국의 위안화는 가치가 상승하면 상승했지 떨어질리 없다'라고 생각하는 것입니다.

이걸 제대로 설명하려면 너무 길어지기 때문에 여기서는 몇 가지만 살펴보고 넘어가겠습니다.

첫째, 중국의 주택 경기 진작 및 임금 폭등의 의미

중국이 엄청난 주택 및 SOC 건설을 일으켜서 명목 성장률을 견인하고 있다는 것은 중국 위안화의 절상 압력이 거세지고 있음을 의미합니다. 통상적으로 이러한 거대한 내수 진작책은 국내 통화에 대한 수요를 급증시켜 환율의 대폭 하락을 가져오게 합니다. 수출입에 의한 성장보다 건설, 소비에 의존하는 내부 조달 가능한 성장이 통화 절상 압력을 더 크게 유발하게 되는 것입니다.

여기에 더해 중국 노동자의 임금이 폭등하고 있습니다. 2010년에 들어서 법정 최저임금이 20% 이상 폭등한 것을 비롯해 임금 인상을 둘러싼 노사분규가 그치지 않고 있는 데에는 중국 정부의 강력한 의지가 자리하고 있습니다. 그 이유가 무엇일까요.

외형적으로는 경제 성장의 과실을 나누고 물가 상승에 따른 사회 불안정을 막기 위한 조치로 보입니다. 그러나 실제적으로는 부동산 대폭락에 따른 위기 도래를 막기 위한 목적이 더 강해 보입니다. 부동산 버블 붕괴를 막아낼 수 있는 가장 좋은 방법은 대출 증가입니다. 그러나 대출 증가의 증가율 추세가 한계에 도달한 이상 이번에는 그 대출을 역으로 상환해 나갈 수 있는 가처분소득, 실질소득을 증가시키는 조치를 취할 수밖에는 없는 것입니다. 이러한 임금 상승, 즉 국내 소득의 증가 역시도 환율절상 압력을 강력하게 유발합니다.

한국의 1997년 외환위기 역시 그 몇 년 전에 노태우의 수도권 200만호 주택 건설 정책 등으로 인한 강력한 원화 가치 절상 압력 발생, 노사 분규 등으로 인한 임금 상승으로 실제 원화 가치가 절상된 이유가 자리하고 있습니다. 중국 역시도 마찬가지인 것입니다.

둘째, 미국과 중국의 상대적 통화 증발 추이

문제는 그럼에도 위안화 가치는 하락 압력이 더 크다는 것입니다. 환율은 상대적인 것입니다. 예를 들어서 미국이 본원통화를 2배 찍어도 한국이 원화를 4배 더 찍어버리면 원·달러 환율은 상승하게 됩니다.

위안·달러 환율도 마찬가지입니다. 미국이 단기간에 본원통화를 2배 이상 늘린 것은 사실입니다. 이를 두고 짐로저스 같은 사람은 "달러는 이제 휴지조각"이라며 비웃기도 합니다. 그러나 중국 역시도 통화 증가율이 지나칩니다. 미국 경제의 1/3 수준인 중국의 M2(광의통화) 유통량이 더 많은 것입니다. GDP 대비 통화량도 일본의 버블 정점을 능가하고 있습니다. 만성적인 통화 교란 국가인 한국보다도 높습니다.

미국이 통화를 무식하게 찍어 버린 이유가 무엇인가요? 그것은 미국이 경제위기를 맞이했기 때문이라기보다, 사실상의 강제적 환율 조정 조치를 취해 버린 것입니다.

중국보고 수없이 위안화 절상을 해달라고 요구했습니다. 그러나 중국은 '내가 왜 그래야 하는데' 라고 거부했습니다. 그러자 미국이 본원통화를 2배 가까이 찍어버리면서 강제적인 위안화 절상 조치를 취한 것입니다. 그러자 중국 역시 이에 맞대응해 통화 공급을 더욱 늘려 버렸습니다.

더 큰 문제는 미국이 증가 발행한 통화의 상당 부분이 다시 중국으로 들어가고 있다는 것입니다. 이것은 결과적으로 환율 상승 압력 발생을 통화 증발로 맞대응해 꺼뜨린 중국이 다시 위험천만한 환율 절상 압력을 맞이했다는 것을 의미합니다.

셋째, 중국 위안화 절상과 절하의 쌍방향 압력

그렇다면 주택 경기 과열, 임금 상승, 핫머니 유입으로 위안화 절상 압력이 극에 달해 있으니 위안화는 올라야 맞는데 왜 떨어지고 그것도 수직 대폭락할 수 있는가.

그것은 '극단적인 불균형' 때문에 그런 것입니다. 중국 경제는 적절한 위안화 절상 혹은 금리 인상을 해야 합니다. 현재 전문가들은 "중국이 최소 5%의 금리 수직 인상을 단행해야 인플레이션 압력을 완화시킬 수 있다"고 말합니다. 그러나 그러면 부동산 버블이 초토화되게 됩니다.

환율 절상 역시 마찬가지입니다. 환율을 절상하게 되면 그나마 과잉 공급 상황인 수출 제조업에 비상이 걸리게 됩니다. 더군다나 중국 정부는 임금 인상 정책을 밀어붙이고 있습니다. 여기에 환율까지 절상을 시킬 수는 없습니다. 그러나 환율 절상을 하지 않게 되면 물가 폭등으로 인한 채산성 악화로 속이 썩어 들어가는 것을 막을 수 없습니다. 일명 양날의 칼인 것이죠. 환율이 높으면 수출 단가가 떨어지는 이점이 있지만, 거꾸로 막대한 원자재와 부품 소재를 수입하는 중국 입장에서 제조 단가 부담을 견딜 수 없는 것입니다.

이제 이러한 압력이 임계점에 달하고 있습니다. 상승 압력도 극에 달해 있지만 부동산 버블 붕괴 위험, 제조업 기반 악화 등으로 경제가 무너질 위험 역시 급증하고 있습니다. 이런 상황 속에서 미국이 돈을 국내로 돌리는 정책을 취하면, 그와 동시에 물가 상승 압력이 커지면서 고금리 정책을 급격하게 병행해 나갈 수밖에는 없습니다. 그렇게 되면 중국 시장에 들어와 있는 국제금융이 일거에 빠져나갈 위험이 커지게 될 것입니다.

그럼 중국 은행이 위태로워지게 됩니다. 이때 일어나는 환율 상승은 은행의 부채 부담을 더욱 키울 것입니다. 물론 중국에게는 2조 달러의 외환보유고가 있기는 합니다. 그러나 이것은 외환위기를 막아줄 뿐이지 금융위기를 막아줄 수 있는 것은 아닙니다. 더욱이 이 2조 달러의 아래에 있는, 즉 중국 최후의 보루인 재정 건전성은 이미 파탄 지경으로 치달아가고 있습니다. 중국 지방정부가 내수를 떠받치기 위해 한국처럼 산하 공기업을 설립해 무리하게 조달한 부채 규모가 향후 몇 년 안에 중앙정부 부채를 100% 넘게 치솟게 할 수 있다는 근거 자료들이 쏟아져 나오고 있는 것입니다.

이 지점에서 차이나플레이션(중국 + 인플레이션)이란 단어의 의미를 다시 한 번 되새겨 볼 수 있어야 합니다. 누차 강조되는 말 중에 '중국은 전 세계 인플레이션에 기여한 것이 아니라 불을 지른 것'이라는 부분이 있습니다. 외형적으로 보면 중국의 저가 제품이 전 세계 물가를 안정시킨 것처럼 보이지만 실제적으로는 세계 각국의 하부 산업, 지역 산업을 초토화시켜 언제고 물가 폭풍의 위협 도래만을 기정사실화시킨 것이란 의미입니다. 또한 통화 정책으로 보면 중국의 지독한 통화 확장 정책의 지속이 오늘날 물가 폭등과 통화 교란의 일등공신인 것입니다. 따라서 중국이 전 세계 물가 안정에 그간 기여해 왔다고 생각하는 사람은 경제에 대한 기본 지식이 없는 사람이라 할 수 있습니다. 한마디로 중국이 세계 경제의 씨를 말리는 정책을 취해 온 것입니다.

지금, 바로 그러한 대가를 치를 시기가 임박해 오고 있습니다. 즉, 부동산 버블은 수직 대폭락, 물가는 수직 대급등의 쌍방향 위기가 임박해 오고 있습니다. 중국발 전 세계 물가 대폭등이 임박했습니다. 이게 바로 차이나플레이션의 실체입니다. 그동안 중국 때문에 전 세계 물가가 안정된 것이 아니라 물가를 안정시켜 줄 하부 산업, 지역 경제가 초토화되어 물가 안정 기반이 말살되어 온 것임을 두 눈으로 확인할 차례가 된 것이란 이야기입니다.

중국 임금 폭등의 의미는 무엇이냐, 바로 아수라장이 펼쳐진다는 것입니다. 이미 산산조각이 났어야 할 중국 경제가 통화 증발과 부동산 투기로 버티다 이제 임금 폭등이란 마지막 카드를 꺼내든 것이란 이야기입니다. 혹자는 이야기합니다. 일본, 한국처럼 중국도 경제 발전의 산고를 겪는 것 아니겠느냐고 말입니다. 주로 삼성경제연구소, LG경제연구소 등 대기업 계열의 경제 전문가들이 그런 유의 소리를 합니다. 그러나 이들은 일본의 잃어버린 10년, 한국의 1997년 외환위기는 언급하지 않습니다. 일본, 한국보다 훨씬 더 과열 성장을 하고, 통계가 비교할 수 없이 엉망이며, 지구를 넘어 우주 제일의 부실을 안고 있을 것이라 추정되는 중국 경제가 어떤 계기만 있으면 와장창 주저앉게 될 것이라는 이야기는 하지 않습니다.

2010 상하이엑스포, 광저우아시안게임이 중국의 마지막 썩은 동아줄이 될 공산도 커지고 있습니다. 이 마지막 비빌 언덕이 사라지고 나면 중국 경제는 아수라장이 되게 될 것입니다. 전 세계 상당수 경제 전문가들과 국제 투자자들이 그렇게 이야기하고 있습니다. 이렇게 중국 경제 경착륙설이 끊이지 않고 있습니다. 짧게는 2011년 3월까지 뿐만 아니라 이명박과 후진타오의 임기가 끝이 나는 2012년 이전 동아시아 경제위기론이 끊이지 않고 있는 이유도 바로 그 때문입니다.

결론적으로 중국 임금 폭등의 의미는 '중국 경제의 막다른 길 도달 ⇨ 중국 부동산 버블 대폭락 ⇨ 한국 부동산 버블 대폭락의 전조' 인 것입니다. 따라서 앞으로 3년간 한국, 중국의 부동산은 절대 쳐다도 보지 말아야 하며, 중국 펀드 역시 마찬가지이며, 위안화 역시도 마찬가지라는 점을 명심해야 할 것입니다 한국은 국제 금융위기가 시작되고 있던 2007년부터 해외로 몰려나가는 금융 투자를 본격 시작했습니다. 버블 머리 꼭대기 정점에서 투자를 시작한 것입니다. 최근 중국 투자액은 20조 원이 넘어가고 있습니다. 매국이라는 것이 별것 아닙니다. 바로 이런 펀드 팔아먹으면서 '바이 차이나'를 외치는 것이 매국인 것입니다. 또한 중국의 채권 매수세 유입을 환영하는 것 역시 위와 같은 이유로 마찬가지입니다.

한국의 금융시장 성장은 부동산을 죽일 때 가능한 것이지, 부동산에 엮여 쪼그라들어 성장은 못한 채 국제금융 부채 유입으로 빚만 천정부지로 키워서 이루어지는 것이 아닙니다. 그러나 한국의 금융시장은 그러한 최악의 길로만 달려 나가고 있습니다.

2. 채권, 금리, 환율, 인플레로 본 중국 임금 폭등의 의미

1

앞에서 "한국의 중국 증권 투자 확대도 바람직하지 않지만 중국의 한국 시장 채권 매수세 유입도 달갑지 않다"고 말씀드렸습니다. 그 이유가 무엇일까요?

첫째, 한국의 중국 증권 투자 증가가 바람직하지 않은 이유는 중국의 국가 리스크가 증가하고 있기 때문입니다. 금융위기 가능성이 증가하고 있는 것입니다. 또한 한국의 중국 투자 올인(해외 투자 비중의 50%)은 계란을 한 바구니에 담지 말라는 포트폴리오 투자 원칙에 명백히 위배되는 것입니다.

둘째, 중국의 한국 투자 증가가 달갑지 않은 이유는 실물시장(수출), 주식시장에 이어 채권시장마저 외국에 종속될 우려가 크기 때문입니다. 채권시장의 외국인 투자가 늘어난다는 것은 동전의 양면 같은 것입니다. 그만큼 금융시장이 성숙한다는 의미도 되지만 외화 부채와 국가 부채(국채 증가의 경우)가 늘어나고 외환 금융시장의 변동성도 커지게 되는 해악도 가져오게 되는 것입니다.

가장 큰 문제는 외국인의 국내 채권 투자 증가가 결코 한국에 좋은 징후가 아니라는 것입니다. 즉, 위기의 전조라는 뜻입니다. 그 이유는 다음과 같습니다.

2

먼저 외국인의 국내 채권시장 현황부터 살펴보죠. 채권시장 관련 자료는 금융감독원에서 확인하면 됩니다. 금융감독원(http://www.fss.or.kr/) 사이트로 접속한 뒤 우측 금융 부속 사이트란의 '금융통계 정보'를 클릭(http://fisis.fss.or.kr/)한 후 '항목별 보기→자본시장→외국인 채권투자 현황'을 클릭하고 보시면 외국인 투자자 수, 종류별 투자, 순매수 추이, 거래량, 보유 잔량 현황 등이 월별로 공시되어 있습니다. 1~6개월 후행 발표됩니다. (실월 지표는 금융, 언론사 등을 통해 확인하시면 됩니다.)

한국 채권시장 외국인 투자 비중은 2000년경에는 겨우 0.2%, 금액으로는 7천억 원에 불과했습니다. 그러던 것이 2010년 현재 7.0%, 금액으로 70조 원이 넘어가고 있습니다. 백분율로는 35배, 금액으로는 100배 늘어난 것입니다.

이게 좋은 것일까요? 안 좋은 것입니다. 왜 안 좋습니까? 그 이유에 대해서도 역시 아래에서 언급할 것입니다. 그전에 CRS(통화스왑) 금리와 IRS(금리스왑) 금리 확인은 산업은행(http://www.kdb.co.kr/)에 들어가셔서 하시면 됩니다. 이 CRS와 IRS는 지금 한국 시장에서 일어나고 있는 외국인들의 재정 거래(interest arbitrage transaction)를 파악하고, 나아가서 2008년 제2 외환위기 및 한미 통화스왑이 왜 일어났는지를 파악하기 위해 필수적으로 아셔야 할 스왑시장의 핵심 금융지표입니다.

3

CRS(통화스왑 : currency rate swap)과 IRS(금리스왑 : interest rate swap)이란 한마디로 금융 자산이나 부채를 서로 교환하는 계약을 말합니다.

이 거래가 발생하는 이유는 기본적으로 은행이나 기업 등이 통화를 다른 외국에 투자해야 하고, 이 과정에서 환위험을 회피해야 하며, 그러한 투자를 하는 주체 간의 신용도가 달라 금융 상품에 따라 차입 금리 등이 달라지기 때문입니다.

대표적인 사유가 바로 고정금리와 변동금리 상품의 특성 때문입니다. 예를 들어서 여러분이 은행에 가면 대출을 받을 수 있습니까. 아무나 안 해줍니다. 담보가 있거나 신용이 좋아야 합니다. 특히나 고정금리 대출은 거의 안 해줍니다. 금리 변동에 따라 손실이 발생할 우려가 있기 때문입니다. 고정금리 대출을 받을 수 있더라도 신용도가 좋은 사람에 비해 변동금리의 경우보다 금리를 훨씬 더 줘야 합니다. 따라서 우리나라 은행 대출의 대부분은 (은행채 등) 고정금리로 조달된 자금으로 하는 부동산 담보 대출이면서, (CD 등에 연동된) 변동금리 대출입니다.

은행 입장에서 이러한 변동금리 위험을 제거하려면 고정금리를 수취하고 변동금리를 지급하는 IRS receive 거래를 해야 합니다(반대로 변동금리를 수취하고 고정금리를 지급하는 거래는 IRS pay 거래입니다.). 이 변동금리와 교환되는 고정금리를 IRS 금리라고 합니다.

이런 거래는 주로 금리 하락기에 나타나겠죠. 변동금리로 대출했는데 금리가 하락하면 손실이 발생할 수 있기 때문입니다. 그럼 고정금리에 대한 수요(고정금리를 수취하려는)가 증가하게 됩니다. 반면 고정금리를 지급하는 IRS pay 수요는 줄어들게 됩니다. 따라서 IRS 금리는 하락하게 됩니다. 이처럼 IRS 금리는 고정금리 수요가 증가하거나, 금리 하락이 예상되거나, 신용 위험이 감소할 때 하락하고, 그 반대일 경우 즉 시장 상황이 악화될 때 상승하게 됩니다.

이러한 IRS 금리와 동일 만기의 국고채 수익률 간의 차이를 스왑 스프레드(swap spread)라고 합니다. 이 값은 통상 0보다 높은 양(+)의 값을 띠어야 정상입니다. 기본적으로 IRS 금리는 은행 신용으로 형성되는 시장 이자율 중 하나이고, 국고채는 정부와 중앙은행이 지급을 보증하는 기준 이자율 중 하나이기 때문입니다.

그런데 스왑 스프레드가 한국에서는 2002년 이후부터 상당 기간 동안 음(-)의 값을 띠고 있습니다. 이것은 한국의 기준금리인 7일물 RP 금리가 은행 간 금리인 CD 금리를 상회하는 현상과 비슷하게 유동성 과잉의 증좌이기도 하면서 그만큼 한국의 은행 시장이 왜곡되어 있다는 증좌이기도 합니다.

지금 시중 은행에서 금리가 떨어지면 예금 금리는 바로 떨어뜨리지만 대출 금리는 안 내려주는 데에는 바로 이러한 왜곡된 은행 시장의 구조(부동산 담보 대출 90% 이상이 변동 대출)가 담겨져 있는 것입니다.

어쨌든 이러한 현상은 변동금리로 돈을 빌려 고정금리 수익이 보장되는 국고채를 매입함으로써 차익을 챙길 수 있는(국고채 금리 〉 IRS 금리이므로) 금리 재정 거래를 유발하게 됩니다. 이 과정에서 빌린 변동금리의 위험을 제거할 수 있는 스왑 상품인 금리스왑을(빌린 돈을 고정금리로 지급하는) 하게 되는 것입니다.

4

IRS(금리스왑)이 스왑 스프레드(IRS 금리-국고채 수익률)를 활용한 동종 통화 간의 국내 간 차익 거래라면, CRS는 스왑 베이시스(CRS 금리-IRS 금리)를 활용한 이종 통화 간의 국내외 간의 차익 거래입니다.

통상적으로 달러와 원화를 맞교환하게 되면 외국인은 달러를 주는 대신 변동금리인 LIBOR를 수취하고 원화를 받는 대신에 고정금리를 지급하게 됩니다. 이 고정금리를 CRS 금리라고 합니다. 외국인 입장에서 변동 LIBOR를 수취하고 고정 원화를 지급하는 CRS pay 거래를 하게 되는 것입니다.(반대가 CRS receive입니다.)

만약 한국의 외환 스왑(FX swap)시장이나 통화 스왑(currency swap)시장에서 달러 유동성이 부족해지게 되면 CRS pay 수요가 줄어들게 됩니다. 그럼 CRS 금리는 하락하게 됩니다.

LIBOR가 상대적으로 건재한 상황 속에서 CRS receive를 받아줄 pay 수요가 줄어들게 되면 CRS 금리가 0을 지나 마이너스까지 곤두박질치게 됩니다. 국내 입장에서 달러를 빌리면서 이자를 주고, 원화를 빌리면서는 이자를 받아야 되는데 여기서도 이자를 주게 되는 것입니다. 돈 주면서 이자까지 줘야 하는 것입니다. 외국인이나 국내 외국계 금융기관 입장에서는 떼돈을 벌게 되는 것입니다.

그러나 이러한 재정 거래가 무한정 이익을 담보해 주는 것은 아닙니다. 금리 스왑의 경우 국고채 금리가 오르고 IRS 금리가 내리게 되면 평가손, 손절매가 발생하게 되고, 통화 스왑의 경우에도 스왑 베이시스가 계속 확대되게 되면 역시 외환시장에서의 환율 상승으로 인한 평가손, 손절매를 불러오게 되기 때문입니다.

5

위에 외국인 채권 투자가 2007년경부터 급증했다고 말씀드렸습니다. 왜 늘어났을까요. 흔히 금리 재정 거래(interest arbitrage transaction)라는 것은 금리가 낮은 나라에서 돈을 빌려서 높은 나라에 투자하는 것입니다. 그러나 국가 간 자본 이동에는 환위험이라는 것이 따르게 됩니다. 이러한 환위험을 제거하는 비용을 위에서 말했듯 스왑 거래 비용이라고 합니다.

통상 외국인이 재정 거래를 한다고 가정할 경우 '투자 이익은 국내 채권 금리 − 달러 차입 금리 + CRS 금리' 가 됩니다. 재정 거래는 국내외 금리 차가 스왑 거래 비용 수준에서 유지될 때 소멸되며 유지되지 못할 때 발생하게 됩니다.

한국의 재정 거래는 달러 차입 금리인 LIBOR가 내려가고 국내의 달러 유동성 경색으로 스왑 거래 비용인 CRS 금리가 하락하면서 급증한 것입니다. 그러나 위에서 말했듯 금리 재정 거래 유인이 증가한다고 무작정 외국인들의 채권 순매수가 증가하는 것은 아닙니다. 왜냐하면 한국 채권은 위험도가 높은 자산으로 분류되기 때문입니다. CDS(신용 부도 스왑)를 말씀드리는 것입니다. 한국물 채권에 투자하기 위해서는 통상 CDS를 IB 등으로부터 매입해야 합니다. 따라서 재정 거래의 투자 이익은 '국내 채권 금리 − 달러 차입 금리 + CRS 금리 + CDS 프리미엄' 이 되는 것입니다. 이 경우 CRS 금리가 급락하게 되면 CDS 프리미엄이 올라가면서 그 차익을 감소시키게 됩니다.

2007년 여름부터 스왑 베이시스가 꾸준히 확대되었음에도 불구하고 외국인 채권 순매수가 요동을 친 것은 바로 이 CDS 급등 때문입니다. 그럼 돈을 빌려 한국에 투자한 외국인들도 주춤하게 되지만 이 외국인들에게 돈을 빌려준 외국 기관들도 주춤하게 됩니다. 이 경우 연쇄적인 ROLL OVER 거부 사태가 일어나면서 유동성이 급격히 수축하게 될 수 있습니다.

따라서 여기서 우리는 중요한 지점 하나를 들여다 볼 수 있어야 합니다. 외국인 채권 순매수가 증가한다는 것은 좋은 일만이 아닙니다. 급이탈한다면 금융 외환위기 리스크가 커지게 되기 때문입니다. 재정 거래가 급증하게 된 현상도 마찬가지입니다. 금융시장이 불안할수록 CRS 금리는 떨어지고 IRS 금리는 올라가겠죠. 따라서 일정폭의 스왑 베이시스의 역전폭 확대는 재정 거래 유인을 키우기도 하지만 역으로 보면 외국인 채권 매수세 이탈의 금융시장 불안 전조로도 볼 수 있는 것입니다.

6

CRS 금리는 외국 입장에서 원화 조달 금리가 되고, 국내 기업이 해외에서 채권 발행으로 달러 자금을 조달해 국내로 들여와 원화로 바꿀 경우 CRS 금리는 달러 조달 금리가 된다고 할 수 있을 것입니다.

2007년 이후부터 재정 거래가 많았던 데는 국내 증권사들의 무분별한 해외 차입에 의한 증권 투자, 조선 업체의 대규모 선물환 매도 등에도 그 원인이 있습니다. 그렇게 되자 CRS 금리가 급락하면서 재정 거래가 폭증한 것입니다. 물론, 처음에는 해외에서 조달한 자금을 국내로 들여오면서 원화로 바꿔 CRS 금리가 올라가고, IRS 금리가 내려갔습니다. 따라서 스왑 베이시스는 떨어지고 양(+)의 값에 근접해 갔습니다. 그러나 곧 한계에 다다르고 CRS 금리가 급락하면서 해외 자본 조달 비용이 올라가기 시작했습니다. 그러자 금리 재정 거래 유인이 커지면서 외국 자본이 추가로 몰려들게 된 것입니다. 그리고 이것이 정점을 찍으면서 외환위기가 시작된 것입니다.

CRS 금리가 급락하고(외환 유동성 경색), 국고채 금리가 오르게 되면 기존 스왑 베이시스 차익 거래자(CRS receive − IRS pay)의 손실이 커져 손절매를 불러일으키고, 이것은 IRS 금리 하락을 가져오게 됩니다. 이것은 위에 말했던 스왑 스프레드가 양의 값을 띌 때 일어났던 재정 거래자가 취했던 포지션인 '국고채 매입 − IRS pay'의 손절을 역시 불러오게 됩니다.

따라서 국고채 매도에 따라 시장금리 급등을 불러오고, 이것은 외환 유동성 고갈을 더욱 가속화시키는 악순환을 불러오게 됩니다. 우리 정부는 이때 CRS 폭락을 막기 위해 FX swap시장 등에 거액의 외환보유고를 퍼부으며 시장을 안정시키려 했으나 실패했고, 이것이 결국 은행발 부도 위기를 가져오다 한미 통화 스왑으로 간신히 위기를 넘길 수 있었던 것입니다.

7

제가 가장 많이 하는 지적 중의 하나가 한국의 환율시장 문제점은 너무나 뻔히 패가 보인다는 것입니다. 이명박 정권 임기 전반기에는 대기업 퍼주기를 위한 고환율 정책을 펼쳤고, 후반기에는 어떻게든 최대한 떨어뜨려 놓고 임기를 마칠 것이라는 예상을 경제를 좀 아는 사람이라면 누구든 할 수 있을 정도입니다.

금리 정책의 가용성이 없다는 것도 문제입니다. 내릴 여력은 없고 함부로 올릴 수도 없습니다. 환율시장과 금리시장의 연계성은 더욱 엉망입니다.

통상적으로 금리를 올리면 환율이 떨어져야 합니다. 그러나 한국은 금리가 오르면 주식시장이 약세를 띠고 이것이 외국인 순매도로 연결되면서 환율을 되레 끌어올리는 경향이 있습니다. 더군다나 한국은 부동산 버블이 극에 달해 금리 인상은 금융시장 불안, 이것은 다시 외환시장 불안으로 연결될 공산이 큽니다. 증시 역시도 펀드 유입, 현물 지수가 정점에 달해 떨어지면 떨어졌지 오르기 쉽지 않은 국면입니다.

이런 상황 하에서 채권시장으로 단기 국제 자본이 많이 들어와 있다는 것은 결코 좋은 일이 아닙니다. 한국은 금융시장 규모가 작고 특유의 리스크가 상존하고 있어서 위기가 어느 정도면 국제 자본의 투자 유입이 커지지만 어느 정도 이상을 넘어서면 아예 이탈하는 경향이 있습니다.

재정 거래 유인이 생기면 들어오지만 그럼 오히려 더 큰 문제가 생긴다는 말입니다. 얼마 안 있다 패거리 이탈을 하기 때문입니다. 그럼 머무르게 해야 하는데, 즉 일시적 재정 거래 유인이 발생해 투자된 자금이 재정 거래 유인이 소멸한 뒤에도 지속적으로 유입되도록 해야 하는데 그러려면 어떻게 해야 할까요. 간단합니다. 금리가 하락하고, 환율이 하락해야겠죠. 그러나 금리는 인하 여력이 별로 없고, 환율 하락이 뻔히 보이는 가운데 대기업, 금융기관 등의 행보 예측 미궁으로 무언가가 확실히 보이는 장세가 아닙니다.

8

여태껏은 미국 등이 저금리 기조를 유지한 덕에 상대적으로 금리 인하 여력을 만끽하면서 수혜를 누렸습니다. 이제 금리를 올릴 차례입니다. 그러나 올리기가 싫습니다. 올리면 기득권들의 이자 부담이 커지기 때문입니다. 윤증현이 말한 대로 우리나라 대출의 거의 대부분인 70%는 상위 40%(소득 4~5분위)가 가지고 있습니다. 따라서 저리로 한동안 부의 갈취를 지속하고 싶은 것입니다.

세계 국채지수(WGBI) 편입 기대감, 중국 장기 자금 유입 기대감을 버려야 합니다. 세계 1위의 부동산 버블 국가인 한국에게 유일하게 남은 동아줄은 바로 국가 부채(국채)가 적다는 것입니다. 그러나 국채시장을 늘리면 그 뒷감당은 무엇으로 할 것입니까. 중국 장기 자금 유입으로 채권시장이 활성화되리란 기대는 망상에 가깝습니다. 미국이 기준금리를 올려 주택 버블 등을 조절하려다 중국의 미국채 유입으로 장기 금리가 안정되면서(그 때문에 채권시장 한동안 호황, 국가 부채 급증, 부동산 버블 팽창) 2008년 서브프라임 위기가 발생한 것입니다.

그런데 지금 한국의 상황이 이때와 똑같습니다. 미국조차 감당 못할 국제 유동성을 천정부지의 부동산 버블 앞에 끌어다 놓고 즐기려 하고 있는 것입니다. 이 국제 유동성은 한순간에 썰물처럼 빠져나갈 수 있는 돈들입니다. 그리고 그럴 수밖에 없는 돈들입니다.

한국, 중국은 이미 그런 상황이 도래하고 있고, 위기를 피할 기회를 놓쳐버린 상황입니다. 어떤 나라는 돈을 밀어내서 버블을 꺼뜨리고 어떤 나라는 돈을 끌어들여서 버블을 키우고 있습니다. 금리 인하도 어렵고, 금리 인상도 무리인데다 더 큰 유동성을 끌어들일 위험이 크다면, 가장 좋은 방법은 버블 형성을 막을 수 있는 조세를 끌어올리는 것입니다. 부동산 보유세가 현행 0.2~3%가 아니라 1~3% 수준이라면 불건전한 버블이 형성되지를 않겠죠. 일본이 부동산 버블 붕괴 과정에서 가장 먼저 한 조치가 바로 보유세 인상입니다. 유동성의 무서움을 안 것이죠. 그러나 한국은 콧방귀도 안 뀌고 있습니다. 독일의 하이퍼인플레이션, 일본의 스테그디플레이션처럼 정말 처절한 위기를 겪어 보기 전에는 정신 못 차리겠다는 방자함인 것입니다.

9

결국 한국의 채권시장에 대한 외국인 비중 증가는 안 좋은 것입니다. 왜 안 좋습니까?

첫째, 한국 같은 중진국 이하 레벨의 국가에서는 통상 자본시장 개방 조치 혹은 외국인 투자 급증을 전후해 금융위기가 발생하게 됩니다. 1997년 외환위기 이전에 OECD 가입을 위한 각종 개방 조치가 있었죠. 2008년 제2 외환위기 이전에도 재정 거래에 의한 외국인 채권 투자액의 급증이 있었습니다. 2006년까지 2~4조 원 수준에 불과하던 외국인의 연간 채권 순매수 규모가 2007년 37조 원, 2008년 56조 원으로 급증합니다. 그리고 바로 연말에 외환 유동성 경색 위기가 발생합니다. 이때 한국의 주요 시중 은행들은 부도 전멸을 맞이할 뻔했습니다. 그러다가 한미 통화 스왑 등으로 간신히 국가 부도 위기를 넘겼습니다.

이것은 기본적으로 유동성 경색 위기를 목전에 두고 정부가 무리한 고환율 정책으로 시장에 기름을 들이부었기 때문입니다. 그러나 그 이전에 이미 위기 징후를 감지하고 대책을 세웠어야 합니다. 그러나 그러질 않았죠. 바로 그래서 안 좋은 것입니다. 한국은 금융시장 급변동에 대처할 능력 자체가 없는 나라이기 때문입니다.

둘째, 채권시장이 커지고 외국인 채권 투자가 급증한다는 것은 결국 국가 부채가 늘어난다는 것입니다. 국채는 빚이기 때문입니다. 빚이 늘어나는데다가 외국인에게 지는 빚이므로 국가 경제가 종속되어 들어가게 됩니다. 일명 쌍방향 위기가 커지게 되는 것입니다.

어떤 사람은 주식시장에만 집중되어 있던 외국인 자본이 채권시장, 특히 국채시장에 들어오게 되면 이탈하지 않고 남아 투자 조정을 할 수 있어서 국내 금융시장 특히 외환시장에 주는 충격이 작아진다고 착각할 수 있습니다. 이것은 정부의 주장이기도 합니다. 그러나 한마디로 이야기하면 그것은 궤변입니다.

그러나 주식시장 외국인 비율이 20~40% 수준인데, 채권시장 외국인 비율마저 그 수준으로 치달아 갔다가 한꺼번에 빠지면 충격이 어느 수준이 될까요. 왜 투자자본이 왔다갔다만 할 거라고 생각하십니까. 한국의 투자 가치가 감소하고 국가 리스크가 커지면 그냥 깡그리 이탈하게 되는 것이며 따라서 충격은 배가될 뿐입니다.

이러한 착각은 흡사 거래량이 늘어나면 가격이 안정된다는 착각과도 같은 것입니다. 물론 그럴 수도 있겠죠. 그러나 갈수록 국제금융이 투기화되고 그 속에서 기축통화 국가가 아닌 한국의 경우는 오히려 투기세 증가에 따른 리스크만 커질 뿐입니다.

10

중국의 임금이 오르고 있는 것을 부동산 버블에 대한 대책이라고 하면 어떤 분은 그깟 서민들 임금 몇 푼 올려준다고 무슨 주택 버블 붕괴가 예방되겠느냐고 하실지도 모르겠습니다.

그러나 중국의 임금 총액과 부동산 버블 규모 사이의 이격, 임금 총액과 은행 예금 규모와의 이격은 심각한 수준으로 벌어지고 있습니다. 이걸 좁히지 않으면 위기를 막아낼 수가 없습니다. 물론 언 발에 오줌누기 정책이기는 합니다. 그러나 그거라도 안하고 있으면 불안해서 살 수가 없는 것입니다.

지금 중국뿐만 아니라 싱가포르, 태국 등도 국제 유동성 유입으로 자국 통화가 절상되어 비상입니다. 한국, 중국 등은 부동산 버블이 정점으로 치달아 정신이 없을 지경입니다. 1997년 외환위기 직전과 비슷해져가고 있습니다.

그때와 차이가 있다면 경상 흑자 지속, 환율 하락 여지 보유, 상당한 외환보유고 보유, 낮은 기업 부채, 기업 부실 청산 등의 이점을 들 수 있을 것입니다. 그러나 대신 국제 투기자본 밀물 유입, 금리 정책 가용성 상실,

높은 국가 부채, 지방 부채 및 재정 적자, 가계 부채 그리고 부동산 버블의 문제가 있습니다.

환율이 내려가면 기업의 가짜 실적이 산산조각 나고(추가 인하) 여지가 사라지면서 해외 자본이 물밀듯이 이탈할 수 있고, 환율이 올라가면 역시 해외 자본의 손절매성 이탈이 나타날 수 있습니다. 특히 채권시장에서 말입니다. 주식시장도 물론 마찬가지입니다.

그 과정에서 부동산 버블이 박살나게 될 것입니다. 지금 중국의 임금이 오르고 있는 것은 바로 그러한 이유 때문입니다. 올림픽을 열고 G-2가 되었지만 많은 서민들의 형편은 나아지지 않고 있습니다. 국민소득 3천 달러 수준에 대도시의 집값은 선진국 수준을 뛰어넘고 있습니다. 한국이 중국 수준일 때 집값은 지금 중국 집값의 1/50 수준에 불과했습니다. 예금이 많고 외환보유고도 많지만, 은행에 너무 많은 외국 투기자본이 물려 들어가 있고, 그것이 대출로 물려 들어가 있는 부동산 버블은 극에 달해 있습니다. 따라서 어떻게 할 수가 없는 상황입니다. 금리를 내릴 때는 따라 내리며 신나게 거품을 키웠지만 이제 올릴 때가 오면 따라갈 수 없는 형편인 것입니다. 천정부지로 늘어난 국제 유동성은 바로 그 틈새를 노려 변동성을 극한으로 키워내려 달겨들 것입니다.

결론적으로 한국, 중국, 동남아, 동유럽, 남유럽, 남미 등에는 다시 위기가 도래할 수밖에는 없는 것입니다. 한국의 환율은 떨어질 수도 오를 수도 없습니다. 떨어지면 오를 징후가 되고, 오르면 더 오를 징후가 됩니다. 금리를 안 올릴 수도 없고 올릴 수도 없습니다. 지금의 저금리는 그냥 마스터베이션 금리일 뿐입니다. 국가, 금융기관만 좋은, 국민의 부를 갈취하는 행위일 뿐이라는 이야기입니다.

한국은 외환위기가 올수록 국가 시스템을 장악한 수출 재벌, 외국계 은행의 수익이 커지게 됩니다. 부동산 버블을 지키고 부채를 늘리려는 중앙정부의 계획은 이들의 수익 구조와 연계되고 있습니다. 이 야합 구조가 한동안은 갈 수 있겠죠. 그러나 길어야 6개월 ~ 30개월입니다. 따라서 지금 집 사는 사람의 미래는 암울한 것입니다. 정부의 부동산 대책이 일단 2011년 3월을 겨냥하고 있는 데에는 그러한 이유도 있습니다. 모든 국제 자본이 중국의 2010년 4/4분기 ~ 2011년 1/4분기까지를 주시하고 있기 때문입니다.

우리 정부는 중국이 무너지지 않으리라 보고 있고 중국과 연계된 한국도 그것 때문에 살 수 있으리라 보는 것 같습니다. 그러나 위기는 중국이란 대마가 쓰러지면서 찾아오게 될 것입니다. 한국의 위기는 중국이 무너지면서 맞이하게 될 수출, 부동산, 가계 부채 등의 3대 위기를 절대 피해갈 수 없을 것입니다.

결론적으로 중국과 한국의 인플레이션이 전 세계 경제 구도의 핵심입니다. 부동산 버블이 산산조각 나면서 동아시아의 부가 순간적으로 수축해 줘야 부채와 긴축에 시달리고 있는 미국과 유럽 경제에 희망의 싹이 트이게 될 것이라는 이야기입니다.

최근 중국이 임금을 올리고 있죠. 잘못된 정책입니다. 기준금리를 인플레이션율(시장이자율) 이상으로 끌어올리거나 위안화를 절상해야 합니다. 그러나 전자를 단행하면 버블이 무너지고 후자를 단행하면 수출이 무너집니다. 결국 임금 인상은 인플레이션 가속화로 연결될 것입니다. 채권 버블이 지속되고 있지만 부동산 버블 역시도 용호상박입니다. 결론은 결국 실업율과 재정 적자 문제입니다. 미국은 재정 팽창 정책을 쓰려고 하나(실은 핵심은 통화 정책입니다) 소용이 없고 유럽은 긴축을 고집하고 있습니다. 이 속에서 중국과 한국의 가짜 성장률이 결국 인플레이션에 풍비박산이 나면서 꺼져 들어가게 될 것입니다.

한국은행이 금리를 인상하겠다고 설치는 것은 총생산 갭, 인플레이션 갭을 염두에 둔 중앙은행 본연의 역할 수행이 아닙니다. 답답해서 그런 것입니다. 최근 한국의 환율, 금리 정책의 가용성은 깡그리 바닥이 나 있는 상황입니다. 그것의 출구를 찾아보려는 몸부림인 것입니다. 그러나 해답은 오직 인플레이션, 즉 부동산 버블을 꺼뜨리는 데 있을 뿐입니다. 40%가 대출 70%를 독점하고 있으니 버블이 안 꺼질거라구요? 바로 그 지독한 빈부 격차 때문에 꺼지게 될 것입니다.

한국의 부동산은 주택 구매자뿐만 아니라 가족의 재산까지 등치고, 우리 자녀들의 미래 소득까지 등치고(부채 증가를 말하는 것입니다), 하위계층의 소득까지 등치고도(예금 및 세금의 희생) 막다른 골목에 다다랐습니다. 그런데도 부자의 문제이니 괜찮다고 합니다. 그럼 부자 혼자의 힘만으로 만들어 낸 버블이어야 하나, 그건 절대 아닌 것이죠. 온 나라를 등쳐 만든 버블이고 유지해 온 버블입니다. 지금 그 버블이 무너지고 있는 것입니다. 중국의 임금 급등은 바로 거기에 불을 지르고 있는 것이고 말입니다.

중국 버블 경제에 관한 45가지 진실

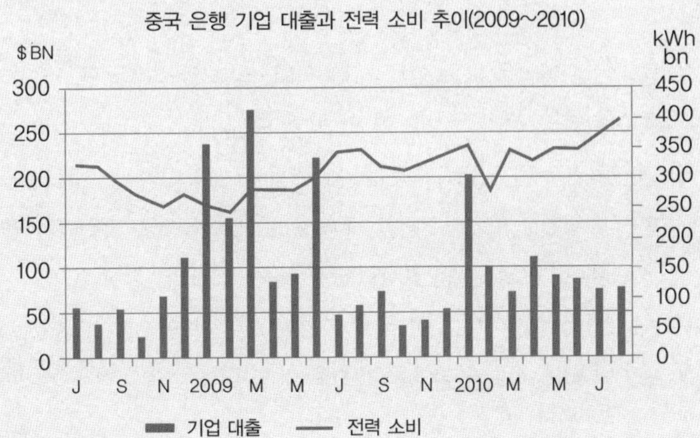

벼랑에 선 중국 경제와
정권 붕괴

중국은 돈을 과도하게 찍어내 그것을 원하는 사람, 원하지 않는 사람을 불문하고 대출을 단행해 왔습니다. 이런 대출은 중국 당국의 실업에 대한 극단적인 대책에도 불구하고 주택, 인프라 건설 그리고 제조업 버블의 격렬한 붕괴로 연결되어 조세 부족과 인플레이션에 의한 채무 급증으로 이어질 우려를 유발하고 있습니다.

도시의 높은 실업과 고물가는 사람들을 점차 길거리로 내몰고 있습니다. 중국 시민들은 삶의 불안이 거의 민란 수준에 도달해 가고 있는 상황 속에서 정부의 경제에 대한 개입이나, 여러 가지 대 인민 조치 등에 대해 느끼는 회의는 깊어지고 있습니다.

이런 중국 정권과 경제의 위기는 비록 일시적이기는 하나 원자재 가격 등에 상당한 영향을 끼치며, 호주, 브라질, 러시아, 아르헨티나 그리고 중동 등에 영향을 불러일으키고 있습니다. 그럼 중국 버블 경제에 관한 45가지 진실을 이야기해 보겠습니다.

1. 중국에는 상업용 부동산만 약 300억ft²(평방피트)의 건축 규모입니다.

– 300억ft²라고 하면 체감이 잘 안 될 수도 있습니다. 35ft²가 1평 정도라고 계산하면 쉬울 것입니다. 그럼 300억ft²는 대략 9억 평 정도가 되고 30평짜리 사무실로 따지면 3천만 개 정도라고 할 수 있을 것입니다. 평당 2,500달러만 잡아도 대략 2조 2,500억 달러에 이르는 규모입니다. 한국의 최대 개발 사업인 송도 신도시의 규모가 대략 1억ft² 정도가 되고 사업비는 350억 달러 정도가 된다고 합니다.

2. 중국의 고정 투자 규모는 2010년 GDP의 60%선에 달할 것으로 예상되어 2009년의 50%선을 뛰어넘을 것으로 보입니다.

– 역시 60%라고 하면 체감이 안 될 것입니다. 한국 등 주요국의 비중이 15~30%선이죠. 30%만 넘어가도 자고나면 건물이 들어서야 할 정도로 건설 경기가 활황이어야 합니다. 60%라면 건축물 짓는 소리로 잠을 못잘 정도의 수준이라는 이야기가 됩니다. 그래도 잘 체감이 안 될 것입니다. 선진국의 경우 20%가 넘어가는 과열 성장만 해도 지금의 서브프라임 위기 수준의 대가를 치러야 합니다. 그럼 중국은 과연 얼마만큼의 대가를 치러야 한다는 말입니까? 2007년에는 40%선이었고 해마다 10%씩 폭증하고 있습니다. 이미 멈출 때가 한참 지났다는 이야기입니다.

3. 중국의 신용 대출액이 2008년 12월부터 2009년 6월까지 단 6개월 사이에 6조 위안 늘어났습니다.

– 1년으로 따지면 12조 위안 규모입니다. 중국의 당시 GDP가 30조 위안 정도니 한국으로 따지면 1년에 모기지 대출이 400조 늘어난 꼴입니다.

설명과 이해 모두 불가능하다고 볼 수 있습니다.

4. 달러 약세에도 불구하고 중국의 재고 효과를 노린 투기적 정책 시행 때문에 원자재 등의 상품 가격이 큰 요동을 친 바 있습니다.

5. 2009년 초반 석유의 6월물 선물가격은 현물가격보다 20달러 높은 가격대에서 거래되었습니다. 투자자들은 현물가격이 상승하지 않는 한 큰 손해를 입게 될 상황에 직면했죠. 이러한 베이시스의 확대가 재고 효과를 도모하려는 각국 정부와 재고 비용과 베이시스 사이에서 이익을 도모하려는 재정 거래자들의 차익 거래를 불러일으킨 것입니다. 그 수요가 수익률 곡선을 평탄화시키고 투자자들의 손실을 제한시켰습니다. 재고 소진 수요 없이 금융 투기는 작동하지 않는 법입니다.

6. 중국의 은행들은 상품에 대한 투기적인 재고 소진 수요를 대출로 뒷받침했습니다. 기본 물자들을 담보로 잡고 그 담보를 구매할 수 있는 자금을 대출해 준 셈입니다. 이것은 모기지 대출의 구조와 같습니다.

7. 국제 언론들은 중국에 의한 이러한 상품 수입 기록들을 마치 중국의 회복된 경제를 반영하는 큰 전환점이 일어난 것마냥 호들갑을 떨어대며 보도했습니다. 실제로 국제 금융시장에서도 중국의 이러한 회복세가 글로벌 경제를 다시 복원시키는 선구자 역할로 인식하고 있습니다. 그리고 그것은 세계 각국의 주가를 밀어 올리는 중요한 요인이 되었습니다.
— 재고 효과로 사기적 경제 성장률을 유지하려는 중국 정부의 행동을, 어떻게든 지푸라기라도 잡아 투기질로 돈을 벌어먹으려는 투기꾼들이 진짜 경제 회복인냥 몰아가 서로 간에 흑심을 채우고 있는 중이란 이야기입니다.

8. 2003년 이전 거의 40년 동안 철광석 가격은 t당 20~30달러에 불과했습니다. 생산량이 풍부해지면서 가격은 거의 생산 비용 수준에서 결정된 것입니다. 그러나 2003년 이후 중국이 적극 가세하기 시작하면서 상황은 달라졌습니다. 2008년 수준을 보면 계약가는 거의 4배 이상 급등한 t당 100달러 수준, 현물 구매 가격은 8배 이상 급등한 t당 200달러 수준으로 뛰어 오르게 된 것입니다.

9. 이런 가운데 중국의 철강 생산량 역시 업체의 난립 속에 천정부지로 솟구쳐 올라갔습니다. 이에 업체들은 사분오열되어 철강 생산 증가에 전력투구하고 있습니다.

10. 중국 지방정부들도 사분오열되어 철강 산업 규모 키우기에 사활을 걸고 있습니다. 이렇게 거내한 수요 속의 지방정부 간의 치열한 경쟁은 메이저 광산 업체들로 하여금 계약가, 현물가를 천정부지로 올릴 수 있게끔 하는 요인이 되고 있습니다.

11. 수많은 철강 업체와 지방정부들은 그들이 철광석을 비싼 가격에 구입하는 것을 그리 나쁘게 생각하지 않고 있습니다. 왜냐하면 지방정부가 높은 명목 성장률을 유지해야 할 필요성이 있기 때문입니다. 돈을 잃더라도 GDP를 끌어올리고 싶어 하는 것인데, 이런 측면에서 보면 중국의 철강 산업 활황은 결국 중국 경제의 이익을 저해할 가능성이 큽니다.

12. 2008년 4분기와 2009년 1분기에 철강 수요가 붕괴되고 철강 가격은 급격하게 떨어졌습니다. 그럼 철광석 수요도 붕괴되었어야 합니다. 그러나 중국 은행들은 철광석 업자들에게 돈을 대출해 줘 그들로 하여금 투기와 저장을 할 수 있도록 도와주었습니다.

13. 중국이 비록 철광석의 큰 구매자이긴 하지만 그간 가격 설정에는 영향력이 별로 없었습니다. 따라서 중국은 경기 침체를 틈타 하락하는 가격의 덕을 보았어야 합니다. 그런데 중국은 대신 투기적 수요를 유발시키고 대출을 거기에 쏟아 부음으로써 자신들의 입장을 악화시켰습니다.

14. 2008년 9월부터 경제는 어려워지고 반면 돈은 빌리기 쉬워짐에 따라 많은 기업들은 자산시장으로부터 이익을 창출하기 위한 시도를 용기 있게 해나갔습니다. 그들은 돈을 빌리고 이 돈을 주식시장 등에 집어넣었습니다. 그리고 이 투기세는 홍콩으로까지 이어지게 되었습니다.

15. 중국에서 빌린 돈으로 자산시장에서 투기를 하는 것은 민간에 국한된 일이 아닙니다. 국영 기업들도 민간에 비해 낮은 이자율로 국영 은행에서 돈을 빌려 투기에 적극 가담하고 있습니다.

16. 2008년 하반기 중국 경제가 악화되기 시작하면서, 자금난에 처한 민간 기업들은 개인 대출자들에게 자금 상환을 요구하기 시작했습니다. 만약 국영 기업들이 대출을 받지 않았다면 이 자금들이 민간을 부도 위험으로부터 어느 정도 지켜 줬을 수도 있었을 것입니다. 아무튼 국영 기업에 대한 대출 증가는 중국 은행들의 급격한 영업 기반이 되어갑니다. 그리고 이 자금들은 끊임없이 자산시장으로 흘러 들어갔습니다.

17. 중국의 성장 모델은 정부 주도의 투자와 외국 기업 주도의 수출에 있습니다. 과거 수출이 활황일 때 중국 정부는 그 수출을 더욱 뒷받침할 수 있는 투자에만 모든 가용 자원을 집중했습니다. 그러나 국제 경제가 약화되고 중국의 수출이 2007년 수준을 회복하지 못하면서 수출 성장을 뒷받침할 수 있는 투자 집중이 쉽지 않게 되었습니다.

18. 2009년 5월 국제 에너지 기구들은 중국이 제시하고 있는 장밋빛 성장 청사진이 지나치게 과장된 것 아니냐며 의문을 제기하기 시작했습니다. IAE는 2009년 1분기 베이징의 성장률이 6.1%인데 석유 수요가 3.5% 떨어지고, 전기 사용량이 지나치게 약하다는 점을 지적했습니다. IAE는 중국의 실질 경제 성장률이 정확하지 않을 가능성을 제기했고 위신을 세우기 위한 조치를 해서는 안 된다고 이야기했습니다.

19. 런던에 위치하고 있는 Lombard Street Research는 2009년 1분기 중국의 경제 성장률이 사실상 제자리 성장을 했을 가능성을 언급했습니다.

20. 중국은 전 세계 경기 부양 에너지의 정중앙에 자리하고 있습니다. 6천억 달러의 경기부양책과 싱반기 1조 달러에 육박하는 믿을 수 없는 대출 증가 추이가 그것을 입증합니다.

21. 중국의 통화 공급 증가는 매년마다 30%선을 기록하고 있습니다.

22. 중국 인민은행의 데이터에 따르면 중국은 2009년 10월의 2,530억 위안에 비해 대폭 증가한 2,940억 위안의 국내 통화 증가를 기록하였습니다.

23. 2010년에도 중국의 은행들은 7~8조 위안 수준의 대출을 계획하고 있습니다.

24. Xi'an Maike Metal International Group에 따르면 구리 최대 사용자인 중국의 면세 창고에 보관된 2009년 구리 비축량은 제로 수준에서

35만 톤 수준으로 늘어나 있습니다. 담보로 잡힌 비축량 이외에도 중국은 모니터 등에 사용될 15만 톤의 물량을 상하이 지역에 비축하고 있으며, 23만 톤 수준의 지방정부 보유 물량 그리고 제조에 사용될 20만 톤의 물량까지 확보하고 있습니다.

25. 중국의 경제 기적은 크게 세 시기로 구분할 수 있습니다. 첫째는 덩샤오핑에 의해 주도된 경제 개혁의 시작 시기입니다. 둘째는 노동집약적 경공업으로 저임금을 활용해 경제 발전을 꾀한 시기고, 셋째는 중공업과 인프라 산업에 초점을 맞춘 시기입니다. 이 세 단계 모두 경제 성장의 드라이브를 거는 데 중앙정부의 투자에 의한 집중화 전략이 좌우했습니다. 그러나 정부 주도의 고정 투자에 의한 성장 의존은 지속될 수 없는 것입니다.

26. 1998년부터 시작된 중국의 점진적인 투자 증가는 현재 전례 없는 수준에 도달해 있습니다. 자본 투자가 성장 동력의 드라이버가 되었고, 2009년 성장의 90%, 2008년 성장의 70%를 총 고정자본 형성(GFCF: Gross Fixed Capital Formation)이 차지하는 기형적 구조를 가지게 되었습니다.

27. 중국의 GDP에 대한 고정자산 투자 비중 50% 이상은 1990년대 중반 아시아 버블이 끝물에 달해갈 무렵에 기록했던 최고점을 넘어서는 것입니다.

28. GDP에 대한 고정투자 비중의 이전 기록은 GDP 대비 약 33% 수준으로 9년 정도 지속된 것이었습니다. 그런데 지금 중국은 13년째 지속되고 있습니다.

29. 중국의 한계고정자본계수(ICOR: Incremental Capital Output Ratio)
는 지난 20년 전과 비교하여 뚜렷하게 쇠약해졌을 뿐만 아니라 다른 나
라들이 성장의 최고점에 도달하기 직전에 보여 줬던 모습보다도 쇠약해져
있습니다. 2009년 중국의 ICOR은 1980~1990년대 평균에 비해 두 배
높은 상황입니다.

30. 중국의 증가하고 있는 투기적인 자본 투자 붐은 투자에 대해 떨어
지고 있는 한계 수익에 대한 징후를 나타내는 것이라 할 수 있습니다. 신
용 팽창과 제조업, 인프라, 부동산 등에 대한 과도한 투자로 스스로를 갉
아먹어 가는 성장은 중국에서 현재 진행 중입니다.

31. 21세기의 첫 10년을 내동댕이쳐버리면서 중국의 국내 신용 증가는
GDP 성장보다 50% 이싱 높은 수준을 기록하고 있습니다.

32. 이미 중국에서는 성장을 생성하는 국내 신용 효과가 무너지고 있습
니다. 2000~2008년경 중국에서는 1달러의 GDP를 창출하기 위해 1.5달
러의 신용 생성이 필요했습니다. 그 비율이 2009년에는 7달러에 달하고
있죠. 대출 융단 폭격을 퍼부어도 경제가 성장하지 않는 것입니다. 버블이
절정에 달해 무너진 미국의 경우를 보면 1달러의 신용 증가는 4달러의
GDP를 창출한 바 있습니다.

33. 2009년 중국의 무역수지는 20% 감소했으며 FDI(외국인 직접투자)
는 18% 감소했습니다.

34. 중국 정부의 부채는 광범위하게 조작되고 있습니다. 공공 부채에
포함되어야 하지만 그렇지 않은 지방 부채의 규모가 드러난 것만 6,800

억 달러에 달하고 있습니다. 약 3,500억 달러에 달하는 확장된 부채의 상당 부분은 인프라 건설 등을 위해 지방정부에 의해 보증된 채무들입니다. 만약 이러한 부분들을 포함해 정확한 대차대조표를 작성한다면 중국의 국가 부채 비율은 무려 62%로, 세계 주요 경제국들과 전혀 차이가 없게 됩니다. 만약 중국 정부가 오랜 기간 동안 높은 수준의 자본적 지출(capex)을 단행하면서 낮은 수준의 국가 부채를 기록할 수 있다면 이것은 논쟁거리가 아니라 그 자체로 전설이 될 것입니다. 불가능하다는 이야기입니다.

35. 중국의 M2(광의통화)는 9조 달러 규모로서 경제 규모가 3배나 더 큰 미국의 8.3조 달러보다 월등히 높습니다. 이것은 알루미늄을 수입해 부족한 에너지로 가공을 한 후 이익을 박하게 남겨 수출하는 식의 중국 경제가 감당하기에는 너무나 큰 규모의 경제라 아니할 수 없습니다.

36. 중국이 기록하고 있는 45% 수준의 도시화 진척 속도 역시 신화입니다. 중국에서는 도시를 1km²당 1,500명 이상의 인구가 살고 있는 경우로 정의합니다. 이런 빡빡한 조건이라면 미국의 휴스턴 같은 대도시도 도시가 아니라 시골입니다. 그런데도 중국의 도시화 진척 속도는 놀랍습니다. 중국은 부동산 개발 자체가 필요 없는 수준에 도달해 있다고 할 수 있습니다.

37. 중국의 현재 철강 생산량은 5억 톤에 달합니다. 이 규모는 미국, EU, 일본에 러시아를 합친 것보다도 많습니다. 그런데도 중국은 6억 6천만 톤 규모를 갖추기 위해서 현재 6천만 톤 생산 규모의 공장을 추가 건설 중입니다. 그런데 이 통계를 1인당 철강 생산량으로 비교하면, 개발도상국이라고 할 수 있는 중국의 그것이 유럽과 비슷하고 미국보다 약간 높은 수준입니다.

38. 중국의 평균 주거 공간은 이미 다른 아시아 국가들을 추월하고 있습니다. 가구 레벨당 주거 쾌적의 측면에서 중국은 이미 2003년에 한국을 능가했고, 이후 지속적으로 예측치를 뛰어넘고 있습니다. IMF의 중국 주택 소유권 수치에 따르면 2005년 보급률이 86%에 달하는 것으로 나오고 있습니다. 미국의 부동산 버블 절정기에 이 수치는 고작 69%에 불과했습니다.

39. 미국은 420만km의 포장도로와 8만km의 고속도로가 있습니다. 중국은 270만km의 포장도로와 6만km의 고속도로가 있습니다. 그러나 미국은 자동차가 2억 5천만 대에 달하고 중국은 4천만 대에 불과합니다.

40. 미국은 60만 개의 다리가 있고 그중 45만 개가 사용 중입니다. 중국은 50만 개의 나리가 있고 매년 1만5천 개가 건설 중입니다. 그러나 미국은 중국보다 5배 이상의 하천을 가지고 있습니다.

41. 2009~2012년 사이에 건설될 중국의 철도 길이는 총 6만km, 여기에 총 4,200억 달러가 소요될 것으로 추정되고 있습니다. 특히, 2009년 중국의 철도에 대한 투자는 전년 대비 거의 70% 가까이 폭증했습니다.

42. 2005~2010년 사이에 지어진 중국 공장 44개 중 37개가 인구밀도가 희박하고 가난한 중국 서부 지방에 건설되었습니다. 따라서 이용 고객이 거의 없을 걸로 예상됩니다.

43. 중국의 국민소득이 3천 달러 수준임에도 불구하고, 어떤 면에서 중국은 이미 산업화의 성숙 단계에 도달해 있습니다. 특히 호텔 공급의 측면에서 넘쳐나는 공급 과잉으로 객실의 추가 용량 확장을 극도로 제한하

는 등 많은 규제를 하여 제지하고 있습니다. 게다가 산업경제가 발전하고 1인 여행자가 나타날 때 등장하는 현상인 1인용 객실도 늘어가고 있는데, 이것은 성숙화의 방증인 동시에 거품이 심각하다는 의미도 내포하고 있습니다.

44. 2009년부터 일어난 힘겨운 투자는 2010년에 30% 추가 성장을 이끌기 위한 것이었습니다. 만일 투자가 증가하더라도 수출이 증가하지 않는다면 나머지는 소비가 과도하게 일어나 그 간극을 메워줄 수 있어야 합니다. 그러나 이러한 성장 속도는 1960년대 일본의 붐 그리고 1950년대 미국의 붐 절정에서도 관측되지 않은 것입니다.

45. 1978년 이후 중국의 민간 소비 실질 성장률은 언제나 중국 경제 전반의 성장률보다 낮은 수준을 기록하였고 1999~2008년 사이에 GDP에 대한 중국의 가계 소득의 비중은 20% 이하를 맴돌았습니다. 따라서 중국의 신흥 중산층이 급증하고 있다는 주장은 신화에 불과합니다.

(출처 : http://israelfinancialexpert.blogspot.com/
2010/01/50-facts-about-chinas-bubble-economy.html)

3. 흔들리는 미국, 가라앉는 일본, 비상하는 중국?

누가 겨 묻은 돼지이고,
누가 똥 묻은 개인가

지금 많은 사람들이 미국 경제를 욕하고 있습니다. '미국은 끝났다', '달러도 끝났다' 라면서 말입니다. 좋습니다. 그럼 경제는 상대적인 것인데 미국의 대안은 어느 나라입니까. 많은 사람들이 그 대안으로 미국, 동아시아, 유럽의 3극체제를 이야기합니다. 좋습니다. 역시 동의합니다. 그러나 문제는 여기서부터 시작입니다. 동아시아와 유럽이 똘똘 뭉쳐 미국을 상대한다면 다극체제가 될 수도 있을 것입니다. 그런데 과연 그것이 가능할까요?

2009년, 금값이 온스당 1,300달러에 육박하였습니다. 몇몇 전문가에 의하면 몇 년 내에 5천 달러에 도달할 수도 있을 거라고 합니다. 그런 소리는 금값에서뿐이 아닙니다. 2009년 말 현재 엔고 현상이 벌어지고 있는데 몇 년 내 엔·달러 환율이 40엔대에 진입할 것이라는 예측이 나오고 있습니다. 위안화가 저평가되어 있다는 이야기는 너무 들어서 지겨우시죠? 역시 위안·달러 환율 3위안대 이야기가 나오고 있습니다.

현재 일본 GDP를 480조 엔으로 보고 엔·달러 환율이 48엔이 되면 일본 GDP가 10조 달러가 된다는 이야기입니다. 마찬가지로 중국 GDP를 35조 위안으로 보고 위안·달러 환율이 3.5위안이 되면 중국 GDP가 10조 달러가 된다는 이야기입니다.

그렇다면 미국 GDP와 통화 가치가 제자리걸음을 한다는 전제하에 미국─동아시아가 대등한 관계가 되는 것이 아니라 일본, 중국만 합쳐도(20조 달러) 미국 경제(15조 달러)를 뛰어넘는다는 이야기가 됩니다. 여기에도 동의하십니까.

　그런데 일본이 48엔, 중국이 3.5위안의 환율을 과연 견딜 수 있을까요. 결론부터 말하자면 두 국가 모두 견딜 수 없습니다. Why? 미국이 겨 묻은 돼지라면 중국은 똥 묻은 개이기 때문입니다.

　현재 미국, 일본은 변동환율제 국가이고 중국은 고정환율제입니다. 통상 변동환율제 국가에서는 통화 정책의 효용이 크고, 고정환율제 국가에서는 재정 정책의 효용이 크다고 하는데, 이유는 간단합니다. 변동환율제 국가에서 통화 정책을 쓰면(돈을 찍으면) 이자율이 하락하면서 환율이 상승합니다. 그럼 수출이 늘고 소득이 늘죠. 반면 고정환율제 국가에서 통화 정책을 쓰면 이자율이 하락하면서 통화가 해외로 이탈하게 됩니다. 소득에 영향을 주지 않게 되는 것이죠. 변동환율제 국가에서 재정 정책을 쓰면 이자율이 상승하면서 투기자본이 유입되고 환율이 하락합니다. 여기서 자본 이동을 적절히 통제하지 못하면 소득은 별로 늘어나지 않습니다. 반면 고정환율제 국가에서 재정 정책을 쓰면 유입되는 자본이 커질수록 구축 효과를 잠식해 들어가면서 소득을 늘어나게 해 줍니다.

　이런 이유 등으로 미국은 돈을 찍고 중국은 빚을 늘리고 있습니다. 미국이 제대로 된 재정 정책을 쓰고 있나요? 천만의 말씀입니다. 현재와 같은 자유무역, 국제금융 하에서는 미국이 재정 정책을 쓰면 중국 좋은 일만 하게 됩니다. 예를 들어서 미국 에너지부가 얼마 전 텍사스 주에 풍력 발전소를 건설하기로 했습니다. 그러나 막대한 자금이 투입된 이 공사에서 일한 미국 노동자는 고작 30명, 반면 터빈을 납품하기로 한 중국에서는 수만 개의 일자리가 늘어났습니다. 죽 쒀서 개 주는 꼴입니다. 한국의 4대강 공사 역시 마찬가지입니다. 재벌과 외국인 노동자만 이익이 나고 한국 중산층과 서민들은 그 재정 부담만 떠안아야 합니다.

　그럼 중국은 어떠한가. 태화 정책으로 통화량을 늘려내고 있습니다. 환율 하락 압력을 제한시키기 위해서입니다. 사실상의 재정 정책에 이은 통화 정책의 병행입니다. 부채의 증가에 이어 통화 가치 하락의 압력 또한 커지고 있는 것입니다. 이런 상황에서 위안화를 절상시키면, 그것도 대폭 절상시키게 되면 자살 행위가 됩니다.

그럼 국제금융 투기꾼들은 왜 일본과 중국을 번갈아가면서 부채질하고 있는 것일까요. 바로 비빌 언덕을 만들고 노닐면서 약을 올리기 위함입니다.

"올해 일본이 세계 경제 랭킹 2위 자리를 드디어 내려놓는 것인가?"

"그렇지! 이제 중국의 시대야. 아마 조만간 미국마저 제칠걸?"

"으음... 하지만 엔화도 만만치는 않다고 봐. 일본 경제의 저력도 결코 작지 않다고 봐야지"

한마디로 염장을 지르고 있는 것입니다. 유동성은 많은데 놀만한 곳은 마땅찮던 판국에(위험성과 변동성의 상존 때문에) 마침 비빌 언덕이 나타난 것입니다. 개 두 마리를 싸움 붙여 어느 놈이 죽어나가나 그 게임 판을 만들어 보기로 한 것입니다. 전형적인 국제금융꾼들의 패거리 현상(herding behavior)중 하나라고 볼 수 있는 것이죠. 따라서 일본 정부나 중국 정부는 신경질적일 수밖에 없는 것입니다. 두 집에 동시에 불이 났는데 도와주지는 못할망정 동네 구경꾼들이 어느 집이 더 불이 활활 타나 구경을 하면서 내기를 벌이고 있기 때문입니다.

그러나 정작 일본과 중국은 화를 낼 자격이 없다는 것이 문제입니다. 왜냐하면 이 두 마리는 똥 묻은 개이기 때문입니다. 중국 같은 경우 2조 5천억 달러에 달하는 외환보유고에 대한 대마불사 믿음, 즉 모럴헤저드가 너무 강합니다. 그러나 대마불사는 경제위기의 핵심입니다. 대마불사가 있어야 외환 금융위기가 오고 그 정도가 커야 더 크게 초토화가 된다는 말입니다. 낮은 국가 부채에 대한 믿음 역시 마찬가지입니다. 국제금융은 이 지점에서 바로 숙원이었던 중국의 붕괴(고정환율제 포기)와 자본시장 개방을 노리고 있는 것입니다.

일본 역시 마찬가지입니다. 빚은 200% 돌파 직전, 여기에 더해

'everyday zero inflation rate', 한마디로 흥이 안 납니다. 흥이 안 나는 경제가 무슨 수로 세계 패권 국가 미국에 다시 재도전할 수 있겠습니까. 그렇다고 일본과 중국이 마찬가지라는 말은 아닙니다. 일본과 중국이 쌍방향으로 위험해 보이지만 중국이 월등히 더 위험합니다.

최근 중국의 실질 이자율은 마이너스입니다. 외형상 발표로야 물론 경제 성장률과 인플레이션율 간의 갭은 여전히 커 보입니다. 그러나 실제는 아닙니다. 당연히 투기가 판을 칠 수밖에는 없습니다. 그리고 그 과열이 부동산에서 일어나고 있습니다.

최근의 한 통계에 의하면, 중국의 빈집은 무려 6,500만 채라고 합니다. 우리로 따지면 250만 채로 볼 수도 있고(인구가 1/26이므로), 1,300만 채로 볼 수도 있습니다(경제가 1/5규모이므로). 그러나 후자 수준이 더 정확하다고 봐야겠죠. Why? 이 주택들은 모두 투기용이기 때문입니다.

결론적으로 중국의 임금이 폭등해야 하는 것은 일견 맞아 보입니다. 막대한 재정, 통화 정책으로 국부가 증가하고 있기 때문입니다. 그러나 외환보유고의 성격은 점점 자산에서 부채로 바뀌고 있습니다. 저축이 늘어나고 은행에는 자본이 넘치지만 그것은 핫머니입니다. 그 상황 속에서 장기 변동 대출인 부동산 대출 총액과 버블은 천정부지로 치솟고 있습니다.

그렇다면 위안화는? 조만간 절상이 아니라 절하될 가능성이 높은 것입니다. 그것도 폭삭. 그런데 미국은 성질나 죽겠으니 제발 대폭 절상하라고 합니다. 여기에 더해 중국이 2010년 일본을 제칠 것이 확실하며 미국 또한 조만간 제칠 것이 확실하다고 박수까지 쳐주고 있습니다. 그러나 중국 경제는 쉬어야 합니다. 그것도 아주 많이. 임금 폭등해 봐야 소용없습니다. 물가는 더 폭등하고 있고 집값은 안드로메다 수준이기 때문입니다. 결국 임금 폭등은 장기적으로 보았을 때 아무짝에도 의미가 없는 것입니다.

'똥묻은.. 겨묻은..'을
일본과 중국 사이에 적용한다면

작금에 왜 엔고가 일어나고 있는가. 국제금융 분석가들이 일본은 겨가 묻었지만 중국은 똥이 묻었다고 보기 때문입니다. 장기적으로 엔고는 지속될 수 없지만 중기적으로 엔고는 가능하다고 보고 있는 것입니다. 언제까지? 중국이 무너지기 전까지.

중국은 답이 없는 상황입니다. 1994년에 이미 맞이했어야 할 위기를 넘겼고, 1997년에 맞이했어야 할 위기도 넘겼습니다. 서민의 희생과 타국의 희생을 통해서 말입니다. 그리고 이후 13년간 과도한 팽창 정책을 지속해 왔습니다. 그 결과 버블 후유증이 감당하기 힘든 수준에 다다르게 된 것입니다.

어떤 분들은 중국의 저력을 자꾸만 이야기하시는데 서민의 희생과 타국의 희생은 저력으로 포장될 수 있는 것이 아닙니다. 한국의 양극화 원인으로 많은 진보류들이 미국의 신자유주의 정책만을 지적하는데 제가 보기에 중국의 책임이 적어도 40% 이상입니다.

경제가 계속 성장하는 것이 무조건 좋은 것이 아닙니다. 그렇게 되면 빚 또는 인플레이션으로 한방에 무너지게 됩니다. 경제위기, 큰 불황 정도가 아니라 지금 중국을 보면 초토화 수준의 대가를 치러도 부족할 지경입니다. 만약 그렇게 안 된다면 그것은 예측이 빗나가는 것이 아니라 중국과 한국을 포함한 전 세계의 서민과 중소기업이 대신 죽어나가 줘야 한다는 이야기가 됩니다. (물론 그렇게라도 지속 불가능한 지경에 이른 지 오래입니다.)

중국 임금 폭등의 의미는 바로 거기에 있습니다. 국민소득 3천 달러 수준에 집값이 선진국을 넘어선 중국의 임금 수준이 폭등하기 시작하면 집값과 소득 사이의 이격이 줄어드는 것이 아니라 다리가 찢어지고 있는데

팔까지 찢어져 버리는 능지처참의 양태가 되어버리고 맙니다.

경제의 부문 간 불균형한 이격은 그렇게 줄이는 것이 아닙니다. 문화의 힘이 단시간에 배양되지 않듯이 경제의 저력 역시 마찬가지입니다. 실력이라는 것은 수치로 완성되는 것이 아니라 피와 땀 그리고 눈물로 완성되는 것입니다. 그리고 경기의 순환과 시행착오 속에서 완성되는 것입니다.

그것이 없다면 부정부패와 금융 부실도 감당할 수 없는 수준으로 쌓이겠지만 경제 정의와 빈부 완화도 회복 불가능한 나락으로 떨어져 버릴 수밖에는 없습니다. 이미 중국 경제가 그러한 상황입니다. 0.4%가 70%의 부를 독점하고 있고, 지니계수는 민란이 일어나야 할 수준을 오래 전에 넘어섰으며, 은행 대출은 이미 리스크 관리가 불가능한 수준으로 치달아 가고 있습니다. 수백만 명의 경제 사범들이 평균 금액 수백억씩을 들고 쉴 새 없이 해외로 돈을 빼돌리고 있습니다.

이미 전 세계 경제 시스템은 지독한 사기 국면으로 접어들고 있습니다. 얼마 전에 신문을 보니 백만장자가 늘어났다는 기사가 나왔더군요. 경제 성장이 없는 상황에서 통화가 늘어나면 빈부 격차가 커지면서 양극단이 천당과 지옥으로 극명하게 갈리게 됩니다. 그 기사는 천국의 모습만을 보여 준 것입니다. 반대로 서민들은 지옥 같은 삶 속에서 하루하루 죽지 못해 연명해 나가는 삶을 살고 있습니다. 물가 폭등, 쥐꼬리 임금을 말하는 것입니다. 수출이 늘어도 일자리가 늘지 않고, 일자리를 얻어도 양질의 일자리는 언감생심인 상황, 그 속에서 목구멍에 거미줄을 칠 수 없어 땀 흘리며 일하고 나면 돌아오는 것은 '역겨운 땀 냄새 나는 인간'이라는 멸시뿐입니다. 중국 임금 폭등은 바로 그러한 빛 좋은 개살구 경제의 결정판인 것입니다.

4. 중국의 금리 인상은 긴축 정책이 아닌 팽창 정책

2010년 10월 들어서 중국이 기습적인 금리 인상을 단행했습니다. 그럼 이것이 긴축 정책일까요 아니면 팽창 정책일까요. 이런 질문을 받는다면 다소 어리둥절할 것입니다. '당연히 긴축 아닌가요' 라고 말하자니 요구하는 답이 아닐 거 같고, 그렇다고 '팽창입니다' 라고 하자니 말이 안 되기 때문입니다.

다시 다른 질문을 던져보죠. 금리를 올리면 환율은 떨어질까요. 이 질문에도 어리둥절한 사람이 많을 것입니다. 역시 정석적인 대답은 '그렇다' 라고 할 수 있겠지만 지금의 국제 경제 현실이 그리 녹녹한 상황이 아니기 때문입니다.

Conundrum이란 단어가 있습니다. 직역하면 '수수께끼' 가 되지만 어감으로는 '모순' 의 의미를 가지고 있는 단어입니다. 우리가 지금 살펴본 바처럼, 이 단어는 미국의 '예정된 완만한 긴축 정책' 을 중국이 '예정된 완만한 팽창 정책' 으로 바꾸어 낸 사건을 잘 표현합니다.

여기서 중요한 것은 중국이 미국의 통화 정책을 힘으로 찍어 누른 부분이 아닙니다. 바로 중국이 '막대한 출혈' 을 감수하고서라도 인플레이션 정책을 강행했다는 부분입니다. 이것은 무엇을 의미하냐 하면 바로 중국이란 나라는 절대 이성적으로 설명될 수 없는 국가라는 것입니다. 즉, 정신 나간 국가라는 소리죠.

금리 인상도 마찬가지 관점에서 보아야 합니다. 최근 중국이 보여 주고 있는 일련의 행동은 미국의 '예정된 급격한 긴축 정책' 을 중국이 '예정된 완만한 긴축 정책' 으로 바꾸어 내려는 시도로 봐야 한다는 말입니다.

이 지점에서 3가지 착각을 걷어낼 수 있어야 합니다.

첫째, 중국이 내수를 강화할 수 있다는 착각. 이게 불가능하다는데도 자꾸만 가능하며 실현되고 있다고 착각하는 사람들이 있습니다. 중국의 수출 의존도는 당분간 절대 줄어들 수 없습니다. 내수를 강화하려면 분배 정책을 써야하는데 그러자면 서민들에게도 돈을 쥐어 주어야 하기 때문입니다. 분배 방법은 임금 인상, 대출 확대 그리고 정부의 이전 지출 증가(복지 확대)의 세 가지가 있습니다.

먼저 정부의 복지 확충. 국민소득 3천 달러 수준의 중국이 무슨 복지 확충을 할 수 있겠습니까. 따라서 이것은 당분간 불가능한 재료입니다. 다음으로 대출 확대는 어떤가요. 중국과 한국의 부동산 버블은 은행 대출의 몰아주기로 인해 빚어진 일입니다. 최근 중국의 대출은 매달 5천억 위안, 연간으로 1조 달러씩 늘어나고 있지만 이 돈은 거의 지방정부, 국영기업 그리고 수출 기업과 부동산 재벌 등에게로만 가고 있습니다. 이것은 서민들에게 갈 돈은 먹고 죽으려도 없다는 소리입니다. 따라서 서민 대출 확대 역시 불가능한 재료입니다. 마지막으로 남는 게 임금 인상인데 이것은 실현 중입니다. 그러나 이것은 외국 기업에 빨대를 꽂아 빨아먹자는 정책으로서 비용 상승으로 인한 국외 이탈만을 불러오게 될 것입니다. 결론적으로 중국의 내수 확대는 불가능합니다.

더욱이 현재 중국 기업에 축적되어 있는 막대한 부실을 뒤로 하고 기업 위주의 특혜 부여(top down) 정책에서 서민 위주의 직접 지원(bottom up) 정책으로 전환한다면 그 부실은 대체 뭐로 메울 수 있겠습니까.

둘째, 중국이 위안화 절상을 용인할 거라는 착각. 현재 중국의 환율은 적어도 30% 이상 절상되어야 정상입니다. 금리는 적어도 400~600bp 정도 인상해야 정상입니다. 그런데 고작 몇 %의 환율 절상과 25bp 정도의 금리 인상만 단행하고 있습니다. 더욱이 안으로는 통화 팽창을 극대화하는 실질적인 통화 절하 정책을 펼치고 있으면서 말입니다.

따라서 중국의 금리 인상을 긴축으로 볼 수 없습니다. 이것은 형식적으론 긴축이지만 실질적으론 팽창의 지속일 뿐입니다. 어떤 사람은 중국이 성의를 보이고 있다고 주장하고 있으며 미국이 흡족해 하고 있다고 판단하고 있는 듯한데, 그것은 코미디 같은 소리일 뿐입니다. 중국은 성의를 전혀 보이지 않고 있으며 미국이 웃고 있는 것은 중국의 대내외 불균형이 커지고 있기 때문일 뿐입니다.

셋째, 중국이 긴축을 감당할 거라는 착각. 누차 말하지만 마약에 취하면 딸을 팔아서라도 계속하려 듭니다. 부동산에 취하면 국가의 주권을 외국에 넘기는 매국질을 해서라도 계속하려 듭니다. 한국과 중국은 이미 올무에 걸린 상황이라는 소리입니다. 따라서 여기서의 긴축은 부동산 버블 붕괴, 경제 파탄 그리고 치적 붕괴로 이어질 수밖에 없습니다. 그런데 중국이 이걸 감당한다? 차라리 수구 재벌 사주들이 전 재산을 사회복지 시설에 기부한 후 귀촌해 농사지으며 살 확률이 더 높다고 할 수 있습니다.

현재 중국의 부동산 버블은 정신병적 수준에 도달했기 때문에 사실상 연착륙 방법이 없습니다. 버블을 더 키울 수도, 무너지는 것을 막을 수도 없다는 소리입니다. 유일하게 할 수 있는 게 있다면 어떻게든 남은 2년(후진타오 임기 2012년)을 버텨내는 것뿐입니다. 그 점은 한국도 마찬가지입니다.

한국의 환율이 하락할 수밖에 없는 이유로 이명박의 치적 노림수를 바탕에 깔면서도 끊임없이 상승 급반전 가능성을 경고하는 이유가 바로 여기에 있습니다. 한국의 부동산 버블은 초토화 붕괴할 수밖에 없고 그 과정에서 금융위기가 도래하면 원화 가치는 휴지조각 수준으로 작살날 것이 자명하기 때문입니다. 만약 저 보고 한국 시중 은행의 스트레스 테스트를 해보라고 한다면, 해볼 것도 없이 결과는 '전멸이다' 입니다. 저금리, 원금 미상환 속에서 모든 정책을 소진해도 위태한데 위기 상황이 오면 무슨 수로 버틸 수 있다는 말입니까.

정리하면, 중국의 금리 인상은 아무 의미도 없습니다. 기준금리를 올린다고 시장금리가 따라올라 갈 상황이 아니라는 것입니다. 되레 국제 유동성의 유입으로 시장금리는 단기적으로 더 떨어질 수 있습니다. 환율도 마찬가지입니다. 중국은 이것으로 이미 끝난 파티를 얼마 더 연장하려 하고 있을 뿐인 것입니다.

어떤 사람들은 '역시 중국이 똑똑하다', '한국도 금리를 올렸어야 한다'라고 주장하고 있는데, 중국과 한국 모두 금리를 올릴 수도, 올려 봐야 그 통화 정책의 끗발이 먹힐 수 있는 상황도 아닙니다. 바로 이것 때문에 미국 재무장관의 표정이 부드러워진 것입니다. 올무에 걸린 멧돼지가 울부짖는데 사냥꾼이 신경질을 낼 필요는 없기 때문입니다.

미국의 '예정된 완만한 긴축 정책'을 중국이 '예정된 완만한 팽창 정책'으로 바꾸어 낸 것이 가능했던 이유는 중국이 국부(외환보유고)의 가치를 손상시켜 가면서 국제 유동성의 팽창과 이의 독식을 밀어붙였기 때문입니다. 그러나 이것이(미국의 '예정된 급격한 긴축 정책'을 중국이 '예정된 완만한 긴축 정책'으로 바꾸어 내는 것이) 실패할 수밖에 없는 이유는 중국은 부동산 버블을 어떠한 경우에도 지탱해 낼 수 없기 때문입니다. 향후 적어도 수년간 국제 금리와 환율 질서는 미 FRB가 좌우하게 될 것입니다. 여기서의 미국과 중국 대결의 관전 포인트는 오직 하나입니다. 1승 1패가 되면서 최종 3차전으로 가느냐, 아니면 KO로 게임이 OVER 되느냐일 뿐입니다.

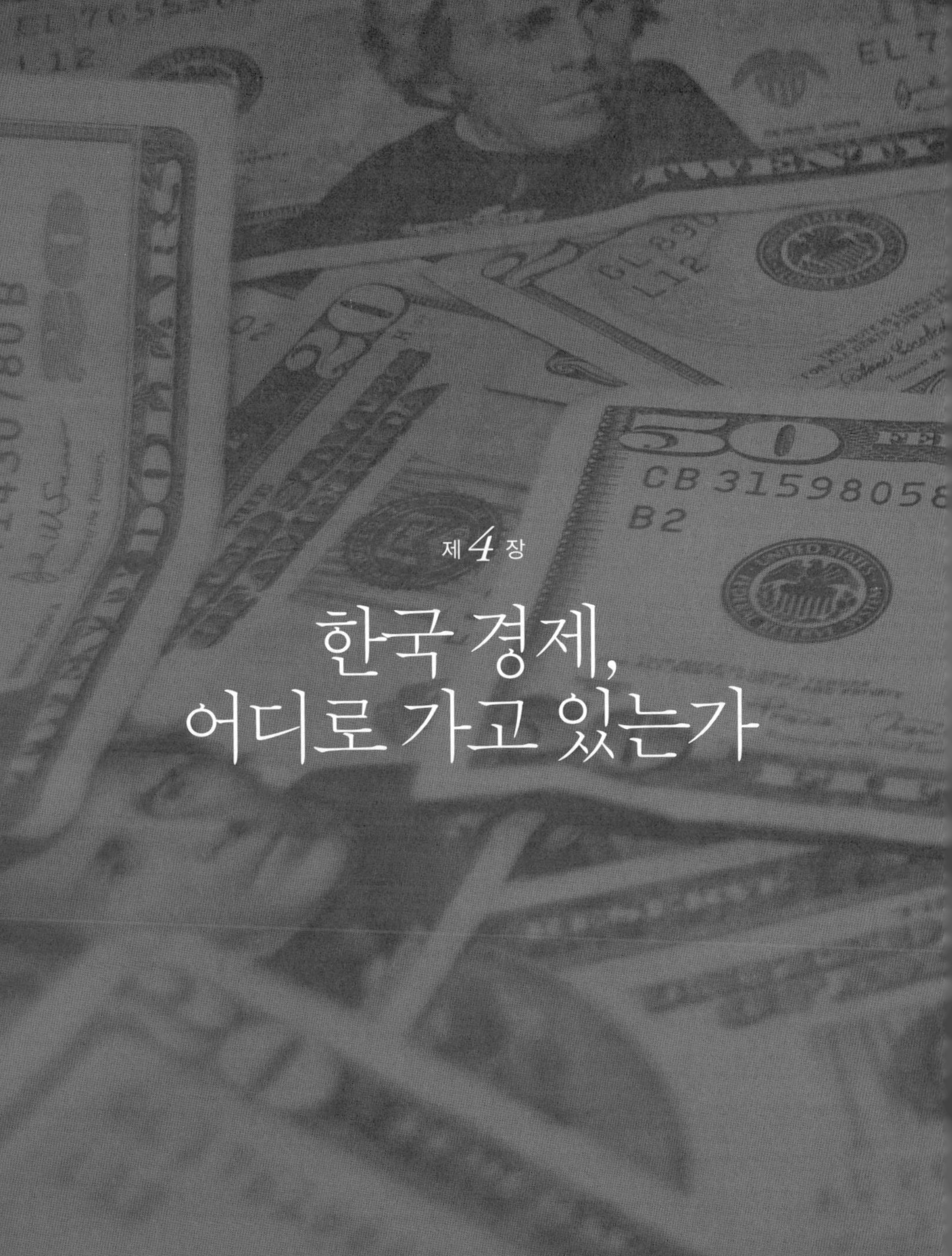

한국 경제, 어디로 가고 있는가

01

대한 GDP에 단상

1. GDP, 우리나라는 과연 높은 것일까

1인당 국민총소득 추이(달러 환산)

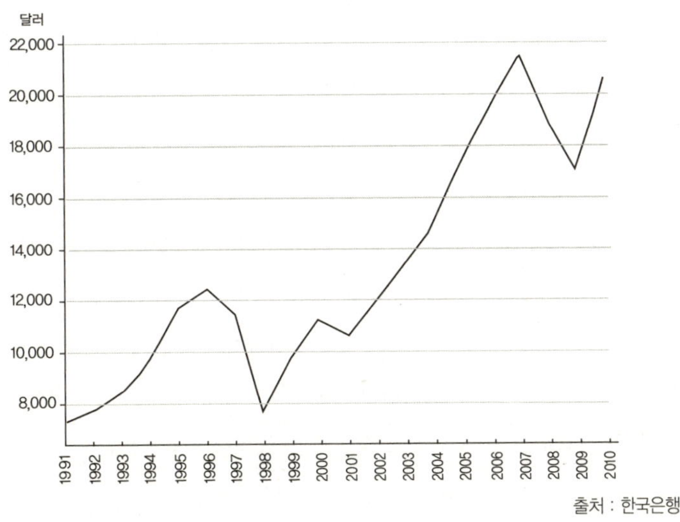

최근 뉴스를 보니 IMF가 한국이 2012년에 이르러서야 한국이 다시 1인당 명목 GDP 2만 달러를 회복하게 될 것이라고 예측했습니다.

(단위 : 달러)

연도	2007	2008	2009	2010	2011	2012	2013	2014
국민소득	21,653	19,136	16,450	17,547	18,988	20,549	22,170	23,763

일전에 김상조 교수가 모 토론회에 나와서 인구가 4천만 명이 넘는 국가 중에 국민소득이 2만 달러가 넘는 국가는 전 세계에 8개국뿐이라고 말한 적이 있습니다. 맞습니다. 미국, 일본, 독일, 영국, 프랑스, 이탈리아, 스페인, 한국만이 전 세계에서 인구가 4천만 명이 넘으면서 국민소득도 2만 달러가 넘는 국가입니다. 이것만 보면 조금 자랑스러울 수도 있겠습니다. 그러나 주요 선진국과 비교해 보면 그리 자랑스러운 수준은 아닌 것 입니다.

2007년 기준 전 세계 인구는 66억 명, GDP는 53조 달러 정도됩니다. 그럼 전 세계 1인당 GDP는 얼마일까요. 8,030달러 정도 나옵니다. 그럼 한국의 1인당 GDP는 그 2.5배에 달하므로 선진국일까요. 천만의 말씀입니다. OECD 등 주요 선진국의 1인당 GDP는 4만 달러가 훨씬 넘어갑니다. 따라서 선진국으로 불리려면 최소 4만 달러 수준의 국민소득은 갖추어야 하는 것입니다.

그럼 중국, 인도, 아프리카 등 3대 빈국을 제외했을 때의 수치는 어떨까요. 중국 13.3억 명 3.2조 달러, 인도 11.8억 명 1.1조 달러, 아프리카 10억 명 1.2조 달러를 제외하고 계산해 보면 30억 명에 47.5조 달러가 됩니다. 이 경우 전 세계 1인당 GDP는 15,833달러가 됩니다. 2009년 한국의 1인당 GDP가 16,450달러 정도로 예상되니 한국은 그저 그런 중진국 국가일 뿐인 것입니다. 여기에 북한을 합쳐 보죠.

북한 인구가 2,400만 명, GDP는 90억 달러, 1인당 GDP는 400달러가 채 안 됩니다. 그럼 남북한 합치면 인구는 7,300만 명, GDP는 8,200억 달러, 1인당 GDP는 11,232달러밖에 되지 않습니다. 세계 평균을 약간

넘는 수준이고, 중국, 인도, 아프리카 등 빈국을 빼면 오히려 세계 평균을 갉아먹는 국가가 되는 것입니다.

그러나 통일이 되면 저 수치가 유지될 수 있을까요. 적어도 십수 년은 휘청거리게 될 것입니다. 그럼 세계 평균 이하로 곤두박질치겠죠. 나중에 회복하는 것은 별개로 치더라도 말입니다. 따라서 한국의 현재 상황은 매우 암울한 것입니다.

특히나, 현 정권의 GDP 4만 달러 달성 공약은 참으로 허황된 공약이 아닐 수 없습니다. 그럴 생각도, 그럴 능력도 없기 때문입니다. 이명박 정권이 고환율에 집착하는 이유는 단순하지 않습니다. 여러 가지 이유가 있죠. 그 이유 중의 하나에 '3만, 4만 달러 등으로 절대 못 올라가겠다'는 것도 포함됩니다. Why? 그 수치가 되면 선진국이 되었으니 조세·복지 선진화 하라는 국민적 요구가 쏟아지게 될 것이 자명하기 때문입니다. 그럼 재벌, 부자, 부동산 투기꾼들이 힘들어집니다. 따라서 절대 안 되죠. 그래서 원·달러 환율을 짓눌러서 한동안 1~2만 달러 수준을 오가게 하려고 저 혈안인 것입니다. 그렇게 되면 국민들은 그러려니 하면서 현실 순종적으로 살아갈 테니 말입니다.

그런데도 여전히 입으로는 4만 달러 가겠다고 난리입니다. 이건 마치 고환율 정책으로 수입 물가 천정부지로 올려놓고선 물가 잡겠다고 집중 관리 품목 지정하는 행동과 마찬가지의 목불인견이라 할 수 있습니다. 나중에 그 집중 관리 대상 생필품들은 어떻게 됐나요. 다른 품목보다 가격이 20% 더 올랐습니다.

2. 잃어버린 지표 GNP

한국 국민총소득 추이

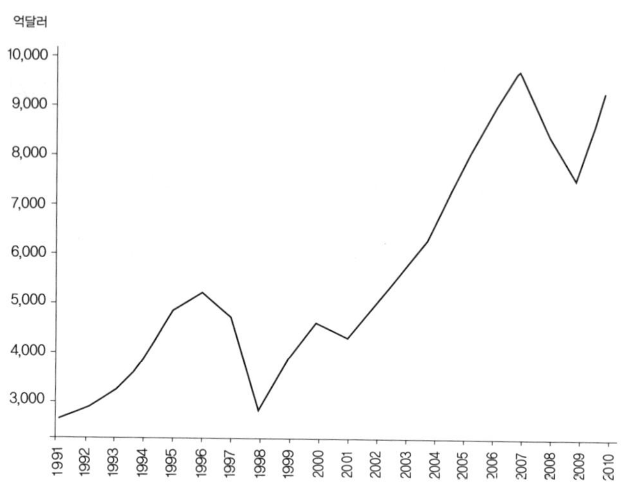

• **국내총생산**(GDP, gross domestic product)

어떤 경제에서 주어진 해에 한 국가에서 생산되는 재화와 서비스 등의 최종 생산물 가치의 총계.

• **국민총생산**(GNP, gross national product)

어떤 경제에서 주어진 해에 한 국가의 거주자들이 벌어들인 요소 소득의 총계.

쉽게 말해 GNP에는 외국인 주주에 대한 배당이나 한국에서 일하는 외국인 노동자에 대한 임금 등이 포함되지 않습니다. 반면 한국 기업의 해외 지사에서 벌어들인 순이익 중에서 외국인 주주에 대한 배당을 제외한 한국인 주주에 대한 배당은 포함됩니다.

　국민소득 계정은 초창기에는 GDP가 아닌 GNP로 집계되었습니다. 그러다가 GDP로 대체되게 되었는데, 그 주요한 이유는 국가 간 요소 소득의 흐름에 대한 데이터의 신뢰성에 의문이 제기되었기 때문이었습니다. 아무래도 GNP보다는 GDP가 더 정확하게 취합 집계될 수 있다고 본 것입니다. 한국 같은 경우도 국민소득 계정을 GNP로 집계하다가 1995년 4/4분기부터 GDP로 통계 방식을 바꾸었습니다. 그럼 이런 통계 방식의 변경이 어떤 문제점을 가져오게 될까요.

　예컨대, 미국 같은 경우는 GDP와 GNP의 차이가 별로 없습니다. 미국 기업이 해외에서 이윤을 남기는 만큼 해외 기업도 미국에 투자해 이윤을 남기는 균형 잡힌 경제를 가지고 있기 때문입니다. 그러나 이번에 금융 위기로 가장 큰 치명타를 입은 국가 중 하나인 아일랜드 같은 경우에는 GNP보다도 GDP가 월등하게 많았습니다. 국민총생산이 국내총생산의 80% 수준에 불과했던 것입니다. 따라서 이것은 경제의 외부 의존도가 높았다는 것이 되고 따라서 FDI가 급감하고 해외 자본이 일시에 철수하자 경제가 급격히 붕괴하게 되었던 것입니다.

　한국의 경우는 어떨까요. 알다시피 한국은 수출 비중이 높아 해외 의존도가 높은 것처럼 보이지만 실제로는 해외 의존 경제라고 말하기에 난해한 요소도 자리하고 있습니다. 즉, 해외에서 한국으로 직접 투자 방식으로 투자되어 고용이 창출되는 경우가 드물다는 것입니다. 반대로 한국 제조업이 해외로 나가 공장을 세우고 외국인 노동자를 고용하는 비중은 급격히 높아지고 있습니다. 그리고 외국인 노동자가 한국으로 급격히 유입되고 있습니다.

　2009년만 봐도 현대자동차의 해외 생산은 10월까지 151만 2,681대로 전년 대비 40.7% 폭증했고, 반면에 국내 생산은 10월까지 130만 1,206대로 전년 대비 12.5% 급감했습니다. 국내 생산과 해외 생산의 비중이 처음으로 역전된 것입니다.

이 경우 GDP는 당연히 줄어들게 될 것입니다. 그러나 GNP는 GDP만큼 줄어들지는 않을 것입니다. 한국은 아일랜드와는 반대로 글로벌 호구 노릇을 하고 있는 것입니다. 즉, 자국의 생산기지는 계속 해외로 내보내고 해외 생산기지는 유치를 못하고 거꾸로 국내 일자리는 계속 외국인 유입으로 메우고 있으니 말입니다. 그만큼 국민의 경제 고통지수는 가중되게 될 것입니다.

그럼 GNP가 GDP로 대체되게 된 것이 우연일까요. 이것이 '신자유주의의 확산', '노동 유연화' 그리고 '금융위기의 빈발' 과는 어떠한 연관성도 없는 것일까요.

지금 보면 중국의 해외 의존도는 그야말로 어마어마합니다. 전 세계 제조업 투자를 블랙홀처럼 빨아들이고 있습니다. 따라서 중국의 GDP는 GNP보다 월등할 것입니다. 갈수록 이 격차가 벌어지고 있겠죠. 그러나 아일랜드처럼 경제위기는 일어나지 않고 있습니다. 그런데 이게 계속 방어 가능할까요.

현재, 전 세계적으로 GDP, GNP 비중을 보면 'GDP = GNP'는 미국, 독일, 'GDP 〉 GNP'는 중국, 아일랜드, 'GDP 〈 GNP'는 일본, 한국 등입니다. 독일 같은 경우에는 뼈를 깎는 생산성 향상을 통해서 최대한 자국에 제조업 기지를 유지하려고 노력했습니다. 그 결과 EU 경제권 통합 이후에도 동유럽 등으로의 이전 등을 제외하고는 상당수 제조업을 자국에 남길 수 있었습니다.

반면, 일본 같은 경우에는 동남아, 중국 등으로 상당수의 제조업 기지를 이전했죠. 엄청난 고용상의 고통이 뒤따랐습니다. 따라서 최근 일본에서는 뒤늦은 제조업의 자국 회귀 현상이 나타나고 있습니다. 한국은 최악의 케이스라고 할 수 있겠는데, 아직도 정신 못 차리고 제조업이 해외 방방곡곡으로 나가고 있는 중입니다.

그러면서도 한편으론 FTA 체결에도 사활을 걸고 있죠. 또한 외국인 노동자도 해마다 수십만 명씩 받아들이고 있습니다. 현재 전 세계에서 제조업 이탈, FTA 체결, 외국인 노동자 영입 등, 이 세 가지에 동시에 목메고 있는 국가는 한국이 유일합니다.

왜 그럴까요. 그것은 바로 통일과 조세·복지 선진화를 대비한 탈출구 마련 욕구 때문입니다. 일종의 카드가 필요한 것이죠. 그리고 국제 자본에 대한 규제 완화는 궁극적으로 국내 자본 도피의 지렛대로 활용될 수 있습니다. 외국 자본의 무차별적 유출입으로 금융위기가 빈발하는 부작용 이상으로 한국 독점재벌자본의 순간 이탈이 가능해질 수 있게 되는 것입니다.

결론적으로 GNP의 폐지는 세계 경제에 독이 되었다는 느낌입니다. 지금이라도 GNP를 병행 집계하고 GDP와의 이격 추이를 투명하게 발표하는 것이 글로벌 임벨런스(global imbalances) 완화에 이바지할 수 있을 것이란 생각입니다.

3. 급격한 고환율 정책의 그림자

채권 발행 잔액 추이

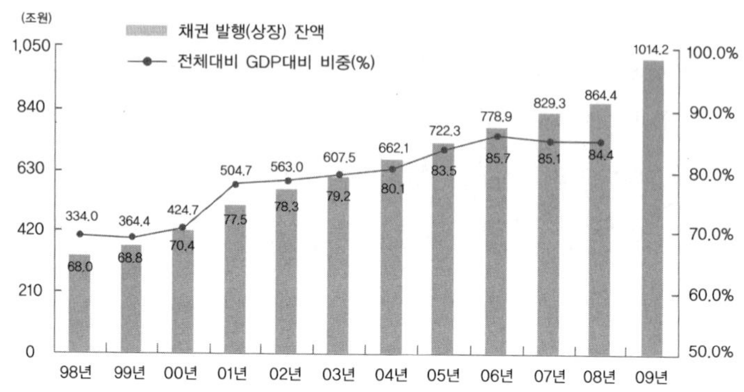

* 2007년 한국 GDP : 1조 512억 달러(1인당 국민소득 : 21,695달러)　　출처 : 한국은행 경제통계시스템
* 2008년 한국 GDP : 9,379억 달러(1인당 국민소득 : 19,296달러),
　달러 환산 경제 성장률 : 11.1% 후퇴
* 2009년 한국 GDP : 8,372억 달러(1인당 국민소득 : 17,175달러),
　달러 환산 경제 성장률 : 11.0% 후퇴

　　현 정권 임기 2년 반 동안 달러 환산 경제 성장률이 매년 11% 축소된 것으로 밝혀졌습니다. 한국을 임기 내 3만 달러의 선진국으로 만들겠다던 이명박 정권이 되레 대한민국 경제를 축소시킨 것입니다. 달러 환산 GDP의 추락은 국제적으로는 시장에서의 한국산 제품의 가격이 떨어지게 되었다는 것을, 국내적으로는 달러 매출 업체(수출 기업)의 국내 위상이 증가되었다는 것을 의미합니다.

　　결론적으로 국제 시장에서 한국산 제품의 가치를 떨어뜨린 반대급부로 한국에서 수출 재벌은 상대적인 빈부 격차 증가의 수혜를 누리고 있는 것입니다. 강만수 전 기획재정부 장관이 실토했듯이 지난 2년간 정부가 고환율 정책을 펼치지 않았더라면 우리 수출 기업들은 사상 최대 흑자가 아니라 사상 최대 적자를 기록했을 것입니다.

이것은 우리나라의 전 가정에서 매년 수백만 원씩 걷어서 수출 기업들에 보조금을 가져다 바친 꼴입니다. 그런데도 재벌들은 정신 못 차리고 보너스 잔치를 벌이고 있습니다. 환란으로 멀쩡한 경제를 파탄 낸 뒤 벌어들인 돈으로 파티를 벌이고 있는 것입니다. 그 파티에 올라온 술과 고기는 다름 아닌 국민의 피와 살입니다.

더욱 큰 문제는 앞으로입니다. 현 정부는 달러 성장률 추락과 관련 다시 환율을 떨어뜨리면 될 것 아니냐는 입장일 것입니다. 한마디로 지나치게 나이브한 소리라 하지 않을 수 없습니다. 국제 시장에서 가격 경쟁력이라는 것은 하루아침에 생성되지도 무너지지도 않는 것입니다. 그런데 하루아침에 환율을 20~30% 급락시키겠다? 그것도 현 정부 임기 말에나 가서 그렇게 해놓고 나가시겠다? 그런 것이 그렇게 단기간에 쉽게 가능했다면 애당초 멀쩡한 환율을 급등시켰어야 할 이유가 없었을 것입니다.

더 큰 문제는 상품시장뿐만 아니라 자본시장입니다. 알다시피 멀쩡하던 환율의 급등, 급락이 가능했던 이유는 바로 '급' 때문입니다. 원래는 고환율 정책으로 건전한 외국인 투자자의 자산 가치가 추락하면 외국인 투자자들의 손절매성 탈출 러시가 일어났어야 합니다. 그런데 너무 '급'락을 했기 때문에 역설적으로 또 다른 투기자본들이 신속히 들어와 그 간극을 메워줄 수 있었던 것입니다.

물론 한국 국민들은 그 과정에서 환란으로 고생을 해야 했지만 어찌 되었든 환율 변동이 너무 극한으로 치달았기 때문에 화가 길게 가지 않을 수 있었던 것입니다. 문제는 그 다음입니다.

한국은 외환시장 변동이 너무 극심하고 환율 정책 구사가 너무 과격한 국가라는 이미지가 이미 국제 시장의 뇌리에 박힌 상황입니다. 그리고 위기 때 들어온 국제 투기자본은 언제 빠져 나가도 좋을 만큼 충분한 시세 차익을 확보해 놓은 상황입니다. 그렇다면 이 자본들이 언제쯤 이탈하게 될까요.

그 시기는 정확히 예단할 수 없지만 확실한 것은 '갑자기'가 될 것이라는 것입니다. Why? 뒤통수를 후려치는 것은 원래 국가 정책의 주특기가 아니라 국제 투기자본의 전매특허이기 때문입니다. 더욱이 중국이 증시 대폭락을 방치해 외국 투자자들에게 큰 손실을 안기고 한국은 지나친 고환율 정책으로 외국인 투자자들을 골탕 먹인 일 때문에 지금 국제 자본의 양국 정책 당국에 대한 원성은 하늘을 찌를 지경입니다.

따라서 확실한 메리트 보장 없이는 다시 들어갈 수 없다는 입장일 것입니다. 그럼 현 정부 입장에서 그들에게 보장해 줄 수 있는 확실한 메리트란 무엇일까요. 그것은 국부 매각(공기업과 알짜 자산)과 국채 발행(채권시장 확대) 그리고 자본시장 추가 개방 조치일 것입니다.

채권 같은 경우 특히 국채시장이 커져야 국제 자본이 안정성 있게 그 나라에 투자할 수가 있는 변이 있습니다. 그러나 반대로 국가 부채가 늘어나면 리스크도 비례해 올라가게 됩니다. 한국 같은 경우 금융 자산 축적 규모가 작아 아직 부채를 키워나갈 만한 시기가 아닙니다.

자본시장 개방 조치 같은 것도 마찬가지입니다. 국제 자본의 유입이 커지고 거래 주체, 거래량 등이 많아진다고 금융 경제에 무조건 유익한 것이 아닙니다. 또 안정성이 보장되는 것도 아닙니다. 그만큼 끊임없이 새로운 위험과 위협 요소들이 비례해서 커져 나가게 됩니다.

결론적으로 현 정부의 고환율 정책은 득을 얻기 위해서 내줘야 할 반대급부가 너무 많다는 생각입니다. 환율로부터 시작되는 고리가 경제 구석구석으로 연계되지 않는 곳이 없습니다. 그리고 무엇보다 고환율 정책의 수혜를 입는 계층과 손해를 보는 계층의 차이가 너무 극명하게 갈립니다. 환율 정책이 경제에 파급되는 경로가 너무 비대칭적이라는 이야기입니다.

GDP를 제고시킬 수 있는 정책 패러다임 자체를 바꾸어 낼 때라는 생각입니다. 그 길은 내수 산업, 서비스 산업 그리고 복지의 강화뿐입니다. 그러려면 조세를 선진화하고 빈부 격차를 줄여 내야 합니다. 그러나 고 환율 정책은 바로 그 정반대 극단의 대척점에 서 있는 정책입니다.

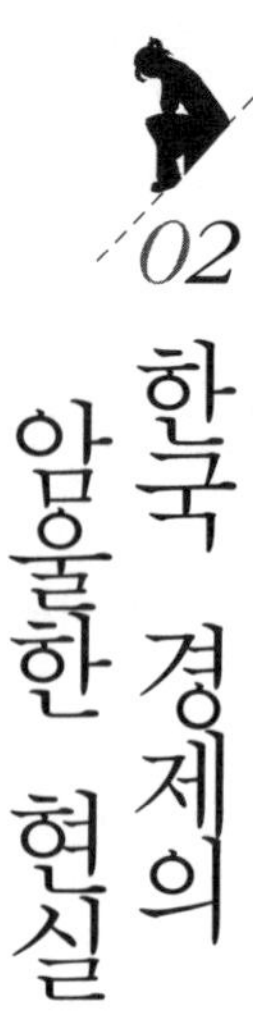

02

한국 경제의 암울한 현실

1. 금리와 환율 예측
– 김중수 한국은행장의 금리 정책, 그 속내는?

2010년 9월 금통위에서 기준이자율을 동결하여 시장의 거센 비난을 받은 바 있습니다. 당시 김중수 총재는 국제 유동성 유입과 물가 상승 압력 사이에서 고민했다고 밝혔습니다. 금리를 올리면 유동성(fluidity) 유입을 부채질해 환율을 떨어뜨립니다. 금리가 올라가면서 환율까지 떨어지면 수출 기업 부담이 가중될 수 있습니다. 금리 동결의 결과, 물가가 상승하고, 실질금리가 마이너스를 보이고, 채권 수익률 역시도 물가 상승분을 커버하지 못하는 상황이 벌어졌습니다. (물론 그럼에도 유동성 장세가 2011년 초까지도 지속되고 있습니다. 계속될지는 지켜봐야 하겠지만)

그럼 왜 그랬을까요. 바로 그 자체에 목적이 있다고 볼 수 있습니다. 시장의 예상을 깨면 신뢰가 무너지지만, 시장의 예상을 깸으로써 시장의 예상이 정책 당국의 의도를 반감시키는 것을 막아낼 수 있습니다. 물론 장기적으로는 신뢰 상실이 마이너스 요인이겠지만 단기적으로는 방향성을 제약하고 변동성을 줄이는 요인이 될 수도 있는 것입니다.

그렇다면 다음에는 어떨까요. 만약 한은의 목표가 비일관성을 통한 정책 가용성의 회복이라면 금리 인상이 가능할 수도 있을 것입니다. 그러나 임태희, 최중경 등 경제 수뇌부는 일관되게 최근의 물가 상승이 비화폐적 요인, 그러니까 유통, 기후 요인에 따른 일부 품목 등에 국한된 일시적 상승이라는 점을 강조하고 있습니다.

지난 3년간 쏟아 부었던 금융 정책 효과에 따른 재고 효과 등이 사라지고 기업들이 환율 하락 앞에서 공포감을 강력하게 표명하고 있는 점도 부담입니다. 게다가 현시점에서 남은 임기가 2년입니다. 1년은 더 실적으로 가고, 남은 1년을 치적으로 갈 수도 있는 것입니다. 만약 그렇다면 김중수 총재는 계속 쇼를 하고 싶을 것입니다.

반면, 정부가 확장 금융 정책으로 부동산시장을 뒷받침할 것이라는 시장 일각의 믿음을 그대로 놔둔다면 그것은 지난번 금리 동결의 이유를 결론적으로는 퇴색시키는 것이 됩니다. 재량적 금융 정책에 따른 비일관성 문제(time inconsistency problem)가 다시 부상하고, 이것이 국제 자본의 노림수와 정권 말 레임덕과 맞물려 들어갈 경우 예측 불허의 상황이 전개될 수도 있는 것입니다.

해외를 보면 미국, 영국, EU, 일본 등을 제외한 상당수 주요국들이 금리 인상을 단행하고 있습니다. 미국이 추가적 양적 완화를 단행했지만 그 효과가 얼마 가지 못했으며, 일본의 경우는 일본 국채 매입과 이로 인한 엔화 강세 유발 등 중국의 통화 정책 간섭을 떨어뜨리려는 신경질적 대응을 하였습니다. 결과적으로 한국과 비슷한 수준과 처지에 있는 국가들 상당수는 유동성 장세를 매우 경계하고 있으며, 주요국 또한 여력이 작아 보인다 정도로 정리할 수 있을 것 같습니다.

추가 금융 팽창 정책은 타국의 이해관계를 침해하며 반드시 대응을 불러일으키게 되어 있습니다. 더욱이 여력이 소진되어가고 있고 경계심이 임계점을 향해 나아가고 있는 형국입니다. 무한정 취할 수 있는 정책도 아닙니다. 고용이 살아나지 않고 있는 가운데 단기적으로 레버리징이 확대될 거라 기대하기에는 한계가 있어 보이며, 그렇다고 단기 투기화된 늘어난 유동성이 얌전하게 활동할 것 같지도 않습니다.

결론적으로 김중수 총재는 이명박 정권의 치적을 챙기고, 기업 실적을 우선해 챙겨야 합니다. 이명박 정권에 있어 물가는 그 다음입니다. 유동성은 상황에 따라 맨 앞으로 갈수도 있고 맨 뒤로 갈수도 있습니다. 이런 상황에서 과연 김중수 총재가 금리를 올릴까요, 동결할까요.

개인적으로 국민 여론이 지나치게 물가로 인해 냉랭해질 경우에만 금리를 올릴 것이라 예측합니다. 작금의 식품 물가 급등을 유통, 기후 요인으로 볼 요지가 적기 때문입니다. 물가는 화폐적 요인 때문에 오르고 있는 것입니다. 따라서 상황에 따라 금리를 예상외로 약간 더 올릴 수도 있을 것입니다.

만약 정부가 부동산 버블 붕괴 방어를 단기적으로는 대출 원금 상환 연기(예전 대기업의 사실상 영구적 원금 연기처럼)로 막고, 장기적으로는 이민 정책으로 막아낼 요량이라면, 또 그런 식으로 충분히 가능하다고 믿는다면 정책의 룸은 크다고 판단할 것입니다. 그렇다면 마음 놓고 '실적 1년 더 + 치적 1년 마무리' 로 나아갈 공산이 큽니다. 동결이냐 인상이냐의 양 갈래도 있지만 소폭 인상이냐 의미 있는 수준의 인상이냐의 양 갈래도 있을 것입니다.

어쨌든 위기는 커지고 있습니다. 대규모 이민 정책은 절대로 구사할 수 없으며(만약 그랬다간 민란 수준의 저항을 각오해야 할 것입니다), 원금 상환 연기는 화를 더 키워내는 단세포적 정책에 지나지 않을 뿐이기 때문입니다. 그 속에서 뻔한 수작을 계속 밀어붙인다면 결국 제3의 외환위기 및 부동산발 금융위기의 도래를 절대로 피할 수 없을 것입니다.

2. 금리동결의 의미
– Imposible trinity, Conundrum & Fundemental

2010년 10월 들어서도 한국은행 김중수 총재가 금리 동결을 단행했습니다. 그에 관해서 몇 가지 이야기를 해보고자 합니다.

첫째, impossible trinity.

'불가능의 삼각 정리' 란 고정 환율, 완전 자본 이동 그리고 통화 정책의 독립성 중에서 두 가지 이상은 절대로 달성할 수 없다는 법칙을 말합니다. 한국은 자본의 자유로운 유출입과 금리를 올리고 동결하는 등의 통화 정책의 독립성을 얻는 대신 고정 환율을 포기하고 환율을 그냥 놔두는 변동환율제를 택하고 있습니다.

그러나 현실은 어떠한가요. 현재 한국은 전 세계 최악의 환율 조작국입니다. 이렇듯 환율에 자꾸 손을 대니 통화 정책이 망가지게 되는 것입니다. 통화 정책이 망가진다는 것은 금리를 올릴 수도 동결할 수도 없고, 그래봐야 사실상 별 의미도 없다는 것을 의미합니다.

통상 자본 이동 하에서 불태화 정책을 동반한 외환시장 개입은 별 효과가 없습니다. 따라서 통화량을 변화시키는 태화 정책을 펼쳐야 환율에 유의미한 영향을 줄 수 있습니다. 이렇게 환율을 조작하기 위해 통화량을 늘리게 되면 결국 물가가 상승하게 됩니다.

이것을 잡기 위해 금리를 움직이려면, 즉 통화 정책의 가용성을 발휘하려면 환율에 대한 미련을 과감히 포기해야 하나 현재 한국 정부는 그럴 수 없는 상황인 것입니다. 왜냐하면 김중수의 기본 기조는 '이명박 임기 초에는 고환율로 재벌에 수백조 원을 퍼줬으니 임기 말에는 저환율로 달러 환산 GDP 치적을 만들어 내야 한다' 라는 데 있기 때문입니다.

둘째, Conundrum.

김중수가 금리를 동결한 이유는 환율 하락의 추세 자체를 저지하기 위한 것이 아니라 그 속도를 조정하기 위한 것입니다. 김중수는 환율은 결국 하락하겠지만 아직 이명박 임기가 2년은 남았으므로 그 속도를 조절해야 한다는 생각을 가지고 있는 것입니다. 즉, 여지를 남겨두자는 것입니다. 그러나 이것은 반대로 물가 쪽의 여지를 급감시킵니다.

늘어난 통화량으로 인해 물가가 급등하는 것을 막아내기 위해서는 금리를 적절하게 올려 나가야 하는데, 만약 그러지 않고 후일 물가 급등에 한 번에 대응하려고 금리를 급등시키게 되면 금융시장을 비롯한 경제 전체에 큰 충격을 가져다 줄 수 있기 때문입니다.

이 지점에서 김중수는 채권과 주식시장보다는 부동산시장에 방점을 두고 있는 것 같습니다. 물가에 대응할 통화 정책의 여력 소진으로 인해 자신 비블과 물가 급등이 일어날 수 있는데, 그중 자산 버블을 보면 현재 여러 가지 상황을 볼 때 부동산 버블이 더 커질 수는 없다고 보고 있는 것입니다. 오히려 물가 상승 압력이 부동산 하락 압력을 한동안 상쇄해 줄 수 있을 것이라 생각하는 모양입니다. 그러나 이것은 착각입니다. 문제는 김중수가 2년 만 버티면 된다고 생각하고 있다는 점입니다. 김중수 입장에서 중요한 것은 정권 재창출이지 경제 펀더멘털의 제고가 아니기 때문입니다.

이것과 관련하여 나오고 있는 이야기가 바로 conundrum입니다. 지난 2004년 FRB가 자산 버블과 물가 상승을 잠재우기 위해 긴축을 단행했는데 결국 실패했습니다. 금리를 인상하면 단기 금리가 먼저 올라가고 장기 금리도 점점 올라가야 하는데, 중국 등이 장기채를 매입하면서 긴축 정책 기조 자체를 찍어 누른 것입니다. 기준금리가 바닥에서 분명하게 상승 기조로 전환하게 되면 장기 채권의 매력도는 급감합니다. 그럼 장기 채권 매도가 일어나면서 금리가 올라가야 합니다. 그런데 중국 등이 손실을 감수하고 계속적으로 장기채를 매입하면서 시장의 저금리 기조를 유지시킨 것입니다. 그 결과 미국의 통화 정책은 실패로 돌아가고, 모기지 버블이 형성, 붕괴되게 된 것입니다. 지금 상황이 그때와 판박이입니다.

최근 국고채 3년물 수익률이 역사적 저점을 뚫고 내려와 사상 최저치를 기록하고 있습니다. 5년~10년물 역시 사상 최저치 경신을 향해 달려가고 있습니다. 이처럼 국제 유동성이 밀려들고 있는 상황에서는 기준금리를 인상한다 한들 장기 금리를 끌어올려 낼 수 있는 상황이 아니라는 것입니다. 그럼 어떤 일이 벌어질까요. 채권과 주식시장에서 쌍방향 초강세가 나타날 수밖에 없습니다. 그에 더해 당연히 미끄러져 내려야 할 부동산 버블 역시 조정이 이루어지지 못하고 있습니다. 과연 이게 지속 가능할까요.

셋째, Fundamental.

김중수는 물가를 포기하고 환율을 선택했습니다. 자산 버블에 대해서는 부동산 버블이 더 커질 수 없으므로 붕괴를 막아내면서 채권과 주식시장 호황을 용인하자는 쪽입니다.

문제는 펀더멘털입니다. 미국이 달러 약세 정책을 펴면 미국에 상품을 팔아 그 잉여를 저축하던 각국의 펀더멘털이 흔들립니다. 계속 돈이 들어오고 있지만 이것은 일해서 번 돈이 아니라 사실상 빌린 돈입니다. 국제 금융 투자는 언제든지 빠질 수 있는 돈이기 때문입니다.

이렇듯 통화 증발로 경기를 팽창시키는 데는 한계가 있기 마련입니다. 통화 증발이 경기를 계속 팽창시키려면 결국 부채 역시 팽창되어야 하는데 미국이 자신의 소비자 역할을 축소하려 들고 사실상 그것을 대체해 줄 수 있는 국가가 없는 상황에서 빚을 계속 늘려나가야 한다는 것은 자폭 행위나 마찬가지이기도 합니다. 그런 가운데서 금융의 난폭성은 도를 더해갈 수밖에 없습니다. 펀더멘털이 강화되지 않으면서 유동성이 늘어나고 있다는 것은 결국 '수익률 경쟁의 격화', 그 이상도 이하도 아니기 때문입니다. 따라서 세계 각국에서 두 가지 경쟁이 벌어지고 있습니다.

첫째, 미국이 해 주던 소비자 역할의 감소로 인해 줄어든 파이를 조금이라도 더 먹기 위한 환율 전쟁.

둘째, 밀려드는 국제 유동성의 급격한 이탈로 발생할 수 있는 자산 버블의 형성과 붕괴를 막아내기 위한 규제 경쟁.

이 속에서 따져 보아야 할 것은 결국 '일본식 위기의 도래 가능성' 입니다. 전 세계 주요국 중 상당수가 아닌 척은 하고 있으나 사실상 이 길로 치달아가고 있기 때문입니다.

금리를 내려도 민간의 투자와 고용은 살아나지 않습니다. 오직 자산 버블이 붕괴할까 전전긍긍하고 있을 뿐입니다. 투자 여력이 있는 것은 오직 정부뿐입니다. 이것은 정부 부채의 급증을 가져오는데, 결국 세금으로 틀어막아야 합니다. 그러나 그 세수를 마련하기 위해서는 결론적으로 민간의 투자와 고용이 일어나야 합니다. 그렇지 않는다면 일본처럼 부채가 급증하고 경제는 장기 침체로 빠져 들어갈 수밖에 없는 것입니다.

따라서 최근의 채권, 주식시장의 호황은 말이 되지 않는 것입니다. 지속 가능성이 없기 때문입니다. 단지 유동성이 풍부하기 때문에 벌어지고 있는 일시적 현상일 뿐입니다. 그렇다면 결코 버블을 키워내서는 안 됩니다. 부동산 보유세를 올리고 금리를 올리고 환율에만 의존한 성장 정책을 버리고 공공 부문의 부채 건전성을 유지시킬 수 있어야 합니다.

그런데 현 정부는 모조리 거꾸로 나아가고 있습니다. 엉망진창의 조세 정책, 금리 정책의 가용성 상실, 고환율 퍼주기 정책과 정부 치적 정책 사이의 왕복 그리고 국가 부채의 급증 등으로 말입니다.

결론적으로 미국은 급할 게 없습니다. 미국은 이미 중국, 한국 등의 고환율 조작을 더는 용인하지 않겠다고 선언한 상황입니다. 이미 실행에도 옮겼습니다. 중국, 한국 등이 만약 고환율 조작을 하면 달러를 더 찍어내면 됩니다. 따라서 이에 대응할 방법이 없습니다.

그럼 중국과 한국에 남은 길은 버블 증가, 물가 급등 그리고 결국 이로 인한 더 큰 강도의 긴축뿐입니다. 그렇다면 대비해야 할 것은 결국 긴축에 따른 대응 여력의 선제적 축적입니다. 그것이 바로 금리 인상입니다. 25bp, 50bp 등 기회 있을 때마다 차곡차곡 금리를 올려놔야 하는 것입니다. 그리고 국제 자본에 대한 규제 정책 마련, 부동산 보유세 등 국제 자본의 유출입과 이에 따른 버블 형성의 폐해를 줄여낼 수 있는 정책을 꾸준하고 일관성 있게 가져가야 합니다. 그러나 그렇게 하지 못하고 있습니다.

따라서 경제위기는 도래할 수밖에 없는 것입니다. 미국은 현재로서 새로운 버블을 만들어 낼 수 없습니다. 다만 금융 버블로서 위기를 조장해 중국, 한국 등의 붕괴를 유도함으로써 거기서 약탈적 이익을 도모하려 들 것입니다. 그 자체가 사실상 유일한 뉴버블 창출 루트라고 할 수 있을 것입니다.

이것을 악랄하게만 볼 수 없는 이유는 그간 중국, 한국 등이 축적한 부가 바로 미국이 뿜어내 준 것이기 때문입니다. 그것을 도로 가져가겠다는 것입니다. 이러한 피드백은 사실상 경제 그 자체라고 할 수 있으므로 욕할 것이 아니라는 것입니다. 줬다 그 이상을 뺏어내는 것이 금융이고, 돌고 도는 것이 결국 경제의 속성이기 때문입니다.

3. 남한과 북한의 쌍방향 중국 종속
– 남북 경제 중국 종속

한국의 대중 의존도가 급증하고 있습니다. 대중 무역 의존도(한국 수출입에서 중국이 차지하는 비중)는 관련 통계가 집계되기 시작한 1991년 2.90%에 불과하던 것이, 1992년 8월 한중수교를 기점으로 폭증하기 시작하여 2001년에는 10.80%까지 상승하고, 급기야 2009년에는 20%를 넘어섰습니다.

2009년 수출만 놓고 보더라도 전체 수출액 3,630억 달러 중 대중국 수출액이 860억 달러로 전체의 1/4이 넘어갑니다. 홍콩 196억 달러, 대만 95억 달러를 합칠 경우 대중화권 수출액 비중은 전체의 1/3로 올라갑니다. (수출입 관련 통계는 무역협회(http://stat.kita.net/)에 들어가서 확인하면 됩니다.)

이것은 심각한 문제입니다. 한국의 경제 성장이 주로 수출에 의존하고 있는데, 그 수출을 주로 중국에 의존하고 있다는 것은 결국 한국 경제의 중국 종속을 의미하기 때문입니다. 더욱 심각한 것은 이렇게 수출을 열심히 해봤자 국내 경제에 별반 도움이 되지 않는다는 것입니다.

수출의 부가가치 및 수입 유발 계수 추이

	2005년	2006년	2007년	2008년
부가가치 유발 계수	0.617	0.609	0.600	0.533
수입 유발 계수	0.383	0.391	0.400	0.467

출처 : 한국은행

위의 표는 수출 1,000원을 했을 때 수입에 사용되는 금액과 국내 부가가치 창출에 기여하는 금액의 비중을 나타낸 것입니다. 2005년에 수출 1,000원을 하면 국내 부가가치 617원이 창출되던 것이 2008년에는 533

원으로 줄었습니다. 반면 수입액은 383원에서 467원으로 늘어났습니다.

이것은 환율 상승의 요인도 큽니다. 정부의 고환율 정책을 말하는 것입니다. 결론적으로 수출해 봐야 일부 대기업 배만 부르고, 중국 경제 종속만 심화되고, 중산층, 서민에게로 온기가 전달될 수 없다는 것입니다. 경제에서 수출의 비중은 늘어나는데 수출의 경제 기여가 줄어든다는 것은 결국 대기업들이 생산성을 향상시키지 못하고 있다는 증거가 됩니다.

생산성을 향상시키지 못하는데 수출은 늘어난다? 이게 무엇을 의미합니까? 그렇습니다. 바로 '지속 불가능한 성장'을 하고 있다는 이야기입니다. 환율 효과가 사라지고 나면 수출 산업은 위기에 처하게 될 것이라는 이야기입니다.

더욱 어처구니없는 것은 대중화권 수출액 중 상당수가 정유 등 기초 소재 제품이라는 것입니다. 중국이 산업 발전의 완숙 단계에 접어들지 못해 전력, 정유 시설 등이 부족한 여건을 틈타 돈을 챙기고 있는 것입니다. 그러나 이런 수출은 쉽게 말하자면 '중국이 공장만 지으면' 종료될 수출입니다.

중국이 정유 공장 하나 지을 기술력이 없어서 정유를 수입하고 있겠습니까. 다만 시간이 필요할 뿐입니다. 그 시간이 지나고 나면 한국의 주력 수출품 중 상당수는 타격을 입을 수밖에는 없습니다.

소위 말하는 대중 낙관론자들도 문제입니다. 지금 한국의 대중 수출 활황을 미국의 부동산시장 침체, 유럽의 재정 적자에 따른 긴축에 빗대어 설명하려 드는 사람들이 있습니다. 쉽게 말하자면 미국, 유럽보다 중국이 잘 나가고 있으니 한국의 대중 의존 증가는 당연하다는 식입니다. 그러나 이것은 정확하지 못한 이야기입니다.

한국의 미국 경제 성장률에 대한 의존도가 외형적으로 떨어져가고 있는 것은 사실입니다. 1970년대 미국의 성장률에 대한 탄력도(미국 경제가 1% 성장할 때 한국의 경제 성장률이 성장하는 의존도)가 거의 0.8에 달하던 것이 최근에는 0.2 수준까지 떨어졌기 때문입니다. 그러나 여기에는 함정이 있다고 보아야 합니다. 한국이 대미 수출 위주의 경제 성장 패턴에서 한국이 중국에 수출한 기초 가공품이 중국에서 조립, 재가공을 거쳐 미국으로 수출되게 되는, 소위 말해 거치 단계가 늘어난 측면이 있기 때문입니다. 한국의 대미 의존도가 떨어지고 대중 의존도가 늘어난 것은 맞지만, 우리가 크게 의존하는 중국 경제의 대미 의존도가 크므로 결국 미국 경제가 침체하면 한국 경제도 침체할 수밖에는 없다는 것입니다.

무역뿐만 아니라 국제 금융 투자에 있어서도 마찬가지입니다. 한국의 해외 증권 투자액(45조 원) 중 절반에 육박하는 20조 원 이상이 중화권에 투자되어 있는 상황입니다. 수출 의존도가 1/3 수준에 달하는 것도 문제지만, 해외 펀드 투자 중 중국 비중이 1/2에 달한다는 것 역시 문제인 것입니다.

디욱 우스운 것은 이 투자의 대부분이 해외 증시가 고점에 달하고 버블 붕괴가 시작된 2007년경부터 급증하기 시작했다는 것입니다. 무릎에서 산 것이 아니라 머리 꼭대기에서 산 것입니다. 계란을 한 바구니에 담지 말라는 포트폴리오 원칙뿐만 아니라 거래 가격 투자의 기본 원칙조차 무시하고 있는 것입니다.

그럼 무역, 자본 투자 부분만 중국에 엮여 들어가고 있나요. 천만의 말씀입니다. 가장 심각한 부분은 바로 부동산입니다. 중국은 한국의 버블을 쳐다보며 자신들의 버블을 정당화하고, 한국은 중국의 버블을 쳐다보며 자신들의 버블을 정당화하고 있습니다.

지금 중국 대도시의 주택 가격은 선진국 대도시 수준을 넘나들고 있습니다. 그러나 선진국이 현재의 중국 수준일 때의 주택 가격은 지금 중국 주택 가격의 1/50~1/100 수준에 불과했습니다. 이런 중국의 광적 버블을 보면서 한국의 토건 마피아들은 국내 주택 가격 상승을 정당화시킬 버팀목을 구하고 있습니다. 전 세계 주요 경제권 중 오로지 한국, 중국만이 제대로 된 조정을 거치지 않은 데에는 바로 이러한 내적 심리적 연계가 자리하고 있는 것입니다. 이러한 한국 경제의 특징 중 하나가 뭐냐 하면 바로 충격에 대한 민감도가 크다는 것입니다. 그것은 위에서 언급했던 세계 경제, 미국 경제, 중국 경제에 대한 의존도, 탄력도를 말하는 것이기도 하지만, 더 적나라하게 말하면 한국 경제는 증시에서 말하는 소위 '잡주(雜株)적 성격'을 띠고 있다는 것을 의미합니다. 남들 다 오를 때 못 오르다 남들 조금 떨어질 때 많이 떨어지는 잡주처럼, 평상시 경제 성장률이 조금 높은 측면은 있지만 위기 도래 시 경제가 쉽게 나락으로 떨어지고 약간의 국제 경기 변동 및 국제 금융시장의 충격에도 쉽게 외환 금융위기가 도래하는 구조적 경제 취약점을 가지고 있는 국가라는 이야기입니다.

그 이유 중 가장 큰 요인이 불균형입니다. 바로 부동산에 지나치게 의존된 자산시장 구조, 재벌에 지나치게 의존된 기업시장 구조, 수출에 지나치게 의존된 경제 성장 구조, 중국에 지나치게 의존된 해외시장 구조 등을 말하는 것입니다. 바로 그 핵심으로 최근 중국 문제가 부상하고 있는 것입니다.

서글픈 것은 한국뿐만 아니라 북한의 대중국 종속 또한 심화되어 가고 있다는 점입니다. 한 조사에 따르면 북한 무역의 중국 비중이 73%에 달하고 있는 것으로 나오고 있습니다. 이쯤 되면 국제 교역이라기보다는 쌍방 교역이라고 부르는 게 더 나을 듯싶을 정도입니다.

형인 한국은 중국 의존도가 1/3~1/2, 동생인 북한은 중국 의존도가 3/4. 이것은 마치 아들이 둘 있는데 형과 동생이 번갈아가면서 동네 건달에게 맞고 오는 것을 지켜보는 것처럼 가슴 아픈 일입니다. 더욱 어이가 없는 것은 서로가 서로를 욕하고, 걱정하고 있다는 점입니다. 한국은 북한의 대중국 종속을 우려하고, 북한은 한국의 대중국 종속을 우려하고 있는 것입니다. 중국은 이런 남북한을 보면서 쾌재를 부르고 있습니다.

그러나 가장 기가 막힌 것은 조만간 중국 경제, 한국 경제가 동시에 무너질 가능성이 높다는 것입니다. 부동산 버블 때문입니다.

혹자는 중국과 한국의 재정 건전성을 이야기하고 있지만 부동산 버블 붕괴로 일본의 국가 부채는 30%선에서 200%선으로 치달은 경험을 가지고 있습니다. 미국 또한 부동산 버블 붕괴로 국가 부채가 60%선에서 100%를 넘어 200% 도달 우려가 나오고 있습니다. 현재 한국의 국가 부채는 40%선이고 중국 역시도 비슷한데, 일각에서 중국 국가 부채가 향후 몇 년래 100% 도달할 것이라는 예상을 하고 있습니다. 일부 지방정부들은 벌써 위험 수위라는 이야기도 들립니다.

이렇듯 한국의 3대 위협은 부동산 버블 붕괴, 북한 붕괴 그리고 중국 경제 붕괴입니다. 가계 부채, 수출, 부동산의 3대 위기로 명명하는 시각도 있습니다. 그리고 이 중심에 남한과 북한의 중국 경제에 대한 쌍방향 종속이 자리하고 있습니다. 한국은 도래될 위기에서 그간 중국으로부터 취한 이익의 대부분을 도로 토해내야 하는 강요를 받게 될 위험이 큽니다. 경제에 역시 공짜 점심은 없는 법입니다.

03 심화되는 빈부 격차

1. 빈부 격차의 공포

"뉴딜 정책의 목표는 부자들을 더 부유하게 만드는 데 있는 것이 아니라 가난한 사람들에게 충분히 나누어 주는 데 있다."

– 프랭클린 D 루즈벨트

2010년 초 어느날, 동네 슈퍼에 가서 한번 물어 보았습니다. 업체 납품가가 많이 오르고 있느냐고 말이죠. 그랬더니 대번 "죽일 놈들 환장하겠다"라며 하소연을 하더군요. 납품자가 가격을 붙이는 권장소비자가가 없어지고 판매자가 가격을 붙이는 자유가격제로 바뀌었는데 그 틈을 타서 납품 단가를 일제히 올리고 있다는 것입니다. 기본이 20~30%라고 합니다. 그러나 당장 가격을 올릴 수 없는 판매자들은 발만 동동 구르고 있었습니다. 대형 할인마트가 일단 소비자에 대한 가격 전가를 자제하고 있기 때문입니다.

그리고 과자 이름이 바뀌거나, 봉지는 커졌는데 양은 줄어들거나, 중국 현지 생산 혹은 반제품 수입 제조 등으로 질이 떨어지는 등의 행위가 최근 전방위로 벌어지고 있습니다. 히든 인플레이션입니다. 결국 소비자 입장에서 예전과 같은 질로 똑같은 양을 배불리 먹으려면 최소 30% 이상의 비용이 더 드는 고인플레이션이 곳곳에서 일어나고 있는데, 정부 발표로만 CPI 상으로 물가가 초절정 안정입니다. 모두 물가 폭등으로 서민들의 부를 착취해 일부 계층의 경제력을 보전시키려는 '디플레이션 방어 전략'의 일환입니다.

이렇듯 히든 인플레이션이란 물가 강압 통제 인플레이션, 통계 조작 인플레이션, 질과 양을 떨어뜨리는 지능형 인플레이션, 매번 신제품 출시로 기저를 제거하는 얍삽형 인플레이션 등을 말합니다. 그럼 왜 이런 일이 일어나고 있는가.

M1 증가 추이

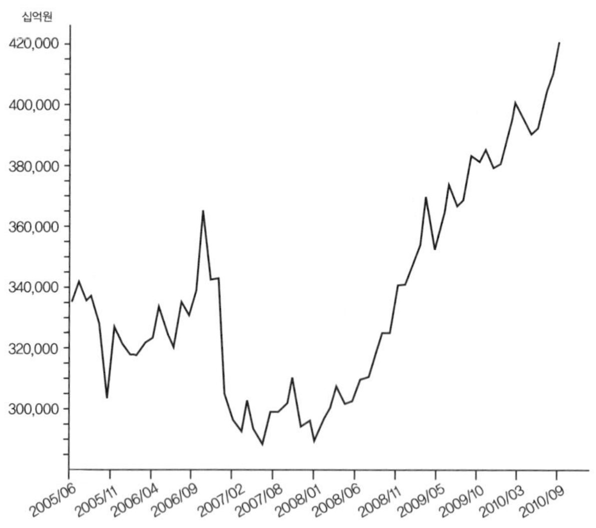

출처 : 한국은행 경제통계시스템

위의 표는 한국은행의 M1 증발 추이입니다. 그래프를 보시면 흡수되었다, 풀렸다를 반복하던 통화가 갑자기 고공 증발 비행을 시작합니다.

물가 안정 정책은
어디서부터 잘못되었을까

저 바닥이 '언제'일까요. 2008년 금융위기부터가 아닙니다. 바로 이명박 정권 취임 직후부터입니다. 통화 증발, 고환율, 물가 폭등, 인플레이션을 통한 재정 확보(inflationary finance), 부자 감세, 부채 증가 등의 6대 정책은 이명박 정부의 시작과 함께 일관되게 계속되어 온 것입니다.

그러다가 고환율 정책이 금융위기를 맞아 국제 금융시장에 화폐 가치 불안정으로 인식되면서 외환위기를 맞았고, 그걸 적자 재정 가속화로 돌려막아 보려다 부채 증가로 성남시처럼 지자체, 공기업 등이 파산 위기에 몰린 것입니다.

여기서 이명박 정부가 환율을 1,100원으로 고정시키고 있는 이유를 이야기할 수 있어야 합니다. 그것은 기본적으로 공동화이론(hollowing out theory)의 추종이라고 전 단원에서 말씀드렸던 걸 기억하실 것입니다. '천천히 평가절하가 거듭되게 되면 은행의 부채 부담 증가, 투기자본의 패거리 이탈 등이 겹쳐지면서 더 위험해진다', '차라리 고환율 구사 목표가 확실한 이상 외환위기를 감수하고 한꺼번에 급등시켜 버리자', '그럼 더 상승할 데가 없는 환율이 오히려 정점을 찍은 뒤 완만하게 떨어질 것이다', '그때 적당한 지점(1,100원선)을 잡아 고정시키자'는 것이죠.

그럼 그 다음은 뭘까요. '극단적인 상승' 아니면 '극단적인 하락', 둘 중의 하나입니다. 이중 극단적인 하락을 봅시다. 최근 아파트 버블 붕괴 및 가계 부채 위기가 극에 달해 있습니다. 이 상황에서 저환율로 가게 되면 몇 가지 심각한 문제가 발생하게 됩니다.

첫째, 물가가 하향 안정되면 물가 상승 압력으로 자산 버블 붕괴 압력을 막아내려는 디플레이션 방어 전략의 근간이 흔들리게 됩니다.

둘째, 환율이 하락하게 되면 은행의 외채 차입 유인(incentive)이 늘어나게 됩니다. 그 상황 속에서 투기자본의 차익 실현 유인도 커지게 됩니다. 리스크가 쌍방향으로 커지게 되는 것입니다.

셋째, 전적으로 고환율에 의지하던 대기업 실적이 주저앉으면서 가짜 실적으로 간신히 떠받쳐지던 경제 펀더멘털이 급전직하하는 현상이 발생할 수 있습니다.

넷째, 정부, 공기업, 지자체 등의 부채 부담이 큰 상황 속에서 인플레이션 흐름과 반대 방향으로의 경제 지표 변화는 정부 등의 '실질 부채 부담'을 폭증시키게 됩니다.

결국 통화 증발, 부자 감세, 재정 적자, 부채 증가, 물가 폭등 등 정부의 기본 정책 기조의 중심은 고환율인데 임기 후반기를 맞아 이걸 꺾고 서민을 위하는 척 쇼를 하기에는 현재로선 여러 가지로 위험 부담이 만만치 않다라는 것입니다. 그렇다면 이것은 2012년 이명박 정권 임기 마지막 해에 '경제위기 대폭발'로 나타날 가능성도 있습니다. 이명박은 틀림없이 4만 달러 공약을 일부라도 달성해 놓고 퇴임하길 원할 텐데, 마지막 해에 그런 뻔한 패를 강행시키는 것을 국제 투기자본들이 그냥 두고 볼 리 없기 때문입니다.

'1997년 김영삼 정권 저환율로 인한 위기(OECD 가입을 위한 1만 달러 치적) ⇨ 2008년 이명박 정권 고환율로 인한 위기(고환율 정책으로 대기업에 영업 이익을 몰아줘 그 화장발 실적으로 부동산 버블 붕괴 방어) ⇨ 2012년 다시 저환율로 인한 위기(최소 3만 달러에 근접한 퇴임 실적 달성)', 이렇게 되면 우리 경제 역사 70년사 동안 발생하는 세 번의 초대형 경제위기가 불과 15년 안에 벌어지게 되는 것입니다. 저주도 이런 저주가 없을 것입니다. 그럼 현 정권 경제팀들이 이상의 사실들을 모를까요. 아니죠. 아주 잘 알고 있습니다. 그래서 몇 가지 잔머리를 굴리고 있을 것입니다.

원래 인플레이션과 디플레이션이라는 것은 낮과 밤 같은 것입니다. 반복해서 와야 하는 것이죠. 그런데 지금 한국 포함 전 세계는 'everyday inflation'입니다. '대공황(악성 디플레) ⇨ 인플레 ⇨ 인플레 ⇨ 스태그플레이션(악성 인플레) ⇨ 인플레 ⇨ 인플레 ⇨ 2008년 금융위기' 식으로 대공황 이후 전 세계는 언제나 낮인 것입니다. 이번에는 밤이 와야 합니다. 그것도 칠흑같이 어둡고 긴 밤 말입니다.

그러나 밤에 대해 공포감을 가지고 있는 각국 정부가 밤이 오는 꼴을 못 보겠다면서 극단적인 통화 증발을 단행하고 있습니다. 그렇다고 이번에도 밤이 오는 것을 피할 수 있을까요. 천만의 말씀입니다. 금본위제 페지 이후의 화폐 구매력 변화에 관한 자료를 한번 볼까요.

1972~1999 전 세계 주요국 102개 국가의 화폐 가치의 변화

화폐가치 감소 폭	99~100% 감소	95~99% 감소	90~95% 감소	75~90% 감소	50~75% 감소	0~50% 감소	계
국가 수	24	22	14	27	15	0	102

출처 : krozner, 2003

이것을 보면 결국 이번 위기로 엄청난 통화 증발이 추가로 단행된 것을 볼 때 앞으로도 화폐 가치는 더더욱 휴지조각이 될 것이 자명해지고 있습니다. 그럼 악성 디플레이션이나 하이퍼인플레이션 둘 중 하나가 반드시 오게 됩니다.

악성 디플레이션(대공황, 일본) – 디플레이션 – 인플레이션 – 하이퍼인플레이션(짐바브웨, 아르헨티나)

이중에서 그리이트(great)디플레이션이나 하이퍼인플레이션을 피하는 길은 결국 디플레이션과 인플레이션을 적절히 왔다갔다 하는 것뿐입니다. 그런데 지금까지 전 세계는 굿 디플레이션이건 배드 디플레이션이건

간에 어떤 형태의 디플레이션도 거부해 왔고, 그 수법을 오직 제로 인플레이션을 넘어선 양(+)의 인플레이션 목표제 달성으로만 이루어 왔다는 소리입니다. 그런데 지금 또 그 짓거리를 하고 있습니다.

우리 앞에 놓인 두 가지의 암울한 길, 현 정권이 가진 대책은?

결국 우리 앞에 놓인 미래는 오직 두 가지뿐입니다.

첫째, 악성 디플레이션 혹은 하이퍼인플레이션 리스크에 십수 년간 시달리는 것.

둘째, 빈부 격차로 하위 계층에 고통을 전가해 일단 경제위기를 모면해 보는 것, 그러나 조만간 더 큰 경제위기 발현.

이 두 가지 중 첫 번째는 공식적인 경제위기입니다. 두 번째는 공식적인 경제 회복입니다. 그러나 실질적으로 서민들에게는 두 번째가 첫 번째보다 더한 경제 파탄입니다. 왜냐하면 둘 모두 힘들지만 첫 번째 형태는 상대적인 빈부 격차 완화라도 가져오게 되기 때문입니다. 자산 버블이 붕괴하면서 빈부 격차가 줄어들고 제도 개혁 등에 의해 경제구조를 재조정할 수 있는 기회라도 가질 수 있습니다.

그러나 두 번째는 자산 버블을 최대한 그냥 둔 채 물가 폭등, 실질 임금 감소, 실업 및 비정규직 증가 등을 불러일으켜 상대적 빈부 격차의 증가를 가져오게 됩니다. 따라서 일부 계층을 제외한 대다수 서민들에게는 첫 번째 위기가 차라리 나은 것입니다.

그런데 여기서 많은 분들이 헷갈려하고 계십니다. 지금 물가는 폭등하고 집값은 폭락 우려가 있는데 이것이 과연 인플레냐 디플레냐 하는 것입니다. 정부 공식 CPI로는 물가 안정, 집값 안정인데 이것은 또 어떻게 봐야 하는지도 어리둥절해 합니다.

그래서 앞에서 자세하게 설명해 왔습니다. 지금까지 십수 년간 보여 온 물가 안정, 집값 폭등은 공식적으론 인플레이션이 아니었지만 실질적으론 인플레이션이라고 말입니다. 인위적으로 CPI를 안정시키기 위해 단행한 통화 증발이 원자재와 주택 가격을 폭등시켜 왔는데 이것은 결코 물가 안정이 아니었던 것입니다.

그러나 각국 정부는 투입재 가격과 장기 자산의 가격들이 CPI에 잡히는 것을 용납하지 않았습니다. 일종의 출구를 만들어 놓은 것이죠. 그걸 다 반영해 버리면 통화가 물가 쪽에서 문제를 일으키건, 원자재 쪽에서 문제를 일으키건, 주택 쪽에서 문제를 일으키건 CPI는 언제나 폭등하게 됩니다. 따라서 주택 부분에서의 가격 폭등을 물가 안정 개념에서 제외시켜 왔던 것입니다. 실질적으로는 인플레이션이었는데 형식적으로만 물가 안정이었던 것이죠.

그러다가 결국 자산 버블이 무너지고 그것이 경제 전체를 잡아먹으면서 디플레이션 적신호가 켜지자, 이번에는 디플레이션이 오면 다 죽는다며 그걸 막기 위해 극단적인 통화 증발을 단행하고 있는 것입니다(하이퍼 인플레이션 위험 증가로 스태그디플레이션 위험 감소 도모). 그러니 물가가 안 오를 턱이 있겠습니까. 그런데 또 여기서 가면극을 지속합니다. 실질적으론 물가 폭등인데 정부 발표를 보면 초절정 안정의 이상 현상이 일어나고 있는 것입니다. 바로 앞에서 말씀드린 히든 인플레이션(Hidden Inflation)인 것입니다.

그럼 현 정부가 펼칠 수 있는 정책엔 무엇이 있을까요.

첫째, 위기론을 조장하는 것입니다. 대표적인 게 바로 부동산 버블 붕괴 위기입니다. 이것의 목표는 두 가지인데, 하나는 획기적인 부동산 선심 정책을 위한 사전 여론 조성, 다른 하나는 서민 계층의 불만 달래기입니다.

획기적인 부동산 선심성 정책이라는 게 과연 있을까요. 유일하게 하나가 있습니다. 바로 방글라데시, 스리랑카, 베트남 등에서 획기적인 수준으로 인구를 유입시켜 주택 수요를 급증시키는 것입니다. 그럼 이명박 정부의 APT 버블 붕괴 등의 모든 고민을 일거에 감소시킬 수 있게 됩니다. 일본이 부동산 대폭락 속에서도 유일하게 사용하지 않은 정책이 바로 이것입니다. 그러나 조만간 현 정권은 이 카드를 사용할 가능성이 농후합니다.

어떤 분은 '설마 천만 명이나 들여올까' 라고 생각하실지도 모르겠습니다. 그러나 삼성전자 윤종용의 말대로 딱 200만 명만 한 번에 들여오고 각종 제도를 완화하면 순식간에 가족, 자식 등 천만 명 수준으로 불어나게 됩니다. (그렇게 되면 APT 버블 붕괴를 완화시킬 수는 있을지 몰라도 조세·복지 선진화의 꿈은 완전히 끝나게 됩니다.)

둘째, 아예 막나가는 경우의 수가 있을 수 있습니다. 1997년 김영삼 정권이 그랬었죠. 경제는 파탄, 아들은 구속, 이회창은 반항모드. 결국 정권 재창출이고 뭐고 간에 막판에 정신 줄을 완전히 놓았습니다. 현 정권이 그렇게 될 가능성이 있습니다. 따라서 '1997년과 같은 상황을 그대로 둔다' 라는 것은 악몽이겠죠. 그러나 그렇다고 유신을 선포할 수도 없고 이제 와서 박근혜에게 빌 수도 없습니다. 따라서 야권이 단결하여 정권이 교체될 확률도 높아지고 있습니다.

마지막으로 개헌, 선거제도 개편, 지방 구역 개편 등을 통한 빅딜이 있을 수 있겠지만 그런다고 현 정권의 운명이 바뀔 리는 없어 보입니다. 유일하게 있다면 그것은 히든 인플레이션이 나타내는 함의처럼 'hidden'일 것입니다. 계속 숨기는 것입니다. 물가 인상도 숨기고, APT 버블 붕괴 리스크도 숨기고, 부채 증가도 숨기고, 고환율에 의한 조작 실적도 숨기고, 서민들의 고통도 숨기고, 이상을 숨기기 위해 관제 언론 정책을 지속하고, 민주주의를 말살하고, 그러다가 시스템이 붕괴해 '위기 도래'를 눈치 채지 못하고 스스로 자멸해 들어가게 되는 것입니다. 이처럼 현 정권의 남은 임기는 암울합니다.

외형적인 수출, 대기업 실적, 물가지수, 주가지수 등만을 놓고 경제가 정상이라고 말하는 식이라면, 마찬가지 이치로 사지는 멀쩡하지만 각종 내과 질환으로 속이 썩어 들어가 병원에서 죽어가고 있는 환자들을 설명할 도리가 없을 것입니다.

지금 세계 곳곳의 양심적 경제학자들도 바로 그 점을 지적하고 있습니다. 각국 정치인들이 '간경화로 새까매져 가고 있는 국민 얼굴에 분칠하는 데만 여념이 없다'는 것입니다. '밤인데 불을 환하게 켜놓은 채 낮이라고 주장'하고 있습니다. '밤(디플레이션)이 오면 다 죽으니 계속 이대로 낮(인플레이션)으로만 살자'고 주장합니다. 그러나 낮에 지치고 밤에는 잠을 제대로 자지 못한 경제의 내실은 회생 불능 수준으로 썩어 들어가고 있습니다.

이런 경제의 미래는 지극히 간단합니다. 앞에서 "노병은 죽지 않는다. 다만 사라질 뿐이다", "통화는 죽지 않는다. 다만 흡수될 뿐이다"라고 말씀 드린 적이 있습니다. 단기적으로 보면, 통화 증발이 위기 극복의 묘약인 것처럼 보이지만 그 대가는 지리하고 거대한 것입니다. 디플레이션을 모면하기 위해 끝없이 조장되는 인플레이션 정책의 대가는 결국 살인적인 국내외적 '빈부 격차'의 증가뿐입니다. 지금 상위 계층은 돈이 많아 (부채로) 작살나고 있고, 하위 계층은 돈이 없어 작살나고 있는데, 그 끝은 결국 중산층의 슬림화뿐이고, '버블 붕괴' 뿐입니다. 그게 싫어 끝까지 계속 가다보면 악성 디플레이션이나 악성 인플레이션과 만나게 됩니다. 결국 이번 위기의 문제점은 돈의 가치가 휴지조각이 되서 부동산 원자재로 자금이 몰리고 이로 인해 자산 버블이 유발되었다는 점보다도, 그 버블이 빈부 격차 증가로 끝내 연결되고 방치되고 있다는 점일 것입니다.

그렇다면 이번 경제위기의 해법은 오직 한 가지, 그 반대로 나아가는 것뿐입니다. 바로 우리의 숨겨진 것들을 다 드러내 놓고 민주적인 절차를 거쳐 급한 곳부터 순서대로 치유해 나아가는 것입니다.

통화 증발 자체에 부자 감세, 부동산 버블 등의 목적이 있긴 하지만 결국 사후적으로 후생 격차 증가를 막아낼 수 있는 제도적 장치만 한다면 문제가 상당 폭 완화될 수도 있는데, 결국 그러기 싫어 지금과 같은 민주주의와 서민 경제의 파탄이 발생한 것입니다.

화폐가 무리하게 발행되고 따라서 그 가치 하락 수준이 심각하다 한들 사후에 조세 제도, 복지 제도 등을 통해 사회적 후생의 평균 하락과 상하위 격차 증가를 막아내면 결론적으로 후유증을 줄여낼 수 있겠지만, 그걸 하지 않음으로써 모든 고통을 하위 계층으로 전가시켜 상위 계층의 부를 유지 증가시켜 왔다는 소리입니다.

결론적으로 이에 대한 해법은 언제나 조세·복지 선진화입니다. 이민 정책을 중단하고, IT 등 국내 공장의 해외 이탈을 중단 환류시키고, 노동자 간 임금 격차 증가를 중단 축소시키고, 자산 버블을 통제할 수 있는 새로운 물가지표를 개발하고, 임금 납품 단가를 물가, 환율 등에 연동하고, 북한과의 경제 협력 강화로 잠재적 통일 비용을 완화하는 것 등만이 한국 경제의 살길이라 할 것입니다.

사회보장세, 소득세, 부동산 보유세 등을 획기적으로 올리고, 기업 고용 의무를 획기적으로 강화하고, 실업자 비정규직 등에 대한 최저소득 지급 및 보장 조치 등도 시급히 실행해야 합니다. 그렇지 않으면 한국 경제는 큰 위기를 피할 수 없을 것입니다.

2. 빈부 격차,
그리고 마이클 센델과 빌 게이츠의 공정성

'여러분이 인간으로 다시 태어난다고 할 때 부자일지 빈자일지, 건강할지 병약할지를 알 수 없다' 라고 가정하자. 이때 여러분은 과연 어떤 정책을 원하겠는가.

– John Rawls

2010년, 마이클 샌델의 《정의란 무엇인가(*JUSTICE: What's The Right Thing To Do?*)》란 책이 인문학 서적치고는 유례없는 돌풍을 일으켰습니다.

이 책은 '자유 사회의 시민은 타인에게 어떤 의무를 지는가', '정부는 부자에게 세금을 부과해 가난한 사람을 도와야 하는가', '자유 시장은 공정한가', '진실을 말하는 것이 잘못인 때도 있는가' 등 누구나 빠지는 도덕적 딜레마에서 무엇이 옳은 일인가를 흥미롭고 도발적으로 풀어낸 역작으로 평가되고 있습니다.

그러나 어떤 명쾌한 결론을 던져 주지는 않습니다. 그것은 마이클 샌델에서 거슬러 올라가 '정의'에 관한 가장 뛰어난 철학적 시도를 수립했던 존 롤스에 이르기까지 논자와 그들이 유발한 논쟁에 어떤 심각한 실패가 존재했기 때문은 아닐 겁니다. 다만 문제의 본질은 우리가 논의하고 있는 '공정성'이라는 단어 자체에 근원적 모호함이 존재하고 있다는 것일 것입니다.

공정성의 정의는 과연 무엇일까요. 일례로 북한의 예를 한번 들어보죠. 현재 북한은 김정일과 극소수 특권층을 제외한 대다수의 주민들이 극심한 빈곤에 시달리고 있습니다. 이 상황에서 탈피하기 위해서는 김정일과 그 일파의 후생을 감소시켜야 합니다. 이것은 아이러니하게도 북한 경제가 매우 효율적인 상황에 놓여 있음을 보여 줍니다. 경제학자들이 정의하는 효율성이란 '누군가의 후생을 감소시키지 않고서는 누구의 후생도 증가시킬 수 없는 상태'를 일컫기 때문입니다.

그렇다고 이 효율성을 용납해야 할까요. 그렇지 않습니다. 바로 이때 나오는 것이 미시경제에서 효율성과 함께 양립되어 언급되는 공정성이라는 개념입니다. 자유시장주의로 치환하자면 늘 효율적인 것은 아니며 (시장 실패의 발생), 효율적이라고 해서 그것을 언제나 용납해야 한다는 논리가 성립하는 것은 아니라는 것(아파트 개발 대신 덜 효율적이지만 숲 조성)입니다.

이것을 한국의 예에 접목해 보면 왜 오늘날 한국 사회가 양극화로 치닫고 있는지를 어느 정도 추론해 볼 수 있을 것입니다. 오늘날 한국 사회의 양극화는 극한으로 치닫고 있습니다. 상하위 10% 노동자 간 임금 격차가 5배를 넘어서 세계 최고 수준에 도달했고, 상위 계층끼리의 결혼으로 인해 상하위 10% 가구 간 소득 격차 역시도 17배를 넘어서 역시 세계 최고 수준을 기록하고 있습니다.

이것이 효율성의 결과일까요. 그럴 수도 있습니다. 따라서 어떤 사람은 이렇게 반문할 수 있습니다. '누구에게나 똑같은 기회가 주어져 누구는 열심히 공부해 대학을 졸업한 후 대기업 취직에 성공하고 사내 연애를 해서 고소득 부부가 된 반면에, 누구는 열심히 공부하지 않아 고등학교만을 졸업한 후 저소득층으로 전락하고 직업이 없는 배우자를 만나 외벌이로 가난해지고 있다면, 이것은 사회의 탓이 아니지 않느냐'라고 말입니다. 따라서 고소득 맞벌이 부부에 높은 과세를 해서 저소득 외벌이 부부를 도와줘선 안 된다고 주장합니다. 공정한 기회는 이미 출발선에서 충분히 주어졌기 때문이라는 것입니다.

그러나 이것이 공정하다고 할 수 없습니다. 왜 그럴까요. 최근 십수 년 간 양극화가 심해진 이유에는 다단계 착취 구조가 자리하고 있기 때문입니다. 예를 들어서 대기업 임금이 치솟았습니다. 이것은 어떻게 가능했을까요. 공적 자금 투입으로 대기업과 금융권의 부실을 국민 전체가 부담해야 하는 국가 부채로 전가해 해소했기 때문에 가능했던 것입니다.

여기서 그치지 않았습니다. 대기업이 부담해야 할 고용 총량은 제자리걸음시키고, 추가로 필요한 인력은 비정규직화해 고통을 전가했습니다. 이 위에서 대기업 노동자의 임금 상승이 가능했던 것입니다.

만약 고소득 맞벌이 부부에 과세해 저소득 외벌이 부부를 도와주는 것이 모럴헤저드라면, 그 고소득 부부가 다니는 대기업에 공적 자금을 투입하거나, 공적 자금 투입 취지인 고용 창출의 외면(비정규직 활용) 역시도 용납해서는 안 될 것입니다. 이 역시도 공정하지 못한 모럴헤저드일 것이기 때문입니다. 결국 대기업 노동자들의 고소득이 가능했던 이유는 심각한 불공정(어떤 면에서 말하자면 제대로 된 공정성) 위에서 가능했던 것입니다.

최근 우리나라도 사회보장세(4대 보험료)가 늘어나고 있는 추세입니다. 많은 대기업 노동자들은 이 부분을 매우 부담스러워 하고 있습니다. 그러나 여기에도 심각한 착취 구조가 자리하고 있습니다. 사회보장세의 상당 부분은 대기업주와 대기업 노동자가 반분하는 형태로 구성되어 있습니다. 정말 그럴까요. 그렇지 않습니다. 많은 경제학자들은 고용주가 제대로 된 임금 상승을 저지하여 사회보장세의 그 실질 부담을 노동자들에게 전가하고 있다고 설명하고 있습니다.

낮은 임금 상승률로 자신(고용주)에게 전가되는 사회 보장 부담을 노동자에게로 전가하는 것입니다. 그럼 대기업 노동자는 일방적으로 희생당하고 있는 것일까요. '제대로 된 임금 상승의 미반영으로 인해 고용주의 부담을 실질적으로 떠안고, 그렇게 낸 사회보장세는 사회적 약자들의 몫을 부담해 내는 측면이 있으므로 추가적으로 허리가 휜다' 라고 착각할 수 있습니다.

허나 이것은 사실이 아니죠. 대기업 노동자들은 반대로 고용 총량 감소 속의 특혜를 누리고 있기 때문입니다. 똑같은 일을 하면서 비정규직보다는 훨씬 높은 급여를 받고 있습니다. 결국 착취는 다단계로 아래쪽으로 내려가고 있습니다. 대기업 고용주에서 대기업 노동자로, 대기업 노동자에서 비정규직 노동자와 실업자로 말입니다. 따라서 이들에 대한 방치는 정의가 아니라 부정의라 할 것입니다.

이러한 경제 정의에 관한 가장 창의로운 설정은 아이러니하게도 시장 자유주의의 진흙탕 속에서 세계 최고의 부를 일궈낸 빌 게이츠가 내려주고 있습니다. 그는 공정성에 관한 논의가 격화될 때마다 "다시 초심으로 돌아가자"라고 말합니다. "우리가 처음 태어나서 다시 살아야 한다면 과연 방글라데시나 에티오피아같이 가난하지만 세금은 적게 내는 나라에서 살 것인지 아니면 유럽이나 미국처럼 부유하면서 세금은 많이 내는 나라에서 살 것인지 솔직하게 한번 마음속으로 자문해 보자"는 것입니다.

아이와 여성들이
행복한 사회

유럽은 사회보장제도가 잘 갖춰져 있고 미국은 부자들의 소득과 자산 세제가 공정하게 구축되어 있는 나라입니다. 이런 나라에서 사회 보장 감축이나 소득세, 상속세 등의 감세 논의가 나올 때마다 역설적으로 최고의 부자들이 나서서 제동을 걸고 있는 데는 사회 지도층의 철학적 각성과 도덕적 규율의 확립이 잘 갖추어져 있기 때문입니다.

이것은 무엇을 의미하느냐 하면 선진국일수록 평소 사회 지도층들이 '인간 자신은 어떻게 행복해질 수 있는가' 란 명제에 대해 올바른 신념을 가지고 있다는 것을 말합니다. 흔히 사람들이 아이와 여성들이 행복한 사회가 살기 좋은 나라라고 말합니다.

이유가 무엇입니까. 아이와 여성은 어른과 남성보다 소중하기 때문입니까. 그렇지 않죠. 아이가 행복해야 어른이 행복하고, 여성이 행복해야 남성이 행복하고, 네가 행복해야 내가 행복할 수 있다는 것이 삶의 가장 기본적인 이치이기 때문입니다. 빌 게이츠는 "빈자가 행복해지지 않고서 부자가 행복해질 수 있는 길은 없다"라고 단언합니다. 그래서 부자의 도덕성을 주창하는 것입니다. 그 자신에게 어떤 성스러운 혜안이 갖추어져 있기 때문이 아니라 말입니다.

시장이 효율성 추구로만 치달아가 빈부 격차를 방치한다면 결국 시장 자유주의는 무너지게 될 것이라고 말하는 것도 마찬가지의 논리적 구조에서 나오는 주장입니다. 지금의 입장에서 생각하지 말고 원점에서, 약자의 입장에서, 상대방의 입장에서 논할 수 있는 공정성 추구가 없다면 결국 정의의 가치는 세상에서 사라지고 말게 됩니다.

그런데도 공정성이 사라진 시장에서의 효율성의 독주는 결국 시장 실패 끝의 붕괴 그 이상도 이하도 아니라는 이 간단한 이치를 사람들이 극복해 내지 못하는 이유가 결국 무엇 때문입니까. 바로 마음속에 정의가 없기 때문입니다.

오늘날 경제가 어려운 이유는 정의가 실종되었기 때문인데, 시장 속의 이 공정성을 바로 세워낼 수 있는 길은 경제가 아닌 정치에 있다는 이야기입니다. 그러나 그 정치는 불행히도 경제의 효율성 추구 쪽으로만 방향을 설정한 채 폭주하고 있습니다. 정의를 상실한 채 말입니다.

존 롤스는 《정의에 관한 이론(*A Theory of Justice*)》이란 저서에서 "모든 사람들이 다시 태어나게 된다면 결국 대부분의 사람들은 가난한 사람들을 보살피는 정책을 펼치는 국가에서 태어나려 들 것이다"라고 지적한 바 있습니다. 그럼에도 사람들이 마음속에서 정의를 내려놓은 채 부유함만을 추구하려 든다면, 결국 세상은 빈곤함으로 귀결될 것입니다. 자신의 공정성 구가를 가능케 한 다른 사람의 희생과 헌신, 즉 불공정성의 인내가 종국에는 소멸되어 버릴 것이기 때문입니다.

1. 경제 펀더멘털의 파탄

외통수로 몰린
세계 경제

세계는 지금 이 순간 어디로 흘러가고 있는가. 제가 이번 경제위기는 '딜레마' 라고 표현한 적이 있습니다. 인플레냐 vs. 디플레냐. 둘 모두의 위기입니다. 화폐, 채권에 투자할 것인가 vs. 증권, 부동산에 투자할 것인가. 둘 모두 위험합니다. 금, 원자재, 농산물, 파생 상품 등에 투자해 위험을 분산할 것인가. 이것 역시 위험합니다. 이것들이 거대 자본의 상당 부분을 포용할 수도 없습니다.

전 세계의 경제는 금융과 산업으로 나뉩니다. 산업은 제조업과 서비스업으로 나뉩니다. 이 과정의 핵심은 자본 이동과 상품 교역 그리고 노동자의 이동입니다. 지금 이 모든 것이 위기입니다.

금융은 저축의 위기, 차입의 위기, 대차대조표 상 자산 가치 붕괴의 위기, 대출 자산 부실의 위기, 상환 능력 상실의 위기를 겪고 있습니다. 산업은 제조업의 경우 과잉 투자, 건설업의 경우 과잉 건설, 서비스업의 경우 과소 발전(빈부 격차의 시정과 조세·복지 선진화 거부가 원인)의 위기를 겪고 있습니다.

제조업의 지나친 해외 이탈, 이민자의 지나친 유입, 선진국은 일자리 이탈과 잠식, 후진국은 노동 인구 공급의 급증으로 골머리를 앓고 있습니다. 교역은 축소되고 있고, 외국인 노동자를 받아달라는 후진국의 요구는 봇물이 터지고 있고, 외국인 노동자를 그만 받으라는 불만 역시 봇물이 터지고 있습니다.

자본 이동의 3대 축인 포트폴리오, 외국인 직접투자(FDI), 단기 자본시장이 모두 불안해지고 있습니다. 포트폴리오는 축소되고 있고 서유럽, 일본 등으로 환류하고 있습니다. FDI는 공급 과잉으로 인해 급감하고 있습니다. 단기 자본시장은 자금의 조달과 운용상의 만기 부분에서 모두 리스크가 급증하고 있습니다.

각국의 화폐 가치 또한 불안정해지고 있습니다. 강달러냐 vs. 약달러냐. 둘 다 가능한 상황이고, 둘 다 위험합니다. 달러가 불안해지면 유로화, 위안화, 엔화 등이 반대급부를 보는 것이 아니라 동시에 위험해지고 달러보다 더 위험해집니다. 따라서 유로화, 위안화는 대안 투자 또는 틈새 공략 투자 대상이 될 수 없습니다. 금에 투자하는 것은 거의 자살 행위입니다. 파생시장은 일시적인 축소 혹은 재팽창의 위기를 겪고 있습니다. 축소되어도 자본시장의 위험은 증가하고 따라서 교역 자산시장 등이 불안해지고 반대로 재팽창해도 위험해지고 불안해집니다. 원유가가 상승해도 경제는 위험해지고 원유가가 상승 반전하지 않아도 위험해집니다.

미국만 보더라도 부채 탕감, 명목 GDP 제고를 위해서는 고유가가 필요하고, 재정 조달, 소비 제고를 위해서는 저유가가 필요하기 때문에 유가의 딜레마에 빠진 상황입니다. 한국도 마찬가지이고, 거의 전 세계가 마찬가지입니다. 농산물 가격이 급등해도 역시 위기가 오고, 급락해도 위기가 옵니다. 이 부분을 대비할 방법은 없습니다. 소수 거대 다국적 자본과 국가가 장악한 시장이기 때문입니다. 위에서 말했듯 거대 자본의 상당 부분을 포용할 수 있는 시장도 아닙니다.

이번 위기는 통화 질서의 위기, 경제 펀더멘털의 위기, 경제 정책 외통수의 위기입니다. 미국이 경상수지 적자를 줄이면 위기가 옵니다. 그대로 놔두면 더 큰 위기가 옵니다. 중국이 환율을 절상해도 위기가 오고, 그대로 놔두면 더 큰 위기가 옵니다. 유로화가 긴축을 해도 위기가 오고, 팽창 정책을 써도 위기가 옵니다. 엔화가 본국으로 환류해도 위기가 오고, 전 세계로 뿌려져도 위기가 옵니다.

인플레이션에 강한 체제, 즉 적자 재정 제한, 국가 부채 관리의 고수도 위험하고 그 반대도 위험합니다. 인플레이션에 강한 경제는 외부의 인플레이션에 타격을 입게 됩니다. 그게 통화 질서의 속성입니다. 다른 국가들은 화폐 가치를 절하시키는 데 나만 화폐 가치를 고수하면 외환 투기 공격, 국제수지 적자로 초토화가 됩니다. 그렇다고 인플레 정책을 따라가면 물가 앙등으로 초토화가 됩니다.

단기적으로 달러가 대안이 아니라면 유로화, 위안화는 더욱 위험합니다. 금은 일반인이 더더욱 손대서는 안 됩니다. 인플레와 디플레 위협이 동시에 도래하면 변동성이 극에 달하기 때문입니다. 통화 질서가 문란해지면 교역은 절대로 확장될 수 없습니다. 교역이 확장되지 않으면 자본 이동의 확장세도 멈추게 됩니다. 자본이 이동을 멈추면 투자, 고용도 망가지게 됩니다. 투자, 고용이 망가지면 재정이 망가지게 됩니다. 재정이 망가지면 경제 펀더멘털이 불안해지게 됩니다. 그럼 쓸 수 있는 정책이 소멸하게 됩니다.

금리 재정 정책의 가용성이 사라지게 되면 투기가 만연하게 됩니다. 이때 버블을 키우는 것은 자살 행위가 됩니다. 규모 유지에 연연하게 되면 자살 행위가 됩니다. 조속히 서비스업 등 내수를 키워야 하는데 그러려면 조세·복지 선진화가 필수입니다. 그러나 한국 등 개발도상국과 후진 국 거의 모두가 거부하고 있습니다. 기득권의 저항 때문입니다.

사면초가의 유럽, 외통수에 처한 중국, 근근히 버티는 일본

환시장 변동성이 심해지고, 교역의 변동성이 심해지고, 주식, 부동산 등의 버블이 커지면 누가 유리해지느냐 하면, 결국 기존의 강한 화폐를 가지고 있고, 교역 의존성이 작고, 자산 시장 버블이 작았던 거대 내수 시장을 가진 국가가 유리해지게 됩니다. 그 국가가 어디냐면, 바로 미국입니다. 따라서 결론은 다시 달러입니다.

미국이 저금리를 고수하면 다른 나라로 돈이 흘러가 버블을 키우게 됩니다. 그 과정에서 다른 나라는 딜레마에 처하게 됩니다. 같이 저금리로 가면 버블이 커집니다. 그러나 고금리로 가더라도 역시 투기 자금은 과도하게 유입되게 됩니다. 고금리의 목적은 주로 수신(은행의 부채 조달)의 정상화입니다. 이 과정을 통한 금융기관의 자본 조달, 자산 운용의 안정성을 확보하는 것이 첫 번째 목표인 것입니다. 그런데 그렇게 안 되고 있죠. 오로지 부동산, 증시로만 자금이 흘러가고 있습니다.

이걸 막으려면 조세 선진화를 하면 됩니다. 그럼 시장이 알아서 탐욕을 억제하고 안정적으로 굴러갈 수 있죠. 그러나 기득권이 거부하고 있습니다. 이러한 한국, 중국 등의 조세·복지 선진화 거부 그리고 자산 버블의 급증 등은 미국에겐 쾌재입니다. 인플레 리스크가 커지고 유로화 가치가 절상될수록 유럽 경제는 초비상 상태에 돌입하게 됩니다.

한국이 외환보유고를 유로화 등으로 다변화할 수 있을까요. 그것은 유럽이 재정 적자, 무역 적자를 미국처럼 감내해 줄 수 있을 때만이 가능한 것입니다. 따라서 불가능합니다. 더더구나 한국, 중국 같은 국가가 외환보유고를 국민을 위해서 쓰지 않고(조세·복지 선진화 거부) 산더미처럼 쌓아 놓은 채, 부동산 등에만 활용하는 것이 더 이상 지속되어서도 안 됩니다. 그럼 개인이 유로화를 투자해 이득을 볼 수는 있을까요. 이것도 위험합니다. 유로화는 인플레가 만연해도 위험해지고, 인플레가 억제되어도 마찬가지로 위험해지게 됩니다.

유럽은 전 세계에서 가장 많은 채권 보유국, 금융 자산 보유국이기 때문에 여타국의 상환 능력의 위기에도 타격을 입고, 인플레에도 타격을 입을 수밖에 없습니다. 유로·달러 환율의 절상도 타격이 되고, 유로·달러 환율의 절하도 타격이 됩니다. 따라서 어찌 보면 유럽은 이번 금융위기의 가장 큰 피해자가 될 수도 있습니다.

중국 역시 마찬가지입니다. 중국은 처참할 정도로 잠재적 부실 자산을 많이 가지고 있습니다. 기업 이익도 처참할 정도로 낮습니다. 불황 도래 시 그것을 견뎌낼 경제구조가 아닌 것입니다. 금리, 환율로 인한 투기자본의 유입, 그로 인한 버블을 견딜 수도 없고, FDI 급감, 미국 채권 자산 가치의 급감, 원자재 충격도 견딜 수 없습니다. 중국이 아무리 원자재를 사들여도 그 시장을 장악한 것은 미국, 유럽, 캐나다, 호주, 중동 등입니다. 따라서 중국이 그 시장에 아무리 손을 대봐야 언 발에 오줌 누는 수준일 뿐입니다. 위안화를 절상할 수도 없고 절하할 수도 없습니다.

위안화를 국제화하는 것도 생쇼에 불과할 뿐입니다. 그것은 궁극적으로 경상수지 축소를 의미하기 때문입니다. 특별인출권(SDR) 형태에서의 중국 입지 강화 도모나 금 시장에서의 이전투구 동참도 호들갑에 불과할 따름입니다. 궁극적으로 중국도 부동산보유세 선진화, 복지 강화를 통한 내수 진작 정책 등을 펴야 하지만 중국 기득권은 한국 기득권과 더불어 전 세계에서 가장 악랄한 집단일 뿐입니다.

그리고 그래봐야 소용도 없습니다. 지금 중국은 그게 문제가 아니라 엄청난 금융 부실 위협과 과잉 공급 산업으로 인한 특단의 구조조정 압력에 직면해 있기 때문입니다. 그리고 끝도 없이 밀려드는 구직자와 실업자도 처치 곤란입니다. 그 속에서 구인도 힘들어지는 이중고를 겪고 있습니다. 위구르족 등 소수민족의 저항과 서서히 고조되고 있는 정치 시스템 불만 등도 발등의 불입니다.

일본 또한 마찬가지입니다. 일본은 부동산 버블 붕괴로 대공황 이후 디플레를 겪은 거의 유일한 주요국 경제입니다. 그 과정에서 국가 GDP 증가가 국가 부채의 증가 속도를 이겨내지 못하는 바람에 국가 부채 200%의 불쌍한 국가로 전락하고 말았습니다. 이것은 기본적으로 환율 전쟁에서 패배한 후과입니다. 마음 놓고 빚을 내도 유유자적 상환해 낼 수 있는 나라는 현재로서는 미국뿐입니다. 유럽조차도 이것은 불가능합니다.

그러나 작금의 위기는 일본에 기회이기도 합니다. 인플레 리스크에 가장 강한 경제이기 때문입니다. 일본은 효율성과 기술 혁신으로 가장 슬기롭게 그 파고를 넘어갈 수 있는 나라입니다. 디플레 리스크 역시 마찬가지입니다. 지난 20년간 일본 경제는 인플레이션율 0을 넘나들며 디플레 고통을 당해 왔고 그 과정에서 생존 방법을 나름대로 체득하게 되었습니다.

따라서 모두가 겪는 위기를 일본이라고 하여 피해갈 수는 없겠지만 일본 경제는 미국과 더불어 중국, 유럽보다는 장기적으로 우위에 서게 될 공산이 크다고 볼 수 있습니다. 물론 엔화 강세나 재정 적자 급증, 국가 부채 급증 그리고 경상수지와 자본수지 흑자의 감소 등은 일본 경제에 부담이 될 것입니다. 그러나 여전히 일본에는 지난 50년간 축적해 온 막대한 가계 자산 19조 달러가 버티고 있습니다.

따라서 독일과 더불어 제조업을 양분해 온 일본의 저력은 당분간 유지될 공산이 큽니다. 더욱이 이번 위기 속에서 중국이 어떻게 되느냐에 따라서 일본은 기사회생의 호기를 잡게 될 수도 있습니다.

서비스업 투자,
재정 정상화 외면하는 한국

문제는 한국입니다. 지금 미국 등의 투기자본이 전 세계를 휩쓸고 있습니다. 이 투기자본에 대응하는 가장 좋은 정책은 감세가 아니라 증세입니다. 보유세 등을 증세하면 투기자본이 아무리 들어와도 부동산 버블이 일어나지 않게 됩니다. 그런데 한국은 거꾸로 감세를 하고 있죠. 감세를 하면 투자가 늘어날 거란 핑계를 대면서요. 그러나 투자는 늘지 않고 있습니다. 수출의 부가가치 유발도 급감하고 있습니다. 재정은 악화일로를 걷고 있고 국가 부채와 공공 부문 국부는 손상받고 있습니다.

그런 가운데 금융기관의 차입은 줄어들지 않고 있습니다. 차환이 잘 된다고 방심하고 있는 상황입니다. 그 속에서 부동산 대출이 꾸준히 증가하고 있습니다. 예금은 늘지 않은 상태에서 시가 평가 유보 등 회계기준만 널널하게 만드는 등 화장발에만 여념이 없습니다. 그러나 속으로 주름살이 깊어져 가고 있습니다.

한국이 LTV(담보인정비율) 규제를 하고 있다고 큰소리 치고 있지만, 한국의 부동산 버블은 전 세계 평균에 비추어 최소한 3배 이상입니다. 그럼 100을 기준으로 60을 대출해 주었으니 안전한 게 아니라 33을 기준으로 60을 대출해 주었으니 극한의 위험 상황입니다. 게다가 제3 금융기관의 대출까지 합하면 LTV가 형식적으로도 100%를 넘나드는 부동산 물건이 넘쳐나는 실정입니다.

제3 금융권은 그 이외에도 자기자본 비율, 대차대조표 상 자산 부채 위험도, 부채 조달의 차환, 부동산 PF 위험 등에 있어서도 엉망진창입니다. 만약에 증시 조정에 따른 펀드런이 가시화되면 투신, 증권사 등도 풍비박산이 나게 될 것입니다. 이때 외국 자본이 대량 이탈이라도 하게 되면 과연 어떤 일이 벌어지게 될까요.

그런데도 나이브하기 짝이 없는 정부는 MSCI(모건스탠리캐피털 인터내셔널지수), FTSE(파이낸셜타임즈 주가지수) 등의 선진 지수 편입, FTA 체결, 동남아 각국 정상들에 대한 대대적인 이민 확대 검토 약속 등으로 자본시장과 노동시장의 빗장을 열어젖히는 데만 여념이 없습니다. 곧 이 때문에 한국 경제는 큰 위험과 위협에 직면하게 될 것입니다.

결론적으로 지금 현재 우리 국민이 안정적으로 투자할 자산이란 없습니다. 유일하게 길이 있다면 그것은 서비스업에 투자하는 것입니다.

그러나 현 정권은 처음에는 달러가 넘쳐난다고 (외환보유고가 너무 많다, 환율이 지나치게 낮다) 하면서 고환율 정책으로 갔다가 시장 개입을 하면서 달러를 마구 내던지며 그 규모를 축소시키더니, 그 다음에는 달러 부족으로 해외 우량 기업에 대한 M&A 자제 엄포령을 내립니다. 그러면서도 달러 차입은 계속합니다. 그 달러는 어디로 갔을까요. 결국 부동산입니다. 부동산 투기질 하려고 기업 확장을 막은 것입니다. 기업 확장이 막히니 일자리 또한 늘어날 수가 없겠죠. 일자리가 늘어나지 않는 데다 조세·복지 선진화까지 거부하니 내수는 더더욱 초토화될 수밖에 없습니다. 그런데도 여전히 교역에 목을 매고 목표 환율 조정에만 여념이 없습니다.

환율 조작을 밥 먹듯 하니 수출은 더욱 불안정해집니다. 한편으론 내수 산업과 지역 산업은 더욱 망가지고 있습니다. FTA를 하면서 해외 진출 전자, 자동차 기업을 국내로 복귀시키겠다고 하더니, 지나고 나니 그런 건 없고 되레 제조업의 해외 이탈만 급증하고 있고, 국내 법규 규제를 풀어헤쳐 한국을 투기 지옥, 강대국의 놀이터로 전락시키는 데만 여념이 없습니다.

또 자원 확보, 식량 확보, 과학기술 투자는 안하고 다들 손사래 치는 파생시장 확대에만 혈안이 되어 있습니다. 전기자동차 등은 개발해 놓고도 거대 자동차 회사들의 로비 때문에 판매가 확대되지를 못하고 있고, 태양열 투자 등은 축소되고 있습니다. 그나마 이루어지고 있는 녹색 투자의 대부분이 건설 투기입니다. 즉, 풍력, 태양력, 발전기 설치를 빌미로 산을 깎고 그린벨트를 훼손한 뒤 규제를 풀고 용도를 변경하는 것입니다.

결국 한국 사례에서 보듯이 아무리 미국이 우스워 보여도 정작 다른 나라는 미국에 미치지 못하기 때문에 미국은 언제나 희희낙락할 수 있는 것을 잘 알 수가 있습니다.

이런 상황 속에서 무슨 투자를 할 수 있을까요. 보수 정권이 들어서면 부동산이 활황한다? 그리고 감세로 살판나게 해 준다? 그린벨트를 파헤치고, 노동 유연성을 가속화하고, 금융 투기 제한을 풀어 노가 나게 해 준다? 그래서 부동산에 투자할까요? 아니면 국내 금융시장이 산업의 금융 지배, 해외 투기자본의 제재 없는 유입과 이탈의 투기판 속으로 쓸려 들어가고 있으니 금융 투기에 동참해 볼까요? 다 위험하고 부질없는 것입니다.

경제 펀더멘털을 튼튼하게 하는 길은 있으나 그 길을 가기는 어렵다

가장 좋은 것은 부동산 조세를 선진화해 금융 질량을 키우고, 그 금융 자본으로 산업의 부피를 키우고, 그 커진 산업 부피로 일자리의 질과 양을 늘려가고, 거기서 얻어진 조세로 복지를 선진화하는 것뿐입니다. FTA, 투기 제도 도입, 이민 정책을 중단하고 출산 지원, 지역 경제 지원, 소상공인 지원, 중소기업 지원 등을 통해 경제 펀더멘털을 제고시켜 나가는 것입니다.

그래야만 경제를 살려나갈 수 있습니다. 환율 조작, 통화 증발, 적자 재정, 국가 부채 증가, 공공 기업 매각, 감세 등을 하지 말고, 시장 신뢰를 되살려 나가야 합니다. 통화 안정이란 게 물론 우리나라만 잘한다고 되는 것은 아닙니다. 그러나 조세·복지 선진화를 탄탄하게 해놓으면 외부 자본의 충격, 외부 교역의 충격으로부터 경제를 어느 정도 보호할 수 있게 됩니다.

그럼으로써 부동산 리스크를 줄이고, 그럼으로써 금리 정책의 가용성을 살려 디플레와 인플레의 쌍방향 리스크를 줄여, 경제 정책의 가용성을 살리고 한국 내에서부터 통화 질서를 수립해 나아가야만 국제적인 경제 안정을 가져올 수 있는 것이지, G-20 회담을 유치하거나 IMF로부터 경제 정책 잘하고 있다고 찬사나 듣는다고 경제가 살아나는 것은 절대로 아닌 것입니다.

지금 한국은 전 세계 위기의 주역입니다. 부동산 버블이 가장 심하고, 통화 질서(환율 조작, 물가 앙등, 통화 버블)를 가장 문란하게 만드는 국가입니다. 조세·복지 제도도 가장 엉망이고, 내수를 살려나가야 한다는 글로벌 리밸런싱 경제 해법의 취지를 가장 역행하고 있는 국가입니다. 또 경제위기를 빌미로 각종 법치 문란이 만연하고 있습니다.

무릇 한 국가가 바로서기 위해서는 사상적 기반과 국민적 지지가 필요한 법인데, 이런 것들이 부재하여 국가 기강이 심각하게 훼손되고 있는 중입니다. 이런 나라가 어찌 경제위기 극복의 모범 사례가 될 수 있겠습니까.

일자리는 없고, 사업은 잘 안 되고, 투자할 곳은 없는데 투기는 난무하고, 물가는 치솟고 자산 버블은 무너지기 일보직전이고, 하이퍼인플레냐 스태그디플레냐의 갈림길에 서 있는 위태로운 경제. 그리고 경제가 살아난다는 주장은 오로지 수구 언론의 보도 속에서만 존재할 뿐인 상황. 그 속에서 서민들의 투자 대안은 사라지고 경제 펀더멘털은 궤멸에 가깝게 파탄 나가고 있습니다. 이에 대한 유일한 해법은 민주주의와 조세·복지 선진화뿐일 것입니다.